장애인스포츠지도사·특수교사를 위한

특수 체육론

최승권·강유석·김권일·노형규·박병도·양한나
오광진·이용호·이재원·정이루리·한동기 공저

레인보우북스
Rainbow BOOKS

장애인스포츠지도사 · 특수교사를 위한 특수체육론

2015년 2월 27일 1쇄
2015년 9월 21일 2쇄

지은이 ㅣ 최승권 · 강유석 · 김권일 · 노형규 · 박병도 · 양한나 ·
　　　　　오광진 · 이용호 · 이재원 · 정이루리 · 한동기　공저
펴낸곳 ㅣ 레인보우북스
주　소 ㅣ 서울특별시 관악구 신림로 75 레인보우 B/D
전　화 ㅣ 02-872-8151
팩　스 ㅣ 02-871-0935
이메일 ㅣ min8728151@naver.com

값 20,000원

ISBN 978-89-6206-319-6　93690

* 본서의 무단복제를 금하며, 잘못된 책은 구입한 곳에서 교환해 드립니다.

서문

우리나라에서 장애인 종합체육대회가 열린지 반세기가 가까워지고 있으며, 특수체육이라는 말이 알려지기 시작하여 대학에 장애인체육 지도자 양성을 위한 학과가 생겨난 것도 사반세기가 지났다. 세월과 더불어 우리나라의 경제가 급변하여 전 세계의 발전 모델로 자리하고 있듯이 체육 분야 중에서 장애인체육 영역 또한 눈부신 경제발전에 못지않게 크게 변화하며 발전하고 있다.

장애인체육의 발전에 작용하는 요인이 많이 있겠지만 무엇보다도 가장 중요한 요인 중의 하나는 체육활동을 지도할 수 있는 인력 자원이라고 볼 수 있다. 과거 수십 년 동안 우리나라는 장애인체육의 지도 인력에 대한 자격 기준을 확립하지 못한 상태에서 대학에 설립된 특수체육학과를 중심으로 지도자를 양성해왔다.

최근 국민체육 지도 전반에 걸친 자격 기준에 대한 논의를 거치며 장애가 있는 사람들을 위한 체육지도자 자격에 관한 제도가 도입되면서 장애인체육지도자 양성체제를 갖추게 되었다. 2015년부터 국민체육진흥법에 의거하여 장애인체육지도사 검정제도가 도입되었는데. 이는 국가 법률로서 장애인체육지도사 역할의 중요성을 전 국민에게 알리는 것이며, 이들이 해야 할 일이 무엇인지를 명시하는 것이다.

장애가 있는 사람들을 위한 체육지도 방법은 특수체육 관련학과가 있었기에 크게 변모하였지만 불행하게도 그 교육내용의 구성은 갈피를 잡지 못하였다고 하여도 과언이 아니다. 이에 대해서는 많은 이유가 있을 수 있지만 무엇보다 장애가 있는 사람들의 체육지도에 필요한 교육내용 확립에 적극적이지 못했던 점을 크게 반성하게 되었다.

이제 특수체육은 장애인체육지도사 검정제도 시행과 더불어 그 지식 내용 체계가 갖추어져, 이를 바탕으로 본서를 저술한 것이다. 집필진은 특수체육을 연구하며 장애인체육 발전에 대하여 크게 고심을 하고 있기에, 독자 여러분들께서 본서를 통해 특수체육에 대한 욕구를 충족하며 행복감을 얻을 수 있도록 노력할 것을 약속한다.

2015년 2판을 준비하며 저자 일동

목차

Ⅰ. 특수체육의 의미 　1
　1. 특수체육의 역사 　2
　2. 특수체육의 개념 및 정의 　11
　3. 특수체육의 방향과 가치 추구 　24

Ⅱ. 특수체육의 사정과 측정 　39
　1. 사정(assessment)의 개념과 유형 　40
　2. 진단과 평가의 이해와 활용 　49
　3. 장애인 대상 검사도구 　56
　4. 과제분석(Task Analysis) 　74

Ⅲ. 특수체육 지도전략 　81
　1. 개별화교육계획(IEP)의 적용 　82
　2. 활동 변형 　102
　3. 수업 형태 　113
　4. 특수체육지도에서의 행동관리 　127
　5. 장애와 운동발달 　138
　6. 장애와 체력육성 　155

목차

IV. 지적장애인·정서장애인·자폐성장애인의 체육 지도 전략 183
1. 지적장애·정서장애·자폐성장애의 특성 184
2. 지적장애인·정서장애인·자폐성장애인의 체육·스포츠 지도 208

V. 시각장애인의 체육 지도 전략 225
1. 시각장애의 특성 226
2. 시각장애인의 체육·스포츠 지도 235

VI. 청각장애인의 체육 지도 전략 253
1. 청각장애의 특성 254
2. 청각장애인의 체육·스포츠 지도 267

VII. 지체장애인·뇌병변장애인의 체육 지도 전략 281
1. 지체장애·뇌병변장애의 특성 282
2. 지체장애인·뇌병변장애인의 체육·스포츠 지도 310

찾아보기 329

I 특수체육의 의미

1. 특수체육의 역사
2. 특수체육의 개념 및 정의
3. 특수체육의 방향과 가치 추구

1. 특수체육의 역사

> **특수체육의 시대별 변화**

제 1시대 선사시대~B.C. 500	장애인들의 운동과 신체기술을 발달시키거나 회복시키려는 노력이 없었던 시대이다.
제 2시대 B.C. 500~A.D. 1500	그리스와 로마시대로 운동의 역할이 강조되었으며, 여러 질병의 치료에 운동이 사용되었다.
제 3시대 1500~1800	운동의 치료적 가치에 대한 새롭고 지속적인 관심이 증가된 시대로 질병 치료에 운동의 중요성이 강조되고 장애인에게 운동을 처방하였다.
근대 이후 1800~	오늘날 특수체육의 기초가 이루어지기 시작한 시대로, 교정체조를 개발하여 활용하고 전상 장애인의 재활을 위한 수단으로 스포츠가 보급되고 발달하였다.

[출처: Jansma & French(1994/2001)에서 인용]

B.C.: 기원전(Before Christ)
A.D.: 서기
(라틴어 Anno Domini)

▨ **선사시대~B.C. 500** 원시·고대 시대의 사람들은 고통을 줄이기 위하여 몸을 문지르거나(마사지) 스트레칭을 실시하였으며, B.C. 3000년경의 중국인들은 질병을 치료하기 위하여 자세와 호흡 운동인 체조(쿵푸)를 실시하였다.

▨ **B.C. 500~A.D. 1500** 인류의 정신적 발전이 두드러졌던 시대로 종교적 의료 행위가 이루어지는 가운데 질병을 치료하기 위하여 신체정렬, 식사조절, 목욕, 걷기와 달리기 같은 운동 등을 이용하였다. 이 시대 후기에는 기독교의 영향으로 신체보다 영혼을 강조하여 운동의 치료적 가치는 감소하였다.

▨ **1500~1800년** 1500년 전후는 인간성의 해방과 인간의 재발견을 추구하였던 문예부흥 시대였다. 세계는 콜럼부스의 신대륙 발견과 루터의 종교개혁과 더불어 경제, 문화, 학문, 정신 등의 분야에서 변화가 뚜렷이 나타났으며 특수체육은 질병치료에 관한 저술을 통해 운동원리, 운동의 역할을 강조하였다.

Per Henrik Ling (1776-1839)
: 펜싱선수였던 그는 의료체조를 개발하여 특수체육의 아버지라 불림. 신체 결함과 질병의 체계적 처치와 예방을 위해 과학적 이론을 최초로 적용함

▨ **1800년 ~** 스웨덴의 Per Henrik Ling은 신체재활을 위한 의료체조를 개발한 현대 특수체육의 창립자이다. 이 운동방법은 19세기 후반 미국에 알려진 뒤 교정체육으로 변화되어 1950년대까지 학교에 널리 보급되었으며 제1차 세계대전 전상자의 재활과 지체장애인의 운동에 이용되었다.

■ **미국의 현대 특수체육** 1950년대까지 미국에서의 특수체육은 자세 결함, 건강 손상, 지체장애에 주로 관심을 두고 치료 혹은 재활 관점의 의료체조 또는 교정운동으로 발전하였다. 1952년 미국체육학회(AAHPER)가 특수체육(adapted physical education)에 대한 정의를 내리면서 특수체육은 일반학교 체육 프로그램을 안전하게 수행할 수 없는 사람들을 위한 발달활동, 게임, 스포츠, 무용 등의 다양한 프로그램으로 점차 변화되기 시작하였다. 이는 분야의 초점과 명칭이 무엇이냐에 따라 프로그램 개설, 교육과정, 자격 기준, 양성 과정, 배치, 학문성 등이 변화되기 때문에 매우 중요하다. 미국의 특수체육은 1970년대를 거치며 의미 있는 발전을 이루었는데, 1975년 미국의 전장애아동교육법(P.L. 94-142)에 교과로서는 유일하게 '체육'을 정의하여 포함시킴으로써 장애 학생 체육교육의 중요성을 강조하였다. 또한 국제적으로는 세계특수체육학회(IFAPA, 1973)가 설립되었고, 1984년에 특수체육 관련 전문학술지인 Adapted Physical Activity Quarterly(APAQ), Palaestra가 발간됨으로써 특수체육의 학문성을 공고히 하며 발전하고 있다.

교정운동(corrective exercise): 1920년대부터 1950년까지 많이 실시되던 특수체육. 전상자와 그에 따른 지체장애인을 치료하는 재활/치료 활동과 의료체조가 점진적으로 발전된 운동

P.L.: 공법(public law). 미국 법령을 구분하는 번호

> ☞ **특수체육으로써 장애인스포츠의 발전**
> 장애인스포츠는 특수체육의 한 영역으로서 장애가 있는 사람들의 신체적, 정신적, 심리적, 사회적 재활과 교육을 위한 중요한 수단이라 여기던 제한된 생각을 넘어 오늘날에는 하나의 문화 현상으로 이해되며 스포츠의 한 분야로 빠르게 발전하고 있다.

문화: 사회 구성원들이 함께 배우고 공통으로 가지는 생활방식

Deaflympic 엠블렘

■ **장애인스포츠의 시작** 여러 장애 유형 중에서 스포츠를 조직적으로 처음 시작한 것은 1870년대 미국 특수학교 청각장애 야구 선수들이었고, 국제대회를 처음으로 개최한 것은 1924년 프랑스 파리에서 9개국의 청각장애 선수들이 참가한 제1회 국제농아인경기대회(International Silent Games)이다. 이 대회는 명칭이 바뀌어 현재는 농아인올림픽대회(Deaflympics)로 불리고 있다.

■ **재활로서의 장애인스포츠** 전쟁 상해로 말미암아 육체적 고통과 심리적 장애를 겪는 사람들의 사회복귀를 돕기 위한 재활 프로그램이 생겨난 것은 제2차 세계대전 때이다. 영국 Stoke Mandeville 척수손상센터 원장이었던 Ludwig Guttmann 경은 상이군인 재활의 필수 요소로 스포츠 경기를 도입했다. Stoke Mandeville 병원은 1948년에 휠체어경기대회를 후원 개최하였고, 1952년 휠체어 선수들을 위한 제1회 국제경기대회(ISMG)를 개최하였다.

ISMG: International Stoke Mandeville Game(국제스토크맨드빌대회 또는 국제척수장애인경기대회라고 함)

1948 International Wheelchair Games

Paralympic 엠블럼

이 시기에 미국 상이군인 병원에서는 장애 극복 인식을 심기 위하여 휠체어 농구를 시작하였으며, 스포츠를 통한 재활을 강조한 경기단체가 설립되었다. 오늘날 장애인스포츠는 재활 수단이라기보다는 하나의 문화현상으로써 개인의 삶을 증진하는 수단으로 이해되고 있다.

▨ **패럴림픽**(Paralympic) 장애인올림픽을 일컫는 본디 말로, 이 대회의 창시자는 Ludwig Guttmann이다. 1960년 로마올림픽에서 패럴림픽대회가 개최되었는데, 이 대회가 제1회였다. 이때 대회에 참가한 선수들은 주로 하반신이 마비된 척수손상자로서 휠체어를 타는 사람들이었다. Paralympic이라는 말은 하반신마비를 뜻하는 paraplegia의 para-, Olympics의 lympic을 합해서 만든 용어인데 대회가 거듭되면서 여러 장애 유형이 참여하는 가운데 para-의 속뜻이 변화하여 올림픽과 함께 열리는 의미로 해석하고 있다.

> **참고** Paralympic 의미 변화
> - 1964년 = para(paraplegia) + Olympic
> - 1984년 = para(being attached to / parallel to) + Olympic → IOC 인정
> - 1988년 = 공식적으로 최초 사용
> - 오늘날 = para(Latin어 : similar/the same, Greece어 : next to/alongside)

IPC: International Paralympic Committee

패럴림픽대회는 국제패럴림픽위원회(IPC)가 주관하여 개최하는데, 장애인스포츠 행사로는 가장 큰 국제경기대회이며 동계·하계 올림픽이 열리는 해에 같은 도시에서 대회가 열리고, 하계 패럴림픽대회는 1960년 제1회 로마패럴림픽이 개최된 이후 4년마다 열린다. 동계 패럴림픽대회는 스웨덴에서 1976년 처음 개최되었다. 패럴림픽에는 동등하면서도 공정하게 경기를 하기 위해 장애의 정도를 기능에 따라 구분하는 등급분류 과정을 거쳐야 참가할 수 있는데, 참가할 수 있는 장애의 유형은 지체장애(절단장애, 관절장애, 지체기능장애, 변형 등의 장애), 뇌병변장애(뇌의 손상으로 인한 복합적인 장애), 시각장애(시력장애, 시야결손장애), 지적장애(지능지수 70 이하) 등으로 신체 손상 8가지, 시각장애, 지적장애 등 10가지의 등급분류가 있다.

> **참고** 지적장애(Intellectual Impairment)
> 패럴림픽 운동(Paralympic Movement)에서 지적장애라 함은 "개념적, 사회적, 실제적 적응 기술로 나타내는 적응행동과 지적 기능 모두에서 상당할 정도의 제한적인 특징을 갖는 장애"라 정의

| IV. 지적장애인·정서장애인·자폐 성장애인의 체육 지도 전략 | V. 시각장애인의 체육 지도 전략 | VI. 청각장애인의 체육 지도 전략 | VII. 지체장애인·뇌병변장애인의 체육 지도 전략 |

■ **스페셜올림픽대회** 스페셜올림픽(Special Olympics)은 지적장애(특수학교에서는 정신지체라 함)가 있는 사람들의 운동경기를 지원하고 제공하기 위하여 미국의 Kennedy 재단이 창설하였다. 하계·동계 대회는 스페셜올림픽위원회(SOI)가 후원하고 있으며 올림픽이 열리는 연도보다 1년 앞서 4년마다 개최하고 있다. 제1회 대회는 1968년에 Chicago의 Soldier Field에서 개최되었다. 스페셜올림픽에 참가하려면 디비전(divisioning)이라고 하는 선수 분류 단계에서 성별, 연령대별, 운동능력별로 개인별 스포츠 기술 검사를 거쳐야 한다. 스페셜올림픽은 직접 서비스, 연구, 훈련, 권리 주장과 지원(advocacy), 교육, 조직 지도력 등을 통하여 장애가 있는 사람을 위한 스포츠 기구의 모델이 되고 있다.

SOI: Special Olympics International

Special Olympic 엠블렘

> ☞ **우리나라 특수체육의 시작: 태동기**
> 우리나라의 특수체육은 크게 학교체육과 장애인체육 형태로 구분되어 시작되었다. 첫째, 학교체육은 교육 중심의 특수학교 체육교과 활동이었으며, 둘째, 장애인체육은 상이군경의 원호 및 장애인복지 중심의 체육 활동이었다.

■ **특수학교 체육의 시작** 장애가 있는 사람들이 체육활동을 시작한 시기는 일제 강점기 조선총독부가 1912년 '조선총독부 제생원(濟生院) 관제'를 제정 공포하고 우리나라 최초의 공립 특수교육기관인 제생원 맹아부(盲啞部)를 설치하여 교육과정 내용에 체조(體操) 교과목을 포함하면서부터이다. 이때의 체육 활동은 체조, 수영, 빙상 등이었으며 일제 강점기를 거치며 검도와 유도가 수업 내용에 추가되었다. 이후 특수학교에서의 체육 수업은 각 장애 특성에 따른 특수학교의 교육과정이 각각 제정되기 전까지 일반학교의 체육 교육과정에 의한 체육 교과서를 가지고 수업을 하고 체육활동을 실시하였다. 1960년대 이르러서는 유도, 배구 등의 운동부 활동을 통해 경기 능력을 습득한 학생들이 장애 학생 위주의 체육대회가 없었던 만큼 일반 체육대회에 출전하여 입상하기도 하였다. 1975년 한국소아마비협회가 정립회관을 건립하여 소아마비를 앓은 학생들의 체육활동을 지원하고 여러 종목의 체육대회를 실시하였는데, 이때 참여한 선수들은 1988년 서울패럴림픽에서 큰 역할을 하였다.

맹아부(盲啞部)
: 맹(盲)-눈 멀 맹
아(啞)-벙어리 아
시각장애와 청각장애

[출처: 문화관광부(2007)에서 인용]

> **참고** 특수학교 체육 교육과정 제정 및 교과서 개발 보급
>
> - 1967 시각장애·청각장애 특수학교 체육 교육과정 개발·적용
> - 1974 정신지체 특수학교 체육 교육과정 개발·적용
> - 1983 지체장애 체육 교육과정 개발·적용
> - 1993 정신지체 특수학교 건강생활 교과서 개발·보급
> - 1993-1994 시각장애 특수학교 체육 교과서 개발·보급
> - 2000 지체장애 특수학교 체육 교과서 개발·보급

▨ **원호·복지로서 장애인체육의 시작** 장애인체육 발전에 크게 영향을 준 사람들은 6.25와 베트남 전쟁 척수손상 상이군경과 1950~60년대에 널리 퍼진 소아마비를 앓은 사람들이었다. 우리나라 최초로 해외에 선수를 파견하고 종합체육대회를 개최한 단체는 대한민국상이군경회로 1965년 제14회 ISMG에서 탁구, 역도 종목에 선수를 파견하였고, 1967년에는 제1회 전국상이군경체육대회를 개최하였다. 이 대회는 우리나라에서 가장 오래된 장애인 종합체육대회로서 자리매김하고 있다. 한편, 1981년 UN의 '세계장애인의 해'를 기념하여 보건복지부의 후원 하에 한국장애인재활협회가 주관한 제1회 전국장애인체육대회를 개최하였다. 이후 우리나라의 장애인체육은 국가보훈처의 원호와 장애인에 관한 행정업무를 종합적으로 관장하는 보건복지부의 복지 관점에서 점차 다양하게 전개되었으며, 서울패럴림픽의 준비로 많은 체육행사가 개최되었다.

[출처: 문화관광부(2007)에서 인용]

[출처: 대한장애인체육회]

☞ 우리나라 특수체육의 발전 과정: 기반 구축기 / 도약기

우리나라의 특수체육은 '88서울패럴림픽을 기점으로 장애 관련 전 분야에 대한 국민인식의 변화와 제도적 운영기반을 구축하는 계기를 마련하였으며, 2005년 장애인체육 행정이 장애인복지 행정에서 국민체육행정으로 바뀌면서 대한장애인체육회가 설립되어 비약적으로 발전하고 있다.

구 분	주 요 내 용
태동기 (1912~1987)	☞ 특수학교 체육교과 활동 • 제생원 맹아부(盲啞部) 체조 교과 개설(1912) • 시각장애학생 야구 및 유도, 탁구대회(1960~70년대) • 서울농학교 배구부 창단(1962) ☞ 장애인체육대회 개최 및 국제대회 참가 • 국제척수장애인경기대회(ISMG) 참가(1965) • 제1회 전국상이군경체육대회 개최(1967) • 한국소아마비협회 정립회관 건립(1975)과 체육행사 개최 • 전국지체부자유 대학생연합체육대회 개최(1978) • 제5회 스페셜올림픽대회 참가(1979) • 전국장애인체육대회 개최(1981) • 국제뇌성마비경기대회(육상) 참가(1982) • 세계농아인체육대회 참가(1985)
기반 구축기 (1988~2004) 1988 서울패럴림픽 개최	☞ 1988 서울장애인올림픽 개최 ☞ 장애인체육 조직 창립(장애인복지법 근거) • 한국장애인복지체육회 설립(1989) ➡ 한국장애인복지진흥회(1999) ☞ 특수체육학 정립 • 한국특수체육학회 창립(1990) ➡ 특수체육학회지 창간(1993) ☞ 장애인체육대회 발전 • 전국장애인체육대회 전국 시도 순회 개최 시작(2000) • 2002 부산 아·태장애인경기대회 개최(2002) • 전국동계장애인체육대회 시작(2003)

도약기
(2005~)
 	
2005 대한장애인체육회 설립
	☞ 장애인체육의 법적 기반 마련
	• 국민체육진흥법 개정 장애인체육 업무 문화체육관광부 이관(2005. 7)
	  ➡ 체육지도자 중 장애인스포츠지도사 양성(2015)
	• 장애인차별금지 및 권리구제 등에 관한 법률 제정(2007. 4)
	  ➡ 장애인 '체육활동의 차별금지' 명시, 동법 시행령 제정(2008. 4)
	☞ 장애인체육 행정 조직 정립
	• 대한장애인체육회 설립(2005) ➡ 16개 시·도지부 설립(2008)
	• 대한장애인올림픽위원회(2006) 설립
	• 문화체육관광부 ➡ 장애인문화체육과 신설(2005.12)
	☞ 국제장애인경기대회 개최
	• 2013 평창 동계스페셜올림픽(2013)
	• 2014 인천 장애인아시아경기대회(2014)
	• 2015 서울 세계시각장애인챔피언십대회(2015)
	• 2018 평창 장애인동계올림픽대회 개최(2018)

■ '88 서울패럴림픽과 특수체육: 기반 구축기 1988년 장애인올림픽이라고 불리는 제8회 서울패럴림픽 대회의 개최는 장애인체육은 물론 장애인 복지의 불모지와 다름없었던 대한민국의 장애 관련 전 분야에 일대 변혁을 가져온 사건이었다. 체육 분야에 있어서는 경기 종목이 다양하게 소개되었고, 스포츠 장비가 소개·보급되었으며, 스포츠 조직이 결성되었다. 1989년 우리나라 최초로 장애인의 체육진흥을 위하여 재단법인 한국장애자복지체육회가 실립되었다. 이는 장애인체육 및 문화예술 진흥을 도모하여 장애인의 사회적응 능력을 향상시키고 장애인에 대한 국민의 이해를 증진시킴으로써 장애인 복지 증진에 이바지하고, 나아가 스포츠와 문화예술을 통한 국제친선에 기여함을 목적으로 설립된 보건복지부 산하의 단체였다. 또한 심신장애자복지법이 장애인복지법으로 전면 개정됨으로써 장애인체육이라는 단어가 법률에 포함되었다. 이와 더불어 2000년부터는 국군체육부대에서 개최되어 왔던 전국장애인체육대회를 전국체육대회와 마찬가지로 전국시도에서 순회 개최하게 되었고 2003년부터 전국장애인동계체육대회를 계최하였다. 한편, 1988년에는 대학에 최초로 특수체육학과가 개설되어 특수체육지도자를 전문적으로 양성하게 되었고, 1990년에는 한국특수체육학회를 창립하여 특수체육 연구의 기틀을 마련하였다.

■ 대한장애인체육회 설립과 특수체육: 도약기 2005년의 대한장애인체육회 설립은 우리나라 장애인체육 역사에서 '88 서울패럴림픽 이후 두 번째로 변화를 일으킨 사건이라 할 수 있다. 이전에는 장애인체육이 국민체육진흥법의 대상이 아니었기에 국민체육으로서 인정받지를 못하고 장애인복지의 일부분에 지나지 않았다. 2005년 국민체육진흥법 개정과 그에 의거한 대한장애인체육회의 설립은 장애인체육이 국민체육의 한 분야라는 의미를 넘어서 법적으로 대한체육회와 위상을 동등하게 같은 일이었다. 더구나 문화체육관광부 직제에 장애인체육을 전담하는 부서가 만들어져 그동안 보건복지부 복지행정의 일부분에 지나지 않던 장애인체육이 국민체육으로서 도약하는 결정적인 계기가 되었다 볼 수 있다. 대한장애인체육회의 설립에 이어서 전국 시도 지부가 결성됨으로써 장애인체육은 일시에 전국적인 행정으로 변모되고 그에 따른 재정규모도 이전에 비해 10배 이상 증가하였다. 한편, 체육지도자 양성 국가제도에 장애인스포츠지도사 기준이 법제화되어 2015년부터는 자격을 취득하여야 학교·직장·지역사회 또는 체육단체 등에서 장애인체육을 지도할 수 있도록 되었다.

대한장애인체육회 심볼

참고	대한장애인체육회의 주요 사업(국민체육진흥법 제34조)

구분	사 업 내 용
주요 사업	1. 장애인 경기단체의 사업과 활동에 대한 지도와 지원 2. 장애인 체육경기대회 개최와 국제 교류 3. 장애인 선수 양성과 경기력 향상 등 장애인 전문체육 진흥을 위한 사업 4. 장애인 생활체육의 육성과 보급 5. 장애인 선수, 장애인 체육지도자와 장애인 체육계 유공자의 복지 향상 6. 체육 진흥을 위하여 필요한 사업

☞ **장애인스포츠 메가 이벤트 개최**

우리나라는 '88 서울패럴림픽 하계대회를 개최한 이후 장애인 복지에 결정적인 변화를 가져왔다. 대한민국은 그동안 장애인스포츠의 굵직한 대규모 대회를 여러 차례 치루며 아시아를 비롯한 전 세계에 국가 이미지를 높였으며 장애인체육 발전을 크게 이룩하였다.

▨ **국내 장애인 체육대회 개최** 체육대회 중 가장 큰 규모의 대회는 전국장애인체육대회이다. 1981년 UN이 정한 세계장애인의 해를 기념하여 개최하기 시작한 이 대회는 장애체육인의 경기력 향상, 지방체육 활성화, 장애인스포츠에 대한 국민적 이해 증진 등의 목적이 있다. 2015년부터 전국장애인체육대회는 전국체육대회 개최 시·도에서 열리게 되어있다. 대회 참가장애유형은 휠체어, 절단 및 기타장애, 시각장애, 척수장애, 뇌성마비, 지적장애, 청각장애 등이다. 전국장애인동계체육대회는 2004년부터 개최하기 시작하였다.

▨ **국제 장애인 경기대회 개최** 우리나라에서 장애인스포츠에 관한 국제경기대회의 개최는 국가 발전과 긴밀한 관계가 있다. 국제대회 개최에 따른 이점으로는 고용 창출을 통한 경제적 효과, 국가 브랜드 이미지 제고, 장애인에 대한 긍정적 사회적 인식 개선과 사회통합 등이 있다. 우리나라는 하계 패럴림픽을 포함하여 동계 패럴림픽을 개최할 예정이고, 스페셜올림픽대회 및 세계시각장애인챔피언십대회를 개최함으로써 장애인체육 분야에 있어서도 국제적으로 위상이 높은 국가이다. 또한 두 차례에 걸쳐 Para 아시아 경기대회를 개최하여 아시아 국가들의 장애인체육 보급과 발전에 크게 기여하고 있다.

우리나라 개최 국제장애인스포츠 메가 이벤트

연도	대 회 명	규모(선수·임원)
1988	서울 장애인올림픽대회	3,258명
2002	부산 아시아·태평양장애인경기대회	2,266명
2013	평창 동계스페셜올림픽대회	3,190명
2014	인천 장애인아시아경기대회	3,718명
2015	서울 세계시각장애인챔피언십대회	3,000여 명
2018	평창 동계장애인올림픽대회	1,400여 명

참고 국제장애인경기대회 기준
- IPC, APC 주관, 국제스포츠기구 주관 국제종합경기대회
- 국고 10억 원 이상 지원하는 대회
- 10개국 100명 이상 참가 종목별 세계선수권대회
- 국제경기대회지원법/국제체육대회 유치에 관한 규정

IPC: 국제장애인 올림픽위원회
APC: 아시아장애인 올림픽위원회

우리나라 개최 국제장애인경기대회의 엠블렘

2. 특수체육의 개념 및 정의

☞ 「특수체육」이라는 용어의 유래
우리나라에서 장애가 있는 사람들이 참여하는 체육을 의미하는 용어로 '특수체육'이라는 말이 쓰이기 시작한 것은 1970년대부터로, 널리 알려지기 시작한 것은 장애인들의 체육을 지도하는 전문가를 양성하기 위해 1988년 대학에 '특수체육학과'가 개설되면서부터이다.

▨ 「특수체육」이라는 용어의 사용 과정

▷ **1960년대**: 오늘날처럼 스포츠의 종류가 다양하게 존재하지도 않고 구경하기조차 어려운 활동이었던 시기로 '특별난 스포츠'라는 의미를 뜻하는 말로 사용됨(예: 군대체육, 수상스키, 요트, 스키 등)

▷ **1977**: 이화여자대학교에서 '한국특수체육연구모임'이라는 명칭의 모임을 결성하여 정기적으로 연구 활동을 전개함

▷ **1982**: 한국체육학회 회보에 '한국 특수체육의 현황과 개선책'이란 주제의 글이 게재되어 특수체육이라는 용어가 체육분야에 나타나게 됨

▷ **1988**: 우리나라 최초로 장애인 체육 지도자를 양성할 목적으로 용인대학교에서 「특수체육학과」를 설립됨

▷ **1990**: 1990년 9월 8일 '장애인체육의 활성화와 과학적인 연구를 통하여 한국의 장애인체육 발전에 기여'함을 목적으로 「한국특수체육학회」창립 기념 세미나를 개최함으로써 특수체육이라는 말이 장애인체육을 의미하는 단어로 우리나라 체육학계에 알려짐

[출처: 최승권(1996)에서 인용]

☞ 특수체육과 유사하게 쓰이는 말
특수체육, 장애인체육, 장애인스포츠, 재활체육 등과 같은 말들은 아주 오래된 용어들이 아니며 때때로 구분 없이 섞여 쓰이는 경우가 많으나 그 의미와 단어가 만들어지는 과정에는 차이가 있다.

| 체육을 지도할 때 지도 대상이 포함된 단어로는 유아체육, 아동체육 청소년체육, 노인체육, 여성체육, 장애인체육 등이 있음

■ 「특수체육」이라는 용어의 쓰임 오늘날 우리나라 체육 분야에서 쓰이는 '특수체육'이라는 말이 생겨난 것은 미국 저서 Special Physical Eucation: Adapted, Corrective, Developmental(Fait & Hillman, 1966)로부터이다. Special Physical Education은 Special Education(특수교육)의 Special(특수)과 Physical Education(체육)이 합쳐진 합성어이다.

특수체육 = 특수 + 체육

「특수체육」에서 '특수'는 체육을 수식하는 말로 체육의 대상자를 일컫는다. 즉 체육의 대상인 장애인을 의미한다. 학교에서는 특수교육대상자를 말한다.

➜ 참고: '특수' = '장애인', '특수교육대상자', '체육'에 대한 자세한 설명은 뒷부분 참고

우리나라에서 특수체육이라는 용어는 일반적으로 장애가 있는 사람들의 체육(스포츠) 활동과 관련된 교육, 지도, 연구 등의 분야에서 명칭으로 사용되고 있다. 그 예로는 특수체육교육과, 특수체육학과, 특수체육지도자, 한국특수체육학회 등이 있다.

> **참고 특수체육의 영어 표현**
> - 특수체육 special physical education, adapted physical education. 영어로는 대부분 adapted physical education이라 씀
> - adapted physical education의 번역 적응체육, 변형체육, 특수체육 등으로 번역하여 사용하는데, 'adapted'라는 단어는 그 의미가 전문용어로서 명확하게 드러나지 않기 때문에 어떤 나라의 말로도 번역하기 어려움(예: adapted physical education, adapted sports, adaptive ski 등)
> - 특수체육의 정의 부분에서 adapted에 대한 설명 덧붙임

adapte: 적응하다; 맞추다; 조정하다
adapted: 개조된; 적당한; 알맞은
adaptive: 조정의; 적응할 수 있는

■ 「장애인체육」 '장애인체육'은 장애가 있는 사람들의 체육활동을 의미하는 보편성을 띤 전문용어로서 활동의 대상이 되는 장애인과 활동의 내용인 체육이 결합된 용어이다. 이 말은 일반적으로 장애가 있는 사람과 관련된 능동적 체육과 수동적 체육의 모든 활동을 말한다. 장애인체육은 장애인을 대상으로 실시하는 전반적인 체육활동을 의미한다.

장애인체육 = 장애인 + 체육

- ▨「장애인스포츠」 장애인들을 위해 계획된 스포츠를 말하며, '스포츠'라는 단어의 이론적, 철학적 배경을 제외하면 일반적으로 장애인들이 참여하는 경쟁 스포츠를 의미한다. 장애인스포츠를 영어로 표현하면 다양한데 흔히 쓰는 용어는 disability sport이다. 기타 표현으로는 sport for the disabled, disabled sport, adapted sport, wheelchair sport, deaf sport(청각장애 스포츠) 등이 있다. 장애인스포츠는 장애인체육이라는 말과 함께 혼용되고 있다.

- ▨「재활체육」 재활체육은 장애가 있는 사람들의 체육활동을 지칭하는 용어로 오랫동안 쓰이고 있는 말이다. 제2차 세계대전 후 많은 전상자들이 재활 수단으로 체육활동을 하면서 생겨난 용어이다. 장애인체육(스포츠)이 문화의 현상으로 이해되고 장애인의 사회 참여와 레저 스포츠 및 고도의 경쟁 스포츠 활동 참여를 의미하는 반면, '재활체육'이라는 용어는 장애가 없는 사람들과 똑같은 목적으로 하는 체육활동을 소극적이고 제한적으로 위축시킨다. 또한 활동의 목적과 방법이 불분명하여 오늘날에는 병원에서 장애가 발생한 치료 과정 혹은 복지관 재활프로그램을 운영할 때에 제한적으로 쓰이고 있다.

  재활체육:
  rehabilitation sport

- ▨「장애인 신체활동」 신체활동이라는 말은 스포츠, 레크리에이션, 체력운동, 교육 프로그램 등 모든 활동을 포함하는 용어로 최근에 많이 쓰이고 있다. 장애인 신체활동(adapted physical activity)은 독특한 요구를 필요로 하는 사람들의 전 생애에 걸쳐 이루어지는 활동을 의미한다.

> ☞ 특수체육과 장애인(체육)스포츠의 대상이 되는 사람
> 일반적인 특수체육(장애인체육·스포츠)의 대상은 장애인이다. 그러나 그 대상은 장애인만으로 한정하지 않고 신체 움직임을 하는 데 어려움이 있는 사람까지 모두 포함하고 있다. 경쟁 스포츠 활동을 할 때에는 공평하고 대등한 경쟁을 위하여 장애의 유형을 구분하고 있다.

- ▨「특수체육」의 대상 우리나라에서 '특수체육'이라는 말은 장애인들의 체육활동을 의미해서 생겨난 말로, '특수교육'이라는 말이 사용되고 있었기 때문에 특수체육의 대상이 장애인이라는 범주는 별다른 논란이 되지 않았었다. 장애가 있을 때에 그것이 원인이 되어 활동을 하는 데 지장을 줄 수 있듯이 장애인은 아니지만 신체가 허약하거나 발달이 덜 되어 활동에 어려움을 겪는 사람들이 있는데 이들의 체육활동을 지도할 수 있는 사람은 특수체육지도

자이다. 그러므로 '특수체육'의 대상자는 장애 때문에 혹은 신체적 문제(허약, 질병, 발달 부족 등)로 움직임, 놀이, 게임, 스포츠, 신체활동 등을 원활히 수행하는 데 어려움을 겪는(심동적인 문제를 갖는) 모든 사람을 뜻한다.

▣ 「**장애인스포츠**」**의 대상** 스포츠는 경쟁이고, 경쟁은 공평하면서도 동등한 조건에서 실시해야 된다. 공정한 경기 진행을 보장하기 위해 장애인스포츠는 등급분류라는 과정을 거쳐 일반경기와 마찬가지로 기술, 체력, 순발력, 지구력, 전술 능력과 정신력에 의해 승패를 결정짓도록 체계를 갖추고 있다. 등급분류의 목적은 장애(손상)가 스포츠 활동에 미치는 영향을 최소화하기 위한 것이다(International Paralympic Committee, 2014). 따라서 장애인의 경쟁스포츠에 참여할 수 있는 장애 유형은 지체장애, 뇌병변장애, 시각장애, 지적장애, 청각장애 등이다.

障礙(장애): 障 막을 장
礙 거리낄 애

> ☞ **장애 개념의 변천**
> 오늘날 '장애(障礙, disability)'라는 말은 어떤 일을 해내는 능력이 부족한 상태를 가리키며, 보통은 부정적인 의미로 쓰인다. 장애인은 장애가 있는 사람을 뜻하며, 신체의 일부에 장애가 있거나 정신적으로 결함이 있어서 일상생활이나 사회생활에 제약을 받는 사람을 말한다.

WHO: World Health Organization

▣ **장애 개념의 변천** 과거에 장애인을 지칭하는 말은 다양하였으며, 대부분의 명칭이 부정적으로 사용되었기 때문에 세계보건기구(WHO)는 장애에 대한 용어를 명확히 하려고 2차에 걸쳐 장애 개념을 정리하여 제시하였다.

▷ **1980 이전 장애 개념**: 장애에 대하여 부정적인 태도가 지배적이었으며, 장애와 질병 간에 사실상 차이가 없는 것으로 간주되었다. 장애(질병)는 원인이 있으며(etiology), 그로 인하여 신체적·정신적으로 이상 현상을 보이고(pathology), 이어서 질병이 발생하는 것으로 보았다(manifestation).

➥ 장애(질병)의 의학적 모형(medical model)

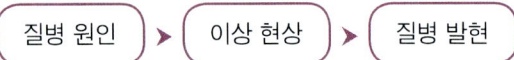

질병 원인 ▶ 이상 현상 ▶ 질병 발현

▷ **1980 WHO 장애 정의**: WHO는 1980년 장애에 공식적인 정의(ICIDH)를 내렸다. 장애와 질병은 동일하지 않으며 장애는 질병의 결과이다. 장애는 손상(impairment), 장애(disability), 핸디캡(handicap)의 3개 차원으로 분류 되며, 이들은 서로 연관성을 갖는다.

▷ **Impairment**: 심리적, 생리적 혹은 해부학적, 기능적인 손실이나 비정상 (손상/기관 단위)

▷ **Disability**: Impairment가 원인이 되어 일상생활에 제약(기능제약/개인 단위)

▷ **Handicap**: Impairment와 Disability에 의해 정상적인 역할에 방해를 받거나 개인이 받는 불이익(사회적 불리/사회적 단위)(WHO, 1980)

▷ **2001 WHO 장애 정의**: 1980년의 장애 분류(ICIDH)는 handicap과 같은 부정적인 용어 대신에 손상은 신체 기능과 구조, 장애는 활동 제한, 핸디캡은 참여제약으로 바꾸고 건강의 개념을 반영하여 '장애(disability)'는 총체적 용어로서 환경적/개인적 요인에 의해 누구에게 발생할 수 있는 일반적인 현상으로 보고 있다(WHO, 2001)

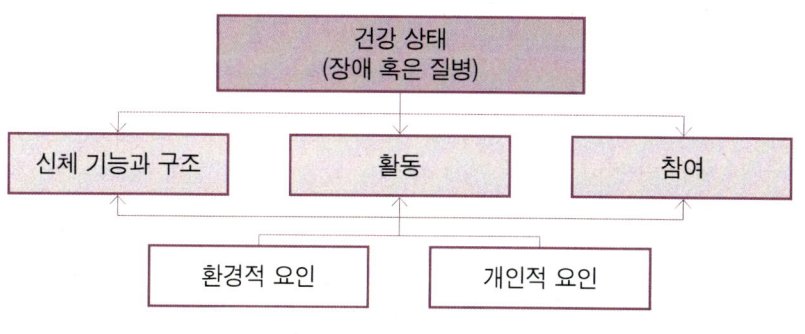

ICF의 장애 개념

Handicap: (신체적·정신적) 장애 모욕감을 느끼게 하는 용어로 오늘날은 사용하지 않음

ICIDH: International Classification of Impairment, Disability, Handicap
(국제장애분류)

ICF: International Classification of Functioning, Disability and Health
(국제 기능·장애·건강 분류)

☞ **장애인**
'장애인(障礙人)'은 어떠한 상태에 있는 사람을 말할까? 대부분의 사람들은 장애인에 대하여 부정적인 생각을 가지고 있으며, 장애인의 의미를 정확히 얘기하기 어려워한다. 장애인은 단지 장애가 있는 사람을 말한다.

장애자(障碍者): 1989년 장애인복지법이 개정되기 전까지 쓰임. 者가 '놈'자라 뜻이기 때문에 쓰지 않았다는 얘기도 있음

장애인(障碍人): 1989년 심신장애자복지법이 장애인복지법으로 전면 개정되며 장애가 있는 사람을 뜻하는 법률 용어가 됨

장애우(障碍友): 友-벗 우. 친구를 뜻함. '장애가 있는 친구'가 되기 때문에 1인칭으로 사용 곤란. 사용하지 않아야 되는 용어임

▨ 「**장애인**」**의 법적 정의** 장애인에 대한 정의는 '장애인복지법'에 있으며, 장애의 종류 및 기준은 '장애인복지법시행령'에 규정되어 있다. 장애인은 크게 신체적 장애와 정신적 장애로 구분되며 그 유형은 15가지로 분류된다. 장애의 유형은 나라마다 장애에 대한 견해에 차이가 있기 때문에 서로 일치하지 않는다. 복지의 정책이 발전하며 장애의 종류도 변해 왔는데 장애인복지법이 처음 제정되었던 1981년의 심신장애자복지법에서 장애 유형은 5가지였으나 오늘날에는 15가지 장애로 확대되었다(다음 쪽의 표 참고). 장애인이 경쟁 스포츠에 참여하려고 하면 해당 종목에 맞는 장애의 등급분류를 받거나 최소장애 기준에 적합해야만 가능하다. 따라서 스포츠 등급분류에 해당하지 않는 장애 유형은 경쟁 스포츠에 참여하는 데 한계가 있다.

> **참고** 장애인복지법의 장애인 정의(장애인복지법 제2조)
>
> **제2조**(장애인의 정의 등) ① "장애인"이란 신체적·정신적 장애로 오랫동안 일상생활이나 사회생활에서 상당한 제약을 받는 자를 말한다. ② 장애인은 장애의 종류 및 기준에 해당하는 자를 말한다.

▨ 「**특수교육대상자**」**와 장애인** '장애인 등에 대한 특수교육법'에서는 장애인 및 특별한 교육적 요구가 있는 사람을 가리켜 '특수교육대상자'라 하고 있다. 특수교육대상자는 10개의 장애 유형(다음 쪽의 표 참고)으로 진단·평가되고 있는데, 이는 장애 유형을 교육적으로 분류하고 있는 것이다. 즉 특수교육을 통해 교육의 효과를 거두기 위해서 장애를 분류하고 있다. 특수교육대상자로서 경쟁 스포츠에 참여하기 위해서는 스포츠 종목에 해당하는 장애 판정을 받아야 가능하다.

▨ 「**장애인**」**과** 「**특수교육대상자**」**의 장애 유형 차이** '장애인복지법'과 '장애인 등에 대한 특수교육법'의 제정 목적은 근본적으로 차이가 있기 때문에 두 법이 정하고 있는 대상자의 범위 역시 차이가 있다. 이와 같은 문제는 특수체육, 장애인스포츠, 특수교육 등의 대상자를 결정하는 데에도 차이를 나타낸다. 즉 '특수교육'이나 '특수체육'의 대상이 반드시 '장애인'으로 판정된 사람만을 의미하지는 않는다. 다시 말하면 '장애인복지법'에 따른 '장애인'과 '장애인 등에 대한 특수교육법'에 의한 '특수교육대상자' 사이에는 법을 만들게 된 의미와 그에 따른 법이 뜻하는 적용 대상이 차이를 나타내기 때문이다.

| | | IV. 지적장애인·정서장애인·자폐성장애인의 체육 지도 전략 | V. 시각장애인의 체육 지도 전략 | VI. 청각장애인의 체육 지도 전략 | VII. 지체장애인·뇌병변장애인의 체육 지도 전략 |

참고 장애의 분류(장애인복지법 시행규칙 별표1)

대분류	중분류	소분류	세분류
신체적 장애	외부 신체 기능의 장애	지체장애	절단장애, 관절장애, 지체기능장애, 변형 등의 장애
		뇌병변장애	뇌의 손상으로 인한 복합적인 장애
		시각장애	시력장애, 시야결손장애
		청각장애	청력장애, 평형기능장애
		언어장애	언어장애, 음성장애, 구어장애
		안면장애	안면부의 추상, 함몰, 비후 등 변형으로 인한 장애
	내부기관의 장애	신장장애	투석치료 중이거나 신장을 이식 받은 경우
		심장장애	일상생활이 현저히 제한되는 심장기능 이상
		간장애	일상생활이 현저히 제한되는 만성·중증의 간 기능 이상
		호흡기장애	일상생활이 현저히 제한되는 만성·중증의 호흡기 기능 이상
		장루·요루장애	일상생활이 현저히 제한되는 장루·요루
		간질장애	일상생활이 현저히 제한되는 만성·중증의 간질
정신적 장애	발달장애	지적장애	지능지수가 70 이하인 경우
		자폐성장애	소아청소년 자폐 등 자폐성 장애
	정신장애	정신장애	정신분열병, 분열형정동장애, 양극성경동장애, 반복성우울장애

참고 특수교육대상자(장애인 등에 대한 특수교육법 제15조)

특수교육대상	선정 기준 특징(장애인 등에 대한 특수교육법 시행령 제10조)
시각장애	시각기능 불능, 보조공학기기 사용
청각장애	보청기 착용 의사소통 불가, 청각 교육적 성취 곤란
정신지체	지적 기능과 적응행동상 교육적 성취 곤란
지체장애	기능·형태상 장애, 지체 움직임 곤란
정서·행동장애	장기간 학습곤란·대인관계 곤란·부적절 행동과 감정, 우울증 공포 등
자폐성장애	사회적 상호작용과 의사소통 결함, 제한적·반복적 관심과 활동
의사소통장애	언어 수용 및 표현 능력, 조음능력, 말 유창성, 기능적 음성장애 부족
학습장애	학습기능, 학업 성취 영역 곤란
건강장애	만성질환으로 3개월 이상 장기 의료 지원 필요
발달지체	발달이 또래에 비하여 현저하게 지체 9세 미만 아동

dB(decibel/데시벨): 소리의 상대적 크기를 나타내는 단위. 가정의 평균 생활소음 약 40dB, 일상 대화 약 60dB, 음악 감상 약 85dB 정도임

▨ **장애인스포츠의 장애 분류** 장애인스포츠에는 장애가 있는 사람이면 누구나 참여하는 것이 당연하다. 그러나 경쟁 스포츠에는 경기를 공정하게 진행하기 위한 규칙을 제정하여 경기에 참여하는 사람이면 누구나 이를 지키도록 하고 있다. 따라서 장애인스포츠는 종목에 따라 참여할 수 있는 장애 유형이 있으며, 장애의 정도에 따라 경쟁하도록 하고 있어 등급분류 또는 검사를 통해 최소장애(minimal disability) 기준을 통과해야 한다.

▷ **패럴림픽의 등급분류**: 우리나라 장애인복지법 판정 기준으로 볼 때에 패럴림픽에 참여하는 장애의 유형은 지체장애, 뇌병변장애, 시각장애, 지적장애 등이며, 지체장애 등급분류는 5가지 장애, 뇌병변은 3가지 장애로 구분되어 전체 10가지의 등급분류를 한다.

▷ **데플림픽의 최소장애 기준**: 청각에 손상이 있는 선수들이 참여하는 데플림픽(농아인올림픽대회)에는 최소 55dB 이상의 청력 손실이 있어야 한다.

▷ **스페셜올림픽의 장애**: 8세 이상의 지적장애(intellectual disability)가 있는 사람들이 참여하는 스페셜올림픽은 디비져닝(divisioning)이라는 3단계 분류 과정을 거쳐 경기를 실시한다. 1단계 성별(gender), 2단계 연령 집단(age), 3단계 능력(ability)으로 경기 종목을 분류한다.

참고 장애인스포츠 장애 분류(intellectual disability)

대회명	장애 / 등급분류		특징
패럴림픽	지체장애	근력 손상	하지·사지 마비, 근위축증, 회백질척수염(소아마비), 척추 이분증 등
		관절 장애	수동 관절 가동범위 손상 (Impaired passive range of movement)
		사지 결손	절단 및 기형
		하지 차이	다리 길이의 차이(Leg length difference)
		짧은 키	왜소증, 연골무형성
	뇌병변	경직성	뇌변병 일종(Hypertonia)
		운동 실조증	뇌변병 일종(Ataxia)
		무정위운동증	뇌변병 일종(Athetosis)
	시각	시력 손상	Vision impairment
	지적	지적 손상	Intellectual Impairment
데플림픽	청각 손상		청각장애 최소 55dB 청력 손실
스페셜올림픽	지적 장애		intellectual disability 8세 이상 참가

> #### ☞ 특수체육의 정의
> 특수체육은 체육의 하위 분야로서 장애가 있거나 신체활동에 어려움이 있어 심동적 문제를 갖는 사람들을 대상으로 하는 체육을 의미한다.
>
> **특수체육 = 특수 + 체육**
>
> 특수체육을 이해하려면 특수체육의 대상과 체육 활동의 내용을 모두 이해하여야 한다.

▨ **우리나라 체육의 정의** 체육에 대한 정의가 확립된 것은 아니지만 교과서에 많이 인용되는 내용은 "계획적이고 의도적인 신체활동을 매개 또는 수단으로 하여 인간의 잠재능력을 발휘하도록 함으로써 신체적, 정신적, 사회적으로 완전한 인간을 형성하고자 하는 교육의 한 영역"이라고 하는 부분이다. 체육이라는 말은 학교체육(physical education), 스포츠(sports), 게임(game), 놀이(play), 운동(exercise), 신체활동(physical activity) 등과 같은 용어와 섞어 쓰며 이들 용어를 대표하는 말로 이해되고 있다. 영어로 체육을 표현할 때에 분명한 것은 학교의 체육 교과는 physical education이고, 국민체육을 담당하는 문화체육관광부의 체육은 sports, '장애인차별금지 및 권리구제 등에 관한 법률'에서의 체육은 physical exercise라 하고 있다. 우리말로는 같은 단어이지만 영어 표기가 다른 것은 추구하는 목적이 서로 다르기 때문이다. 즉 교육, 국민체육, 총체적 활동 등으로 추구하는 내용이 다르다.

> **Tip**
>
> 국민체육진흥법: NATIONAL SPORTS PROMOTION ACT
>
> 장애인차별금지 및 권리구제 등에 관한 법률의 체육: physical exercise
>
> 장애인스포츠지도사: sports instructor for the disabled

공법: Public Law

독특한 요구(unique needs)란: 모든 인간은 어떠한 일을 하고자 할 때에 신체적, 정신적, 정서적 문제를 해소하기 위해 필요로 하는 사항들이 있을 수 있는데, 그 필요 정도가 다른 사람들보다 크거나 심하여 한계를 극복할 수 있도록 보완, 보충, 지원 등이 필요한 경우를 말함. 반드시 장애와 연관되는 것은 아니며, 장애가 있을 경우 독특한 요구가 많을 수 있음

> **참고** 체육에 대한 법률적 정의
> - 국민체육진흥법 제2조(정의) "체육이라 함은 운동경기·야외 운동 등 신체 활동을 통하여 건전한 신체와 정신을 기르고 여가를 선용하는 것"
> - 장애인차별금지 및 권리구제 등에 관한 법률 "체육이라 함은 「국민체육진흥법」 제2조의 체육 및 학교체육, 놀이, 게임, 스포츠, 레저, 레크리에이션 등 체육으로 간주되는 모든 신체활동을 말한다."

▨ **미국 장애인교육법 체육의 정의** 미국에서 체육에 대한 정의는 1975년 공법 94-142(전 장애아동 교육법)의 특수교육 조항에 교과로서는 유일하게 체육(physical education)의 내용을 기술한 것으로, 현재까지도 이 정의는 변함없이 이어지고 있다. 체육이란 체력, 기본운동기술과 양식, 그리고 수상스포츠, 무용, 개인 및 단체 스포츠 등의 기술의 발달을 의미한다. 또한 체육(physical education)은 특수체육(special physical education, adapted physical education), 움직임 교육, 운동발달 등을 포함하는 용어이다(아래 원문 참고). 체육 교과의 구성 내용을 살펴보면 체력은 건강체력과 운동체력, 기본운동기술은 비이동운동·이동운동·조작운동, 그리고 스포츠 종목의 기술 등을 발달시키는 것이다.

▷ **건강체력 요소**: 근력, 심폐지구력, 유연성, 체지방 등

▷ **운동체력 요소**: 순발력, 협응성, 평형성, 민첩성, 스피드 등

▷ **비이동운동**: 비틀기, 돌리기, 굽히기, 펴기, 흔들기, 서기, 밀기, 당기기 등

▷ **이동운동**: 걷기, 달리기, 뜀뛰기, 호핑, 갤로핑, 스키핑, 피하기, 구르기 등

▷ **조작운동**: 차기, 치기, 던지기, 받기, 굴리기, 잡기, 모으기 등

▷ **스포츠 기술**: 스포츠 종목별 기초운동, 복합운동, 경기 기술 등

> **참고** 미국 장애인교육법(IDEA; P.L. 101-476) 체육의 정의
> - It defines physical education as follows:
> (i) The term means the development of
>   (A) Physical and motor fitness;
>   (B) Fundamental motor skill and patterns; and
>   (C) Skill in aquatics, dance, and individual and group games and sports (including intramural and lifetime sports)
> (ii) The term includes special physical education, adapted physical education, movement education, and motor development

■ **특수체육의 정의** 특수체육에 대한 정의는 다양하다. 가장 오래된 것은 미국 체육학회 특수체육위원회가 1952년에 adapted physical education을 정의한 것이다. 이 정의는 현재까지 그 내용이 크게 변화되지 않은 채로 많은 학자들에 의해 특수체육을 정의할 때에 인용되고 있으며, 특수체육의 학문적 방향을 나타내는 틀이 되고 있다.

▷ 특수체육은 일반체육의 활발한 활동 프로그램에 안전하게 성공적으로 참여할 수 있도록 장애학생들의 흥미, 능력, 그리고 한계에 적합한 발달 활동, 게임, 스포츠, 무용 등의 다양한 프로그램이다.

> **참고** 미국 체육학회 특수체육위원회 APE 정의(1952)
>
> Adapted physical education is diversified program of developmental activities, games, sports, and rhythms suited to the interests, capacities and limitations of students with disabilities who may not safely or successfully engage in unrestricted participation in the vigorous activities of the general physical education program.

이후 미국체육학회는 adapted의 의미를 보다 강조하여 특수체육(adapted physical education)에 대한 정의를 약간 보완해서 "장애인이 체육활동에 참여하는 목표와 목적은 일반체육 프로그램의 목표 및 목적과 같으며, 장애인이 일반체육 프로그램에 참여할 때에 안전하게 참여하여 성공적으로 수행할 수 있도록 도구, 방법, 규칙 등을 변형하여 실시하는 프로그램"이라 하였다. 이는 장애인과 일반인이 하는 체육활동을 구분하지 않은 것으로서 일반적인 체육활동에 장애인이 어려움 없이 참여할 수 있도록 장애에 적합하게 도구를 사용하거나 규칙 혹은 방법을 바꾸는 것이다. 따라서 장애의 정도에 관계없이 장애가 있는 모든 사람은 장애가 없는 사람들이 하는 체육활동에 참여할 수 있도록 하는 것을 의미한다.

[출처: 문화관광부(2007)에서 인용]

공법: Public Law

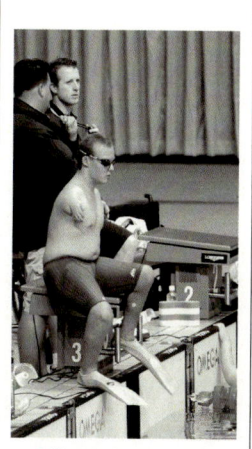

출처: 대한장애인체육회

> ☞ **Joseph P. Winnick의 특수체육 정의(2011)**
> 특수체육(adapted physical education)은 사람들이 소유한 독특한 요구(unique needs)를 충족시키기 위해 계획된 개별화 프로그램이다. 그 내용에는 체력, 기본운동기술, 수중활동과 무용, 개인과 단체 게임 및 스포츠 기능 등이 포함된다. 특수체육은 체육의 하위 영역으로서 능력에 차이가 있는 학생들이 안전하게 참여하고, 자신에게 만족스러우며, 성공적으로 경험하는 체육이다.
>
> 출처: Winnick(2011/2014)에서 인용

Winnick(2011)은 미국체육학회의 특수체육에 대한 정의와 미국장애인교육법의 체육교과에 정의를 바탕으로 특수체육을 설명하고 있다. 신체활동을 수행하는 데 어려움이 있는 사람을 장애인이라 하지 않고 독특한 요구(unique needs)를 가진 사람이라고 하여 심동적 어려움이 있는 모든 사람을 지칭하고 있다. 즉 특수체육 프로그램은 독특한 요구를 가진 학생들을 충족시키기 위해 프로그램을 수정·변형(modification)시킨 것을 말한다. 특수체육은 교정, 훈련, 치료 등의 전통적인 프로그램의 계획 요소를 포함한다.

독특한 요구란? 모든 인간은 어떠한 일을 하고자 할 때에 신체적, 정신적, 정서적 문제를 해소하기 위해 필요로 하는 사항들이 있을 수 있으며, 그 필요 정도가 다른 사람들보다 크거나 심하여 한계를 극복할 수 있도록 보완, 보충, 지원 등이 필요한 경우를 말한다. 반드시 장애와 연관되는 것은 아니며, 장애가 있을 경우 독특한 요구가 많을 수 있다.

> **참고** adapted의 의미
>
> adapted physical education, adapted sports, adapted physical activity라 쓰는 경우 adapted의 의미는 무엇일까? 장애인을 뜻할까? 그 번역은? 체육, 스포츠, 신체활동을 하는 대상자가 있을 때에 대상자가 활동에 참여할 수 있도록 도구, 방법, 규칙 등을 변화시키는 것을 의미한다. 아동이 축구게임을 할 때에 어른들의 축구경기와 같은 점은 발로 차는 것 말고는 공, 경기장, 규칙이 동일하지 않은데, 이는 축구라는 스포츠를 아동에 맞게 adapted한 것이다.

환경 · 지도법 · 경기방법 · 장비

⇩

Physical Education → Adaptor → · Adapted P.E.
· Adapted Sports

> ☞ **Jansma & French의 특수체육 정의(1994)**
> 특수체육(special physical education)은 독특한 요구(unique needs)가 있는 학생들에게 프로그램을 적절히 제공하기 위해 개발된 체육의 특별한 한 영역이다. 특수체육(special physical education)은 교정체육, 발달체육, 특수체육(adapted physical education) 프로그램으로 구분된다.

▷ **교정체육**(Corrective P.E.): 치료체육(remedial physical education)이라고도 하며, 주로 기능적 자세와 신체 메카닉스의 결함을 운동으로 교정하는 프로그램. 재활을 위한 운동치료의 중요 분야

▷ **발달체육**(Developmental P.E.): 아동의 발달 수준을 바탕으로 체력의 향상과 움직임 기술의 습득을 강조하는 체육 프로그램으로 일반적인 체육활동 프로그램을 의미함

▷ **특수체육**(Adapted P.E.): 심동적(psychomotor domain) 문제가 있는 사람들이 일반체육과 동일한 목표와 목적으로 스포츠·운동·신체활동에 안전하게 참여하여 성공적으로 수행할 수 있도록 규칙, 방법 등을 변형하여 실시하는 체육 프로그램

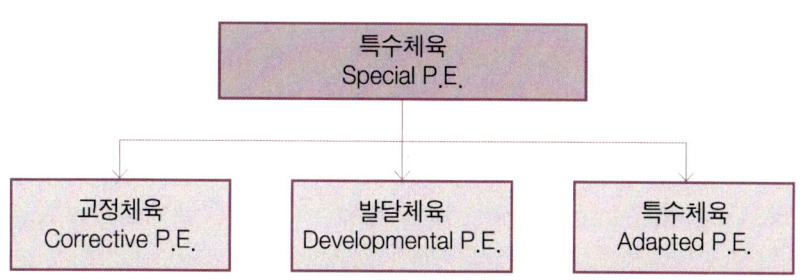

Tip

심동적(心動的, psychomotor)
마음이 움직인다는 의미로 직역될 수 있으나 신체적 움직임을 뜻함. 교육학자 Bloom(1971)이 인간의 행동 영역을 psychomotor, cognitive, affective로 구분하여 비롯된 말로 체육의 목표 중에서 신체의 움직임, 기능, 기술을 의미하는 단어임. 정신운동으로 직역되어 오해를 일으키기도 함

> **참고** 그 밖의 특수체육 정의
>
> **Auxter, Pyfer, & Huettig의 특수체육 정의(2001)**
> 특수체육(adapted physical education)은 체육 지도 프로그램을 장애 학생들에게 적용하여 수행하도록 하면서 측정평가를 바탕으로 건강체력과 복지를 향상시키기 위한 여가, 레크리에이션, 스포츠 경험을 통하여 생활에 필요한 기술을 학생들에게 제공하는 프로그램이다.
>
> **최승권의 특수체육 정의(1994)**
> 특수체육(special physical education)에서 special은 normal(일반)의 상대어이며, 특수체육은 체육의 특별한 한 분야로서 개인차 또는 장애로 인해 일반체육 프로그램의 수행이 곤란하여 특수한 교육적 장치나 지도를 필요로 하는 개인과 집단을 위한 프로그램이다.

3. 특수체육의 방향과 가치 추구

☞ 특수체육의 역사적 흐름

특수체육은 교정치료 관점에서 시작되어 장애가 있는 사람들과 신체적 활동에 제한을 갖는 사람들을 대상으로 하여 발전의 기틀을 마련하였다. 장애가 있는 사람들의 인권 문제가 표면화되면서 특수체육은 특수교육의 영향을 받아 변화되는 가운데 미래에는 장애의 유무와는 관계없이 모든 사람들의 건강과 복지라는 측면에 기여하는 학문으로 발전하고 있다.

▨ **「특수체육」의 미래** 특수체육은 장애인의 인권 및 복지의 발전과 더불어 변화되어 왔다 해도 지나친 말이 아니다. 장애를 치료 관점으로 보아왔던 시대에 특수체육은 교정치료 수단으로 기능하였다. 장애 학생의 교육권 문제가 대두되어 발전하면서는 미국의 경우, 장애가 있는 학생들의 교육에서 필수 교과목으로 법률(P.L. 94-142)에 규정되어 현재에 이르고 있다. 오늘날 특수체육은 그 명칭이 장애인체육, 장애인스포츠, 장애인 신체활동, 장애인 신체운동 등으로 제각각인듯하지만 모두가 특수체육으로 넓게는 원인에 관계없이 신체적 움직임에 어려움이 있는 모든 사람들을 대상으로 하는 체육, 좁게는 장애 때문에 활동이 곤란한 사람들을 위한 체육으로 자리매김하고 있는 학문분야이다. 미래의 특수체육은 장애 유무에 관계없이 활동을 하는 데 어려움을 겪는 사람들이 일반사람들과 차이 없이 함께 통합교육, 통합체육, 통합스포츠에 참여하여 건강과 복지(wellbeing)를 향상시키는 중요한 수단으로 역할을 할 것이다.

▨ **법률에 의한 특수체육 실천 가시화** 국가의 법률 중에서 특수체육/장애인체육과 직접적으로 관련된 법률에는 헌법, 국민체육법 등이 있는데 이들 법령은 장애가 있는 사람들의 체육활동에 결정적인 영향을 미치고 있으며 미래의 방향을 제시하고 있기도 하다. 법률이 어느 정도의 영향력 가지는지는 몇 가지의 사례를 통해 확인할 수 있다. 2005년 국민체육진흥법의 개정에 의한 대한장애인체육회의 설립은 장애인체육의 비약적인 발전을 가져온 반면, 2007년 특수교육진흥법의 폐지는 특수교육에서 강조되던 치료교육이 역사 속으로 사라지고 대학의 학과가 폐지되는 결과를 낳았다. 법은 문화현상으로서 질서유지의 기능을 하는 기준이자 가치관이며, 사회의 공동목적을 달성하기 위하여 인간의 행동 규범을 정해 놓고 국가에 의하여 강제되는 규범

법률 검색: 법제처 국가법령 정보센터
www.law.go.kr
우리나라에서 제정된 모든 법률을 검색할 수 있음

이다. 장애 있는 사람들의 체육활동에 영향을 미치는 법으로는, 대한민국 모든 국민의 권리를 규정하고 있는 헌법, 장애인 권리보호와 직접 관련이 있는 장애인복지법과 장애인차별금지 및 권리구제 등에 관한 법률, 국민체육을 규정하고 있는 국민체육진흥법 및 그에 따른 시행령 등이 있다. 미래는 모든 국민의 권리가 신장될 것이고 그중에서 장애인의 체육활동은 권리 신장의 중요 지표가 될 것이다.

> **참고** 우리나라 특수체육/장애인체육의 관련 법률
>
> **· 헌법**
>   대한민국 헌법 제2장에서는 국민의 권리인 기본권(基本權)을 규정하고 있으며, 장애가 있는 국민의 체육활동의 권리와 관련된 헌법의 조항은 다음과 같다.
>   - 제10조(主基本權: 인간의 존엄과 가치·행복추구권) 모든 국민은 인간으로서의 존엄과 가치를 가지며, 행복을 추구할 권리를 가진다. 국가는 개인이 가지는 불가침의 기본적 인권을 확인하고 이를 보장할 의무를 진다.
>   - 제11조(평등권) ① 모든 국민은 법 앞에 평등하다. 누구든지 성별·종교 또는 사회적 신분에 의하여 정치적·경제적·사회적·문화적 생활의 모든 영역에 있어서 차별을 받지 아니한다.
>   - 제34조(인간다운 생활권) ① 모든 국민은 인간다운 생활을 할 권리를 가진다.
>   - 제35조(환경권) ① 모든 국민은 건강하고 쾌적한 환경에서 생활할 권리를 가지며, 국가와 국민은 환경보전을 위하여 노력하여야 한다.
>
> **· 국민체육진흥법**
>   이 법의 전체 내용은 장애가 있는 국민 모두에게 적용되지만 「장애인체육」을 구체적으로 적시하여 규정한 조항은 다음과 같다.
>   - 제2조(정의) 1 체육의 정의, 4의2 국가대표, 6 장애인스포츠지도사, 11 경기단체
>   - 제13조(체육시설의 설치 등) 장애인체육시설의 설치와 운영 시책
>   - 제14조(선수 등의 보호 육성) 장애인올림픽대회 입상 선수 장려금 지급
>   - 제18조(지방자치단체와 학교 등에 대한 보조) 대한장애인체육회 경비 보조
>   - 제22조(기금의 사용 등) 국민체육진흥기금 대한장애인체육회 사용
>   - 제34조(대한장애인체육회) 대한장애인체육회 설립
>   - 제41조(조세감면) 재산 취득 채권 매입 면제
>   - 제43조(감독) 문화체육관광부의 감독
>   - 제44조(보고·검사) 체육회 관련 공무원의 출입, 장부·서류, 물품 검사 권한
>
> **· 국민체육진흥법 시행령**
>   - 제2조(정의) 장애인스포츠지도사에 대한 정의
>   - 제9조의3(장애인스포츠지도사) 장애인스포츠지도사 자격
>   - 제9조의6(스포츠지도사 등의 자격 종목) 장애인올림픽대회 입상자 장려금 지급
>   - 제15조(장려금 또는 생활 보조금의 지급) 장애인스포츠지도사 연수기관
>   - 제15조의2(대한민국체육유공자 지정 대상) 대한민국체육유공자 지정 대상자 범위
>   - 제17조(체육 용구의 생산 장려) 장애 체육용구와 기자재 생산 장려
>   - 제41조(대한체육회 등의 수익사업) 대한장애인체육회 등의 수익사업

- 장애인차별금지 및 권리구제 등에 관한 법률
    이 법은 장애인체육에 대한 정의와 체육활동에서의 차별 금지 내용을 규정하고 있다.
    - 제3조(정의) 체육의 정의
    - 제25조(체육활동의 차별금지) 장애인체육활동 차별 금지, 편의제공 시책 강구

- 장애인차별금지 및 권리구제 등에 관한 법률 시행령
    - 제16조(체육활동의 차별금지) 국가 및 지방자치단체가 제공해야 하는 정당한 편의 내용

- 장애인복지법
    - 제28조(문화환경 정비 등) 국가 및 지방자치단체의 체육활동 지원

▨ **미래의 장애인스포츠 역할** 아동기에 놀이로 경험하게 되는 체육은 학교의 교과목, 건강 및 복지 증진 수단, 여가를 위한 관람 스포츠 등을 넘어서 사회 통합의 수단이 되고 있다. 특수체육에서의 스포츠 활동은 장애인에 대한 부정적인 인식을 순간의 행동으로 없애버리고 편견의 벽을 넘어 존경의 대상으로 만드는 일이기도 하다. 세상은 장애의 유무와 관계없이 누구나 동등한 권리를 누려야 된다고 말하지만 실제적으로 사회 곳곳에는 많은 장벽이 존재하고 있다. 체육환경만 보더라도 편의시설, 기구, 지도자 등은 장애인들에게 체육활동을 어렵게 만들 수 있는 요인들이지만 장애인들이 자유롭게 활동할 수 있는 환경이라면 남녀노소 누구나 어려움 없이 활동할 수 있다. 체육환경 구성 요인 중 체육지도자는 활동의 질을 결정짓는 가장 중요한 일이다. 미래사회에서 장애가 있는 사람들은 통합스포츠 전문가의 지도를 받으며 체육활동에 참여할 것이다. 통합스포츠는 모든 사람들에게 기회 균등의 원칙을 실현하는 방법을 이해시킬 것이며 타인을 배려하고 수용하는 실천의 장이 될 것이다. 이를 통해 장애가 있는 사람들은 운동 수행력을 증진시킬 것이며 사회 구성원으로서의 역할을 충실히 수행하게 될 것이다. 모든 사람은 연령과 능력에 관계없이 교육을 받거나 스포츠 활동에 참여할 수 있는 기회가 동등하게 주어져야 한다. 대한민국의 헌법을 비롯한 교육법, 국민체육진흥법, 장애인 관련법 등은 모든 국민의 교육과 스포츠 활동의 권리를 보장하고 있기 때문에 앞으로 장애인의 신체활동 권리는 더욱 확고한 방향으로 전개될 것이다.

> ☞ **2015년 이후의 장애인스포츠지도사**
>
> 2004년 국민체육진흥법의 개정으로 2015년부터 체육지도자는 5가지의 전문지도자로 구분되어 양성된다. 이들은 새로운 제도에 따라 자격 조건을 충족하여야 스포츠지도자 자격을 획득할 수 있다. 이에 따라 특수체육의 지도자로 활동하기 위해서는 「장애인스포츠지도사」 자격을 취득하여야 한다.

법률 검색: 법제처 국가법령정보센터
www.law.go.kr

장애인스포츠지도사가 되기 위해서는 자격검정 시험을 통과한 후에 현장실습을 포함한 연수과정을 이수하여야 한다.

▷ **"체육지도자"란** 학교·직장·지역사회 또는 체육단체 등에서 체육을 지도할 수 있도록 이 법에 따라 스포츠지도사, 건강운동관리사, 장애인스포츠지도사, 유소년스포츠지도사, 노인스포츠지도사에 해당하는 자격을 취득한 사람을 말한다. [국민체육진흥법 제2조(정의) 6]

▷ **"장애인스포츠지도사"란** 장애유형에 따른 운동방법 등에 대한 지식을 갖추고 별표 1의 자격 종목에 대하여 장애인을 대상으로 전문체육이나 생활체육을 지도하는 사람을 말한다. [국민체육진흥법 시행령 제2조(정의) 8]

▷ 장애인스포츠지도사는 1급 장애인스포츠지도사, 2급 장애인스포츠지도사로 구분한다. [국민체육진흥법 시행령 제9조의3(장애인스포츠지도사)]

참고 장애인스포츠지도사의 자격검정 시험 과목 (국민체육진흥법 시행령 제10조 제2항 관련 별표2)

구 분			내 용
필기	1급		장애인스포츠론, 운동상해, 체육측정평가론, 트레이닝론
	2급	필수	특수체육론
		선택	스포츠심리학, 운동생리학, 스포츠사회학, 운동역학, 스포츠교육학, 스포츠윤리, 한국체육사 중 4과목 선택
실기 및 구술			▷ 공수도, 골볼, 농구, 레슬링, 론볼, 배구, 배드민턴, 보치아, 볼링, 사격, 사이클, 수영, 승마, 양궁, 역도, 오리엔티어링, 요트, 유도, 육상, 조정, 축구, 카누, 탁구, 태권도, 테니스, 트라이애슬론, 핸드볼, 댄스스포츠, 럭비, 펜싱, 스노우보드, 아이스하키, 알파인 스키, 바이애슬론·크로스컨트리, 컬링, 그 밖에 문화체육관광부장관이 인정하여 고시하는 종목 중 해당 종목 ▷ 장애 유형에 따른 지도 방법

> **참고** 장애인스포츠지도사의 연수과정(국민체육진흥법 시행령 제11조 관련 별표4)
>
> 가. 1급 장애인스포츠지도사 과정
> 1) 스포츠 윤리: 선수·지도자·심판 윤리, 선수와 인권, (성)폭력 방지, 차별 방지, 공정 경쟁, 반도핑, 스포츠와 법
> 2) 선수 관리: 건강 및 부상 관리, 컨디션 관리, 영양 관리, 안전사고 예방
> 3) 지도역량: 선수선발 및 스카우팅, 운동능력 평가 및 운동수행, 스포츠심리 및 트레이닝 실무, 연습 및 경기 프로그램 기획·운영, 스포츠 의학지식
> 4) 코칭실무: 코칭철학, 경기상황에서의 전략, 훈련 및 경기 관련 계획 수립·관리
> 5) 스포츠 매니지먼트: 국제대회 참가, 선수 경력 관리, 선수단 관리, 미디어 관리, 커뮤니케이션 및 상담기법, 스포츠 행정 실무
> 6) 현장실습 및 사례발표
> 7) 그 밖에 문화체육관광부장관이 필요하다고 인정하여 고시하는 사항
>
> 나. 2급 장애인스포츠지도사 과정
> 1) 스포츠 윤리: 선수·지도자·심판 윤리, 선수와 인권, (성)폭력 방지, 공정 경쟁, 스포츠와 법
> 2) 장애특성 이해: 인지, 정서 장애인 특성에 따른 스포츠지도, 지체장애인 특성에 따른 스포츠지도, 시·청각 장애인 특성에 따른 스포츠지도
> 3) 지도역량: 장애특성별 운동프로그램, 운동기술과 체력의 진단 및 평가, 통합체육 이해와 적용 방안, 스포츠 심리 및 트레이닝 실무, 체육지도 방법
> 4) 스포츠 매니지먼트: 스포츠 지도를 위한 수화, 스포츠시설 및 용품 관리, 생활체육 프로그램 운영 및 관리, 커뮤니케이션 및 상담기법, 스포츠 행정 실무
> 5) 현장실습
> 6) 그 밖에 문화체육관광부장관이 필요하다고 인정하여 고시하는 사항

> ☞ **통합사회·통합교육·통합체육(스포츠)**
> 장애인은 사회로부터 무관심의 대상이었으나 보호의 시대, 탈시설화 및 지역사회 통합(integration), 주류화(mainstreaming) 등의 철학적 과정과 통합운동(inclusion)을 거치며 사회 구성원으로서 권리를 강조하는 시대에서 생활하고 있다. 이를 각 분야의 특성과 관련지어 사회에서는 통합사회, 교육에서는 통합교육, 체육과 스포츠에서는 통합체육이라는 명칭으로 불리고 있다.

▨ **정상화**(normalization) 장애를 치료의 대상으로 보던 시기에 장애가 있는 사람에 대한 교육을 중요시하기보다는 이들을 사회에서 격리하여 복지시설에 수용하였다. 이러한 사회현상에 대해 장애가 있는 사람들도 사회 구성원들과 함께 삶을 정상적으로 살아야 한다는 '정상화의 원리'가 1960년대 북유럽을 중심으로 제기되었다. 정상화 원리는 장애가 있는 사람들도 사회를 구성하는 대부분의 사람들처럼 생활할 수 있도록 하자는 논리이다. 이는 신체적, 정신적, 심리적으로 결함 있는 사람들이 장애로 인하여 겪는 사회적·환경적 장애를 최소화함으로써 일반 사회에 가능한 한 무난히 적응해 갈 수 있도

록 하는 것이다. 이 용어는 1960년대 후반 미국을 거쳐 전 세계로 확산되었는데, 모든 장애가 있는 사람들이 가능한 정상에 가까운 교육 및 생활환경을 제공받아야 하며, 사회가 이들을 수용하여 장애 유무를 떠나 모두가 인간으로서의 존엄성을 존중받아야 한다는 철학적 신념을 담고 있다(Hallahan & Kaufman, 1986). 정상화 원리는 특수교육에 적용되어 최소 제한 환경(least restrictive environment: LRE)의 개념을 탄생시킨 촉매 역할을 하였다.

▨ **주류화**(mainstreaming) 주류화란 1975년에 제정된 미국의 장애아교육법에서 장애학생을 분리하여 교육시키지 말고, 교육환경에서 제한적인 요소를 최소화(least restrictive environment: LRE)시킬 것을 강조하며 새롭게 만들어진 용어이다. 미국에서는 북유럽의 정상화 원리와 주류화를 같은 의미로 받아들였는데, 주류화라는 말은 다민족 국가인 미국에서 사회 통합운동을 뜻하였다. 그 결과 1975년 미국공법 94-142가 입법되면서 제한 환경의 최소화(LRE)라는 개념이 도입되었다. 제한 환경의 최소화는 정상화를 실현하기 위하여 장애가 있는 학생을 가능한 한 또래 학생들과 동일한 교육환경에 배치하여 상호작용하게 하면서 부족한 부분에 대해서만 특수교육을 받도록 하는 점진적, 단계적 통합교육을 의미한다. 장애가 있는 학생을 가능한 한 일반 학생들의 생활 흐름에 포함시키는 것이다. 주류화의 의미로서 통합교육은 장애 아동이 특수교육에 소속되어 있으면서 사회의 주된 교육 환경인 일반 학급으로 들어가는 것을 의미한다. 메인스트리밍은 장애가 있는 사람을 일반교육 혹은 지역사회 속에 배치하는 과정이다. 최근 이 용어는 잘 사용되지 않는데, 그 이유는 장애가 있는 사람들에게 필요한 것을 지원하지 않고서 학생들을 일반교육환경에 몰아넣는 것으로 인식되기 때문이다.

> **참고** 제한 환경의 최소화(least restrictive environment: LRE)
>
> 최소제한환경으로도 번역되는 이 말은 미국의 장애인 관련법의 내용의 기저를 이루는 용어로서, 장애가 있는 학생을 능력에 가장 적합한 환경에 배치하는 것을 의미한다. 이에 따라 장애의 다양성으로 동일한 LRE는 거의 없으며 개별화교육계획을 바탕으로 배치 환경을 자주 점검해야 한다.

제한 환경의 최소화: 특수교육학에서는 최소제한환경이라 번역함. 이해를 보다 쉽게 하기 위해 직역을 피함

▨ **통합**(Integration) 통합이란 특수교육 대상자의 정상적인 사회적응 능력의 발달을 위하여 일반학교에서 특수교육 대상자를 교육하거나, 특수교육 기관의 재학생을 일반학교의 교육과정에 일시적으로 참여시켜 교육하는 것이라고 할 수 있다. 장애가 있는 학생과 없는 학생이 함께 교육을 받거나 서비스를 제공받는 환경을 의미한다.

▨ **통합교육**(inclusion) 통합교육은 모든 사람들은 능력에 관계없이 필수적인 지원과 개인 특성에 맞는 서비스를 받으며 동일한 환경에 참여해야 한다는 주장을 하는 철학으로서, 장애가 있는 학생이 일반교육 환경에서 교육받는 것을 의미한다. 우리나라 법에는 1994년 도입되었는데, '장애인 등에 대한 특수교육법' 제2조에 다음과 같이 정의되어 있다.

▷ **"통합교육"이란** 특수교육대상자가 일반학교에서 장애유형·장애정도에 따라 차별을 받지 아니하고 또래와 함께 개개인의 교육적 요구에 적합한 교육을 받는 것을 말한다.

통합교육 운동은 분리교육(separate education)이 불평등 교육이라고 생각하는 많은 사람들에 의해 추진되어 왔으며 제한 환경의 최소화 규정에 적합한 운동이다. LRE에서의 교육은 장애아동들이 일반아동들과 함께 최대한 적절한 환경에서 교육받는 것으로, 가장 적절한 교육환경은 분리환경을 포함하여 단계별로 요구에 맞는 환경이다. 아래는 통합 단계별 환경을 나타낸 그림이다.

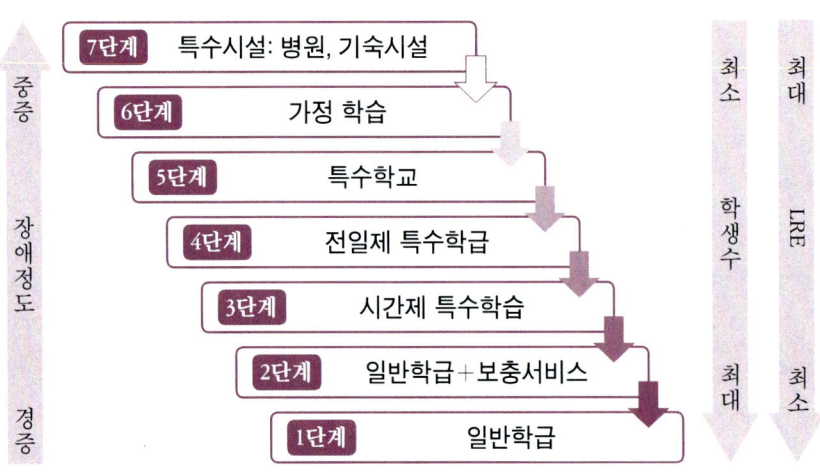

통합교육의 교육배치 단계

☞ **주류화(mainstreaming)・통합(integration)・통합교육(inclusion)의 차이**
세 단어는 '통합교육'이라 번역되어 사용되기도 하지만 학생의 배치와 지원 수준에 따라 차이를 나타내는 용어이다.

▨ **주류화(mainstreaming)** Mainstreaming은 주(main, 主)된 흐름(streaming)의 뜻으로, 일반교육이라는 주된 교육 속에 장애가 있는 학생이 통합되어 가는 과정을 말한다. 이 과정에는 적절한 지원이 있을 수도 있고 없기도 하다.

▨ **통합(Integration)** Integrate는 "부분을 구성하다(be made up parts)"라는 사전적 의미를 가진다. Integrated 프로그램은 장애가 있는 학생이 일반 환경에 배치되는 것을 의미한다. Integration의 문제점은 가까운 거리에 있다고 해서 그 자체가 서로를 수용한다는 것으로 해석할 수 없다는 것이다. 사람들은 Integrated되어 있지만 반드시 Included되는 것은 아니다. 사람들은 같은 공간에 배치되어 있으면서도 함께 어울릴 필요를 느끼지 못할지도 모른다. Integrated 프로그램에서 장애가 있는 학생들을 일반 환경에 배치했던 이유는 기존의 환경들을 거의 바꿀 필요가 없거나 바꾸지 않아도 되기 때문이었다. 이때 수업에 적절히 참여하지 못하는 학생들을 보고 체육교사들은 버려버린(dumping) 학생이라 표현하기도 했다. 즉, 물리적 통합 수준이기 때문이었다.

통합(integration)

▨ **통합교육(Inclusion)** Include의 사전적인 의미는 "전체의 일부로 구성하거나 수용하다(to comprise or embrace, as part of a whole)."라고 한다. 통합교육 프로그램은 모든 사람에게 적절한 수준으로 프로그램을 제공하고 활동에 필요한 사항을 적절히 지원하여 스포츠와 신체활동에 참여할 기회를 주고자 하는 것이다. 모든 사람들이 전체 시스템의 한 부분이 되어야 하듯이 사회의 구성원 중에 일부가 되어

통합교육(inclusion)

> **mainstreaming:** 主流化, 강물 따위의 원줄기가 되는 큰 흐름. 전체 학생의 교육의 본류는 일반교육이 큰 흐름임

야 한다. 통합교육은 또한 장애가 있는 학생들이 개개인으로서 인정을 받는 것을 의미한다. 장애가 있는 학생들은 독립적이고, 스스로 결정을 내리고, 실수를 하고, 다치거나 패배할 수도 있는 위험을 감수하기도 하면서 조직 내의 다른 구성원들처럼 신체활동을 통하여 이득을 얻게 된다.

> **통합체육의 장단점**
>
> 장애가 있는 학생을 교육할 때에 일반교육 환경에 배치하는 통합(integration), 주류화(mainstreaming), 통합교육(inclusion)을 통한 교육은 일반학생 및 장애학생 모두의 관점에서 그 효과를 생각해야 한다. 모든 학생들에게 만족스러운 결과를 얻을 수 있는 교육이 최고의 교육이다.

장점

- 일반적으로 장애가 있는 학생들의 운동수행능력(motor performance)은 다른 교과목을 수행하는 능력들에 비하여 양호한(normal) 편이다. 그러므로 장애가 있는 학생들은 다른 과목보다 체육교육 환경 안에서 더 나은 수행능력을 발휘할 수 있다.
- 통합교육 환경은 장애가 있는 학생뿐만 아니라 장애가 없는 일반학생 모두에게 유익할 수 있다. 장애가 없는 학생들의 심동적, 인지적, 사회적(정의적) 관점에서의 모범 행동은 장애가 있는 학생들에게 효과적인 역할모델이 되며 장애가 없는 학생들은 장애가 있는 학생들을 측은히 여기기보다는 존중하는 법을 배운다.
- **정상화 과정**(normalization): 장애가 있는 학생들은 게임과 활동들을 통해 다른 학생들과 사회적으로 소통하는 법을 배우며 이는 학생들이 고립된 환경이 아닌 실제 생활환경에 적응할 수 있도록 도와준다. 하지만 단지 장애가 있는 학생들을 통합교육 환경 속에 배치하는 것만으로 사회적 상호작용을 배울 수 있다는 것은 아니다.
- 장애가 있는 학생들은 장애가 없는 학생들과 함께하면서 더 잘하고 싶은 자극을 받는다.
- 수행력이 다양한 학생들을 통합하는 것은 시간, 인적 자원, 시설, 그리고 장비들을 아낄 수 있게 해주며 결과적으로는 학교의 예산을 절감해 준다.

| IV. 지적장애인·정서장애인·자폐 성장애인의 체육 지도 전략 | V. 시각장애인의 체육 지도 전략 | VI. 청각장애인의 체육 지도 전략 | VII. 지체장애인·뇌병변장애인의 체육 지도 전략 |

단점

▷ 장애가 있는 학생들이 일반체육 수업 환경에 통합되려면 별도의 시설 및 특별한 기구가 추가적으로 필요하며, 이를 위한 계획과 준비하기 위한 시간이 소요된다.

▷ 대부분의 일반체육교사는 장애가 있는 학생의 지도방법과 행동관리기술에 대해 잘 인지하고 있지 못한다.

▷ 수행능력 정도가 다양한 장애 학생들이 모여 있는 수업에서는 스포츠 활동을 진행하기 어렵다.

▷ 대규모 수업에서는 장애가 있는 학생을 함께 참여시키지 못할 수도 있고 통합교육 환경 속에 함께 참여하는 것을 꺼려할 수도 있다. 학생들은 소규모 수업에 좀 더 안정적으로 참여할 수 있다.

[출처: Lavay(1992)에서 인용]

☞ **통합(integration)스포츠**
통합스포츠는 일반적으로 실시하고 있는 스포츠 활동에 장애가 있는 사람들이 참여하기 위하여 규칙, 방법, 기구 등을 일부 수정하거나 수정하지 않고 함께 실시하는 운동이다.

장애인스포츠의 통합 과정

장애가 있는 사람들이 참여하는 스포츠 활동의 형태는 경기에 참여하는 방법과 기준에 따라 구분할 수 있다. 남아공 출신의 의족 스프린터로 탄소섬유로 만든 'J'자 형태의 의족을 착용하고 경기에 출전해 '블레이드 러너(Blade Runner)'라는 애칭으로 불리는 Oscar Pistorius는 패럴림픽을 비롯하여 세계육상선수권대회에 참여하여 입상하였는데, 패럴림픽은 장애인만이 참여하는 대회인 반면 세계육상선수권대회는 일반선수들이 참여하는 대회로 우수한 성적을 거둔 것이다. 이는 장애가 스포츠 참가를 가로막지 않는다는 것을 보여준다. 단지 제한 환경이 최소화(LRE)된 통합스포츠 환경 여건을 어떻게 만드는가에 따라 장애가 있는 선수도 참여할 수 있다. 통합스포츠는 다음에 제시한 그림과 같이 5단계로 구분되는데 장애가 있는 선수들만의 경기는 LRE가 최대이고 일반경기에 장애 선수가 경기 규칙에 아무런 제한없이 참여하면 LRE가 최소이다.

Oscar Pistorius:

양하지 의족 육상선수

2004아테네패럴림픽 200m 금, 2008 베이징패럴림픽 100, 200, 400m 금, 2011 대구세계육상선수권대회 1600m 세계 최초 세계선수권대회 장애인메달 획득

통합 위계	LRE	기준	예
일반스포츠 Regular sport	최소 ⇑	모든 선수자격 기준 동일	- 정신지체 800m 달리기 - 보장구 착용 달리기
일반 스포츠의 적용 Regular sport with accommodation		경기 결과 무영향 기구 시설 이용	- 안내줄 이용 시각장애 볼링(목표) - 투척 의자(안정성) - cart 이용 PGA 골프(Martin)
일반 스포츠와 장애인 스포츠 Regular & adapted sport		장애 구분 없이 함께 경기, 변형·일반스포츠 교대 참가	- 마라톤에 휠체어 선수 참가 - 테니스복식경기 장애·일반신수 함께 참가 - Special Olypics Unified Sports
통합된 장애인 스포츠 Adapted sport integrated	⇓	장애와 일반 선수가 규칙 변형 스포츠에 참가	- 대학교 일반선수의 휠체어농구 경기 참가 - 론볼 경기
분리된 장애인 스포츠 Adapted sport segregated	최대	장애 선수만 참가	- 장애선수만 참가하는 스포츠나 일반스포츠

- ▨ **일반스포츠**(regular sport)(Level 1) 장애인 선수들이 일반스포츠 시설의 변형 없이 스포츠에 참여하는 것을 의미한다. 장애인에게 각각의 스포츠 참가 단계에 알맞은 동등한 참가 기회를 제공해야 한다. 스포츠 참가 1단계의 예는 육상 일반부 800m 달리기를 하는 지적장애 선수, 혹은 지역사회 클럽 야구팀에서 야구경기를 하는 절단장애인이다.

- ▨ **일반스포츠 적용**(Level 2) 장애인들에게 합리적인 적응 방법을 제공하고, 스포츠 활동에 참가하고 있는 장애인이 다른 일반인들처럼 동일한 이익과 결과를 얻기 위해 동등한 기회를 허용하는 단계로서 장애인의 적응 여부는 장애인들에게 불리하게 적용되어서는 안 된다. 예로는 시각장애 볼링선수가 가이드 레일(guide rail)을 잡고 투구하거나 지체장애 투척 선수가 필드 및 투척용 휠체어를 사용하는 경우, 시각장애 수영선수가 반환점(turn)을 돌 때 탭스틱(tap stick)의 도움을 받는 경우 등이다. 지체장애 선수가 프로골프협회(Professional Goal Association; PGA) 투어에 카트를 타고 참가하는 경우 등도 있다.

- ▨ **일반스포츠와 장애인스포츠**(Level 3) 체육시설에서 부분통합 혹은 완전 통합으로 행해지고 있는 일반스포츠 및 장애인스포츠를 포함하는 것이다. 장애인들은 장애선수 및 일반선수를 포함한 모든 참가자들과 함께 협동 혹은 경쟁을 한다. 예를 들면, 휠체어 경기에 참가하는 장애선수는 장애선수뿐 아

나라 일반선수를 포함한 모든 마라톤 선수들과 경쟁할 수 있다. 테니스에서 장애선수와 일반선수가 파트너로 함께 경기할 수 있다. 일반선수에게는 발리 리턴 전에 원 바운드를 허용, 휠체어 테니스 선수에게는 투 바운드를 허용한다. 스페셜올림픽의 통합스포츠(unified sport) 프로그램은 장애인과 일반인이 함께 참가하는 또 다른 통합의 예이다.

▨ **통합된 장애인스포츠**(Level 4) 장애선수와 일반선수가 변형된 스포츠 종목에 참가하는 경우로 장애에 관계없이 함께 하는 경기이다. 일례로, 일반선수가 휠체어를 타고 장애선수와 함께 휠체어테니스 경기를 하는 모습을 들 수 있다. 휠체어농구 대회에 대학교 일반학생들이 휠체어를 타고 등급분류를 제외한 휠체어농구 규칙에 의해 경기하는 경우이다.

▨ **장애인스포츠**(Level 5) 완전 분리된 체육시설에서 장애인스포츠 및 일반스포츠에 참가하고 있는 장애선수들이다. 장애가 있는 선수로 판정받은 선수들만이 경기에 참가하며 장애인 경기단체가 주최하는 거의 모든 스포츠대회를 의미한다. 통합스포츠 단계는 주로 통합의 정도(협력자 혹은 경쟁자)와 스포츠 유형(전통적 혹은 변형적)에 근거한다. 이러한 단계는 장애인과 일반인의 협력 및 상호작용을 강조하는 것으로 장애의 정도와 수행능력을 반영하지만, 때로는 그렇지 않을 수도 있다. 이것은 특정 스포츠와 관련된 운동 수행에 있어 장애(disability) 특성과 수행능력이 환경보다 중요한 요인으로 작용하기 때문이다.

[출처: Winnick(2011/2014)에서 인용]

장애인스포츠
(adapted sport): 장애선수들이 보조기구(예: 슬레지하키) 및 규칙 변형(예: 작은 운동장, 작은 골대, 7인제 축구 등)을 통해서 일반 스포츠에 참여하는 것, 휠체어럭비(Quad Rugby) 혹은 시각장애인을 위한 골볼 경기와 같은 장애인만을 위한 경기에 참여하는 것을 의미한다.

☞ **우리나라의 통합스포츠**
통합스포츠는 장애가 있는 선수이든 일반 선수이든 서로 간에 이점이 있다. 장애가 있는 선수들은 자연스럽게 사람들을 대하면서 장애에 대한 생각을 잊게 하고, 일반 선수들은 장애에 관계없이 자연스럽게 사람들을 대하게 한다. 우리나라에서 통합스포츠는 일부 종목에서 활성화되어 있다.

▨ **한국의 통합스포츠 현황** 장애 있는 사람들의 체육, 스포츠 등의 활동에 대한 부정적인 사회적 인식, 법, 행정 등은 통합스포츠의 발전에 장벽이 되고 있다. 그럼에도 불구하고 한국에서 통합스포츠가 자리를 전혀 잡지 못하고 있는 것은 아니며, 휠체어농구, 사격, 론볼, 배드민턴, 양궁, 야구 등의 종목은 통합스포츠의 모델이 되고 있다. 양궁 경기는 1992년부터 장애 있는 선수들에게 참가 자격을 동등하게 부여하고 있고(Level 1: Regular sport), 휠체어를 탄 선수들도 동일한 규칙 하에 경기를 개최하고 있는데(Level 2: Regular sport with accommodation), 장애 있는 선수들의 기록은 우수한 편이다. 사격 경기의 경우에는 1980년부터 소구경복사(Air Rifle Prone)에서 장애 선수의 참가 제한을 두지 않고 있으며(Level 1), 휠체어나 보장구를 이용하는 선수의 경우에는 1992년부터 일반경기선수권대회에 장애인경기종목을 두고 있어 참가할 수 있다(Level 3). 론볼(lawn bowls)은 한국에서 일반 스포츠로 인식되기 보다는 장애인 스포츠로 보급된 경기이다. 이 경기에는 1998년부터 노인들이 장애 있는 선수들과 함께 경기에 참가하고 있다(Level 4 or Level 1). 휠체어농구는 한국에서 통합스포츠로 많이 알려진 대표적인 경기이다. 대학교 특수체육 전공 학생들로 구성된 휠체어 농구부는 전원이 장애가 없는 선수로 구성되어 있는데, 1992년부터 전국휠체어농구대회의 예선전에 한해 참가하기 시작하였고, 1998년부터는 결승리그에 참가하고 있으며 일반인 팀은 7개에 이르고 있다. 일반인 팀과 경기를 할 때에는 휠체어농구의 등급분류(functional classification) 점수에 제한을 두고 있지 않기 때문에 장애 수준에 제한을 두고 있지 않다(Level 2). 최근에는 청각장애 선수로만 구성된 고등학교 야구부가 전국 규모의 야구경기에 참여하여 경기를 해서 화제가 되었다(Level 1). 이외에도 장애인 경기에 통합스포츠 대회를 준비 중에 있는데, 이에 해당하는 경기에는 휠체어 테니스, 수영, 육상 종목 등이 있다(Level 2). 한국에서 통합스포츠는 법과 행정적으로 인정되지 않지만 장애 있는 선수들과 없는 선수들 사이에 있는 신체 능력 차이에 대한 편견의 벽을 허물고 서로 이해의 폭을 넓히는 계기를 제공하고 있다.

[출처: 최승권(2003)에서 인용]

휠체어농구대회에 참가한
대학생 농구 선수들의 모습

참고문헌

국민체육진흥법 시행령, 대통령령 제25446호 (2014). 2014. 12. 28, http://www.law.go.kr에서 인출

국민체육진흥법, 법률 제12856호 (2014). 2014. 12. 28, http://www.law.go.kr에서 인출

대한민국헌법, 헌법 제10호 (1987). 2014. 12. 8, http://www.law.go.kr에서 인출

문화관광부 (2007). **장애인체육 백서**.

장애인 등에 대한 특수교육법, 법률 제12127호 (2013). 2014. 12. 14, http://www.law.go.kr에서 인출

장애인복지법 시행규칙, 보건복지부령 제278호 (2014). 2014. 12. 14, http://www.law.go.kr에서 인출

장애인복지법, 법률 제11977호 (2013). 2014. 12. 14, http://www.law.go.kr에서 인출

장애인차별금지 및 권리구제 등에 관한 법률 시행령, 대통령령 제24454호 (2013). 2014. 12. 14, http://www.law.go.kr에서 인출

장애인차별금지 및 권리구제 등에 관한 법률, 법률 제12365호 (2014). 2014. 12. 14, http://www.law.go.kr에서 인출

최승권 (1994). **특수체육 강의노트**. 서울: 태근문화사.

최승권 (1996). 한국의 특수체육 연구의 태동과 발전. **용인대학교 체육과학연구 논총**, 6(2), 1-11.

최승권 (2003). 한국에서의 특수체육을 통한 통합과 상생. **한국특수체육학회지**, 11(2), 17-24.

Auxter, D., Pyfer, J., & Huettig, C. (2001). *Principles and method of adapted physical education and recreation*(9th ed.). NY: McGraw-Hill Company.

Hallahan, P. P., & Kaufman, J. M. (1986). *Exceptional children: Introduction to special education*. Englewood Cliffs, NJ: Prentice-Hall.

International Paralympic committee (2014). *Layman's Guide to Paralympic Classification*. 2014. 12. 5, http://www.paralympic.org/sites/default/files/document/120716152047682_classificationguide_2.pdf에서 인출

Jansma, P., & French, R. (2001). **특수체육**. (김의수 역.). 서울: 레인보우북스. (원저 1994 출판)

Lavay, B. (1992). *Special physical education*. Dubuque, IA: Kendall/Hunt Publishing Company.

WHO (1980). *ICIDH: International classification of impairment, disability, handicap*.

WHO (2001). *ICF: International classification of functioning, disability and health*.

Winnick, J. P. (2013). **특수체육과 장애인스포츠**. (최승권, 강유석, 김권일, 김기홍, 박병도, 양한나 외 7인 역.). 서울: 레인보우북스. (원저 2011 출판)

특수체육의 사정과 측정

1. 사정(assessment)의 개념과 유형

2. 진단과 평가의 이해와 활용

3. 장애인 대상 검사도구

4. 과제분석(Task Analysis)

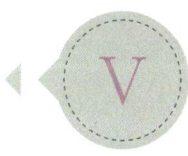

1. 사정(assessment)의 개념과 유형

사정, 평가, 측정의 개념

사정	평가와 측정의 중간개념으로서, 체계적인 가치판단에 관심을 두기보다는 측정활동을 통하여 특정목적을 달성하기 위한 근거자료를 수집하는 과정에 중점을 두는 활동
평가	일반적으로 평가대상의 장점과 가치를 결정하는 과정
측정	물리적 대상을 자나 저울과 같은 도구를 사용하여 양을 나타내듯이 인간의 인지적, 정의적, 심동적 영역에 속하는 여러 가지 특성을 검사나 질문지와 같은 도구를 이용하여 수량화하는 일련의 과정

[출처: 이승희(2010)에서 인용]

양적자료: 수량적 형태로 제시되거나 요약된 자료
질적자료: 서술적 형태로 제시되거나 요약된 자료

선별(screening): 효율적이고 경제적인 평가를 통하여 더 심층적인 평가에 의뢰할 것인가를 결정하는 과정

진단(diagnosis): 어떤 상태의 특성과 원인을 파악하는 과정. 선별과는 달리 상대적으로 많은 문항을 활용하며 포괄적인 사정이 이루어진다.

- **사정(assesment)** 교육적 의사결정에 필요한 자료를 수집하는 과정이다. 사정을 통해 수집되는 자료로는 양적자료와 질적자료가 있다. 장애인스포츠 현장에서 지도자들은 장애인들의 요구를 알아내고 이들이 지닌 강점을 파악하며 이들의 요구를 충족시킬 수 있는 프로그램을 계획하고, 진행된 프로그램의 성과를 확인하는 등 다양한 측면에서 사정을 필요로 하게 된다. 따라서 사정은 프로그램 및 교육 활동 전반에 걸쳐 끊임없이 반복되는 매우 중요한 활동이라 할 수 있다.

- **평가(evaluation)** 수집된 자료에 근거하여 가치판단을 통하여 교육적 의사결정을 내리는 과정이다. 다시 말해 사정이 정보를 수집하는 과정이라면, 평가는 수집된 정보를 기반으로 하여 대상자에 대한 운동기능 수준 또는 체력상태 등과 관련된 결정을 내리는 총체적인 과정을 말한다. 사정과 평가는 서로 다른 의미를 지니고 있으면서 장애인 운동 프로그램의 계획 및 적용을 위한 연계적이며 필수적인 과정이라고 할 수 있다.

- **측정(measurement)** 양적 또는 수량적 자료를 수집하는 과정이다. 사정이 측정보다 더 포괄적인 용어로, 사정을 통해 수집되는 자료 중 양적자료의 수집 과정을 측정이라고 한다.

사정 방법의 분류

적용되는 진단 형식	공식적 사정	↔	비공식적 사정
사용하는 도구 유형	규준참조검사	↔	준거참조검사
절차상의 수정 가능성	표준화 검사	↔	장애에 따라 수정된 검사
자료 수집 방법	직접 사정	↔	간접 사정
자료 수집 상황	자연적 관찰	↔	임상적 관찰
수집되는 정보 유형	결과중심 사정	↔	과정중심 사정

[출처: 이소현 등(2009)에서 인용]

▨ **공식적 사정**(formal assesment)**과 비공식적 사정**(informal assessment) 사정 과정에서 수집되는 정보의 형태에 따라 분류된다. 예를 들어, 공식적 사정은 특정 목적을 가지고 선택한 표준화된 검사 등을 사용하여 이루어지는 것이며, 비공식적 사정은 표준화된 절차보다는 행동 관찰 등을 포함하는 비표준화된 절차에 의한 사정을 의미한다.

▨ **규준참조검사와 준거참조검사** 규준참조검사는 그 검사를 받는 동일한 특성(대표적으로 연령)을 가진 사람들의 점수 분포인 규준에 검사 대상자의 점수를 비교함으로써 동일 집단 내 대상자의 상대적 위치에 대한 정보를 제공하는 검사이다. 예를 들면, 대상자가 40대 남성이라면 40대 남성의 체력수준에 검사대상자의 체력수준을 비교하는 것이다. 준거참조검사는 사전에 설정된 숙달기준인 준거에 대상자의 점수를 비교함으로써 특정 영역에서의 대상자의 수준에 대한 정보를 제공하는 검사이다. 예를 들면, 40대 남성의 적정 체지방율이라는 준거와 비교하여 비만 여부를 판단하는 것이다.

▨ **표준화 검사와 장애에 따라 수정된 검사** 표준화 검사는 정보를 수집하는 과정이 표준화된 절차를 따른다는 특성을 지닌 사정방법이다. 표준화 검사는 검사지침서에 제시되어 있는 정해진 절차와 방법을 사용해야 한다. 장애인의 경우 반응과 행동의 폭이 다양하기 때문에 이러한 표준화된 절차를 따르기 어려울 수 있으나 다수의 표준화 검사는 규준참조검사이기 때문에 동일집단과의 비교가 가능한 타당한 결과를 도출하기 위해서는 정해진 절차와 방법을 따라야 한다. 그러나 중증의 뇌성마비 장애인에게 좌전굴 검사를

검사(test): 점수 또는 다른 형태의 수량적 자료를 산출하기 위하여 사전에 결정된 반응유형을 요구하는 질문 또는 과제

실시하는 것은 의미가 없으므로 특정 장애가 있는 경우에는 표준화 검사가 타당하지 않을 수도 있다. 장애에 따라 수정된 검사는 표준화 검사와는 달리 장애인의 능력을 정확하게 진단하기 위하여 융통성있는 절차와 방법을 사용할 수 있게 하는 사정방법이다. 예를 들어, 사정에 사용되는 자료를 조작하기 쉽게 더 크게 만들거나, 시각적 대비를 분명하게 해서 더 잘 보이게 수정하거나, 선택해야 하는 반응의 종류를 줄이는 것이다. 이때 주로 사용하는 방법으로는 (1) 검사자기 필요히다고 판단되는 경우에 검사 항목이나 절차를 수정하는 방법, (2) 검사의 수정을 위하여 체계적인 지침을 제공하는 방법, (3) 특정 장애에 적합하도록 고안된 절차를 사용하는 방법이 있다.

▨ **직접 사정**(direct assessment)**과 간접 사정**(indirect assessment) 직접 사정과 간접 사정은 검사자가 정보를 수집하는 방법에 의해서 분류된다. 대상자와 직접 대면하여 정보를 수집하는 직접 사정을 주로 많이 사용하며, 장애인의 운동 프로그램을 계획하고 현재 체력 및 운동수행 수준을 결정하는데 필수적으로 포함되어야 한다. 간접 사정은 대상자에 대한 정보를 간접적으로 수집하는 방법이다. 예를 들어, 보호자 또는 가족이 면담에 참여하여 이들이 평가척도를 작성하는 방식이다. 간접 사정을 직접 사정없이 단독적으로 사용할 경우, 정확한 정보를 수집하는 데 어려움이 있을 수 있으므로 직접 사정과 함께 사용하면서 보다 더 다양하고 심도 있는 정보를 수집하는 데 활용할 수 있다.

▨ **자연적 관찰**(naturalistic observation)**과 임상적 관찰**(clinical observation) 자연적 관찰은 일상적 환경 안에서 자연스럽게 일과에 참여하는 동안 이루어지는 관찰이다. 주로 전반적인 행동을 관찰하거나 사회적 기술 및 일상생활 속에서의 자조기술과 같은 구체적인 행동에 초점을 맞추어 관찰하기도 한다. 가정, 직장, 시설 등 장애인이 속한 일반적인 환경의 물리적·사회적 요소를 관찰하여 정보를 제공하는 생태학적 사정(ecological assessment)이나 가족 또는 주변인과의 상호작용에 초점을 맞추는 상호작용적 사정(interactive assessment)은 자연적 관찰의 대표적인 예이다. 반면 임상적 관찰은 병원이나 검사실과 같은 임상적인 환경에서 이루어지는 관찰이다. 검사자가 숙련된 전문가인 경우에는 임상적 관찰을 통해 타당도와 신뢰도가 높은 사정을 수행할 수 있으나 제한된 행동만을 관찰한다는 점이 한계점으로 지적되고 있다. 그러므로 임상적 관찰만으로 대상자를 잘못 평가하지 않도록 주의해야 한다.

관찰(observation): 관찰은 장애인의 사정에 있어 반드시 포함되는 필수적인 과정이라 할 수 있다. 자연적인 관찰부터 구조화된 관찰에 이르기까지 매우 다양하게 실시될 수 있다.

◼ **결과중심 사정**(product-based assessment)과 **과정중심 사정**(process-based assessment) 수집되는 정보의 종류에 따라 결과중심 사정과 과정중심 사정으로 분류될 수 있다. 결과중심 사정이란 일반적으로 검사도구를 사용하여 그 결과를 동일 집단과 비교하거나 교육 활동을 시작해야 하는 시점을 알아내는 사정을 의미한다. 자료를 지속적으로 수집하는 포트폴리오 사정, 수행사정(performance based assessment), 참사정(authentic assessment)도 결과중심 사정에 포함된다. 과정중심 사정은 대상자가 검사자나 환경과 어떻게 상호작용하는지에 초점을 맞추는 방법으로, 주로 정해진 항목이나 과제를 수행할 수 있는지의 여부를 관찰한다. 과제를 제시하고 수행하는 과정을 관찰하는 역동적 사정(dynamic assessment)이 과정중심 사정의 대표적인 예시이다. 예를 들어 시각장애가 있거나 운동능력에 심한 제한이 있는 장애인의 경우 결과중심 사정을 통해서는 적절한 정보를 얻을 수 없으므로 과제 수행 과정 중에 대상자의 능력과 독특한 요구사항을 알아내기 위하여 대안적인 방법으로 과정중심 사정을 사용할 수 있다.

> **참고 생태학적 사정**
>
> 장애인의 체육활동과 관련된 사정 방법 중 생태학적 사정은 기능적인 접근방법을 강조하고 있다. 기능적인 접근은 대상자의 현재 또는 미래의 환경과 관련하여 가장 자연스러운 환경에서 필요로 하는 기술을 사정하고 지도하는 것을 의미한다. 예를 들어, 육상 필드경기 팀에 속해있지 않은 장애인에게 창던지기와 같은 기술은 비기능적인 기술이므로 이와 같은 기술을 지도하기보다는 실제로 필요한 기술을 사정하고 지도할 것을 권장하고 있다. 이때 가족의 관심, 지역사회에서 인기있는 활동, 프로그램 유용성, 활동 선택에 영향을 줄 수 있는 시설 등을 종합적으로 고려하여 사정해야 한다.
>
> 생태학적 사정은 하향식(top-down) 전략과 유사한 부분이 많이 있다. 예를 들어, 미니골프를 상향식(bottom-up) 접근 방식으로 지도하려면 스탠스, 그립, 스트로크와 같은 기본기술 이외에 점수 방식, 규칙 등을 모두 지도한 후 미니골프 게임을 하게 된다. 그러나 하향식 접근방식은 이와 반대되는 것으로, 지역사회 시설에서 독립적으로 미니골프 경기를 하는 것을 목표로 한다면 코스 익히기(경로 알기, 안전하게 길 건너기 등), 사전 점검(라운드 비용 지불하기, 필요한 장비 챙기기, 점수판 기록하기 등), 게임 진행(그립, 스탠스, 스트로크 등), 에티켓, 사후 점검(퍼터 등 장비 반납 등), 귀가 등의 내용이 포함된다.

☞ **표준화검사**

표준화검사(standardized test)란 검사의 구성요소, 실시과정, 채점방법, 결과해석기법을 구조화하는 과정을 거쳐 제작된 검사이다. 따라서 표준화검사는 검사지침서에 제시되어 있는 지침을 엄격히 따라야 한다. 이와 같은 표준화 검사에는 규준참조검사(norm-referenced test)와 준거참조검사(criterion-referenced test)가 있다. 표준화검사의 대부분은 규준참조검사이다.

[출처: 이승희(2010)에서 인용]

대표성: 규준집단이 대상집단의 특성을 얼마나 잘 대표하는지를 의미한다. 성, 연령, 사회경제적 지위, 지역 등이 있다.

크기: 규준집단에 포함된 인원수를 의미하는 것으로, 각 연령당 최소 100명 이상이 필요하다.

적절성: 검사 대상자에 대한 규준집단의 적용가능성을 말하는 것으로, 검사를 실시하는 목적에 따라 필요한 규준의 유형이 다를 수 있다.

▨ **규준참조검사** 대상자의 점수를 규준(norm)에 비교하는 것인데, 규준은 그 검사를 받은 동일집단의 점수분포를 의미한다. 따라서 규준참조검사는 동일집단 내에서 대상자의 상대적 위치를 알아보는 데 유용하다. 규준에는 국가단위규준이나 지역단위규준 등 여러 유형이 있으며 규준집단의 양호성은 규준참조검사에서 매우 중요한 요인으로, 대표성, 크기, 적절성을 통해 평가할 수 있다.

▨ **준거참조검사** 대상자의 점수를 준거(criterion)에 비교하는 것으로, 준거는 사전에 설정된 숙달수준(실패/성공, 우수/보통/미흡)을 의미한다. 즉, 특정 기술이나 체력 등의 수준을 알아보는 데 유용하다. 규준참조검사는 전문적인 검사제작자에 의해 개발되는 반면, 준거참조검사는 그렇지 않을 수도 있다. 따라서 준거참조검사는 표준화된 준거참조검사와 교사제작 준거참조 검사로 구분할 수 있다.

규준참조검사	준거참조검사
동일 집단의 수행과 비교	사전에 설정된 수준과 비교
동일 집단 내에서 상대적 위치	특정 기술이나 체력 등의 수준
선별, 진단, 배치에 사용	프로그램 계획 및 평가에 사용
광범위한 영역, 영역당 소수 문항수	좁은 영역, 영역당 많은 문항수
다양한 난이도의 문항	거의 동등한 난이도의 문항

☞ **표준화검사의 수정**

표준화검사는 지침서에 제시되어 있는 대로 실시, 채점하고 그 결과를 해석해야 한다. 그렇지 않을 경우 대상자의 점수를 규준과 비교하는 것은 의미를 잃게 된다. 그러나 장애로 인해 지침대로 검사를 수행할 수 없다면 장애를 고려하여 검사과정을 수정하는 여러 가지 방법이 있다. 대표적인 방법으로 지시, 시범, 시간제한, 제시양식, 반응양식, 보조물, 촉구자극, 피드백, 정적 강화, 물리적 위치, 검사자 등이 있다. 예를 들어, 시간제한을 두고 블록을 쌓는 과제를 뇌성마비인에게 요구했을 때 시간제한을 연장하거나 제거하는 것이다.

[출처: 이승희(2010)에서 인용]

표준화검사의 수정방법

유형	수정
지시	지시를 할 때 보다 더 쉽게 바꾸어 말하기
시범	검사과제를 어떻게 수행하는지에 대한 시범 보여주기
시간제한	과제완성을 위한 시간제한을 연장하거나 제거
제시양식	과제의 제시양식 변경. 예를 들어 시각장애인에게 문항을 읽도록 요구하지 않고 검사자가 문항을 읽어주는 것
반응양식	대상자에게 요구되는 반응양식을 변경. 예를 들어 청각장애인에게 구두로 대답하는 대신 답을 쓰도록 하는 것
보조물	종이, 연필 등의 보조물의 사용을 허용
촉구자극	촉구자극 제공. 예를 들어, 검사의 첫 단계를 검사자가 수행
피드백	피드백 제공. 정반응에 대한 확인과 오반응에 대한 정정
정적 강화	정반응이나 다른 적절한 행동에 대한 정적 강화 제공
물리적 위치	검사가 실시되는 위치나 장소 변경. 탁자가 아닌 바닥에서 검사를 실시하거나 놀이방에서 실시
검사자	검사자 변경. 부모 또는 교사와 같이 대상자가 편안하게 느낄 수 있는 사람이 검사 실시

▨ 장애인을 대상으로 표준화 검사를 수정하여 실시할 때 주의할 점

(1) 수정 실시 전 일단 지침대로 검사를 완전히 실시한다. 이를 통해 대상자의 능력에 대한 정보뿐만 아니라 대상자가 필요로 하는 보조의 유형과 정도에 대한 정보도 얻을 수 있다.

(2) 수정 전 지침서에 수정지침이 있는지 살펴보아야 한다. 이때 수정 후 검사결과의 타당성에 대한 증거도 함께 제시되어 있는지 확인한다. 만약 타당도에 대한 증거가 없다면 결과의 해석에 신중을 기해야 한다.

(3) 지침서에 제시되어 있는 수정지침의 범위를 넘어선 수정을 사용하고자 할 때에는 결과보고서에 수정내용을 자세히 기술해야 하고 대체점수로 보고한다.

(4) 지침서의 범위를 넘어선 수정을 사용한 경우에는 규준과 비교하여 검사결과를 해석해서는 안 된다.

> ☞ **비표준화 사정**
> 표준화 사정은 장애인을 위한 프로그램을 계획하는 데 필요한 구체적인 내용까지 제공하지 못한다. 비표준화 사정은 장애인을 위한 프로그램의 목표를 설정하고 지속적인 변화 과정을 확인하는 데 유용하다. 비표준화 사정에는 대안적 사정, 준거참조사정, 교육과정 중심사정, 관찰사정 등이 있다. 이러한 사정은 자연적인 환경에서 실시한 사정 결과를 실생활과 수행에 직접 연결하려는 시도이다.
>
> [출처: Sandra, Diane, & Cynthia(1992/2009)에서 인용]

▨ **비표준화 사정의 필요성** 장애인스포츠에서 비표준화된 방식의 실제적 상황에서의 사정 및 평가에 대한 요구가 커지고 있다. 적절하게 실행한다면 학습자에게 자기 점검 및 앞으로의 학습 과정에 대한 정보를 제공할 수 있다. 장애인스포츠 지도자들은 사정의 목적에 따라 다양한 유형의 사정방법 중 적절한 것을 선택할 수 있어야 한다. 배치 및 적격성과 관련된 사정이라면 타당도와 신뢰도가 높은 사정방법을 선택해야 할 것이다. 그러나 농구의 드리블과 같이 특정 상황에서 사용하는 기술을 학습하기 위해서라면 비표준화 방식의 사정을 선택할 수 있다.

▨ **대안적 사정**(alternative assessment) 대안적 사정은 전통적인 접근방식으로 사정할 수 없는 장애인을 위해 필요한 것으로, 표준화 검사 또는 수정을 적용한 표준화 검사에 참여할 수 없을 때에 필요하다.

> 대안적 사정과 더불어 대체사정(alternate assessment)이라는 용어도 사용되는데, 대체사정이란 조정(accommodation)에도 불구하고 일반적 사정에 참여할 수 없는 소수의 장애인을 위해 고안된 사정을 의미한다. 대체사정을 통해 수집한 정보는 표준화된 사정을 통해 수집한 정보를 대신하여 향상도에 대한 기준이 될 수 있다.

▨ **(교사 제작)준거참조사정** 교사 또는 지도자가 자체적으로 제작한 준거참조사정은 대상자의 개인 내적 차이를 강조한다. 개개인의 이전 수행을 기준으로 향상정도를 점검하는데 유용하며 대상자의 강점과 약점을 모두 확인할 수 있다. 준거참조사정을 개발하는 단계는 다음과 같다. (1) 사정할 일련의 특정 교수 목표를 명확하게 밝힌다. (2) 각 목표를 일련의 단계나 기술로 나누는 과제분석을 실시한다. (3) 과제분석의 각 단계를 조작적으로 정의한다. (4) 사정할 각 기술의 수행기준을 명확히 한다. (5) 사정할 항목을 교육과정에서 배우는 기술에 잘 부합되게 선정한다. (6) 대상자의 수행을 효율적이고 정확하게 기술할 수 있는 채점 및 보고 체계를 개발한다.

▨ **교육과정 중심사정** 일반적으로 학교의 교육과정에서 학생의 수행을 평가하는 개념으로, 사정에 사용되는 항목들은 학교의 교육과정으로부터 도출된 것이다. 이는 장애아동 또는 낮은 학업성취를 보이는 학생을 위한 사정방법

으로, 최근 많은 관심을 받고 있다. 표준화 검사는 학생들이 실제로 배운 내용과 깊게 관련되지 않을 수 있으며 시간의 변화에 따른 작은 변화가 명확하게 평가되지 못할 수 있다는 한계점으로 인해 교육과정 중심사정에 대한 관심이 높아졌다. 교육과정 중심사정에는 준거참조-교육과정 중심사정, 교육과정 중심측정, 교수설계용 교육과정 중심사정, 교육과정 중심평가, 교육과정-교수 중심사정이 있다.

▨ **관찰사정** 특정 환경에서 개인의 행동을 규정하고 직접적으로 관찰하여 체계적으로 기록하는 것을 의미한다. 지도자는 관찰을 하기 전에 다음의 세 가지 사항들을 고려해야 한다. (1) 관찰할 행동을 조작적으로 정의해야 한다. 조작적 정의란 행동이 발생하는 조건을 분명하게 밝히고 행동의 시작과 종료를 명확하게 표현하는 것을 의미한다. 예를 들어, 과제 회피행동을 객관적으로 측정하는 것은 어려운 일이지만 과제 수행 중 정해진 장소를 벗어나거나 지도자의 지시를 따르지 않고 중단하는 행동을 측정하는 것은 가능하다. (2) 목표 행동을 측정하는 방법을 결정해야 한다. 행동의 빈도, 강도, 지속시간 등을 측정하거나 영속적인 결과를 측정할 수도 있다. (3) 관찰 기간을 결정해야 한다. 일상 속에서 빈번히 관찰할 수 있는 행동이라면 단기간 관찰만으로도 충분한 정보를 얻을 수 있겠지만 행동 기회가 제한된 경우에는 얼마나 오래 관찰을 지속할 것인지 결정해야 한다. 또한 2명 이상의 관찰자들의 의견이 일치하는지 확인해야 한다. 관찰 내용을 기록하는 방법으로는 서술기록, 간격기록, 사건기록, 평정기록이 있다.

서술기록	특정 사건이나 행동의 전모를 이야기하듯 있는 그대로 사실적으로 묘사하는 방법. 일화기록, 연속기록
간격기록	관찰대상행동을 관찰기간동안 일정한 간격으로 여러 회에 걸쳐 관찰하여 기록하는 방법. 전체간격시간표집, 부분간격시간표집, 순간시간표집
사건기록	관찰기간 동안 지속적으로 관찰하여 관찰대상행동이 발생할 때마다 기록하는 방법. 행동의 빈도, 강도, 지속시간, 지연시간
평정기록	관찰대상행동을 관찰한 후 사전에 준비된 평정수단(범주, 척도 또는 체크리스트)을 사용하여 행동의 특성, 정도 또는 유무를 판단해 기록하는 방법. 범주기록, 척도기록, 검목표기록

▨ **포트폴리오 사정** 포트폴리오란 '하나 이상의 영역에서 학생의 노력과 발전 및 성취를 보여주는 의미있는 모음집'이다. 성과, 참여 및 선택, 자신의 일에 대한 자기 반성을 강조하는 포트폴리오 사정은 학습의 과정과 성과 모두를 포함한다. 개개인의 포트폴리오에는 (1) 어느 한 기간 동안 수집된 행동 샘플, (2) 다양한 환경과 조건에서 개발된 학업 성과, (3) 자연적인 상황에서 자주 수행되는 과제를 반영하는 성과, (4) 학생의 성과와 교사의 종합적인 정보로 구성된 자료, (5) 학생의 성과 선택을 포함할 수 있다. 포트폴리오 사정의 이점은 사정될 작업의 성과에 대한 학생의 참여와 선택이 포함된다는 것이다.

또한 사정된 결과를 실생활 환경에 보다 직접적으로 결부시킬 수 있다는 이점이 있다. 그러나 단점은 포트폴리오 사정을 기반으로 하는 보고서가 공식적으로 채택되기는 어렵다는 점이다.

> **참고 루브릭**
>
> 루브릭은 명확한 수행 준거를 바탕으로 동작이나 기술의 다양한 등급을 구분하기 위한 평가 방법의 일종이다. 루브릭을 적용할 때에는 기록자가 수행동작의 질적인 측면을 객관적으로 일관되게, 그리고 정확하게 다루어야 한다. 루브릭을 사용함으로써 지도자는 학습자로 하여금 어떤 기술이 관련 스포츠의 내용을 기능적으로 수행할 수 있는지, 그리고 현재 학습자의 수준이 어떤지를 알아낼 수 있다. 장애인의 매우 독특하고 개인별 특성이 강한 스포츠 활동에서 루브릭은 매우 유용할 수 있다.
>
> [출처: Winnick(2011/2014)에서 인용]

[출처: 최승권, 이인경, 양한나, 2011]

2. 진단과 평가의 이해와 활용

> ### ☞ 점수의 유형
> 측정이란 양적 또는 수량적 자료를 수집하는 과정이다. 이러한 측정에 의해 수집된 자료는 점수로 요약되는데, 점수에는 여러 가지 유형이 있으므로 적절한 점수를 보고해야 한다. 점수의 유형별 특성을 이해해야 적절한 점수 유형을 선정할 수 있으며, 타 기관 또는 다른 검사자가 실시한 검사보고서를 정확히 이해할 수 있고, 다른 영역의 전문가와 원활하게 의사소통할 수 있다.
>
> | 원점수 | 원점수 | | | |
> |---|---|---|---|---|
> | | 백분율점수 | 백분율점수 | | |
> | 변환점수 | 유도점수 | 발달점수 | 등가점수 | |
> | | | | 지수점수 | |
> | | | 상대적 위치 점수 | 백분위점수 | |
> | | | | 표준점수 | |
> | | | | 구분점수 | |
>
> [출처: 이승희(2010)에서 인용]

■ **원점수**(raw scores) 원점수는 획득점수라고도 하는데 보통 피검자가 정답한 문항에 부여된 배점을 단순히 합산한 점수로 정의된다. 예를 들어, 모든 문항에 배점이 1점인 검사에서 15개 문항 중 12개 문항에 정답을 보였다면 원점수는 12점이 된다. 이러한 원점수는 피검자의 수행에 대한 의미있는 해석을 할 수 있는 정보를 주지 못한다. 즉, 12점이 높은 점수인지 낮은 점수인지 판단할 수 없다. 따라서 원점수를 해석하기 위해 다른 형태의 점수로 변환시키게 되는데 이를 변환점수라고 한다.

변환점수(transformed score): 대상자의 수행에 대한 절대적 또는 상대적 해석을 위해 원점수를 변환시킨 점수를 의미한다. 변환 점수에는 백분율점수와 유도점수의 두 가지 유형이 있다.

■ **백분율점수**(percentage scores) 백분율점수란 총문항수에 대한 정답문항수의 백분율 또는 총점에 대한 획득점수의 백분율이라고 할 수 있다. 예를 들어, 총 15개 문항으로 구성된 시험에서 12개 문항에서 정답을 보였다면 백분율점수는 80%가 된다. 이러한 백분율점수는 준거참조검사에서 수행수준을 묘사할 때 유용하게 사용된다. 그러나 백분율점수는 다른 점수와 상대적 비교할 수 없다는 제한점이 있다. 다음 시험과의 비교 또는 다른 과목과의 비교가 불가능하기 때문에 이러한 상대적 해석을 하기 위하여 원점수를 유도점수로 변환시켜야 한다.

유도점수(derived scores): 점수들 간의 상대적 비교가 가능하도록 원점수를 변환시킨 점수이다. 유도점수에는 발달점수와 상대적 위치점수가 있다.

연령등가점수와 지수점수: 발달연령의 지수점수는 발달지수(developmental quotient)라고 하며, 정신연령의 발달지수는 비율IQ(ratio IQ)라고 한다.

▨ **발달점수**(developmental scores) 발달점수란 아동의 발달정도를 나타내는 점수로 등가점수와 지수점수가 있다. 등가점수(equivalent scores)란 특정 원점수를 평균수행으로 나타내는 연령 또는 학년을 말한다. 즉, 그 연령 또는 그 학년 아동들의 평균점수가 특정 원점수와 같다. 운동발달에 지체가 있는 9세 아동의 대근운동발달수준이 연령등가점수 7-5라는 것은 7세 5개월 된 아동의 평균수행수준을 보인다는 것을 의미한다. 즉, 실제 연령은 9세이지만 아동의 원점수는 7세 5개월 아동의 평균점수와 같으므로 지체되어 있다는 것을 알 수 있다. 학년등가점수는 학년과 달을 소수점으로 표현하는데, 초등학교 4학년 아동의 읽기능력이 학년등가점수로 1.2라는 것은 1학년 둘째달 아동들의 평균 읽기 수행수준을 보인다는 것을 의미한다. 지수점수(quotient scores)란 발달율의 추정치를 의미하는데 아동의 연령등가점수를 아동의 생활연령으로 나눈 후 100을 곱하여 산출한다. 이것은 생활연령에 대한 연령등가점수의 비율이므로 비율점수(ratio scores)라고 불리기도 한다.

▨ **상대적 위치점수**(scores of relative standing) 발달점수와 달리 상대적 위치점수는 아동의 수행수준을 또래집단 내 그 아동의 상대적 위치로 나타낸다. 따라서 원점수를 상대적 위치점수로 변환시킴으로써 한 아동의 여러 가지 점수를 비교할 수 있을 뿐 아니라 연령층이 다른 아동들도 비교할 수 있다. 또한 상대적 위치점수들 간의 상호비교도 가능한데 이러한 상대적 위치점수들 간의 관계는 정규분포상에 상대적 위치점수들을 그려 봄으로써 쉽게 알 수 있다(아래의 그림 참조). 상대적 위치점수에는 백분위점수, 표준점수, 구분점수가 있다.

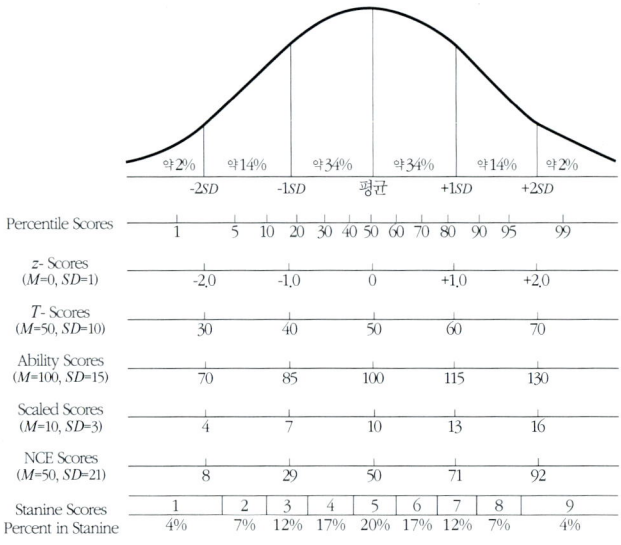

정규분포와 상대적 위치점수

- **백분위점수**(precentile scores 또는 percentiles) 백분위점수란 특정 원점수 이하의 점수를 받은 아동의 백분율(%)을 의미한다. 예를 들어 원점수가 60점이고 그 원점수에 해당하는 백분위점수가 75라면, 전체 아동 중의 75%가 60점 또는 그 미만의 점수를 받았다는 의미이다. 이와 같은 백분위점수는 사례의 크기나 검사의 종류가 다르더라도 상대적인 위치를 서로 비교할 수 있다는 장점이 있으나 점수 사이에 동간성이 없다는 제한점이 있다.

- **표준점수**(standard scores) 표준점수란 사전에 결정된 평균과 표준편차를 가지고 정규분포를 이루도록 변환된 점수들을 총칭하는 용어이다. 표준점수는 특정 원점수가 평균으로부터 그 이상 또는 그 이하로 얼마나 떨어져 있는가를 나타낸다. 표준점수로는 Z점수, T점수, 능력점수, 척도점수 등이 있는데 이들은 동간성을 갖는다. Z점수는 평균 0, 표준편차 1을 가진 표준점수이다. 산출하는 공식은 다음과 같다.

$$Z점수 = (원점수 - 평균) \div 표준편차$$

예를 들어, 수학의 평균과 표준편차는 각각 40과 5이고, 체육의 평균과 표준편차는 각각 50과 6이다. 수학은 47점이고 체육은 48점인 학생이 있을 때 Z점수를 산출해보면 수학의 Z점수는 (47-40)/5=1.4이고 체육의 Z점수는 (48-50)/6=-0.3이다. 즉, 체육의 원점수가 높지만 이 학생은 수학을 더 잘한다는 것을 알 수 있다. 그러나 Z점수는 소수점과 음수가 나타나는 번거로움이 있어 양의 정수로 표시되는 다른 유형의 표준점수로 전환시키게 되는데 주로 사용되는 것이 T점수이다.

$$T점수 = 50 + 10(Z점수)$$

앞서 제시된 예를 다시 적용해보면 수학의 T점수는 64이고 체육의 T점수는 47임을 알 수 있다. 능력점수(ability scores)는 일반적으로 평균 100, 표준편차 15를 가진 표준점수이다. 구분점수(stanine scores)는 정규분포를 9개 범주로 분할한 점수이며 따라서 1~9까지의 점수분포를 가진다.

- **구분점수** 구분점수란 특정점수가 아닌 수행의 범위를 나타내기 때문에 표준점수보다 덜 정확한 정보를 제공하며 9개 범주 간에 동간성이 없다는 제한점이 있다. 그러나 점수 해석이 비교적 쉬워 비전문가와 검사결과에 대해 논의할 때 편리하다.

> 능력점수는 주로 학업능력 검사에서 주로 사용되는데 비율IQ와 구분하여 편차IQ라고 불리기도 한다.

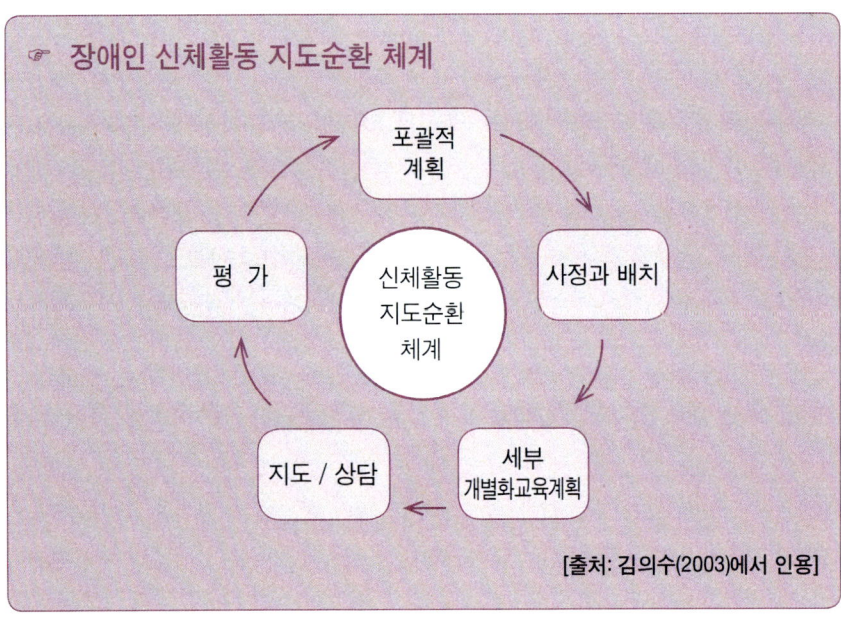

[출처: 김의수(2003)에서 인용]

■ **신체활동 지도순환 체계** 장애인에게 신체활동 및 스포츠를 지도하기 위해 효과적인 절차와 지도방법을 계획하고 시행하는 것은 매우 중요한 과정이다. 각각의 단계와 과정은 매우 유기적인 관계를 형성하고 있으며 처음과 끝이 명확히 구분되는 것이 아니라 한 차례의 과정이 끝나면 다시 목표를 설명하고 이를 달성하기 위해 새로운 내용을 지도하는 절차가 반복되는 순환적인 과정이다. 이 가운데 사정은 학습자의 배치를 결정하고 세부 개별화교육계획을 수립하는 데 기초자료가 되는 매우 중요한 과정이라 할 수 있다.

■ **포괄적 계획** 장애인과 함께 스포츠 활동을 하기 전에 프로그램에 대한 전반적인 내용을 준비하는 과정이 선행되어야 한다. 프로그램의 목적과 목표, 추진 방향을 설정하고 장소, 기구, 프로그램 시행 일정(기간, 빈도, 1회 프로그램 시간 등), 지도자(자원봉사자) 선정 및 교육, 재원 확보 방안, 보호자와의 협의 방법 등에 대한 내용을 구체적으로 설정해야 한다.

■ **사정과 배치** 대상자의 수준을 파악하는 선별, 진단, 평가를 모두 포함하는 개념의 사정으로, 계획적이고 구체적인 지도를 위한 기본적인 전제 조건이라 할 수 있다. 장애인을 대상으로 스포츠를 지도할 때, 측정과 검사를 통해 대부분의 사정이 이루어지고 일부는 상담 또는 관찰 등의 사정자료를 참고한다. 이러한 경우 가장 우선적으로 운동기술, 건강상태 및 체력과 관련된 현재의 수준을 파악하는 것이 중요하다. 이외에 사회성, 인지능력, 지역사회 적응수준 등을 폭넓게 사정할 수 있다. 배치는 의료시설부터 완전히 통합된

통합교육에서의 배치: 병원학교에서부터 완전 통합의 형태인 전일제 일반학급까지 다양한 수준의 통합 단계가 있다.

일반인 프로그램까지의 수준별 단계에 배치하는 것을 의미한다. 예를 들어, 장애인만을 대상으로 하는 프로그램에 참가할 것인지 또는 일반인과의 통합 프로그램에 참가할 것인지를 결정하는 것으로 여러 가지 상황을 종합적으로 고려하여 배치를 결정한다. 통합/비통합뿐만 아니라 대그룹 활동, 소그룹 활동, 1:1 지도 등을 결정하는 것도 이 단계에서 결정해야 할 사항이다.

▨ **개별화교육계획** 이는 말 그대로 각 학습자의 능력과 수준을 고려하여 적절한 교육목표와 방법을 선택한 후 교육을 시행하는 것이다. 1:1 교육으로 잘못 이해되는 경우가 많은데, 개인교육이 아닌 개별화 교육은 장애인의 개인차(신체기능, 학습능력 등)를 적절히 고려하여 학습계획을 세우는 것을 의미한다. 장애학생의 학교교육에서는 반드시 필요한 법적 의무사항이지만 장애인의 스포츠 활동에서는 권장사항이라 할 수 있다. 사정을 통해 수집한 자료를 바탕으로 개인별로 구체적인 장·단기 목표를 세우고 지도 과정 및 지도방법, 관련 서비스 제공에 대한 내용을 포함해야 한다.

▨ **지도와 상담** 이것은 프로그램의 시행과 직접적으로 관련된 부분으로, 운동기술, 체력, 기타 신체활동 영역을 지도하는 것이다. 이때 지도 이외에 상담도 중요한데 장애인 본인 및 보호자에 대한 상담은 필수적인 과정이라 할 수 있다. 면담 형식으로 학습자와 라포(rapport)를 형성하면서 정보를 수집할 수 있고 프로그램에 대한 설명의 기회가 될 수도 있으며 필요한 경우에는 전문가와의 심층적인 상담을 통해 개인 내적 어려움에 도움을 줄 수도 있다.

▨ **평가** 이때의 평가는 프로그램의 효과와 학습자의 성취도를 판단하는 지속적인 과정, 교육에 의한 향상 또는 변화 정도를 파악하는 과정이라 할 수 있다. 즉, 사정은 교육적 중재가 이루어지기 전 특정 영역 또는 전반적 영역의 수준을 측정하여 배치 및 교육계획 수립에 활용하는 것이 목적이라면 이때의 평가는 지도 이후 의도된 변화 정도나 성취도를 파악하는 단계이다. 따라서 사정과 평가는 서로 동일한 경우가 많으나 사정 단계에서는 보다 광범위한 영역에 대해 검사를 하는 반면, 평가에서는 프로그램에서 목적으로 설정했던 영역의 검사에 초점을 두고 있다. 평가단계에서는 프로그램의 목적을 어느 정도 성취했는지에 대한 효과성과 목적을 달성하기 위해 소비된 시간과 자원 등에 대한 효율성 및 학습자 및 프로그램과 관련된 사람들의 만족도를 판단한다.

> **☞ 장애인 스포츠에서 사정 및 평가 시 주의사항**
>
> 심동적 영역의 운동기술 및 체력 뿐만 아니라 행동, 인지, 정서, 사회성 등 다양한 영역의 사정이 이루어져야 한다. 또한 사정을 통해 수집한 자료를 신뢰하고 이를 근거로 프로그램을 계획하기 위해서는 다음과 같은 지침들을 잘 숙지해야 한다. 특히, 장애유형별 특성을 고려한 지침들을 고려하여 타당도와 신뢰도가 높은 검사가 될 수 있도록 해야 한다.
>
> [출처: Jansma & French(1994/2001)에서 인용]

실질적 사정 또는 참사정(authentic assessment): 교수-학습과는 무관하게 형식적으로 이루어지던 검사도구를 통한 간접적인 평가활동으로부터 탈피하여 학습목표와 직결된 수행과제의 달성을 실질적으로 나타내고 수행하도록 하는 데 중점을 두고 교수-학습활동과 연계하여 이루어지는 사정(출처: 한동기(2008))

▷ 현재의 운동수행 수준은 여러 가지 사정에 기초하여 결정되어야 한다.

▷ 지도자는 측정 전에 검사도구의 사용법을 철저하게 익혀야 한다.

▷ 검사가 실시되기 전에 학습자와 검사자가 친숙해질 수 있는 시간을 갖는다. 학습자가 어린 아동이거나 지적장애가 있는 경우에, 검사자와의 친밀도는 결과에 중대한 영향을 미칠 수 있다.

▷ 타당성이 입증된 도구를 사용한다. 즉, 측정하고자 하는 영역을 측정하는데 적합한 도구를 선택해야 한다.

▷ 신뢰도가 높은 도구를 사용한다. 재검사를 실시했을 때 일관된 결과를 얻을 수 있거나 다른 검사자의 결과와 일치해야 한다.

▷ 표준화된 검사도구 이외에 학습자의 특성을 고려하여 보다 더 적절한 검사도구를 찾아야 한다. 한 가지 검사만으로 학습자의 능력을 평가해서는 안 되며, 필요한 경우 비표준화된 대안적인 도구를 이용하거나 직접 제작할 수도 있다.

▷ 지도자는 관찰자료를 수집해야 한다. 지속적인 관찰을 통해 목표행동을 파악할 수 있고 관찰자료들은 프로그램을 계획할 때 도움이 된다.

▷ 산만한 환경은 감각을 자극하여 집중에 방해가 된다. 집중력 부족은 운동 수행 중 오류의 주 원인이 되므로 차분한 환경에서 사정 및 평가가 이루어져야 한다.

▷ 학습자의 인지 능력을 고려하여 검사도구를 선택해야 한다. 예를 들어, 운동발달을 사정하는 것이 목적이지만 도구 사용방법이 지나치게 복잡하다면 인지능력의 제한으로 인해 운동발달을 정확히 사정하지 못 할 수 있다.

▷ 학습자의 의학 상의 제한사항 또는 행동상의 문제들이 검사 결과에 영향을 미칠 수 있다는 점을 고려해야 한다. 따라서 검사자는 학습자의 독특한 행동, 행동에 대처하는 방법, 의학적 요구에 반응하는 방법, 대체 의사소통 방법 등에 대해 알고 있어야 한다.

▷ 검사할 기술에 대해 설명하고 필요한 경우 시범을 보여줌으로써 설명만으로 부족한 이해를 높일 수 있다.

▷ 최상의 운동수행을 위해 검사 전에 연습 기회를 제공하고 궁금한 점을 질문할 수 있도록 한다. 반복하여 지도한 후 제대로 이해했는지 여부를 확인하기 위해 지도 내용을 실시해 보도록 한다.

▷ 가능하다면 게임 상황에서 검사를 실시한다. 이러한 전략은 쉽게 산만해지는 학습자의 주의 집중에 도움이 되며, 학습에 대한 동기유발에도 효과적이다.

▷ 검사 실시 전 학습자의 요구를 충족시켜야 한다. 예를 들어, 배고픔, 목마름, 화장실 가기, 옷갈아 입기, 보장구 사용여부 등을 충분히 고려해야 한다.

▷ 대집단 검사를 실시할 때에는 가능하다면 비디오를 녹화하여 동작을 분석하고, 과제카드를 사용하여 스스로 검사할 수 있도록 하거나 동료들과 서로 검사를 실시하도록 한다.

▷ 장애유형별로 고려할 사항은 다음과 같다.

- 지적장애인에게 스피드를 검사할 때에는 결승선 근처에서 미리 속도가 느려질 수 있으므로 결승선을 실제보다 몇 미터 뒤에 설치하여 최상의 기록을 측정하도록 한다.

- 지적능력에 제한이 있고 쉽게 산만해지는 경우, 버피테스트를 4박자가 아닌 2박에 실시하도록 하다.

- 지체장애인의 심폐지구력을 측정할 때에는 암에르고미터 또는 물에서 걷기와 같은 대체 검사방법을 이용한다.

- 평형성에 문제가 있을 경우, 하지 순발력 검사를 멀리뛰기 대신 수직점프로 실시한다.

- 휠체어를 사용하는 학습자에게는 낮은 철봉을 이용하여 턱걸이를 실시하거나 팔굽혀 매달리기를 검사한다.

3. 장애인 대상 검사도구

> ☞ **특수체육에서의 검사도구**
> 장애인을 대상으로 하는 특수체육에서는 장애유형과 수준에 따라 '운동기술'과 '체력'에 대한 수정·변형된 검사도구가 주로 활용되며, 대상자의 특성에 따라 정서, 인지 분야에 대한 검사도구가 필요한 경우도 있다.

▨ **특수체육 검사도구 관련 고려사항** 특수체육에서의 사정(assessment)은 신체활동 지도의 합리성을 확보하는 데 기본 요건일 뿐만 아니라 장애인스포츠 분야의 경기력 향상을 위한 합리적인 지침을 제공한다. 특수체육 지도를 위해 개발된 검사도구들은 일반인들의 체력 검사도구나 운동기술 검사처럼 표준화되어 있는 것이 많지 않다. 이러한 이유는 대부분의 일반적인 검사도구들이 소수의 항목으로 검사방식의 통일성을 지향하지만 장애인의 경우는 그 유형과 수준에 따라 하나의 검사요인에 대해서도 다양하게 변형된 검사방식이 요구되기 때문이다. 그럼에도 불구하고 대표적인 운동기술과 체력의 발달 수준을 파악하기 위해 표준화된 검사도구들이 요구되는 경우가 있으며, 이를 위해 지도자들은 검사의 개요 및 정확한 검사방법을 알고 있어야 한다.

특수체육 분야에서도 검사도구의 타당성과 신뢰성은 중요하다. 특히, 장애인스포츠에서 검사도구를 활용할 때에는 손상유형, 손상정도와 함께 참여 대상자의 욕구에 대한 다양성이 충분히 고려되어야 한다.

타당성: 측정하고자 하는 것을 측정하느냐의 문제
신뢰성: 누가 또는 비슷한 시기에 차이를 두고 측정하더라도 검사의 결과가 일정한 결과를 갖느냐의 문제

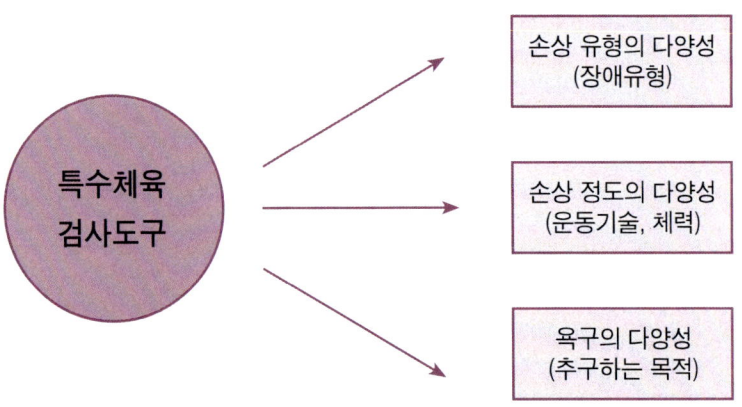

장애인스포츠 검사도구 고려사항

특수체육에서의 검사대상 영역

장애인들의 체육활동 지도를 위해서는 대상자의 운동기술발달 및 체력 수준을 정확히 검사하는 것이 중요하다.

■ **운동기술 영역** 장애인스포츠에서 검사 대상은 운동기술 측면에서 인간의 발달단계에 해당하는 '감각, 지각운동', '기본운동기술', '게임운동기술', '스포츠 및 전문 여가운동기술'을 포함한다. 장애유형과 수준 및 참여자의 욕구에 따라 검사 대상이 되는 운동기술 영역이 선정되지만 현장 분야에서는 기본운동기술에 대한 영역이 중시된다.

■ **체력 영역** 장애인스포츠에서 검사 대상은 체력의 향상과 유지 및 경기력 향상 측면에서 '건강체력', '기술체력'을 포함한다. 최근 건강에 대한 중요성이 대중에게 인식되면서 장애인스포츠 분야에서도 건강체력에 대한 검사의 중요성이 강조되고 있다. 또한 전문 운동선수들의 경기력 향상 측면에서는 종목 특성에 따른 기술체력이 강조되기도 한다.

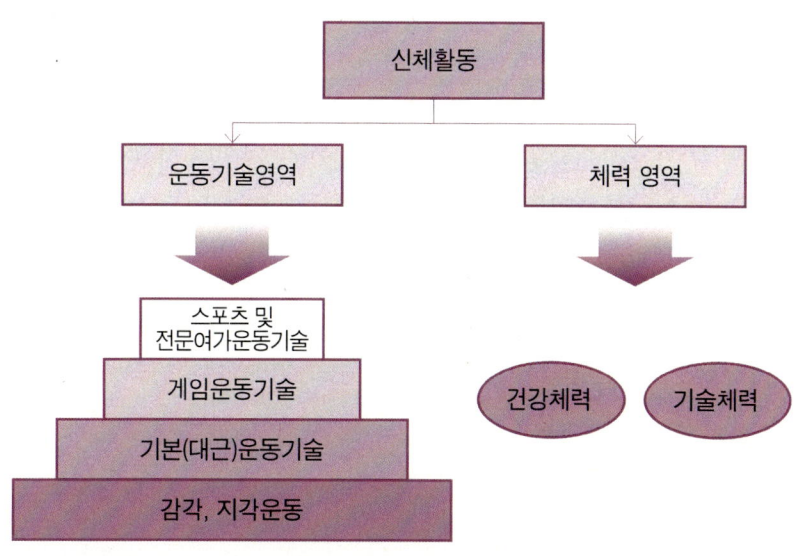

장애인스포츠 검사대상 영역

감각, 지각운동기술: 인간의 감각기능과 지각기능을 자극하는 신체활동기술로 감각운동의 요소는 오감 및 평형감 등을 포함하고 지각운동의 요소는 신체지각, 방향지각, 속도지각, 공간지각 등의 요소를 포함

기본운동기술: 기본 대근활동에 해당하는 물체조작기술과 이동기술을 포함

건강체력: 인간이 건강을 유지하기 위해 요구되는 기본적인 체력으로 심폐능력, 유연성, 근력 및 근지구력, 신체조성 요인을 포함

기술체력: 운동기술체력이라고도 하며 특정 종목이나 활동에서 경기기술 및 경기력 향상을 위해 요구되는 체력

참고 장애인스포츠 분야에서 활용 가능한 운동기술 관련 검사 도구(김의수, 2003)

검사도구명	검사 내용	비 고
Bruininks-Oseretsky Test of Motor Proficiency	기본운동기술 및 특정운동기술 검사 46개 항목 검사 규준지향 검사 4.5-14.5세 대상	Bruininks (1978)
Ohio State University Scale of Intra-Gross Motor Assessment	기본운동기술 검사 11개 항목 검사 준거지향 검사 2.5-14세 대상	Loovis & Ersing (1979)
Peabody Developmental Motor Scale	기본운동기술 및 움직임 발달 지표 12개 대근운동기술 검사 준거지향-규준지향 검사 출생-6세 11개월 대상	Folio & Fewell (1983)
Test of Gross Motor Development	기본운동기술 검사 12개 항목 검사 준거지향-규준지향 검사 3-10세 대상	Ulrich (1985, 2000)
Motor Development Checklist	영유아 움직임 발달 지표 35개 항목 검사 준거지향 검사 대상 연령 미확정	Gevelinger 등 (1988)
Evaluating Movement and Posture Disorganization in Dyspraxic Children	기본움직임 기술과 자세 검사 10개 항목 검사 준거지향 검사 5세 이상 아동 대상	Magrun (1989)
Denver II	유아 신체발달 지표 및 기본움직임 기술 검사 총 125개 항목 중 움직임 관련 항목 61개 규준지향 검사 출생-6세 대상	Frankenburg, Dodds & Archer (1990)
Gross Motor Performance Measure	영유아 움직임 발달 지표 및 기본운동기술 검사 20개 항목 검사 준거지향 검사 20세 미만의 뇌성마비인	Boyce 등 (1991, 1995)
Movement Assessment Battery for Children Test	기본운동기술 및 특정운동기술 검사 32개 항목 검사 준거지향 검사 4-12세 대상	Henderson & Sugden (1992)

> **참고** 장애인스포츠 분야에서 활용 가능한 운동기술 관련 검사 도구(김의수, 2003)

검사도구명	검사 내용	비 고
Assessment of Motor and Process Skills	운동기술의 숙련성 검사 36개 항목 검사 준거지향 검사 특정 대상 연령 없음	Fisher (1995)
Brockport Physical Fitness Test	건강관련 체력 검사 27개 항목 검사 준거지향 검사 장애 및 일반 아동용	Winnick & Short (1999)
Fitnessgram	건강관련 체력 검사 13개 항목 검사 준거지향 검사 일반 학령기 아동 및 장애아동 적용	American Fitness Alliance (1999)
YMCA Youth Fitness Test	건강관련 체력 검사 5개 항목 검사 준거지향 검사 6-17세 대상	YMCA (2000)

☞ TGMD(Test of Gross Motor Development) 개요

TGMD는 만 3세-10세 아동의 대근운동발달 수준을 검사하는 표준화된 검사 도구로 기본운동기술 능력을 확인할 수 있다. 1985년 개발된 TGMD(Ulrich, 1985)는 현재 TGMD-2(Ulrich, 2000)로 개정되어 사용된다. TGMD-2가 장애인들만을 대상으로 한 표준화된 검사도구는 아니지만 개발 시 장애아동을 모집단에 포함시켜 데이터를 확보하였다는 점과 낮은 발달단계 운동기술의 수준을 확인할 수 있는 있다는 점에서 유용성을 갖는다.

TGMD 1판(1985)

TGMD-2의 검사 항목 TGMD-2는 대근운동발달 중 기본운동기술에 해당하는 이동기술과 조작기술 검사 항목으로 구성되어 있다. 기본운동기술 영역은 적극적인 스포츠 활동에 참여하는 데 기반이 된다는 점에서 중요한 가치를 갖는다. 이동기술 검사에는 달리기, 갤롭, 홉, 립, 제자리멀리뛰기, 슬라이드 동작이 포함되어 있고, 조작기술 검사에서 치기, 튀기기, 받기, 차기, 던지기, 굴리기 동작을 수행하게 된다(Ulrich, 2000).

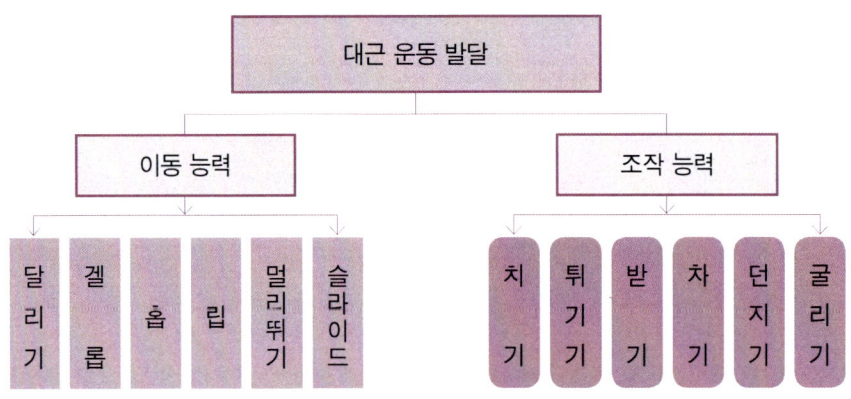

TGMD-2의 세부 검사 항목

TGMD-2 매뉴얼

▨ **TGMD-2의 검사 매뉴얼** 모든 표준화된 검사에는 매뉴얼이 제시되어 있다. 지도자 및 검사자들은 해당 검사도구의 매뉴얼을 먼저 숙지하는 것이 검사의 타당성을 확보하는 첫 번째 요건이다. TGMD-2 매뉴얼에는 TGMD-2의 검사도구 개발과정에 대한 설명으로부터 검사를 위한 준비물, 검사 방법 및 검사 시 유의점들이 제시되어 있고 검사 결과를 활용하는 방법까지 제시되어 있다. 장애인들에게 TGMD-2를 검사하고자 할 때 매뉴얼에서 제시하고 있는 일반적인 검사방법과 주의점 외에도 고려할 사항들이 있다. 예를 들어 매뉴얼에서는 검사를 하기 전에 사전 연습에 대하여 2회 정도 시행하기를 권장하고 있지만 인지적 손상을 갖고 있는 장애의 경우 충분히 검사의 방법을 이해할 수 있는 연습 기회가 필요할 수 있다.

▨ **TGMD-2 검사를 위한 준비물** TGMD-2의 12가지 항목을 검사하기 위하여 요구되는 준비물들이 있다. 특별히 복잡한 도구들은 아니지만 검사를 시행하기 전 미리 준비함으로써 검사 시 시간적인 효율성을 확보할 수 있다.

TGMD-2 검사 준비물

> **참고** TGMD-2 검사 전 시행사항
> - 최소 1주일 전 검사 시행에 대한 것을 당사자와 보호자에게 공지
> - 개인 신상에 관한 양식을 작성하고 측정해야 할 모든 항목의 세부 지침과 내용을 확인
> - 전문가 및 경험자에게 측정에 대한 협조를 요청하고, 검사 후 결과 분석에 대한 도움을 받을 수 있도록 조치
> - 검사가 시행되기 전 검사도구를 포함하여 모든 준비 사항들을 갖춤

▨ **TGMD-2 검사 시행 기본 절차** TGMD-2 검사를 시행할 때에는 각 검사 항목별로 '설명과 시범' - '사전 연습' - '검사'의 절차를 거치도록 한다.

① 기술에 대하여 핵심적인 것을 천천히 설명한다.
② 쉬운 단어로 이해하기 쉽게 설명한다.
③ 때때로 핵심적인 동작 사항을 과장할 필요도 있다.
④ 필요할 경우 설명을 반복해야 한다.

① 최소한 2-3회 사전 연습
② 인지적 장애를 가지고 있는 경우(특히 자폐성장애) 연습 기회를 더 주어야 함

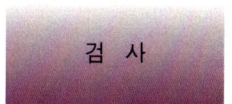

① 실제 검사임을 알려 줌
② 최대 수행을 발휘할 수 있게 격려(더 멀리, 더 힘차게 등) 그러나 '바로 그거야!', '잘했어' 등의 수행 정도를 나타내는 말은 삼가(Ulrich, 2000)

검사의 기본 절차와 유의사항

> **참고** 장애인 대상 TGMD-2 검사 시 고려사항
> - 매뉴얼의 기본적인 방법을 원칙으로 하되 장애유형과 장애특성을 고려하여 변형된 방식을 적절히 선택하도록 한다. 단 동일 대상자에게 적용된 변형된 방식의 검사는 항상 일정하도록 함
> - 지적장애와 같이 인지적 손상이 있는 대상자의 경우 각 검사 항목의 동작 시범은 특징을 쉽게 인식할 수 있도록 시범을 보임
> - 매뉴얼에서 제시한 검사 도구를 사용할 수 없는 장애 대상자의 경우 도구의 수정을 통해 검사가 가능할 수 있게 하되 수정된 검사도구는 차후 검사에서도 동일하게 적용함
> - 장애특성으로 인해 검사를 한 번에 진행할 수 없는 경우 무리하게 진행하지 않고 검사 항목별로 나누어 최선의 동작을 수행할 수 있게 함

▨ **TGMD-2 검사항목별 점수** TGMD-2는 이동기술 6가지와 조작기술 6가지의 12가지 운동수행 기술을 시행하며, 각 동작별로 정해져 있는 3-5개 준거에 의해 점수를 부여한다. 각 기술동작마다 2회를 시행하며, 수행기준을 만족할 경우 1점, 만족하지 못할 경우 0점을 기록한 후 1, 2차 점수를 합산한다.

> **참고** TGMD-2 검사 점수 부여 지침과 준거 예(Urlich, 2000 참조 번역)

기술	지침	수 행 기 준	1차	2차	점수
달리기 (Run)	2개의 콘을 15m 간격으로 둔다. 두 번째 콘 뒤로 최소한 2-3m의 안전정지거리를 확보한다. '출발'이라는 소리에 맞춰 아동에게 최대한 빨리 달리도록 한다. 두 번 반복 시행	팔과 다리는 엇갈려 움직이고, 팔꿈치는 구부린다.			
		양발이 동시에 땅에서 떨어지는 순간이 있다.			
		발뒤꿈치나 앞꿈치의 좁은 면적으로 착지한다(발바닥 전체가 아님).			
		땅에 딛지 않은 발을 90도 정도 뒤로 구부린다(엉덩이에 닿을 만큼).			

기술	지침	수 행 기 준	1차	2차	점수
치기 (Striking a Stationary Ball)	배팅 티 위에 아동의 허리 높이로 공을 올려놓는다. 아동에게 공을 세게 치라고 지시한다. 두 번 반복한다.	주로 사용하지 않는 손(이하 왼손) 위에 주로 사용하는 손(이하 오른손)의 순서로 배트를 잡는다(왼손잡이는 반대).			
		발은 평행하게 하고 주로 사용하지 않는 몸 쪽을 가상의 토스해 주는 사람 쪽으로 향하게 한다.			
		스윙하는 동안 어깨와 엉덩이를 회전한다.			
		앞발 쪽으로 무게중심을 이동한다.			
		배트로 공을 맞춘다.			

각 기술별 점수는 차후 이동기술 6가지, 조작기술 6가지를 각각 합산하여 각 기술영역별로 발달연령 수준을 확인할 수 있다. 또한 이동기술과 조작기술의 점수를 총합하여 표준점수로 환산한 뒤 전반적인 대근운동기술 발달 수준을 확인할 수 있다.

▨ **TGMD-2 검사 결과의 활용** TGMD-2는 대근운동기술 능력을 사정할 수 있는 표준화된 검사도구로 지도자로서 규준지향적인 방식과 준거지향적인 방식 모두 활용이 가능하다. 규준지향적 검사결과 활용은 장애 대상자의 이동기술 및 조작기술 검사 결과(원점수)를 통해 동일 연령대와 비교하여 어느 수준인지를 확인하는 방식이며, 표준점수의 합을 통해 전반적인 대근운동능력의 순위를 파악할 수도 있다. 준거지향적 검사결과 활용은 대상자에 대한 이동기술 및 조작기술 측정 원점수를 기준으로 초기 기준값을 선정하여 향후 운동기술 향상 정도를 초기 기준값과 비교하여 운동의 성과를 확인하는 것이다.

규준지향적: 상대적 서열을 확인하는 방식

준거지향적: 절대 기준을 정하여 기준에 만족하는지를 확인하는 방식

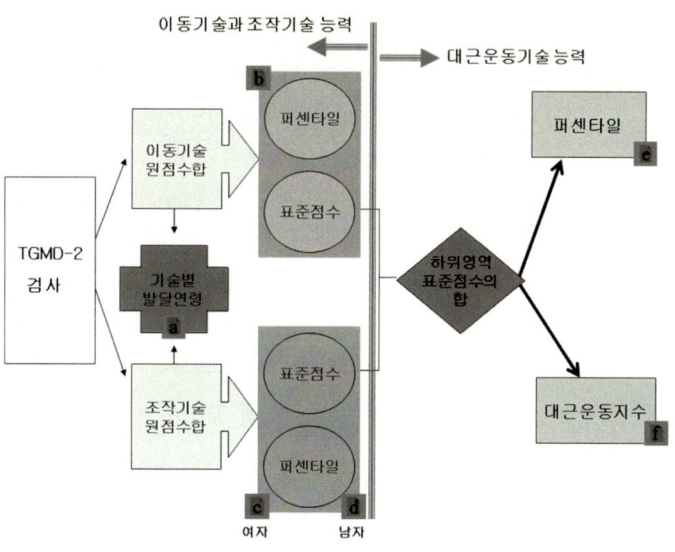

TGMD-2 검사 결과의 활용 구조

퍼센타일: 전체를 100으로 표준화하였을 경우 대상자가 끝에서부터 어느 위치에 있는 것인가를 나타냄

a.: 이동기술과 조작기술별 발달연령 변환표
b.: 이동기술 점수에 따른 백분위 등위 및 표준점수 변환표
c.: 조작기술 점수에 따른 백분위 등위 및 표준점수 여자 변환표
d.: 조작기술 점수에 따른 백분위 등위 및 표준점수 남자 변환표
e.: 이동기술 및 조작기술 표준점수 합을 통한 대근운동기술 백분위 등위 변환표
f.: 이동기술 및 조작기술 표준점수 합을 통한 대근운동기술 지수 변환표

검사 결과를 규준지향적으로 활용하는 과정에서 필요로 하는 것은 매뉴얼에서 제공하고 있는 변환표이다. 예를 들어 아래의 기술별 발달연령(a)의 변환표에서 측정 결과로 이동기술 원점수가 25점일 경우 만 4세 정도의 이동기술 발달 정도를 확인할 수 있다.

참고 이동기술과 조작기술 점수의 발달연령 변환표(Ulrich, 2000)

발달연령	이동기술점수 (남, 여)	조작기술점수 (여)	조작기술점수 (남)	발달연령
<3-0	<19	<15	<19	<3-0
3-0	19	15	19	3-0
3-3	20-21	16	20	3-3
3-6	22	17	21	3-6
3-9	23-24	18-19	22	3-9
4-0	25	20	23	4-0
4-3	26-27	21-22	24-25	4-3
4-6	28	23	26	4-6
4-9	29	24	27-28	4-9
5-0	30-31	25	29	5-0
5-3	32	26	30-31	5-3
5-6	33-34	27	32	5-6
5-9	35	28-29	33-34	5-9
6-0	36-37	30	35	6-0

이하 생략

BPFT매뉴얼(1999)

☞ **BPFT**(Brockport Physical Fitness Test) **개요**

BPFT(Winnick & Short, 1999)는 만 10세에서 17세까지의 척수장애, 뇌성마비, 절단장애, 지적장애, 시각장애인과 일반인에게 적용할 수 있는 건강관련(Health-related) 체력 검사이다. BPFT는 장애유형에 따라 검사항목별 방법이 구분되어 있고 연령대별로 각 장애유형에 대한 최소 건강기준과 권장기준을 확인할 수 있다.

[출처: Winnick(2011/2014)에서 인용]

▨ **BPFT 특징과 가치** BPFT는 건강체력 요소에 해당하는 심폐능력, 근골격계 기능(근력, 근지구력, 유연성), 신체조성에 대하여 장애유형별 특성을 고려하여 총 27가지 항목으로 측정할 수 있다. 이는 일반인들의 표준화된 체력검사가 하나의 체력요인에 대해 단일 검사 항목으로 획일화하여 측정하는 것과 달리 장애인들의 능력과 기능에 맞추어 선택의 기회를 제공한다. 또한 BPFT는 체력 검사의 결과로 등급을 매기거나 순위를 표시하는 상대적 규준지향 방식이 아니라 연령대별로 요구되는 건강 수준의 적합성 여부를 판단하는 준거지향적 방식을 선택하고 있다. 즉 다른 이들과의 비교가 목적이 아니라 개개인의 건강 수준을 확인하고 그에 따른 건강체력 관리의 중요성을 강조한다. BPFT의 경우는 단순히 장애인들에게만 적용할 수 있는 체력검사가 아니라 일반인에 대한 결과도 함께 확인할 수 있도록 결과 해석 자료를 제시함으로써 통합체육 상황에서도 유용하게 활용될 수 있다.

▨ **BPFT 검사 요인별 측정항목과 방법** BPFT는 건강체력 요인에 해당하는 심폐능력 항목 4개, 신체조성 항목 2개, 유연성 항목 5개, 근력 및 근지구력 항목 16개로 구성되어 있다.

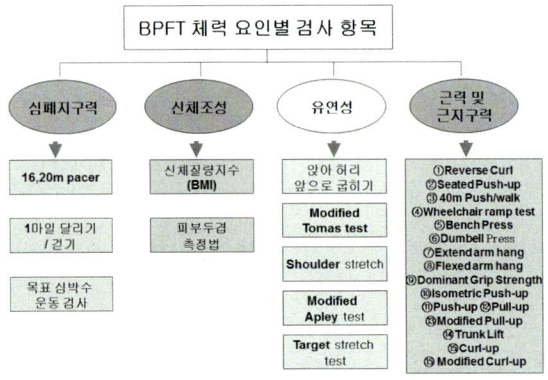

BPFT 검사항목(Winnick & Short, 1999)

참고: BPFT 검사 요인별 항목의 측정 방법 (김의수, 2003)

요인	항목	측정 방법
심폐지구력 (4종목)	20m pacer	20m의 거리를 정해진 시간 간격의 신호소리에 맞추어 달리지 못할 때까지 반복해서 시행 대상) 일반 아동, 정신지체, 정서장애, 시각장애, 청각장애, 상지절단
	16m pacer	16m의 거리를 정해진 시간 간격의 신호소리에 맞추어 달리지 못할 때까지 반복해서 시행 대상) 정신지체
	1마일 달리기/걷기	1마일(약 1.6km)의 거리를 가능한 빠른 시간에 달리거나 걷기를 하여 검사 대상) 일반 아동, 시각장애, 청각장애, 상지절단
	목표 심박수 운동검사	제시되는 심박수(최대심박수의 70~85%)로 15분 동안 지속적인 운동을 할 수 있는지를 검사(목표운동 심박수 범위 측정 선행, 다양한 운동 선택) 대상) 정신지체, 뇌성마비, 척수장애, 절단장애
신체조성 (2종목)	피부두겹 측정법	스킨폴더를 이용하여 삼두근, 견갑골부위, 종아리 측면의 피부 두께를 측정 대상) 모든 대상
	신체질량지수 (BMI)	대상의 신장과 체중의 비율을 계산하여 신체지량지수를 계산 대상) 일반 아동, 정신지체, 시각장애, 뇌성마비
유연성 (5종목)	Target stretch test	손목신전, 팔꿈치신전, 어깨신전, 어깨외전, 어깨회외, 주먹내전, 주먹외전, 무릎신전 정도를 정해진 시계판의 수치로 계산
	Shoulder stretch	몸통 뒤로 팔을 아래 위로 넘겨 등 부위에서 손가락이 접촉하는지의 여부로 상체 유연성을 평가(성공 또는 실패로 평가)
	Modified Apley test	Shoulder stretch의 변형 방법으로 상체 유연성을 평가 - 한쪽 팔을 몸통 뒤로 넘겨 손이 반대쪽 견갑골에 닿으면 3점, 머리에 닿으면 2점, 입까지만 움직임이 가능할 땐 1점으로 평가
	Modified Thomas test	엉덩이 고관절의 가동범위를 측정하여 하체 유연성을 평가하는 방법으로 책상 위에 누워 한쪽 다리를 잡아 가슴까지 당긴 후 반대편 다리가 책상으로부터 뜨는 정도로 평가(바닥에 닿은 상태, 7.6cm, 15.2cm 세 수준)
	앉아 윗몸 앞으로굽히기	일반적인 유연성 측정 방법으로 검사도구에 한발을 밀착시키고 다리를 뻗고 앉아 윗몸을 앞으로 굽혀 손을 뻗을 수 있는 한 뻗는 방법
근력 및 근지구력 (16종목)		1. Reverse curl 2. Seated push up 3. 40m push/walk 4. Wheelchair ramp test 5. Bench press 6. Dumbell press 7. Extend arm hang 8. Flexed arm hang 9. Dominant grip strength 10. Isometric push up 11. Push up 12. Pull up 13. Modified pull up 14. Trunk lift 15. Curl up 16. Modified curl up

TAMT: 심폐능력을 측정하는 검사방법 중 하나로 최대심박수의 70-85% 사이를 유지할 수 있는 활동(예:스텝박스 오르내리기)을 선택하여 15분 동안 지속 여부를 확인

약어 설명
R: 권장되는 검사항목
O: 보조선택 가능 검사항목
G: 일반평가기준 제공
S: 장애별 별도평가기준 제공
※: 단일기준만 가용 (적합 또는 부적합만 판정)
†: 해당 장애인 중 가능한 일부대상에게만 권장

■ **BPFT의 장애 유형별 권장 검사항목** BPFT가 갖는 큰 장점 중 하나는 매뉴얼에서 체력 요인별로 권장되는 장애유형별 검사 항목을 제시하고 있는 것이다. 예를 들어 심폐능력 요인 검사에서 지적장애인들에게는 TAMT(Target Aerobic Movement Test: 목표심박수 유지운동 검사) 검사 항목이 권장되며, 16m 또는 20m 페이서 검사는 지적장애인 중 측정이 가용한 일부 대상자들에게 적용하도록 제시하고 있다. 이에 대한 검사 결과는 TAMT의 경우 정해진 심박수를 유지하며 진행되는 활동을 15분 이상 지속할 수 있는지의 여부로 적합성만을 확인한다.

참고 장애유형별 권장 검사항목(Winnick & Short, 1999)

	일반인		지적장애		시각장애		뇌병변장애		척수장애		절단장애관련	
	검사항목	가용기준	검사항목	가용기준	검사항목	가용기준	검사항목	가용기준	검사항목	가용기준	검사항목	가용기준
심폐능력												
PACER(20m)	O	G	R†	S	R	S					O※	G
PACER(16m)			R†	S								
One-mile run/walk	R	G			O†	S					R†	G
TAMT		G†	R	G※			R	G※	R	G※	R†	G※
신체조성												
Skinfolds	R	G	R	G	R	G	R	G	R	G	R	G
BMI	O	G	O	G	O	G	O	G				
근골격계 능력												
Revers curl									R†	S†		
Seated push-up							R†	S	R†	S	R†	S
40m push/walk							R†	S※				
Wheelchair ramp test							R†/O†	S※				
Bench press		G	O†	S					O†	G	R†	G

이하 생략

> **참고** 지적장애인용 페이서 검사 결과표(Winnick & Short, 1999 참조)

연령	$\dot{V}O_2max$ (ml/kg^{-1}/min^{-1})	20m PACER (#laps)	16m PACER (#laps)
	남자		
10	38	4	9
11	38	10	16
12	38	16	24
13	38	21	30
14	38	27	38
15	38	33	45
16	38	38	57
17	38	44	59

만약 지적장애인이 R^+ 에 해당하는 페이서 검사를 시행했을 경우는 지적장애인만을 위해 별도로 제공되는 평가표를 통해 건강한 심폐능력 수준인지를 확인할 수 있다. 예를 들어 만 15세 지적장애인이 16m 페이서 검사를 했을 때, 왕복 횟수가 45회 이상이었다면 심폐능력을 건강한 수준으로 평가하게 된다. 반면 45회 미만이었을 경우에는 심폐능력이 건강하지 못하다고 평가하고 그에 따른 운동을 시행하도록 제시한다.

▨ **BPFT의 진행 관리** 장애인스포츠 분야에서 BPFT를 활용할 필요가 있을 때 검사의 효율성과 효과성을 최대화 할 수 있는 절차를 고려해야 한다. BPFT에서는 다양한 장애인을 대상으로 하기 때문에 대상자의 특성을 먼저 파악하고 그에 적합한 검사항목을 선정한 후 정확한 측정을 진행하는 과정이 요구된다. 또한 검사 결과에 대한 해석으로부터 차후 운동계획에 이르는 검사 후 조치에 대한 부분까지도 중요한 과정이다.

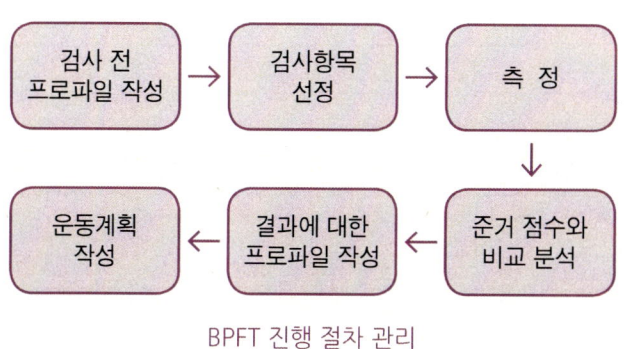

BPFT 진행 절차 관리

▨ **BPFT 프로파일** 검사를 위해 프로파일을 작성하는 것은 검사의 합리성과 활용성을 높이기 위해 필요하다. 프로파일에는 기본적인 인적사항이 제시되고 검사 대상자의 장애유형과 장애특성을 명시한다. 이를 통해 매뉴얼에서 각 체력요인별로 적합한 세부 검사항목을 결정하여 기재한다. 사전에 검사 대상자의 연령을 고려하여 건강 최소한도 기준과 권장 기준을 파악하여 기재한다. 프로파일에 따라 측정 후 측정결과를 작성하고 검사 결과에 대한 총평과 향후 운동계획에 대한 개요를 제시함으로써 체력 관리를 위한 기초 자료로서 활용성을 극대화할 수 있게 된다.

BPFT 검사 프로파일

학생명 : 김○○ 성 : 남(○), 여( ) 연령 : 만 15세
신장 : 153cm 체중 : 42kg 측정일자 : 2014년 12월 5일
장애유형 : 뇌성마비 경도 세부분류 : 좌측 하지마비

검사 종목	측정 단위	측정 점수	변형 준거 점수	준거 점수	
				최소한도수준	적정권장수준
심폐능력					
목표 심박수 운동 검사	분				Pass
신체조성					
피부두겹 측정법: (삼두와 견갑골 밑의 합)	mm			13~30	13~24
근력 및 근지구력					
앉아 팔 버티기	초		5		
응용 윗몸일으키기	회수			18	36
팔펴서 매달리기	초			30	40
유연성					
앉아 윗몸앞으로 굽히기	cm				20
응용 토마스 검사	점수		2(7.6cm)		

● 총 평가:

● 향후 운동요구 사항:

BPFT 프로파일 작성 양식 예

■ **BPFT 검사 결과 확인과 해석** 대상자에 따라 적합한 검사항목을 선정하고 매뉴얼에 따른 측정을 시행한 후에는 결과에 대한 해석이 필요하다. 결과를 해석한다는 것은 각 체력요인별로 제시된 검사항목에서 측정된 수치가 제시된 기준에 부합하느냐를 확인하는 것이다. 매뉴얼에서는 연령대별로 검사항목에 대한 건강 수준을 나타내는 준거 기준표를 제시하고 있다. 검사 대상자의 해당 결과를 표에서 찾아 연령대 따른 수치를 비교한 후 프로파일에 기재한다.

BPFT 결과기준표에서
M(Minial standard): 최소건강기준
P(Preferred standard): 권장 건강기준

> **참고** 근력 및 근지구력 항목 결과표(Winnick & Short, 1999)

연령	Dumbbell press		Push-up		pull-up		Modified pull-up	
	M	P	M	P	M	P	M	P
남자								
10			7	20	1	2	5	15
11			8	20	1	3	6	17
12			10	20	1	3	7	20
13	14	22	12	25	1	4	8	22
14	19	28	14	30	2	5	9	25
15	21	33	16	35	3	7	10	27
16	24	39	18	35	5	8	12	30
17	27	45	18	35	5	8	14	30

상기 표는 근력 및 근지구력 검사항목 중 일부 항목에 해당하는 검사 결과표로 예를 들면 15세 남자 뇌병변장애인이 덤벨(6.8kg)들기 검사를 했을 경우 3-4초 간격으로 몇 번을 들어 올렸는지에 대한 횟수를 결과표의 건강 준거기준과 비교하면 된다. 만약 검사 대상자가 21회 미만의 결과를 나타냈다면 근력과 근지구력에 있어 건강한 수준이 아닌 것으로 판정하게 된다. 덤벨 검사에서 33회 이상을 반복하였다면 검사 대상자는 근력과 근지구력에서 권장 건강기준을 만족시키는 것으로 판정한다.

■ **PAPS-D**(Physical Activity Promotion System for Students with Disabiliies: 장애학생 건강체력검사) **개요** PAPS-D는 2013년 장애학생들의 건강체력 수준을 파악하고 관리하기 위해 우리나라에서 개발된 체력검사 도구이다(국립특수교육원(2013). 장애학생 건강체력평가(PAPS-D) 개발 종합보고서. 서울: 한림문화사.). PAPS-D가 학령기 장애인들에게 적용하기 위해 개발된 검사이기는 하지만

다양한 장애유형에 걸쳐 건강관련 체력을 측정할 수 있는 항목과 방법이 제시되어 있기 때문에 장애인스포츠 현장에서도 유용하게 활용될 수 있다. 2007년부터 일반학생들을 대상으로 시행된 PAPS(Physical Activity Promotion System)와 동일하게 건강관련 체력 요인 중심의 검사 항목을 포함하고 있으며, 6개 장애유형에 따라 기존의 일반적인 측정 방법을 수정하고 변형하였다.

▨ **PAPS-D 검사 요인 구성** PAPS-D는 건강을 유지하는데 필요한 체력관련 요인으로 근골격계, 호흡순환계, 신체구성과 바람직한 신체상 확립을 위한 자기신체상으로 검사 요인을 구분할 수 있다. 근골격계 검사 요인은 근기능, 유연성, 신체균형도(자세평가)의 하위 검사 요인으로 구성되며, 호흡순환계는 얼마나 오랫동안 지치지 않고 활동을 지속할 수 있는지와 관련된 심폐기능 요인을 통해 측정한다. 최근 건강에 있어 심각한 문제가 제기되고 있는 신체구성은 비만도를 통해 검사한다. 또한 자기신체상에 해당하는 검사는 스스로 자신의 신체에 대한 이미지를 설문지를 통해 평가하는 방식으로 심폐지구력, 유연성, 근력·근지구력, 체지방, 신체활동, 스포츠 자신감, 외모, 건강, 신체전반, 자기존중감에 대한 내용이 포함되어 있다.

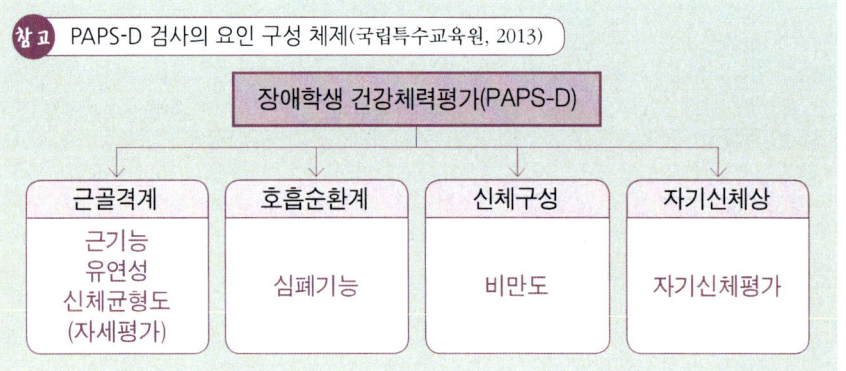

참고 PAPS-D 검사의 요인 구성 체제(국립특수교육원, 2013)

☞ **PAPS-D(Physical Activity Promotion System for Students with Disabiliies: 장애학생 건강체력검사) 개요**
PAPS-D는 2013년 장애학생들의 건강체력 수준을 파악하고 관리하기 위해 우리나라에서 개발된 체력검사 도구이다(국립특수교육원, 2013). PAPS-D는 다양한 장애유형에 걸쳐 건강관련 체력을 측정할 수 있는 항목과 방법이 제시되어 있기 때문에 특수체육 현장에서 유용하게 활용될 수 있다. 건강관련 체력요인 중심의 검사항목을 포함하고 있으며, 6개 장애유형에 따라 새롭게 측정 방법을 개발하거나 기존 방법을 수정하고 변형하였다.

> **참고** PAPS-D의 체력 요인별 검사 항목

체력 요인	세부 검사 항목
심폐기능	폐활량, 휠체어 오래달리기, 6분 걷기, 페이서, 스텝검사
근기능	윗몸 말아올리기, 악력, (무릎대고)팔굽혀펴기, 휠체어경사로 오르기, 암컬
유연성	종합유연성, 응용유연성, 앉아윗몸앞으로굽히기
순발력	제자리 공 멀리 던지기, 제자리멀리뛰기
신체구성(비만도)	체질량지수, 피부두겹검사, 허리-엉덩이 둘레비
자세평가	자세평가
자기신체평가	자기신체평가

▨ **PAPS-D 검사유형 선택 방법** PAPS-D는 지체장애(보행/휠체어), 시각장애, 청각장애, 지적장애 및 정서 및 행동장애의 다섯 가지 장애영역으로 나누어 검사유형을 선택할 수 있다.

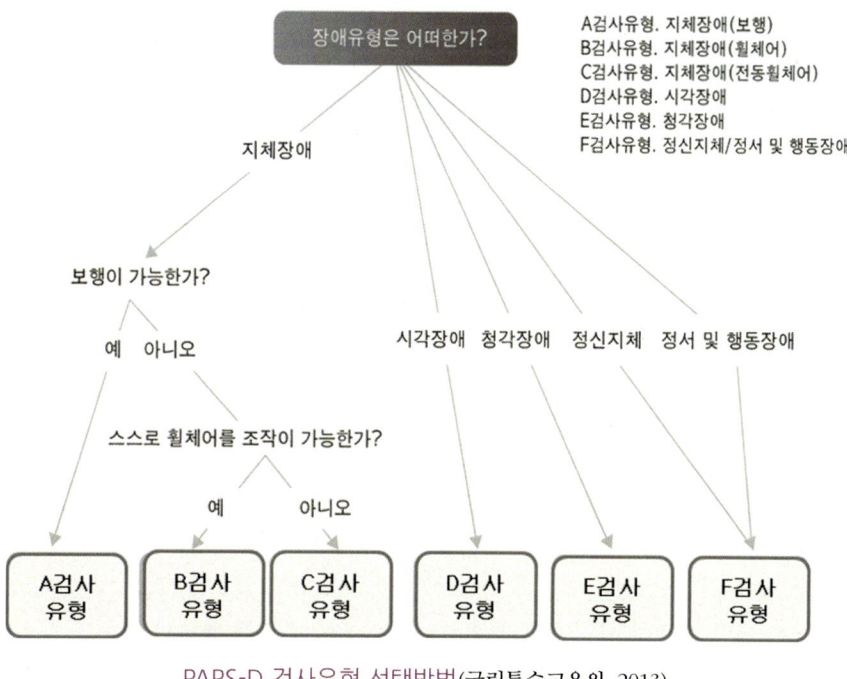

PAPS-D 검사유형 선택방법(국립특수교육원, 2013)

> 장애인복지법에서의 '지적장애'와 장애인 등에 대한 특수교육법에서의 '정신지체'는 같은 장애 유형을 지칭함

A, B, C검사유형은 지체장애인을 대상으로 설계된 검사유형이며, A검사유형은 보행 가능 대상자, B검사유형은 스스로 휠체어를 조작할 수 있는 대상자, C검사유형은 전동휠체어를 사용하거나 스스로 휠체어를 조작하지 못하는 대상자에게 적용할 수 있다. D검사유형은 시각장애인, E검사유형은 청각장애인, F검사유형은 지적장애인과 정서 및 행동장애인에게 적용할 수 있는 항목들로 구성되어 있다. 예를 들어 B검사유형은 지체장애인 중 휠체어 조작이 가능한 대상자에게 적용할 수 있는 검사항목으로 심폐기능 요인은 폐활량과 휠체어 오래달리기 검사 중 선택하여 실시할 수 있고 근기능의 경우 악력, 윗몸 말아올리기, 암컬 검사 중에 대상자에게 가용한 방법으로 선택할 수가 있다. 이와 마찬가지로 다른 체력 요인에서도 피검자의 특성과 수준에 따라 세부 검사 항목을 선택하여 측정할 수 있다.

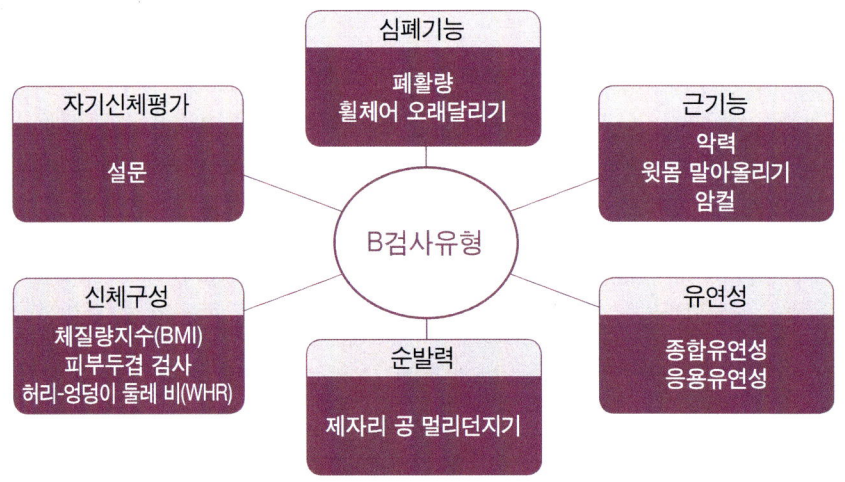

PAPS-D의 B검사유형 선택 항목(국립특수교육원, 2013)

- **PAPS-D 검사 결과 활용** PAPS-D의 다양한 특징 중 하나는 검사 결과를 활용할 수 있는 방법이 다양화 되어 있다는 것이다. 최근 체력검사들이 지향하는 바에 따라 건강 수준 여부를 확인할 수 있는 준거지향 기준과 함께 상대적인 체력 수준을 확인할 수 있는 규준지향 기준을 모두 확인할 수 있다.

  준거지향 기준은 각 장애유형과 연령별로 최소건강기준과 비교함으로써 피검자 자신이 적정한 체력상태인지 아닌지를 파악할 수 있다. 또한 검사 결과를 통해 일반인 동일 연령대 사람들과 비교할 수도 있으며, 같은 장애 내에서도 체력 수준이 어느 정도에 위치하고 있는지에 대해 백분위 규준표 및 등급표를 통해 확인할 수 있다.

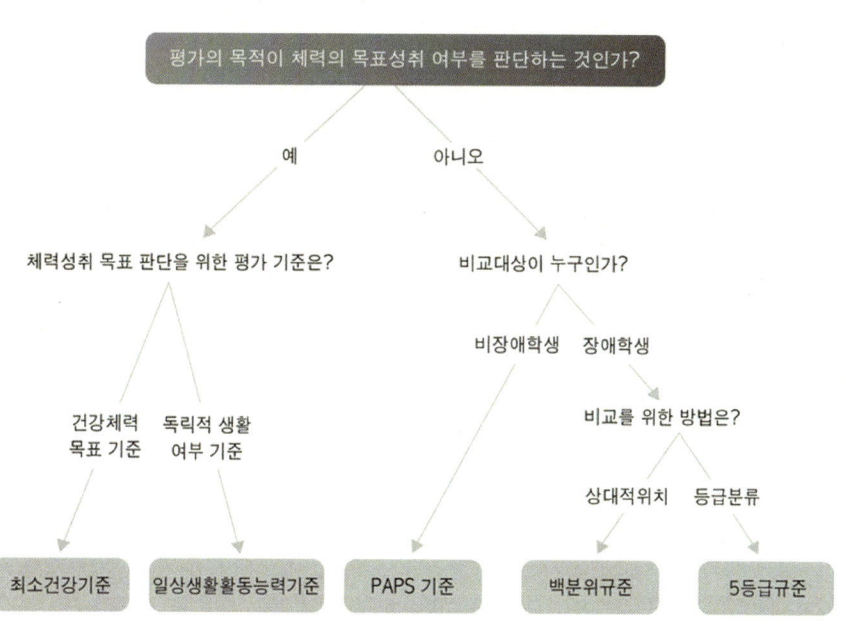

PAPS-D 평가 기준 활용방법 (국립특수교육원, 2013)

▨ **장애인대상 검사도구 사용 시 유의사항** 장애인스포츠분야에서 활용할 수 있는 공식적인 검사도구들이 개발되어 있지만 모든 스포츠 활동 영역에 적용할 수 있는 것은 아니다. 또한 이미 개발되어 있는 장애인 대상 검사도구들을 모든 장애인에게 적용할 수 있는 상황도 아니다. 따라서 지도자들은 장애인들만의 특별한 검사도구들이 유용한 경우도 있지만 상황에 따라 일반인들의 검사도구들을 적절히 수정하고 변형하여 활용할 수 있는 인식과 능력을 가져야할 필요가 있다. 또한 지도하는 활동 내용과 대상자에 맞추어 새롭게 개발해야 할 필요성도 있다. 장애인스포츠 분야에서의 검사는 최종적인 목표가 아니라 효과적으로 지도하기 위한 과정이며 다른 이들과 상대적으로 비교하기 위한 것이 아니라 각 대상자의 성취 수준을 파악하기 위한 것이라는 것을 명심해야 한다.

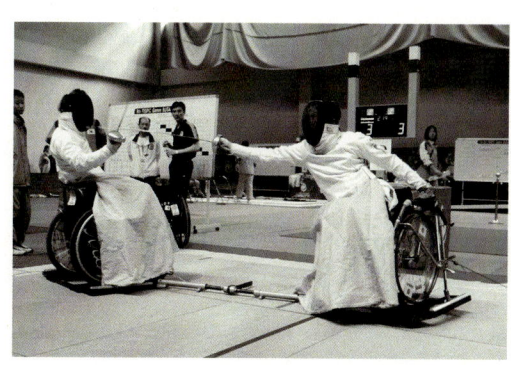

[출처: 대한장애인체육회]

4. 과제분석(Task Analysis)

> **☞ 과제분석의 정의**
> 과제분석(Task Analysis)은 어떠한 목적을 달성하기 위해 세부적으로 과제를 나누거나 분류하여 좀 더 효과적으로 과제수행을 진행하는 준비과정을 의미한다.
>
> [출처: 김의수(2003)에서 인용]

▨ **장애인스포츠에서의 과제분석** 장애인스포츠에서 과제분석이 필요한 이유는 지도자들이 다양한 신체활동 과제에 대하여 지도방법을 구체화하고 대상자의 수행 수준을 진단 및 평가할 수 있는 비공식적 사정도구를 제작할 수 있기 때문이다. 장애인스포츠에서는 장애특성과 수준에 따른 현행 수행 수준을 파악하는 것이 필수적으로 전제되어야 하지만 기존의 일상적인 스포츠지도 과정에서는 이 과정이 생략되는 경우가 많다. 과제분석은 동일한 신체활동이나 종목을 지도하더라도 지도 대상의 독특한 특성과 수준을 감안하여 구체적인 목표와 지도계획을 설정할 수 있도록 해준다.

▨ **과제분석의 필요성과 가치** 과제분석은 과제를 구성하고 있는 요소들을 몇 가지 원칙에 따라 세밀히 분석해 놓은 것이며, 이를 통해 장애인스포츠 참여자가 점진적으로 선정된 목표를 성취할 수 있도록 하는 지도의 실질적인 준비과정이다(김의수, 2003). 과제분석을 통해 지도자는 무엇을 가르치고 어떠한 순서와 절차에 따라 지도해야 하는지를 구체적으로 계획할 수 있으며, 대상자의 성취 정도를 단계별로 평가할 수가 있다. 더불어 과제분석은 개별화 지도계획의 장·단기 목표를 작성하는 기초 자료가 되기 때문에 대상자의 수준에 따른 체계적인 과제분석이 시행되어야 한다.

비공식적 사정: 공식적으로 신뢰도와 타당도가 검증되지 않은 방식의 검사

> **☞ 과제분석의 가치**
> 과제분석을 통하여 얻어낸 세부적인 정보로 목표를 구체화시킬 수 있음
> 지도내용을 세분화함으로써 단계적인 지도가 용이함
> 지도과정이 끝났을 때 무엇이 평가되어야 하는지를 예견할 수 있음
>
> [출처: 김의수(2003)에서 인용]

과제분석의 유형

과제분석은 스포츠지도 현장에서 활동과제 및 동작의 특성과 난이도에 따라 범위나 기준이 달라질 수 있다. 동작의 질적 수행 향상이 목적일 경우에는 '동작 중심의 과제분석', 특정 목표와 관련된 활동을 병렬식으로 분류하여 목록화 하는 경우에는 '유사활동 중심의 과제분석', 게임이나 경기와 같은 과제활동에 대하여 운동기술, 심리, 지식 등 광범위한 구분이 필요한 경우는 '영역 중심의 과제분석' 을 할 수 있다.

▨ **동작중심 과제분석의 예** 동작중심의 과제분석은 인지적 혹은 신체 기능적 장애가 중증에 해당하는 경우 세부적인 움직임 기술에 대해 단계적으로 지도할 필요가 있을 때 유용하다. 따라서 과제분석의 대상이 되는 활동은 기초적이고 단순한 움직임이거나 하나의 과제활동으로 선정되는 것이 적합하다.

> **참고** 동작중심의 과제분석 '공받기' 동작의 예
> - 몸 앞으로 손을 내밀고 팔꿈치를 유연하게 구부려 준비한다.
> - 공을 받기 위해 팔을 앞으로 뻗는다.
> - 손만을 이용해서 공을 받는다.

일반적인 스포츠지도 상황에서 위와 같은 공받기 동작에 대해 과제 분석을 하여 동작 하나하나를 지도하는 경우는 흔하지 않다. 그러나 장애인스포츠 지도 상황에서는 장애 수준에 따라 가장 기초적인 동작을 구분하여 반복 연습해야 하는 경우들이 존재하게 된다. 동작 중심의 과제분석을 좀 더 구체화 할 필요가 있는 경우에는 신체부위별로 나눌 수도 있다.

▨ **유사활동 중심 과제분석의 예** 하나의 운동기술을 단계적으로 익히기 위해서 동작중심의 과제분석이 유용하게 활용될 수 있지만 체력향상 활동과 같이 특정 기술습득과 관련성이 적고 목표를 달성하기 위한 다양한 방식의 활동을 하기 위해서는 유사활동 중심의 과제분석이 필요하다. 유사활동 중심의 과제분석을 하는데 전제되어야 하는 것은 향상시키고자 하는 신체활동과 관련되는 활동을 정확히 선정하는 것이며, 선정된 관련 활동을 어떤 단계로 배치할 것인가의 문제이다. 특별히 이 과정에서는 아동의 성공 기회를 최대한 확보할 수 있는 활동들로 구성하는 것이 바람직하다. 아래의 예는 뇌병

변장애인의 하지 근력 및 근지구력을 향상시키기 위한 신체활동 프로그램을 진행하기 위해 작성된 유사활동 중심 과제분석이다.

> **참고** 동작 중심의 과제분석 '오버핸드 던지기' 동작의 예(김의수, 2003)

	준비 →	동작의 진행 →	마무리
손-팔	한 손으로 공을 감싸쥔다. 팔은 자연스럽게 몸통 뒤쪽으로 내린다.	팔꿈치를 구부리며 손을 들어올린다. 어깨 회전에 맞추어 어깨-팔꿈치-손을 앞쪽으로 이동한다. 팔꿈치가 펴지며 공을 잡은 손이 가장 높은 위치에서 전방으로 향하며, 손목의 스냅을 이용하여 공을 던진다.	공을 던진 후 손과 팔은 반대편 어깨 쪽으로 자연스럽게 휘두르며 아래쪽으로 향한다.
몸통	던지려는 방향으로 몸통을 사선으로 만든다.	서 있던 자세에서 몸통이 뒤로 기울어진다. 몸통의 전면이 던지는 방향으로 회전하며 몸통은 앞쪽으로 이동한다. 공을 던지지 않는 어깨를 축으로 회전하며 상체가 좀더 앞쪽으로 기울어진다.	상체는 허리를 중심으로 앞으로 완전히 기울어지고 몸통의 앞면은 반대편 어깨 쪽으로 기울어진다.
다리-발	몸통의 방향에 맞추어 선다.	앞쪽 발을 들며 체중을 뒤쪽 발로 이동한다. 들린 앞쪽 발을 넓게 앞으로 내딛는다. 내딛은 발을 축으로 뒤쪽의 발을 앞으로 이동시킨다.	뒤쪽에서 앞으로 이동한 발은 던질 때 앞쪽에서 축이 된 발을 앞으로 넘어 안정된 위치에 내려놓는다.

> **참고** 하지 근력 및 근지구력 향상을 위한 유사활동 중심 과제분석 예
>
> 1과제: 누운 상태로 무릎 굽혔다 펴기
> 2과제: 누운 상태에서 발로 메디슨볼 밀어내기
> 3과제: 누운 상태로 벽에 발붙이고 몸통 밀어내기
> 4과제: 수중에서 발과 다리 휘젓기
> 5과제: 지지물 잡고 앉았다 일어서기
> 6과제: 앉은 상태에서 발로 공 밀거나 차기

상기와 같은 유사활동 중심의 과제분석은 하지 근력과 근지구력을 향상시키기 위한 유사과제들로써 하지장애 뇌병변장애인들에게 어떤 활동을 지도해야 할 것인지를 구체화하는 데 도움이 된다. 물론 이러한 과제분석은 모든 뇌병변장애인에게 일괄적으로 적용되기보다는 지도 대상자의 신체기능과 체력 수준에 따라 유동성을 갖게 된다. 유사활동 중심의 과제분석은 다양한 관련 활동을 제공하여 지도자가 선정한 목표를 효과적으로 달성시킬 수 있다는 장점이 있다.

▨ **영역 중심 과제분석의 예** 영역 중심의 과제분석은 주로 종목이나 경기를 지도할 경우 체육이 갖는 목표 중심으로 포괄적인 분류가 필요할 때 사용한다. 즉 스포츠 종목을 통해 심동적, 정의적, 인지적 측면에서 무엇을 추구해야 할 것이며 어떤 것들을 지도해야 할 것인가를 구체화하기 위한 준비 작업에 해당한다. 동작중심이나 유사활동 중심에 비해 일반인의 스포츠 활동 지도 내용과 유사한 부분을 포함하고 있다. 영역 중심의 과제분석을 시행한 후에는 필요에 따라 동작중심의 과제분석이나 유사활동 중심의 과제분석을 추가적으로 진행하는 경우도 있다.

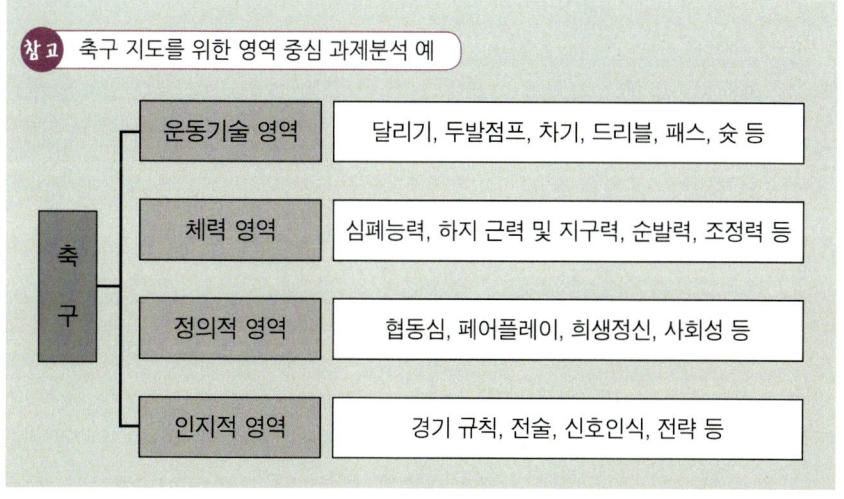

참고 축구 지도를 위한 영역 중심 과제분석 예

축구	운동기술 영역	달리기, 두발점프, 차기, 드리블, 패스, 슛 등
	체력 영역	심폐능력, 하지 근력 및 지구력, 순발력, 조정력 등
	정의적 영역	협동심, 페어플레이, 희생정신, 사회성 등
	인지적 영역	경기 규칙, 전술, 신호인식, 전략 등

▨ **과제분석을 활용한 진단과 평가** 과제분석의 결과는 지도하는 과정에서 운동기술을 진단하고 평가하는 사정 기준으로도 활용될 수 있다. 실제 장애인 스포츠 분야에서 운동기술을 사정하는 공식적인 검사도구들이 부재한 상황에서 과제분석을 통한 대상자의 현행 수준 파악은 가장 현실적인 검사도구가 될 수 있다. 아래의 그림은 지적장애 스포츠 참여자의 축구 지도 과정에

서 차기 기술에 대한 과제분석을 운동기술 체크리스트 방식으로 적용한 것이다.

참고 과제분석을 이용한 사정 체크리스트 예

학생 성명	김철수	학년	초등 5	초기진단일자	06년 3월 5일	진단	평가
장애유형	정신지체	연령	13살	검사자	박철수		
1. 앞에 놓인 공을 주시하는가?				지시할 때만 공을 주시한다.		50%	80%
2. 공을 차기 위해 공쪽으로 몸을 신속하게 이동하는가?				신속히 이루어지지는 않지만 공을 차기 위해 몸을 움직인다.		80%	90%
3. 공을 차기 직전 디딤 발을 공의 뒤 또는 옆에 위치시키는가?				디딤 발의 위치가 불규칙이며 부정확하다.		30%	100%
4. 공의 가운데 혹은 그 아래 부분을 정확히 맞추는가?				공의 일정한 부분을 차지 못하고 공의 윗부분을 맞히는 경우가 많다.		40%	90%
5. 킥은 발등부분을 이용하여 수행하는가?				발끝으로 공을 찬다.		30%	30%
6. 킥을 하고 난 후 폴로우 동작이 진행될 만큼 강한 동작이 이루어지는가?				공을 맞추는 수준이지 강한 힘이 전달되지 못한다.		40%	70%
7. 킥을 하고 난 후 정해진 목표 지정(1루)을 향해 달려가는가?				지시에 의해서만 달려갈 뿐 스스로 달려가지 못한다.		50%	80%

차기 기술에 대한 동작중심의 과제분석을 통해 지도자는 각각의 과제분석 항목에 대하여 어느 정도 수행이 가능한지를 파악할 수 있다. 이를 통해 지도자는 무엇을 지도해야 할지를 구체화할 수 있고 지도 후 어느 정도의 운동기술 학습이 이루어졌는지도 확인할 수 있다. 결국 지도하고자 하는 활동의 구체적인 과제분석은 다양한 운동기술에 대한 현실적 진단, 평가를 가능하게 함으로써 목표 설정과 달성에 대한 구체적 근거를 제시할 수 있게 된다.

▨ **과제분석과 지도 내용의 연계** 장애인스포츠 지도자들은 현장에서 무엇을 어떻게 지도해야 할 것인가에 늘 혼동을 겪게 된다. 이러한 문제가 발생하는 근본적인 원인은 대부분의 지도자들이 일반적인 운동기술 지도 내용과 과정에는 익숙하지만 운동 기능 수준이 낮은 장애인을 지도하는 것에는 경험이 많지 않기 때문이다. 때로는 매우 단순한 신체활동 과제를 지도하는 경우조차도 지도자가 기존의 인지하고 있는 방법으로는 적절히 진행되지 않는다. 이러한 경우 지도자는 과제분석을 기본으로 세부적인 지도내용을 구안해 낼 수 있다. 예를 들어 인지 능력과 운동발달 수준이 낮은 지적장애인에게 줄넘기 과제를 지도한다고 하면 일반인들에 대한 줄넘기 지도의 내용과 절차와는 차이가 있어야 한다. 어떤 차이를 두어야 할지에 대한 것은 줄넘기 기술에 대한 과제를 체계적으로 분석함으로써 가능해진다.

참고	과제분석을 활용한 지도내용 연계의 예	

구분	과제분석 항목	연계 지도 내용

1단계	점프	ㄱ. 발모양이 그려진 원형 판 징검다리 건너기(한 발씩 건너기/한 발로 건너서 발 모으기)
		ㄴ. 낮은 높이(25cm 정도)의 상자나 블록에 한 발씩 올라갔다 내려오기
		ㄷ. 30cm 높이의 상자 위를 한 발씩 올라갔다 내려오기
		ㄹ. 25cm 높이의 상자 위에서 도움을 받아 두 발 모아 내려오기
		ㅁ. 계단에서 도움을 받아 점프하며 내려오기
		ㅂ. 계단에서 스스로 점프하며 내려오기
		ㅅ. 제자리에서 점프하기
		ㅇ. 트램펄린을 이용하여 제자리에서 점프하기
		  - 보조자의 두 손 잡고 함께 점프하기
		  - 보조자의 한 손 잡고 함께 점프하기
		  - 보조자의 두 손을 잡고 혼자 점프하기
		  - 보조자의 한 손을 잡고 혼자 점프하기
		  - 혼자서 트램펄린 위에서 점프하기

2단계	줄 돌리기	ㄱ. 팔 돌리기
		  - 시범을 보고 오른팔을 뒤에서 앞으로 귀를 스쳐가듯이 돌리기
		  - 시범을 보고 왼팔을 뒤에서 앞으로 귀를 스쳐가듯이 돌리기
		ㄴ. 도구를 이용하여 팔 돌리기
		  - 시범을 보고 응원 술을 오른팔로 돌리기
		  - 시범을 보고 응원 술을 왼팔로 돌리기
		  - 시범을 보고 응원 술을 양팔로 돌리기
		ㄷ. 리본 막대를 이용하여 줄 돌리기
		ㄹ. 1/2로 자른 줄넘기를 이용하여 줄 돌리기
		ㅁ. 단체줄넘기 줄 돌리기
		ㅂ. 개인 줄넘기 앞뒤로 1회씩 돌리기

3단계	줄을 인식하여 점프	【위의 예를 보고 지도 내용을 작성해 보세요.】
4단계	줄 돌리며 점프	【위의 예를 보고 지도 내용을 작성해 보세요.】

과제분석을 통해 지도 내용을 체계화 하면 단순한 과제라도 상당히 여러 가지 방법으로 지도할 수 있는 것을 확인할 수 있다. 물론 지도내용으로 연계되는 난이도나 연습의 단계는 지도 대상자가 어느 정도의 기능 수준을 갖고 있느냐에 따라 달라져야 한다. 그러나 이와 같이 과제분석과 연계된 지도 내용 경험을 충분히 쌓은 지도자는 대상자와 상황에 따라 막힘없이 구체적이고 현실적인 지도계획을 작성할 수 있을 것이다. 결국 장애인스포츠에서의 과제분석은 운동기술의 진단과 평가, 목표 설정 및 지도 내용 선정에 이르기까지 유용하게 활용될 수 있다.

참고 문헌

국립특수교육원 (2013). **장애학생건강체력평가(PAPS-D.) 개발종합보고서**. 서울: 한림문화사.

김의수 (2003). **장애아동 체육교실의 이론과 실제.** 서울: 무지개사.

이소현, 김수진, 박현옥, 부인앵, 원종례, 윤선아, 이수정, 이은정, 조윤경, 최윤희 (2009). **장애 유아 진단 및 평가.** 서울: 학지사.

이승희 (2010). **특수교육평가.** 서울: 학지사.

한동기 (2008). **특수체육의 이론과 실제**(제2판). 서울: 레인보우북스.

Jansma, P., & French, R. (2001). **특수체육.** (김의수 역.). 서울: 레인보우북스. (원저 1994 출판)

Sandra, A., Diane, L. R., & Cynthia, N. S. (2009). **장애 아동 진단 및 평가.** (권요한, 이만영, 이말련, 이혜경, 최미숙 역.). 서울: 시그마프레스. (원저 1992 출판)

Winnick, J. P. (2013). **특수체육과 장애인스포츠.** (최승권, 강유석, 김권일, 김기홍, 박병도, 양한나 외 7인 역.). 서울: 레인보우북스. (원저 2011 출판)

 특수체육 지도전략

1. 개별화교육계획(IEP)의 적용
2. 활동 변형
3. 수업 형태
4. 특수체육지도에서의 행동관리
5. 장애와 운동발달
6. 장애와 체력육성

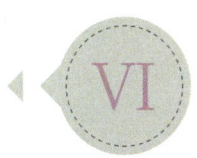

1. 개별화교육계획(IEP)의 적용

> **개별화교육계획의 정의**
> '개별화교육'은 1:1 교수학습을 의미하지는 않는다. 개별화교육은 특별한 요구를 가지고 있는 장애학생 개개인의 학습능력에 맞도록 조정된 교육내용과 그것을 지도하는 과정을 포함하고 있으며, 이것을 반영한 프로그램의 과정과 문서가 개별화교육계획이다.

개별화교육계획(IEP)이라는 용어는 'Individualized Education Program'의 약칭으로 개별화 교육에 관련된 전반적인 프로그램 과정을 의미하기도 하지만, 'Individualized Education Plan'의 의미로 개별화교육계획 및 그러한 계획을 문서화한 계획서를 지칭하기도 한다.

개별화교육의 정의 장애인 등에 대한 특수교육법(법률 제12127호, 2013. 12. 30) 제2조(정의)에서는 "'개별화교육'이란 각급학교의 장이 특수교육대상자 개인의 능력을 개발하기 위하여 장애유형 및 장애특성에 적합한 교육목표·교육방법·교육내용·특수교육 관련서비스 등이 포함된 계획을 수립하여 실시하는 교육을 말한다"라고 정의하고 있다.

Abeson과 Weintraub(1977)은 개별화교육 프로그램(individualized education program)을 다음 세 단어로 약술하고 있다. 즉, '개별화(individualized)'는 한 학생의 교육적 요구를 의미하며, '교육(education)'은 특수교육 및 관련 서비스를 의미하고, '프로그램(program)'은 학생에게 실제로 무엇을 제공할 것인가에 대한 진술을 의미하는 것으로 설명하고 있다.

IEP는 첫째, 개별 학생의 특성에 따른 교육을 보장하기 위해서는 학습내용이나 지도목표 등이 개별 학생에 따라 특별히 설계된 IEP가 필연적으로 요구되기 때문에 필요하다. 둘째, 학교 및 가정의 역할과 연대를 위해 필요하다. 개별화교육계획은 부모와 학교 간의 의사소통 매개수단이 되며, 부모의 동등한 참여가 가능하고 학생에게 필요한 것은 무엇이고, 그 필요에 맞는 서비스는 어떤 것이며 그 결과를 기대할 수 있기 때문에 중요하다.

장애인스포츠지도사에게 "개별화된 지도"의 의미: 지도를 개별화한다는 것은 개별 대상의 특성과 요구에 따라 활동의 목표, 지도 내용 및 평가 등을 다양화하여 자신이 지니고 있는 능력을 충분히 발휘할 수 있도록 하는 맞춤식 교육을 말한다.

☞ IEP의 필요성
개별화교육계획은 개개 학생의 능력과 특성에 따른 적절한 교육 보장, 학교와 가정의 의사소통이나 연대 및 협력 지원을 위해 필요하다.

☞ IEP의 기능
개별화교육계획은 '관리 도구', '점검 도구', '평가 도구', '의사소통 수단'으로서의 기능을 가진다.

- **'관리 도구'** IEP는 부모, 교사 및 행정가가 특정 학생에게 어떤 교육적 서비스와 관련 서비스가 시행되고 있는지를 파악할 수 있게 하는 '관리도구(management tool)'로서 기능을 한다(Hayes & Higgins, 1978; Morgan, 1981).

- **'점검 도구'** 서비스 제공의 효율성 및 자원의 효과적인 사용을 평가하는데 도움을 줄 수 있는 '점검 도구(monitoring tool)'로서의 기능을 한다(Butt & Scott, 1994).

- **'평가 도구'** IEP는 계획된 목표와 학생의 진보가 어느 정도 일치하고 있는가를 확인하기 위한 '평가 도구'로서의 기능을 한다(Morgan, 1981).

- **'의사소통 수단'** IEP는 부모와 학교 직원들 간에 '의사소통 수단'으로서의 기능을 하며, 의사결정을 할 때 이들에게 동등한 참여기회를 부여한다.

☞ IEP의 작성 절차
개별화교육계획서의 작성은 개별화교육의 실행을 위한 것으로 개별화교육지원팀의 구성, 학생의 기능에 대한 평가와 지도 계획 작성, 개별화교육의 실행 및 재평가로 이어져야 한다.

'장애인 등에 대한 특수교육법'에서는 개별화교육지원팀을 구성(매 학년의 시작일부터 2주 이내에 특수교육대상자의 교육적 요구에 적합한 교육을 제공하기 위하여 보호자, 특수교육교원, 일반교육교원, 진로 및 직업교육 담당 교원, 특수교육 관련서비스 담당 인력 등으로 구성)하고, 이 팀으로 하여금 매 학기 마다 특수교육대상자에 대한 개별화교육계획을 작성하도록 규정하고 있다. 또한 특수교육대상자가 다른 학교로 전학하거나 상급학교로 진학할 경우에는 전출학교는 전입학교에 개별화교육계획을 14일 이내에 송부하여야 한다.

▨ **개별화교육계획서의 작성 절차** 개별화교육계획서는 다음과 같은 절차로 작성된다.

```
개별화교육지원팀 구성(매 학년의 시작일부터 2주 이내)
                    ▼▼
            학습자의 현재 학습 수준 평가
                    ▼▼
            평가 자료에 대한 종합 및 분석
                    ▼▼
학교수준 교육과정에 따른 연간지도 계획서 작성(연간 목표 설정),
            단원의 목표 및 하위 목표 설정
                    ▼▼
        활동 요소별 도달 목표 추출 및 활동 과제 분석
                    ▼▼
            관련 서비스의 범위 및 정도 결정
                    ▼▼
   개별화교육계획서 작성(매 학기의 시작일부터 30일 이내) 및 검토
                    ▼▼
                개별화교육 실시
                    ▼▼
   개별화교육계획 평가(매 학기), 수정, 보완 및 보호자 통보
```

IEP의 작성 절차

☞ **IEP의 구성 요소와 세부 작성법**

개별화교육계획의 실행은 현재 학습수행수준의 파악, 학습목표의 설정 및 체육 활동 지도 및 평가 등을 포함한다.

▨ **개별화교육계획의 구성 요소** 장애인 등에 대한 특수교육법에서는 개별화교육계획에 특수교육대상자의 인적사항과 특별한 교육지원이 필요한 영역의 현재 학습수행수준, 교육목표, 교육내용, 교육방법, 평가계획 및 제공할 특수교육 관련서비스의 내용과 방법 등을 포함하도록 명령하고 있다.

▨ **개별화교육계획의 세부 작성법** IEP의 기본적 구성요소에는 단순히 제시하기만 하면 되는 항목들도 있지만 현재 수행능력수준과 연간 및 단기목표 설정과 같이 유의하여 작성해야 하는 항목들도 있다.

> ▷ **현재 수행능력수준 제시**: 이 부분에서 요구하는 것은 바로 진단 결과에 대한 자료이다. 지도할 대상에게 실질적인 교육을 제공하기 위해 신체적, 정의적, 인지적 영역의 진단 결과를 IEP에 제시하고 이를 기초선으로 설정하여 목표를 세우며 구체적인 프로그램을 선정하게 된다. 진단은 '측정 가능'하고 '관찰 가능'한 형식으로 제시된 것이어야 한다. 예를 들어, 신체적 영역에서 체력의 현재 수준을 제시할 때 단순히 '근력 및 근지구력이 매우 약함'이라고 제시되는 자료는 큰 의미를 갖기 어려우므로 다음과 같은 형태로 표현하여야 한다.

영역: 근력 및 근지구력		검사도구: BPFT		아동명: 김철수	
검사 종목	측정 단위	측정 점수	변형 준거 점수	최소 한도 수준	적정 권장 수준
앉아 팔 버티기	초	2	5		
응용 윗몸일으키기	회수	6	11	18	36

근력 및 근지구력을 검사하는 앉아 팔 버티기는 최소 건강 기준 5초에 대하여 2초를 기록하여 상지 근력의 수준이 낮게 나타났으며, 복부 근력을 검사하는 응용 윗몸 일으키기에서도 최소 기준 11회의 50% 정도 수준인 6회 시행으로 근력 및 근지구력 수준이 매우 떨어지는 것을 알 수 있다.

> ▷ **장기**(연간) **목표와 단기 목표 제시**: IEP의 목표 설정은 사전 측정 자료를 바탕으로 대상자에게 무엇을 어느 정도까지 가르쳐야 하는가를 선정하는 단계이다. 장기 목표나 단기 목표는 구체적이어야 한다. 목표를 선정할 때에는 측정 가능하고 관찰 가능한 목표를 선정하는 것이 목표를 기술하는 첫 번째 원칙이다. 더불어 무엇을 지도할 것인가에 '무엇'에 해당하는 '동작'을 구체적으로 명시해야 한다.

Tip

장애인교육법(Individuals with Disabilities Education Act; IDEA, PL 101-476)에서 요구하고 있는 IEP의 필수 구성 요소 8가지:

- 현재 수행수준
- 연간목표와 단기목표
- 특수교육 서비스와 관련 서비스, 보조 서비스
- 정규교과과정의 참여
- 평가 방법의 변형
- 서비스 계획
- 전환서비스(Transition Services)에 대한 계획과 준비

BPFT(Brockport Physical Fitness Test): Winnick과 Short(1999)가 개발하였으며, 10~17세의 척수장애, 뇌성마비, 절단장애, 정신지체, 시각장애 및 일반아동에게 적용하는 건강 관련(health-related), 준거지향 검사(criterion-referenced test)이다.

지도자가 충분한 자료를 토대로 목표를 선정했는가의 문제는 '합리적'이고 '실행 가능'한 목표선정과 밀접한 관련이 있다. 지나치게 높은 목표를 선정하거나 반대로 낮은 목표를 선정하는 것은 지도대상자를 지치게 하거나 나태하게 하는 원인이 된다.

장기 목표와 단기 목표는 서로 밀접한 연관성을 갖도록 작성해야 한다. 서로의 목표는 별개의 내용을 정하는 것이 아니며 장기 목표를 달성하기 위한 과정의 단계적인 목표들이 단기 목표가 된다. 즉, 현재 수준에서 장기 목표에 이르는 세부적인 중간 목표들이 단기 목표로 선정되어야 일관성 있는 프로그램이 유지될 수 있다.

장·단기 목표 작성의 예를 소개하면 다음과 같다.

장·단기목표 작성의 예(한동기, 2008)

목표	기술
장기목표	철수는 다른 사람의 보조 없이 트랙을 벗어나지 않고 달리기를 지속하여 5분 30초 내에 1.6km를 완주할 수 있다.
단기목표 ①	철수는 지도교사의 보조를 받아 달리기 또는 걷기를 지속하여 400m 트랙을 벗어나지 않고 1분 30초 내에 한 바퀴를 완주할 수 있다.
단기목표 ②	철수는 다른 사람의 보조 없이 달리기 또는 걷기를 지속하여 400m 트랙을 벗어나지 않고 3분 내에 800m를 완주할 수 있다.
단기목표 ③	철수는 다른 사람의 보조 없이 트랙을 벗어나지 않고 달리기를 지속하여 6분 내에 1.5km를 완주할 수 있다.

현재 운동수준, 연간 목표 및 단기목표 작성의 예(Jansma & French(1994/2001))

현재 운동수준	연간 목표	단기 목표
1. 윤희는 언어 지시만으로 변형된 동작의 개헤엄으로 1.5m의 풀에서 15m를 갈 수 있으나 머리를 물 밖으로 내밀고 수영한다.	1. 완전한 자유형 동작을 배운다.	1.a 윤희는 언어 지시에 따라 혼자서 1.5m의 풀에서 20초 동안 얼굴을 물속에 넣고 변형된 동작의 개헤엄으로 수영하여 2/2 성공할 수 있다. 1.b 1a를 수행한 후 가위차기를 실시한다. 1.c 1b를 수행한 후 리드미컬하게 호흡하기를 실시한다.
2. 윤희는 언어 지시에 따라 5분 동안 농구코트 주위를 휠체어를 타고 3바퀴 돌 수 있다.	2. 다른 곳에서 휠체어를 타면서 민첩하게 움직이는 능력을 향상시킨다.	2.a 윤희는 언어 지시만으로 6분 내에 농구코트를 5바퀴 돌 수 있다. 2.b 2a를 수행한 후 추가로 150m 운동장을 3바퀴 돌 수 있다. 2.c 2a를 수행한 후 8분 안에 동네 주위(약 700m)를 돌 수 있다.

장·단기 목표를 기술할 때에는 동작, 상황, 기준을 반드시 고려하여야 한다.

> **참고** 목표 기술의 동작, 상황, 기준
>
> - 상황(condition): 과업을 수행할 때 사용하는 기구, 도구, 시설, 참관인 등의 주변 조건 등을 의미한다. 일반적으로 상황은 언제, 어디서, 무엇을, 누가, 왜, 어떻게라는 6하 원칙을 적용하여 서술한다.
> - 기준(criterion): 동작 수행의 질이 어떤 정도에 속하는가를 가늠하는 표준점을 의미한다. 이러한 조건은 객관성 있게 서술하여야 하며, 능력이 향상될 때에는 그 능력 향상의 정도가 확인될 수 있도록 표현해야 한다.
> - 동작(action): 대상자가 수행하는 신체적인 움직임을 뜻하며 객관적으로 측정·관찰이 가능한 것을 의미한다. 개별화교육계획서에 나타나는 동작들은 일반적으로 각각 다른 유형이지만 전체 동작들을 순차적으로 나열할 때 한 가지 과업이 형성된다는 특징이 있다.

IEP 작성 시에는 지도대상자의 현재 상태나 장애등급 등을 기술하기보다는 능력 측면을 고려하여 기술하여야 한다. 개별화교육계획서를 작성할 때의 상황, 기준 및 동작을 표현하는 방법은 다음의 표와 같다.

IEP 작성 시 표현 방법의 예

상황에 관한 표현 방법	기준을 표현하는 방법	동작에 관한 표현 방법
·주어진 상황에서...	·자세를 유지하며...	·이야기한다.
·시작이라는 말에 의해...	·5회 가운데 3회를 ...	·구른다.
·1:1 학습법을 사용하여...	·실패하지 않고....	·본다.
·신체적인 접촉을 피하면서....	·시간적인 제한없이...	·지적한다.
·눈맞춤이 없을 경우....	·50%가 ...	·비교한다.
·선택할 수 있도록....	·10월까지 5%를 ...	·명령한다.
·교사의 도움없이...	·5초 동안 60명이 ...	·수행한다
·잘 튀기는 고무공으로....	·1분 동안 60회 이상...	·튀긴다.

☞ 개별화교육계획과 체육활동 지도의 고리

개별화교육계획은 학령기의 장애가 있는 학생들에게 적용된다. 장애인스포츠지도사도 개별화교육계획에 대하여 알아야 하며, 이것을 바탕으로 장애인을 대상으로 하는 체육활동 지도가 어떻게 이루어져야 하는지를 이해할 필요가 있다. 체육활동 지도의 고리는 체육활동을 지도할 때 고려해야 하는 요소들을 파악하는데 도움을 준다.

장애학생을 포함한 전 연령대의 장애인을 위한 체육활동 지도 시 현재 수행수준을 파악하는 일에서부터 구체적인 프로그램을 계획하여 실행하고, 이를 평가하는 일련의 체계적 과정이 필요하다. 장애인스포츠지도사는 이러한 과정이 구체적으로 왜 필요한지 그리고 어떻게 준비해야 하는지를 고민하고 구체적인 정보를 바탕으로 실제 지도 경험을 통하여 대상자들이 양질의 체육활동을 지도할 수 있도록 노력해야 한다. 장애인에게 체육활동을 지도하는 순서와 과정은 서로 분리되어 있는 것이 아니라 매우 유기적으로 이루어져 있다는 것을 알 수 있다. 이러한 교육의 단계는 처음과 끝이 명확히 구분되는 일회성이라기보다는 한 차례의 과정이 끝나면 다시 목표를 설정하고 이를 달성하기 위해 새로운 내용을 지도하는 절차가 반복되는 발달적인 순환 과정이다.

▨ **프로그램 계획** 첫 번째 단계는 전체적이거나 포괄적인 프로그램을 계획하는 것이다. 이 과정에서 지도자는 체육활동을 바람직한 방향으로 유도하기 위한 전반적인 원칙과 절차를 세워야 한다. 즉, 프로그램의 목표 및 방향, 참여할 대상 인원 및 대상자의 실태 파악(연령, 성별, 장애정도 등), 시설 및 장비, 보조교사의 유무 등 프로그램을 실제로 시행하는데 필요한 전반적인 내용들을 점검하는 단계라고 할 수 있다. 만약, 이 단계에서 실질적인 체육활동 계획을 미리 확정하지 못하고 간과하면, 예상치 못한 문제에 부딪힐 수 있으므로 이 부분은 매우 중요하게 다루어져야 한다.

▨ **현재 수행수준 파악** 이 과정에서는 대상자들의 체력, 운동기술, 행동을 포함하여 전반적인 특성을 파악한다. 심동적 영역의 능력뿐 아니라 체육활동 참여에 영향을 미칠 수 있는 기타 영역(인지적·정서적 측면, 전반적인 학교생활, 이전의 체육활동 경험 등)을 포괄적으로 파악하는 것이 필요하다. 이 과정에서 타당성과 신뢰성을 갖춘 검사 도구와 평가 척도를 사용하는 것이 필요하지만 교사 자신이 직접 만든 내용지향 검사 도구(content-referenced instrument)나 실제적 평가(authentic assessment)도 사용되어야 한다. 또 이전에 대상자를 지도했던 지도자가 제공한 정보도 유용하게 사용될 수 있다.

▨ **구체적인 지도 계획 또는 프로그램 작성** 이 단계에서는 이전 단계에서 파악된 대상자의 현재 수행수준을 바탕으로 프로그램의 목표와 부합하는 효과적인 프로그램을 작성한다.

▨ **실제 지도** 이 단계는 작성된 프로그램 계획을 바탕으로 실제로 대상자를 지도하는 단계이다. 이 과정은 프로그램의 시행과 직접적으로 관련되는 부분

인 만큼 지도자가 체육활동의 지도 원리 및 지침들에 대해 자세히 알고 있어야 한다. 즉, 발달 이론, 행동수정, 과제 분석 등의 지도 원리와 운동기술, 체력, 기타 신체 활동 영역(스포츠, 여가 활동, 리듬 운동, 수중 운동 등)을 지도하는 데에 필요한 세부적인 지도 지침 등은 지도자가 반드시 알고 있어야 하는 사항이다(김의수, 2003).

> **참고** 실제적 평가(authentic assessment)
> - 실제 상황에서 요구되는 역할과 책임에 기초한 과제를 적절히 사용할 수 있으며, 평가 기능은 교육과정과 직접 연계되어 있어 매우 유용하다.
> - 체육지도자는 실제 상황에서 지도대상자들에게 지도와 평가를 긴밀하게 연결시켜 현장에서 일상적으로 응용하고 자연스럽게 실시한다. 이러한 평가방법은 장애학생들이 체육활동에 성공적으로 참여하는데 필요한 기술을 직접 측정 및 관찰 그리고 평가하게 한다(오광진, 2010).
> - 체육활동에서 활용할 수 있는 실제적 평가방법에는 루브릭(rubrics), 생태학적 과제 분석(ecological task analysis), 생태학적 일람표(ecological inventory) 등이 있다.

▨ **평가**(evaluation) 특수체육에서 평가는 프로그램의 효과와 대상자의 학습 성취도를 판단하는 지속적인 과정(Sherrill, 1993) 혹은 교육에 의한 향상 정도를 파악하는 과정(Dunn, 2000)이다. 즉, 평가는 특정 영역의 기술이나 체력 요소를 지도한 후 또는 특정 프로그램을 시행한 후 의도된 부분의 변화 정도나 성취도를 파악하는 단계로 볼 수 있다. 신체 활동 지도 체계의 각 단계가 서로 유기적인 관계 속에서 순환되기 때문에 이러한 평가를 통해 도출된 결과는 새로운 프로그램의 계획이나 작성에 유용한 자료로 활용할 수 있다.

> ☞ **개별화교육계획서 양식**
> 개별화교육계획서가 매우 체계적이고 세부적인 요소들을 포함하고 있지만 공식적인 특정 양식을 갖고 있지는 않다. 오히려 각 교육기관마다 가르치는 주제가 다르고 지도자의 지도 형태가 다르며, 개별화교육계획서를 사용하는 방식이 다를 수가 있기 때문에 각 교육기관의 특성을 살리는 창의적인 양식을 사용하는 것이 더 바람직하다.

개별화교육계획서의 예로 서울시와 수원시의 특수학교(서울G학교와 수원S학교), 미국, 그리고 S대학교 장애아동 체육교실의 IEP 양식을 소개하고, 이와 더불어 체육활동 지도 후에 작성하는 지도 일지의 예(S대학교 장애아동 체육교실)를 제시하고자 한다.

서울시 특수학교(서울G학교) IEP의 예

2015학년도 개별화교육계획

서울○○학교

(초등, 중학, 고등)학교	계	부장	교감	교장
· 학년반: _____ 학년 _____ 반 · 학생명: _____				

지도과제	1. 지도과제: 1년의 중점 지도 과제 1~2가지 기술함 2. 치료지원: 외부기관에서 치료 받는 학생에 한해 기술함 3. 교　　과: 별도의 교수-학습 과정안에 의거함
현재 수행 수준	강점: 약점:

교육목표	연간 목표	1년의 목표를 기술함(명사형으로 서술하며, ~임, ~함 으로 마침)
	학기별 목표	1학기의 목표를 '~한다' 로 기술함

	시기	지도 내용
1학기	3월	- 지도 내용은 '~하기' 로 기술
	4월	
	5월	
	6월	
	7월	

경기도 특수학교(수원S학교) IEP의 예

2014학년도 개별화학습지도계획

기간: 2014년 ○월 ○일 ~ ○월 ○일 담임:	결재	담임	부장	전결
				교감

○○고등학교   학년   학생명:

구분 교과	제재	목표	교육 활동 내용	학습자료	평가
국어 담당					
사회 담당					
수학 담당					
과학 담당					
체육 담당					
예술 담당					
보건 담당					
재활과 복지 담당					
진로와 직업 담당					
평가 척도	⑤ 매우 잘함(스스로 함) ④ 잘함(언어적 단서 제공) ③ 보통(언어적 방법 및 지시에 의함) ② 노력 요함(신체적 단서 제공) ① 못함(언어적 지시 및 신체적 도움에 의하여 임의 수행함)				

개별화교육프로그램
(INDIVIDUALIZED EDUCATION PROGRAM)

이름: Tomas Hernandez   나이: 16

☞ **현재 수행수준(Present Level of Performance)**

1. 20m PACER에서 25 laps를 수행한다(BPFT의 기준: 38 laps).
2. 상완삼두근과 견갑골의 피부두겹 측정결과는 35mm이다(BPFT의 최소 일반 기준: 15~33mm).
3. 응용 컬업을 20회 수행한다(BPFT의 특별 기준을 초과하나 최소 일반 기준인 24회에는 미치지 못함).
4. 악력은 22kg이다(BPFT의 특정 기준: 28kg).
5. 체후굴은 12인치를 성공적으로 수행한다(BPFT의 일반 기준: 9~12인치).
6. 좌전굴은 오른쪽과 왼쪽 모두 8인치이다(BPFT의 일반 기준: 8인치).
7. 하루에 평균 4,700보를 걷는다.
8. 던지기 기술 점수는 3점 중 2점이다(특징: 던지기 전에 공을 머리 뒤로 넘긴다. 어깨 위로 높이 든다. 던지는 손과 같은 쪽의 다리를 앞으로 내딛는다. 준비자세에서 몸통을 돌리는 것이 제한적이다. 팔로 스루 할 때 몸통을 약간 구부린다).
9. 야구공을 12.8m 던진다.
10. 던지기 자세 평가에서 10점 중 2점을 받았다(목표지점은 바닥에서 1m 위에 가로와 세로 각각 1.5m의 정사각형이다. 벽에서 10m 떨어진 지점에 서서 벽을 향해 10번 테니스공을 던졌으며, 목표지점을 맞췄을 때 1점씩 부여하였다).
11. 매 체육시간마다 평균 1.25회씩 남을 때리기, 밀기 등의 문제행동을 보인다.

☞ **장애로 인한 개인적 특성(Effect of Disability)**

Thomas는 다운증후군이다. 그는 장애로 인해 체육활동과 스포츠 기술에서 낮은 수행을 보인다. 근장력은 매우 약하고, 과체중이며, 쉽게 지치는 경향이 있다. 또한 가끔씩 체육활동에서 신체보조를 필요로 하며, 다른 친구들에게 공격 행동을 보일 때도 있다.

☞ **연간목표와 단기목표(Annual Goals and Short-Term Objectives)**

1.0 Thomas의 유산소 능력을 향상시킬 것이다.
1.1 Thomas는 20m PACER에서 40 laps를 할 것이다(BPFT 특정 기준 충족).
2.0 Thomas의 근력과 근지구력을 향상시킬 것이다.
2.1 Thomas는 응용 컬업을 24회 할 것이다(BPFT 최소 일반 기준 충족).
2.2 Thomas는 악력검사에서 22kg를 수행할 것이다(BPFT 특정 기준 충족).
3.0 Thomas의 던지기 능력을 향상시킬 것이다.
3.1 Thomas는 던지기 기술 루브릭(rubric)에서 3점을 얻을 것이다(특징: 팔이 백스윙이 된다. 팔꿈치 위에서 공을 던진다. 던지는 동안 팔꿈치가 수평으로 이동한다. 팔로 스루 동작에서 엄지손가락이 아래로 향한다. 준비 자세에서 몸통이 회전한다. 준비 자세에서 던지는 쪽 어깨가 약간 떨어진다. 던지는 팔 반대쪽의 발을 앞으로 내딛는다. 체중이 뒤에서 앞으로 이동한다).
3.2 Thomas는 야구공을 60피트 던질 것이다.
3.3 Thomas는 던지기 정확성 검사에서 10점 중 7점을 얻을 것이다.
4.0 Thomas의 체육시간 행동이 향상될 것이다.

4.1 Thomas는 45분 수업 동안 문제행동이 5 미만일 것이다.
5.0 Thomas의 신체활동 수준을 향상시킬 것이다.
5.1 Thomas는 하루에 평균 7,000보를 걸을 것이다.

☞ 보조인력과 지원 서비스(Statement of Services and Supplementary Aids)

Thomas는 특수학급에서 일주일에 세 번씩 특수체육수업을 받을 것이다. 또한, 정규체육시간에 웨이트레이닝 수업을 일주일에 한 번씩 참여할 계획이다. 특별한 장비나 도움이 필요하지는 않지만, 정규체육시간에 웨이트트레이닝을 배울 때에는 또래교수가 필요할 수도 있다.

☞ 정규교과과정의 참여(Statement of Participation in Regular Settings)

Thomas의 체육수업은 대부분 장애학생들과 함께 이루어질 것이다. 하지만, 웨이트트레이닝 시간에는 일반학생들과 동시에 수업을 받을 것이며, 수업목표의 25% 정도를 달성할 수 있을 것이다.

☞ 평가 방법의 변형(Assessment Modifications)

BPFT는 장애학생의 건강체력을 측정하기 위해 적절히 방법으로 변형할 수 있으며, FITNESSGRAM과 유사한 방식을 갖는다. 예를 들어, 누운 상태에서 상체를 일으키며 바닥 쪽으로 두 손을 짚어야 하는 컬업 대신에 상체를 일으키며 두 손을 무릎에 닿도록 변형할 수 있다. 또한, 악력 검사는 골격근의 기능을 대체할 수 있다. 세 가지 던지기 검사(기술, 거리, 정확성)는 보통 초등학생을 위한 것이지만, 야구에 흥미가 있는 Thomas에게도 적절할 수 있다. Thomas는 최근 중학교 수준의 야구 기술 검사에서 점수를 얻지 못했다.

☞ 서비스 계획(Schedule of Service)

Thomas는 월요일, 화요일, 목요일 9:30부터 10:15까지 특수체육수업을 받을 것이다. 그리고 웨이트트레이닝 수업이 진행되는 금요일 1:15부터 2:00까지는 정규체육수업에 참여할 것이다.

☞ 전환서비스(Transition Services)

Thomas는 야구를 무척 좋아하고 가끔씩 가족과 함께 게임에 참여한다. 또한 TV 야구시청을 좋아한다. 봄이 되면 우선 Challenger's Baseball program에 참가할 것이다. 이를 위해, 특수체육시간에 던지기 동작을 강조한 야구 기술을 익히고, 야구경기 규칙은 체육수업과 가정에서 익힐 것이다. 그의 아버지는 주말을 이용하여 티볼 치기나 언더핸드 던지기와 같은 배팅 기술을 익히도록 도와 줄 것이다. 뿐만 아니라, Thomas는 겨울에 그의 큰형과 월요일과 수요일 오후에 Fitness Connection gym에 가서 근력 운동과 유산소 운동을 할 것이다. 어머니는 Thomas에게 적어도 일주일에 세 번씩 저녁식사를 마친 후에 공원을 걷게 할 것이다.

☞ 평가 과정과 부모 통보(Procedures for Evaluation and Parental Report)

평가 기준은 일반적으로 단기 목표에 포함되어 있다. 목표 성취 정도는 매주 점검할 것이다. 마지막 평가는 1월 첫 주에 할 것이며, BPFT의 보수계와 세 가지 유형의 던지기 검사가 포함될 것이다. 또한 교사는 Thomas의 문제행동을 기록할 것이다. 그리고 Thomas의 성취 정도에 대한 기록은 최소한 3개월에 한 번씩은 그의 부모에게 보내질 것이다.

미국 IEP의 예(Winnick, 2005/2006)

S대학교 장애아동 체육교실 IEP

아동명	생년월일	장애유형	담임교사
김자유	93년 3월 18일	자폐성 장애	김 꾸 준 (880-7790)
부모성명	형제관계	아동 연락처	기타 교육활동
부: 김 ○○ 모: 한 ○○	2녀 중 차녀	537-0000	유치원

아동 특성에 대한 부모 소견	1. 의사소통 능력이 부족함 2. 공격적 성향이 강하며, 고집이 셈 3. 움직임에 대해 흥미가 없으며, 시계추 보는 것을 좋아함 4. 다른 친구들에 대한 관심이 전혀 없음
아동 움직임 특성에 대한 교사 소견	1. 자의적인 움직임 욕구가 희박하며, 심리 상태에 따라 움직임이 달라짐 2. 기분이 좋을 경우 아래 위로 뛰는 형태의 움직임이 보임 3. 손가락을 튀기는 행동이 잦음 4. 뛰거나 달리는 동작이 지속될 경우 주저앉아 버림 5. 새로운 동작을 실시할 때 근육 경직 상태가 빈번히 나타남 6. 매끄러운 동작의 연결이 어려움

아동의 현재 운동 기능 수준 TGMD(Ulrich, 1985)로 사정 아동의 현재 운동 기능 수준	1. 이동 기술	① 달리기	일반적 달리기 기능 수준이나 무릎을 높이 들지 못하고 두 팔을 앞뒤로 흔들지 못함(60% 수행)
		② 겔롭	두 다리를 의도적으로 따로 움직이지 못함(10% 수행)
		③ 홉	한 다리로 버티지 못함(0%)
		④ 립	개별적인 다리 움직임에 대한 인지 능력이 없음(0%)
		⑤ 스킵	개별적인 다리 움직임에 대한 인지 능력이 없음(0%)
		⑥ 두 발 점프	팔과 다리의 협응이 되지 않으며 신체의 무게중심 이동이 없음(20% 수행)
		⑦ 슬라이드	개별적인 다리 움직임에 대한 인지 능력이 없음(0%)
	2. 조작 기술	① 치기	배트를 의도적으로 움직이지 못하고 공을 맞추지 못함(10% 수행)
		② 튀기기	튀기는 느낌에 대한 감각이 없음(0%)
		③ 받기	공을 잡으려는 의도가 없으며 피함(0%)
		④ 차기	협응이 전혀 안 되며, 공을 발로 맞추는 수준(20% 수행)
		⑤ 던지기	공을 잡기는 하나 몸 앞에서 손으로 공을 미는 수준(20% 수행)

연간 목표 (2000. 3월 ~ 2001. 2월)	1. 움직임에 대한 지각 능력을 학습하여 신체 각 부분에 대한 인지능력을 높인다. 2. 이동기능을 향상시켜 동작의 세부 움직임을 발달시킨다. 3. 조작기술 중 공 던지기와 받기 기능을 향상시켜 캐치볼이 가능하도록 한다.	
단기 목표	시행 1개월 차(2000년 3월 15일~4월 15일) 1. 손, 발, 무릎, 어깨를 지적하면 해당 부위의 미세한 움직임을 시행할 수 있다. 2. 10m 가량 선을 벗어나지 않고 선 따라 걷기를 할 수 있다. 3. 50m를 20초안에 도움 받지 않고 달릴 수 있다. 4. 구르는 공을 받고, 다시 굴리는 활동을 10회 반복하여 5회 이상 성공시킬 수 있다.	
부가 활동	1. 등산을 통한 이동 기능의 향상	1. 매월 마지막 주 토요일 (담당: 여성큼 선생, 관악산)
	2. 수중운동을 통한 환경 변화 극복 및 신체지각 능력 함양	2. 7월 3, 4주 주 2회 (담당: 노물개 선생, 정진수영장)
	3. 기본 언어 훈련	3. 그림문자를 통한 언어 향상 프로그램 (PECS)(담당: 한술술 선생, 2001년 3월~6월, 주 2회)
사정 및 평가	1. TGMD 이용(2개월 당 1회)	이동기능, 조작기능의 평가 세부평가 내용은 TGMD 이용 ※ 비디오 촬영(다음 주) 촬영 후 촬영 내용 부모 통지
IEP에 대한 부모 소견	1. 만족스러움 2. 언어 능력과 신체 인지에 대한 프로그램을 중점적으로 시행 요망 3. 사회성을 발달시킬 수 있는 운동 내용은? 4. 행동 변화 시 즉시 연락 바람	
부모승인	상기 IEP에 대하여 승인함. 부: (인) 모: (인) 2000년 3월	

[출처: S대학교 장애아동 체육교실 IEP의 예(김의수, 2002)]

SNU 장애아동 체육교실 지도일지(아동탐색 기간 6일차)

일 시	담당학생 성명 (생년월일)	장애유형	담임교사 성명	아동 연락처
2002년 6월 20일	김자유 93년 3월 18일	자폐성 장애	김꾸준 800-0000	500-6000

부모외의 협의 사항	☞ 집에서도 다른 사람을 때리거나 꼬집는 공격적인 행동에 대하여 강화 행동을 사용히여 주십시오. 예를 들어, 머리를 잡아 뜯을 경우 손을 꼭 잡거나 두드리며, 안 된다는 표현을 반드시 해주세요. 그렇지만 너무 강하게 손을 때리거나 저지할 경우 더욱 반항적이 되니 그 부분만 주의해 주십시오.

아동특성	신체적	① 리듬운동 및 체조시간에 주저앉는 행동을 거의 보이지 않았다. 오히려 한 동작(뛰며 손을 흔드는 행동)은 스스로 반응하였다. → 지난 시간에 비해 처음부터 자유스러운 분위기를 유도하려고 한 것이 자유에게 거부감을 줄인 것 같다. ② 템포트레이닝 시행에서 음악에 따라 누워서 이완하는 활동 분위기는 인지를 하는 것 같이 보였으나 빠른 템포에 다른 아이들과 같이 뛰어 다니지는 못했다. 분위기를 유도하기 위해 최소한 앉아 손바닥을 마주치며 리듬 감각을 주입시키는 데 주력했다. 이후 2~3회는 일어서기까지는 했으나 바로 다시 누워 버렸다. ③ 평균대 걷기에도 진전을 보였으며 아직까지는 옆에서 나의 어깨를 잡고 걷지만 지난번에 비해서는 능숙해 졌다. ④ 옆구르기 동작을 시행하였으며, 구분 동작으로 반 바퀴씩 돌게 하다가 연속적으로 실시하게 하였지만 스스로 하지 못했다. ⑤ 트램펄린은 나와 손을 잡고 뛰며 리듬감을 익히기 시작했다. 어느 정도 리듬감을 가지고 있으며, 좀 더 높이 뛰려고 하면 주저앉았다.
	정서적	① 지난번까지의 공격적인 행동이 많이 줄었다. 이것이 강화에 따른 결과인지는 아직 판단이 되지 않는다. 그러나 우는 행동도 줄었으며 나에 대한 인지 정도도 많이 향상되었다. 아직까지 타인에 대하여 공격적인 행동이 계속되고 있다. 특히 한 선생님이 손등을 조금 세게 때려 부적 강화를 주었는데 이에 대해 지속적으로 그 선생님을 계속 꼬집는 행동을 보였다. ② 자기 의사표시: 트램펄린을 하고 싶다는 표시(트램펄린으로 가려고 하며 이를 제지하면 제자리에 주저 앉음)
	사회성	① 자의적으로는 인사를 하지 못하지만 시키면 고개를 숙이는 행동을 보임 ② 출석 체크에 대한 반응을 보이지 않아 이름을 부르면 손을 드는 행동을 가르침

시행 프로그램 내용	① 리듬운동, 체조(자유스런 분위기를 유지했음) ② 평균대 걷기: 보조받고 발 엇갈리며 걷기 ③ 스트레칭: 비교적 짜증내지 않고 따라함 ④ 옆구르기: 구분 동작 지도 ⑤ 트램펄린: 리듬감 교육

프로그램 평가 및 차시 계획	♠ 행동관리의 결과 인지는 모르겠지만 공격성과 교사에 대한 인지 향상을 보임 ♣ 행동관리 강화 지속　　　　♣ 타인과의 의도적 상호관계 확대 ♣ 세부 동작에 대한 인식 유도　♣ 템포트레이닝의 감각 익히기

[출처: S대학교 장애아동 체육교실 일일 지도일지(예)]

> **개별화 지도 전략**
> 장애인을 대상으로 하는 체육지도 시 수많은 개별화 전략을 사용할 수 있는데, 과제카드, 또래교수, 팀티칭, 학습 스테이션, 그리고 활동 변형 등이 그것이다.

▨ **과제 카드**(task cards) 과제 카드는 전반적인 개별화 학습도구의 일부분으로 활용된다. 지도 대상들은 과제 카드에 제시된 활동관련 단어를 읽거나 기호를 해석한 후에 적절한 체육활동에 참가한다. 과제 카드에는 스포츠, 게임 및 신체발달 영역 내에서 적절한 하위내용 주제와 관련된 목표와 목적, 학습 단계, 교수 제안점 등을 제시할 수 있다.

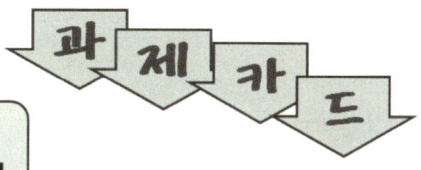

과제 카드의 예(한동기, 2014)

▨ **또래교수**(peer tutoring) 또래교수는 체육수업에서 교사가 장애학생들을 지도할 때 보조 교사로서 학생을 이용하는 방법이다. 또래교수는 타 학급이나 학급 동료(일반학생과 장애학생 모두 가능) 또는 상급 학년의 학생을 이용하는 것으로 학생-교사 비율을 줄이는데 효과적이다. 또래들은 새로운 기술 학습에 대해 특별한 통찰력을 종종 가지며 교사로서 훌륭한 역할을 할 수 있다. 일반적으로 또래교수는 다섯 가지 형태로 운영할 수 있다.

또래교수 유형

또래교수 유형	특징
일방 또래교수 (unidirectional PT)	• 학습의 전 시간을 훈련받은 또래교사는 멘토, 장애학생은 멘티로 역할을 하며 지도하는 유형 • 중증 자폐, 지적장애, 시각장애, 뇌성마비 학생들 지도에 효과적임
양방/상호 또래교수 (bidirectional or reciprocal PT)	• 장애학생과 비장애학생이 짝이 되어 번갈아 가며 멘토와 멘티의 역할을 하는 유형(기술, 수업, 주, 단위 등에 따라 역할이 변경됨) • 경도 장애 학생에게 가장 효과적임
전 학급 또래교수 (classwide PT)	• 전 학급의 학생들이 짝이나 소집단을 구성하며 각각의 학생들은 짝에게 촉구, 오류 수정 및 피드백을 제공하는 상호 또래교수에 참여함(Greenwood, Carta & Hall, 1988) • 모든 학생들이 수업 목표에 초점을 맞춘 과제 카드를 제공받아 그것을 활용하여 멘티를 지도하며 경도 장애학생에게 효과적임 • 전 학급의 모든 학생들이 활동에 참여하여 장애를 가졌다는 이유로 제외되지 않음
동연령 또래교수 (same-age PT)	• 동 연령이나 학년의 학생들이 또래교사가 되어 활동하는 유형으로 일방 또는 양방 또래교수에서 사용될 수 있음 • 서로 잘 알고 같은 학급에 있다는 장점이 있지만 초등학교 2학년 이하 또는 중증 장애학생에게는 효과적이지 못함
상급생 또래교수 (cross-age PT)	• 상급 학생이 멘토가 되어 활동하는 유형으로 초등학교 2학년 이하나 보다 중증인 학생들(중증 뇌성마비, 지적장애, 자폐증)에게는 동연령 또래교수보다 효과적임(Houston-Wilson, Lieberman, Horton & Kasser, 1997)

▨ **팀 티칭**(team teaching) 팀 티칭은 두 명 이상의 지도자가 체육활동을 동시에 지도하는 협력교수의 일환으로 개별화된 지도에 도움을 준다. 팀 티칭은 두 가지 형태로 실시할 수 있다.

▷ **교대 교수**: 2명의 지도자가 각각 다른 교육 내용을 가지고 한 집단을 2개의 모둠으로 나누어 활동의 절반씩 대상 학생들을 바꿔가며 지도하는 방법이다. 이 형태는 교대 팀 티칭(tag team teaching)이라고도 불린다. 일례로, 한 지도자는 축구를 전공하고, 다른 지도자는 농구를 전공한 경우 2개의 모둠원들은 각각 활동의 절반을 축구 전공 지도자에게, 나머지 절반은 농구 전공 지도자에게 지도를 받는다.

▷ **팀 티칭**: 2명 또는 그 이상의 지도자가 동일한 학습 내용을 함께 지도하는 것으로, 활동을 지도하는 지도자들은 모두 교수 내용 영역에 대해서 공동으로 책임을 진다.

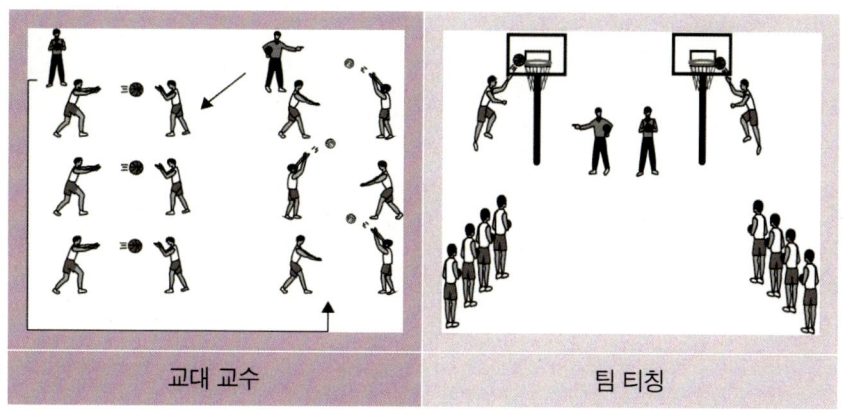

| 교대 교수 | 팀 티칭 |

▨ **스테이션 교수**(station teaching) 스테이션 교수는 수업을 소단위로 나누어 기술을 연습할 수 있도록 순회하는 몇 개의 구역(스테이션)을 설치하여 활동하는 것이다. 스테이션 교수는 강당, 체육관 또는 운동장에 학습 스테이션(learning station)을 마련하고 각 스테이션에서 대상자들이 특별한 기술이나 스포츠를 학습하거나 연습할 수 있도록 계획하는 것이 일반적이다. 스테이션 교수는 동일 주제(예: 던지기 스테이션 - 표적에 공 던지기, 짝에게 공 던지기, 커튼을 향하여 공 던지기, 네트 너머로 공 던지기 등) 또는 서로 관련이 없지만 다양한 활동을 다룰 수 있는 주제(예: 줄넘기, 공 던지고 받기, 윗몸일으키기, 후프 돌리기, 2인 1조 균형 잡기 등)를 선정하여 실시할 수 있다.

스테이션 교수에서 지도 대상자들은 한 스테이션에서 시작하여 특정한 활동을 마치거나 다음 스테이션으로 이동하라는 지도자의 신호가 있을 때 다른 스테이션으로 이동한다. 순환 운동(circuit training, 서킷 트레이닝)이 반드시 활동의 순서대로 실시하는 것과는 달리 스테이션 교수는 스테이션을 순서대로 돌아가며 활동할 필요는 없다. 많은 학생들이 동시에 활동할 때 스테이션에서 대기할 시간이 길어진다고 판단되는 경우 비어 있거나 대기 시간이 짧은 스테이션에서 활동하면 된다.

스테이션 교수에서 활동이 시작되면 장애인체육지도자는 여러 스테이션을 돌며 도움이 필요한 대상을 지도해야 한다. 스테이션 교수는 독립적으로 활동하는 대상이 많을수록 기능이 낮은 대상이 지도받을 기회가 많아지는 장점도 지니고 있지만, 정서・행동 및 자폐성장애가 있는 대상자들의 경우에는 함께 이동하며 지도하는 것이 바람직하다. 일반적으로 스테이션 교수에서는 각 스테이션에 과제 카드를 제시하여 활동한다. 스테이션 교수의 예를 소개하면 다음과 같다.

> **주제: 뜀뛰기**
>
> - 스테이션 1: 제자리멀리뛰기
> - 스테이션 2: 등 짚고 넘기
> - 스테이션 3: 뛰어올라 무릎 가슴 닿기
> - 스테이션 4: 발바닥 닿기
> - 스테이션 5: 줄 뛰어넘기
> - 스테이션 6: 후프 좌우로 뛰기
> - 스테이션 7: 상자 뛰어넘기
> - 스테이션 8: 번갈아 뛰기
> - 스테이션 9: 뛰어올라 몸 뒤에서 발목 잡기
> - 스테이션 10: 제자리 높이뛰기
> - 스테이션 11: 외발뛰기
> - 스테이션 12: 뛰어올라 몸 앞에서 발목 잡기

스테이션 교수 예

▨ **활동 변형과 촉구**(보조) 장애인체육에서 활동 지도 시 대상자들의 능력 차이를 고려하여 학습 과제를 개인별 특성과 요구에 맞도록 개별화하여야 한다. Lieberman과 Houston-Wilson(2002)은 학습 과제와 관련한 활동 변형을 위하여 기구, 규칙, 환경, 지도 방법과 같은 네 가지 전략을 제안하였는데, 이 요소들은 모두 개별화 지도에서 고려해야 하는 변인들이다.

개별화된 지도는 지도자가 제공하는 보조의 양에도 적용된다. 체육활동 지도에서 보조와 촉구(prompting)는 같은 의미이며 대상자가 주어진 과제, 즉 목표 행동을 스스로 하지 못할 때 지도자가 도움을 주는 것을 말한다. 이러한 보조는 체육활동에서 가장 많이 시행되는 방법이지만 세부적인 사용 기법이나 원칙을 명확히 알지 못하여 효과적으로 사용하지 못하는 사례도 많다. 지도대상자들 중에는 활동을 독립적으로 수행하는 경우도 있지만 언어보조를 통해서 학습하는 것이 바람직한 경우도 있다. 기능 수준이 더 낮은 대상자에게는 언어보조와 신체보조를 같이 사용하여 지도해야 할 것이다. 즉, 동일한 장애가 있는 학생들일지라도 운동수행 능력이 각기 다르기 때문에 보조의 양을 달리하여 지도해야 한다. 일례로, 집중적인 지원을 필요로 하는 정신지체나 자폐성장애 학생은 여러 가지 형태의 촉진 신호가 연속적으로 제공되는 다감각적 접근으로부터 많은 도움을 얻을 수 있다(예: 구두 신호 후 시범 그리고 신체 보조).

보조를 할 때에는 도움의 종류와 정도를 계획적으로 변화시켜 지도 대상에게 제시하는 것이 필요하다. 보조, 즉 촉구는 동일한 것이 아니라 위계를 가지고 있다. 환경 내의 자연스런 신호는 상위에 있는 촉구에 해당하며 구두 신호, 지적하기/몸짓, 그림 카드 및 과제, 시범, 신체적 보조의 순으로 보조의 양이 많아진다. 보조는 꼭 필요한 때에만 사용해야 하며, 대상이 어느 정도 동작을 스스로 할 수 있는 수준에 이르면 보조의 양을 점진적으로 줄여 나가도록 해야 한다.

촉구(보조)의 위계[Seaman, DePauw, Morton & Omoton(2003)에서 수정]

촉구 수준	설 명
자연 단서	체육관에 들어갈 때 카트 안에 있는 공을 집으라고 말하는 경우
제스처	지도자가 집단으로부터 이탈하려고 하는 아동에게 머리를 흔들어 '안 돼' 라고 신호를 보내는 경우
간접 언어 촉구	체육지도자가 한 아동을 지도하는 동안, 다른 아동이 또 다른 아동을 만지며 장난칠 때 체육교사가 "너 무엇이 필요하니?" 라고 말하는 경우
모델링	친구가 굴리는 볼링공을 보고 있는 경우
상징 촉구(사진, 글)	자폐성장애 학생에게 축구하는 학생의 사진을 보여주는 경우
직접 언어 촉구	던질 수 있는 한 멀리 오버핸드로 공을 던지도록 말하는 경우
최소 신체적 접촉	체육지도자가 발을 거의 만지지 않고도 발을 내딛는 경우
부분 신체적 접촉	체육지도자가 발을 만지자 다리를 움직이기 시작하는 경우
완전 신체적 접촉	체육지도자가 몸 전체를 접촉하며 앞구르기를 시키는 경우

2. 활동 변형

> 장애인스포츠와 일반스포츠 활동은 동일한가?
> 스포츠 환경은 남녀노소, 장애 유무와 관계없이 활동 대상, 용구·기구, 장소, 규칙 등 구성 요소 측면에서 동일하다. 그러나 스포츠 활동은 그 대상자의 신체적, 정신적 발달 특성에 따라 활동 내용 및 환경 요소의 변형이 요구된다.

▨ **장애인스포츠와 일반스포츠 차이** 장애인스포츠는 근본적으로 일반스포츠와 다르지 않다. 장애인스포츠는 장애가 있는 사람들이 스포츠 활동을 하고 싶은 욕구에서 시작되었고 당연히 일반스포츠 활동에 참여하는 가운데 장애에 적합한 활동으로 변형되었다고 볼 수 있다. 장애인스포츠는 장애가 있는 사람들만 참여하는 것으로 제한하되 스포츠의 규칙과 방법의 변형 없이 일반스포츠에 참여하는 방법과 장애에 적합하게 규칙과 방법을 변형한 스포츠 참여, 그리고 특정 장애유형만 참여할 수 있도록 새로 만든 스포츠가 있다. 즉, 장애인스포츠는 장애가 있는 선수들이 보조기구(예: 슬레지하키) 및 규칙 변형(예: 작은 운동장, 작은 골대, 5인제 축구 등)을 통해서 일반스포츠에 참여하는 것, 휠체어럭비(Quad Rugby; 휠체어를 사용하는 사지마비 선수를 위한 스포츠) 혹은 시각장애인을 위한 골볼 경기와 같은 장애인만을 위한 경기에 참여하는 것을 의미한다.

[출처: Winnick(2011/2014)에서 인용]

▨ **스포츠 활동의 변형** 장애인스포츠 환경에서 장애가 있는 사람들의 개별적인 목표를 충족하기 위해 그들에게 적합한 스포츠 활동의 유형과 방법을 결정할 수 있으며, 성공적으로 스포츠 참여를 촉진하고 독려하기 위하여 활동을 변형할 필요성이 있다.

▨ **스포츠 참여 접근 방식** 장애가 있는 사람들을 위한 스포츠 참여 접근 방식의 결정은 단순히 의학적 또는 행동적 진단만을 토대로 이루어지는 것은 아니다. 필요하다면 장애가 있는 사람들의 학습스타일, 당사자들이 가지고 있는 장·단점과 수업목표 등을 고려해야 한다. 예를 들어, 같은 유형의 장애를 가지고 있다고 하더라도 지도 방법에 따라 학습 태도가 달라질 수 있으며, 그들이 선호하는 교수법이 다를 수도 있다. 이것은 장애에 관계없이 모든 사람들의 특성이기는 하지만 장애가 있는 경우 더욱 예민하게 반응을 하

> 장애인스포츠지도사의 접근: 지도 대상의 장점, 학습스타일 및 학습능률 등을 미리 파악하여 접근해야 함

는 경향이 있기 때문에 지도할 때에 고려해야 할 사항들이 더욱 많아질 수밖에 없다. 지도자는 지도 대상의 장점과 학습스타일, 학습능률 등을 알아야 하며, 계획, 지도, 평가 시에 이러한 차이와 다양한 능력을 고려할 수 있어야 한다.

> ☞ **장애인스포츠 활동 변형 전략**
> 장애가 있는 사람들을 스포츠에 효과적으로 참여시키기 위해서는 환경, 용·기구, 규칙, 스포츠 기술 및 지도 방법 등을 변형하여 적용하는 지도 전략이 필요하다(Lieberman과 Houston-Wilson, 2009).

환경 변형 장애가 있는 사람들의 스포츠 참여 확대를 위해서는 무엇보다 공간에 대한 고려가 중요하게 생각될 수밖에 없다. 공간은 스포츠 활동의 다양성과 밀접한 연관이 있기 때문에 효과적인 신체활동의 여건을 마련하는데 있어 선결되어야 하는 조건이라고 할 수 있다. 장애인스포츠 지도 환경은 접근성, 안정성, 흥미성 등을 고려하여야 한다.

장애인스포츠 환경의 고려 요소: 접근성, 안정성, 흥미성

▷ **접근성**: 기본적으로 체육교실의 환경에서 갖추어야 할 것은 접근성이다. 아무리 좋은 시설과 기구들을 갖추고 있다고 하더라도 장애인들의 접근성이 확보되지 않을 경우 유명무실해지게 된다. 우리나라에서는 체육 및 학교체육, 놀이, 게임, 스포츠, 레저, 레크리에이션 등 체육으로 간주되는 모든 신체활동 참여에 장애가 있는 사람들이 제약 받지 않도록 「장애인차별금지법」제25조 및 시행령 제16조에 명시하고 있다(보건복지부, 2009).

▷ **안정성**: 안정성은 스포츠 환경을 마련하는 데 있어서 접근성과 함께 중요한 지침이 된다. 쉽게 확인할 수 있는 예로는 장애가 있는 사람들이 활동하는 공간의 벽이나 바닥이 부드러운 재질로 마감되어 있는지, 출입하는 과정에서 문에 끼이지 않도록 안전장치가 설치되어 있는지, 이동하는 통로가 미끄럽지 않도록 처리되어 있는지 등은 스포츠 환경의 안전성을 나타내는 부분이다.

[출처: 김의수(2003)에서 인용]

> **참고** 체육시설 내 장애인 접근 확보 내용

구 분		시설 설치 내용
공통 필수	편의시설	· 매개시설(「교통약자의 이동편의 증진법 시행령」별표2 제2호) · 내부시설(실내복도, 2층 이상의 경우 경사로 또는 승강기 등) · 위생시설(장애인용 화장실, 샤워실, 탈의실 등) · 안내시설(점자블록, 유도 및 안내시설, 경보 및 피난시설 등) · 기타시설(관람석, 매표소 등)
실내 시설	수영장	· 입수보조시설(입수 편의를 위한 경사로, 손잡이 등) · 수영장과 연계된 탈의실 진입보조시설 · 탈의 및 샤워 보조기구 · 보조휠체어
	실내체육관	· 좌식배구지주, 골볼(Goal Ball), 골대
실외 시설	야외경기장	· 경기장 진입시설
	생활체육공원 등	· 공원 내 체육시설 접근로 등

[출처: 보건복지부(2009)에서 인용]

> **참고** 장애인 체육시설에 편의시설 설치 시 유의점
>
> - 건물 입구에 경사로를 설치, 턱 이용이 용이하게 개선
> - 휠체어 사용자를 위하여 장애인 주차 공간 제공
> - 화장실 변기, 세면대의 높낮이 등 화장실에 접근 가능토록 하고 샤워실, 탈의실 등 위생시설을 설치
> - 시각장애인의 통로에 위험요소 제거
> - 청각장애인에게 지시사항, 긴급사태를 알릴 수 있는 불빛 경고벨 설치

장애인 수영장 입수로

이천장애인종합훈련원: 장애인체육 발전을 위한 기반시설을 조성하기 위한 목적으로 2009년 10월 개원

이천장애인체육종합훈련원 탁구장

▷ **흥미성**: 흥미성은 스포츠 활동을 지속시키는데 중요한 요소이다. 장애가 있는 사람들 대부분은 새로운 환경에 적응하는 시간이 오래 걸린다. 자신의 주관을 정확히 표현하지 못하는 아이들과는 다르게 성인들은 처음부터 관심 있는 스포츠 종목을 선택하여 참여할 수 있기 때문에, 선택한 스포츠 활동에 대해 흥미를 갖기 쉽다. 이와 더불어 흥미성은 과제의 난이도와 연관시켜 볼 수 있다. 당사자들의 수준에 맞지 않는 경우에는 흥미가 떨어지거나 지속되기 어렵기 때문에 이러한 이유에서 과제 분석은 매우 중요하다고 볼 수 있으며, 과제 분석을 통해 본인의 수준에 맞추어 스포츠 활동에 참여하도록 유도하는 것이 필요하다.

이와 같은 방법들은 장애인의 체육활동과 게임, 스포츠 활동 참여에 매우 긍정적인 영향을 줄 수 있다.

[출처: Winnick(2011/2014)에서 인용]

■ **용·기구 변형** 용·기구 변형은 성공적인 활동 변형의 필수 요소로, 개인의 특성과 활동 유형에 따라 다양하게 변경할 수 있다. 용·기구를 변형할 때는 장애 유형 및 정도, 그리고 신체적, 정신적 특성을 파악하여 개별 대상에게 맞는 최적의 용·기구를 제공하는 것이 중요하다. 다양한 활동들 중 소프트볼 게임은 장애가 있는 사람들을 위한 활동변형의 좋은 예다. 시각장애가 있는 사람들을 위해 주루는 일반 경기장과 다른 재질이어야 하며 소리 나는 공과 베이스를 사용해야 한다. 근력이 부족한 사람이 있다면 배트나 공은 가벼운 것을 사용하는 등의 적절한 변형이 필요하다. 이렇게 활동에 사용되는 용·기구는 개인의 특성과 활동 유형에 따라 다양하게 변형할 수 있다.

[출처: Winnick(2011/2014)에서 인용]

▷ **활동유형별 용·기구 변형 전략**: 체육 수업에서 사용되는 용·기구는 활동 유형에 따라 다양하게 변형하여 사용할 수 있다. 체육 활동에서 사용할 수 있는 기자재는 매우 다양하다. 교사는 개인의 특성에 따라 수업에서 어떤 용·기구를 선택하여 사용하는 것이 유익한지를 결정해야 한다.

용·기구 변형 전략: 교육경험이 가능하도록 이루어져야 하며, 활동의 고유한 특성을 유지하되, 전통적 수행 방법과 가능한 유사한 맥락을 갖도록 변형해야 함

> **참고** 활동 유형별 사용 가능한 기구

활동 유형	운동 용·기구
감각 운동	풍선, 스카프, 촉감판, 모래, 타이어, 호각, 여러 가지 재질의 도형, 비누(물), 평균대, 다양한 재질의 공, 평형판, 리본, 콩 주머니, 해먹, 튜브, 볼풀, 낙하산, 거울 등
이완 운동	이완 운동은 자신의 신체를 의도적으로 움직이는 경우가 많으며 다양한 리듬과 박자의 음악이 사용됨
체력 운동	계단, 훌라후프, 줄넘기 줄, 자전거, 도르래, 암 에르고미터, 터널, 철봉, 메디신볼, 튜브, 구름다리, 늑목, 역기, 스쿠터, 스펀지 풀, 매트(삼각, 원통), 트램펄린, 고정 자전거 등
기본운동 기술	이동운동기술: 유아용 평균대, 훌라후프, 스쿠터, 줄넘기 줄, 보행용 바(bar), 트램펄린 등 조작운동기술: 풍선, 비치볼, 콩 주머니, 다양한 크기의 공, 리본, 라켓 및 패들, 낙하산, 스틱, 굴렁쇠, 줄, 깡통, 야구 배트, 볼링핀 등

운동유형	운동 용·기구
리듬 및 표현 운동	이동용 앰프, 리듬 스틱, 스카프, 줄, 리본, 각종 그림판, 음악 테이프 및 CD, 방석 등
수중 운동	다양한 형태의 공(예:비치볼, 고무공), 스틱, 분유통, 패들, 튜브, 킥판 등
야외활동 및 게임	낙하산, 줄다리기 줄, 다양한 경기용 공, 다양한 재질의 배트, 휴대용 앰프, 고깔, 대형풍선, 콩 주머니, 튜브, 타이어, 풍선, 네트, 훌라후프, 간이 골대, 자전거, 사다리, 시소, 각종 장애물(그물, 터널), 양궁, 썰매, 배팅 티 등

[출처: 오광진(2010)에서 인용]

▷ **개별성 고려하기**: 용·기구 변형을 통한 효과적인 스포츠 활동을 진행하기 위해서는 참가자의 장애 유형 및 정도, 그리고 장애특성을 정확히 파악하여 그 개별성을 반드시 고려하여야 한다. 평균 이하의 지적능력을 가진 지적장애학생의 경우, 선호하는 색상을 이용하면 효과적인 수업을 진행할 수 있을 것이다. 색상 선택 시, 가능한 밝고 대조적인 색깔을 이용하면 공의 확인이나 상대팀의 구별을 쉽게 할 수 있다. 기술 및 과제는 단순한 내용에서 복잡한 내용으로 옮겨 가는 것이 바람직하다. 그리고 각 용·기구에 대한 특성 파악은 용·기구의 효과적인 변형을 돕는다. 공의 크기, 질감, 배트의 다양한 길이와 두께, 무게, 티의 높이 변형 등이 그 예이다.

| 참고 | 지적장애 특성을 고려한 용·기구의 변형 |

용·기구	변형 요령
공, 목표지, 라켓	큰 것에서 작은 것으로 변형한다.
공, 기구	무거운 것에서 가벼운 것으로 변형한다.
목표지	고정된 것에서 이동하는 것으로 변형한다.
체조	도구가 없는 상태에서 기구를 이용하는 것으로 변형한다.

[출처: 최승권, 이재원(2014)에서 인용]

배드민턴의 경우, 헤드가 큰 배드민턴 라켓과 크기가 큰 셔틀콕으로 변형한 다면, 운동 기능이나 집중력 등이 떨어지는 사람도 쉽게 배드민턴을 즐길 수 있다. 배드민턴을 지도할 경우에는 셔틀콕을 매달아 놓고 진행한다면, 떨어진 셔틀콕을 주우러 다니는 시간을 최소화시킬 수 있다.

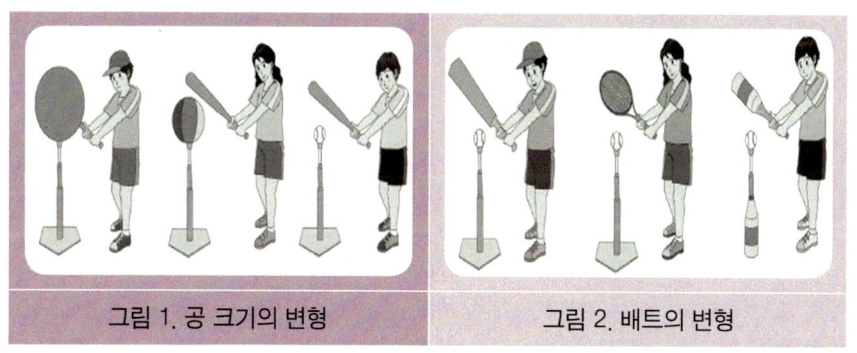

그림 1. 공 크기의 변형   그림 2. 배트의 변형

[출처: 교육과학기술부(2013)에서 인용]

▷ **용·기구 변형 예**: 스포츠 게임을 진행할 경우, 더 크고 밝은 공 또는 체공시간이 긴 물체(예; 풍선)를 사용하고, 팀 구분을 쉽게 할 수 있도록 대조적인 색상의 팀 조끼를 입히면 더욱 효과적인 게임 진행이 가능하다. 약간의 창의력만 발휘하면 대부분의 용·기구를 쉽게 변형시킬 수 있다.

그림 3. 배드민턴 셔틀콕의 변형

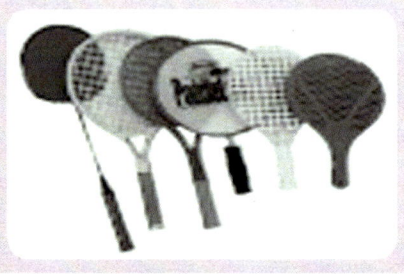

그림 4. 배드민턴 라켓의 변형

[출처: 교육과학기술부(2013)에서 인용]

Tip

너프볼: 폴리우레탄 재질로 된 공으로, 기존의 공보다 안전성이 높아 유아 또는 노인의 활동에 자주 사용함

위플볼: 속이 빈 플라스틱의 8개의 세로 홀이 있는 공으로, 가벼운 무게와 홀 때문에 공을 쥐고 던지는데 용이함

참고 장애인의 야구 활동 시 용·기구의 변형

▷ 소리 나는 공	▷ 청각효과 공	▷ 밝은 색 공
▷ 촉각효과 공	▷ 너프 볼(nurf ball)	▷ 위플 볼(wiffle ball)
▷ 베이스 위 종	▷ 베이스 위 부저	▷ 라디오
▷ 팬	▷ 배팅 티	▷ 가벼운 배트
▷ 평평한 베이스	▷ 큰 베이스	▷ 안전한 베이스

[출처: 최승권, 이재원에서 인용]

참고 지적장애인을 위한 용·기구의 변형

대상	변형 내용
▷ 변형 자전거	고정자전거, 세발자전거, 스탠드 등을 사용하고, 보호 장비 착용을 의무화
▷ 풍선	다가오는 물체에 익숙하도록 함
▷ 콩 주머니	콩 주머니 속에 방울을 넣어 던지고 받기 연습 활용
▷ 볼링램프	작은 경사 램프를 사용해 정확한 방향으로 공을 밀기
▷ 색상	경계선, 공, 상대팀, 용구함 등을 색으로 구별
▷ 대형 라켓/셔틀콕	공치기 쉽게 헤드 크게(탁구, 테니스, 야구 등)
▷ 저글링 스카프	학생들에게 받기 방법을 지도하는데 이상적
▷ 계단	높이가 다른 계단은 오르기 연습이나 체력훈련에 이용
▷ 매단 비치볼	공중에 매달아 놓는 공을 배트로 치거나 발로 차기

[출처: 최승권, 이인경, 양한나(2011)에서 인용]

▷ **안전성**: 새로운 용·기구를 사용하여 스포츠 활동을 실시할 때에는 우선적으로 안전수칙을 준수하도록 강조하여야 한다. 그리고 활동 시, 용·기구 선택 및 배치 시에도 원래 활동의 틀에서 많이 벗어나지 않아야 하며, 참여자의 특성을 고려해야 한다. 다음의 항목들은 체육 활동 시 고려해야 할 안전사항이다(김의수, 2003).

> **참고** 체육활동에서 위험한 사항
> - 보행기술이 숙련되지 않은 사람에게 구름사다리를 이용하는 활동은 바람직하지 못하다.
> - 장애 아동의 경우, 아동 혼자서 줄사다리나 늑목과 같은 낙상 가능성이 있는 기구를 사용하는 것은 바람직하지 못하다.
> - 휠이 남아있는 타이어나 트럭용 대형 타이어를 이용하는 것은 매우 위험하며, 소형차용 타이어를 이용하되 내부의 휠은 반드시 제거하고 사용한다.
> - 철재나 목재로 된 기구의 활용은 바람직하지 못하다.
> - 날카로운 모서리로 되어 있는 소형 기구의 사용은 바람직하지 못하다.

▨ **규칙 변형** 장애인들에게 그들의 스포츠 참여 확대를 위한 프로그램을 제공하기 위해서는 환경과 용·기구 등을 변형하는 작업뿐만 아니라 경기규칙을 변형하는 것 또한 중요하다. 예를 들어, 소프트볼 게임을 진행할 때 평균 이하의 지적능력을 가진 지적장애인 혹은 특정 신체능력이 뒤떨어지는 장애인이 있다면 활동에 필요한 규칙을 좀 더 단순화해야 한다(최승권 역, 2014). 장애인들의 독특한 요구에 맞게 규칙이 변형된다면 모든 장애인들이 다 같이 즐겁게 활동에 참여할 수 있을 것이다. 따라서 스포츠 지도자는 각자의 개별적 요구를 가능한 한 많이 수용하는 방향으로 활동규칙을 변형하는 것이 바람직하다. 다음은 규칙 변형 시의 주의 사항이다.

▷ 규칙을 변형할 때에는 각 활동이 과거부터 수행되어오던 원래의 활동과 유사한 맥락을 갖도록 해당 활동의 본질이 손상되지 않는 방향으로 변형해야 한다. 장애가 있는 사람들을 스포츠 활동에 쉽게 참여시키기 위해서는 활동의 규칙을 변형할 필요성이 있다.

> **참고** 규칙 변형의 기본 주의사항
> - 최소한의 규칙만을 사용한다.
> - 참여를 극대화하는 방향으로 한다.
> - 협력적인 행동이 필요한 활동을 한다.
> - 활동의 본질적인 특성을 제거하지 않는다.
>
> [출처: 최승권, 이인경, 양한나(2011)에서 인용]

▷ 참여자가 집중력을 잃거나 지루함, 좌절감을 느끼는 것으로 판단될 시에는 여러 가지 대안을 생각해야 한다.

> **참고** 참여자가 소극적일 때의 규칙 변형
> - 팀 내 구성원을 조정한다.
> - 대안적인 규칙을 찾는다.
> - 경기장 규격을 줄인다.
> - 각 팀의 인원수를 조정한다.
>
> [출처: 최승권, 이재원(2014)에서 인용]

▷ 지도자의 창의성과 임기응변능력은 스포츠 활동에 참가하는 데 있어서의 성패를 가르는 중요한 요소이다. 장애인들이 활동에 몰입할 수 있도록 난이도를 맞춰주려면 다양한 상황에 알맞게 규칙을 변형하는 능력이 필요하기 때문이다(오광진, 2010). 또한 다른 방법에 효과가 있었다면 그것은 훌륭한 시도임에 틀림없고, 얻은 효과를 메모해두는 방법도 좋다. 시도가 효과적이지 않았다면 다시 변형하여 시도해본다.

> **참고** 꼭 기억해두자!
> - 꼭 필요할 때만 활동을 수정·보완하라.
> - 지도자의 창의성과 임기응변능력을 발휘하라.
> - 성공한 방법은 메모해두어라.
> - 처음에 성공하지 못해도 다시 수정·보완해서 시도하라.
>
> [출처: 최승권, 이인경, 양한나(2011)에서 인용]

■ **규칙 변형의 요령** 스포츠 활동과 관련된 규칙을 변형할 때에는 난이도를 조정하거나, 사용되는 기술들을 조정하거나, 득점체계를 변화시키거나, 경기장을 변형하는 요령이 필요하다. 또한 참여인원, 활동유형(종목유형) 등의 사항들을 고려해서 알맞게 변형하는 것이 필요하다. 규칙 수정의 예는 아래와 같다(오광진, 2010).

▷ **참여인원:** 어떤 스포츠 활동을 할 것인지 정했다면, 상황에 맞게 참여 인원을 조정해야 한다. 예를 들어 축구를 할 경우, 경기장 규격과 장애인들의 실력을 고려하여 참여인원을 조정하면 된다. 축구의 경우, 참여인원은 많은데 경기장이 좁으면 상대편 수비수들로부터 공을 관리하기가 어렵기 때문에 난이도가 올라갈 것이고, 반대로 적은 인원이 넓은 운동장에서 축구를 한다면 넓은 공간에서 자유롭게 공을 다룰 수 있으므로 난이도가 낮아질 것이다. 즉, 핸드볼코트에서 축구를 하는 경우 각 팀 인원이 11명이면 경기장 크기에 비해 인원이 너무 많으므로 난이도가 학생들의 실력보다 높을 것이다. 반면, 축구경기장에서 5명씩 경기를 진행한다면 난이도가 낮을 것이고 집중도 또한 낮아질 것이다. 이처럼 지도자가 기존 경기의 규칙대로 인원수를 미리 정해두고(예: 축구는 11명, 농구는 5명, 배구는 6명) 활동을 실시하는 것은 장애인들에게 성공적인 스포츠 활동을 제공하기에 바람직하지 못하다. 따라서 지도자는 경기장 규격과 난이도 등 수업 전반적인 부분들을 모두 고려하여 참여인원을 알맞게 조절해야 할 것이다(오광진, 2010).

▷ **활동 유형:** 스포츠 활동은 인원수에 따라 개인운동, 대인운동, 단체운동으로 구분할 수 있고, 장소에 따라 실내운동과 야외운동 등 여러 기준에 따라 구분된다. 그리고 이러한 활동유형의 분류는 지도자가 얼마든지 상황에 맞게 조정할 수 있다. 즉, 활동을 담당하는 지도자는 장애인들이 해당 스포츠 활동을 즐기고 만족해할 수 있도록 상황에 맞는 활동유형을 정하고, 이를 토대로 규칙을 설정해야 한다. 또한 장애인들이 다양한 상황 하에서 스포츠 활동을 경험할 수 있도록 여러 가지 활동 유형을 학생들의 개별적인 요구에 최대한 적합하게 제공하는 것이 필요하다(오광진, 2010).

> **참고** 규칙변형의 예
>
> 난이도를 조정한다.
> - 축구경기를 할 때 손사용을 허용한다.
> - 배구 경기 시 원바운드를 허용한다.
>
> 기술들을 대체한다.
> - 차기 대신 던지기(예: 축구에서 던지기를 허용한다).
>
> 득점체계를 변형시킨다.
> - 대상 학생의 득점 전수를 올려준다(예: 학생A가 득점하면 2점)
> - 득점 방식을 변경한다(예: 패스성공 시 득점, 1루 진루 시 득점).
>
> 경기장을 변형한다.
> - 배구경기를 배드민턴 코트에서 진행한다.

> **참고** 규칙 변형의 실제 사례
>
>
>
> 마이클은 척추갈림증(척추이분증)을 가지고 있는 5학년 여자아이이다. 마이클은 뛸 수는 있지만 척추갈림증으로 인해 또래 친구들에 비하여 뛰는 속도가 느리고 양 다리가 교차되면서 걷는 가위보행을 가지고 있다. 성민이의 체육교사는 성민이가 학급학생들과의 원활한 통합 체육수업 진행을 위해 학기 초에 비 장애학생들을 대상으로 장애이해교육을 진행하며 성민이가 하지 못하는 활동들에 대해 설명해 주었다. 또한, 체육교사는 성민이를 포함하여 모든 학급친구들과 함께 어떻게 하면 성민이와 함께 즐거운 체육활동을 할 수 있을지에 대해 이야기를 나누어 보았다. 그 결과 소프트볼 수업의 경우, 마이클은 다른 또래 친구들과 마찬가지로 뛰기도 하고, 방망이로 공을 치기도 하고 수비를 하기도 했다. 성민이가 이처럼 또래 친구들과 함께 체육수업에 참여할 수 있었던 것은 간단한 규칙 변형이 있었기 때문이었다. 그것은 바로 성민이가 경기에 참여하는 활동마다 보조자(physical assistant)를 허용해준 것과, 1루를 주루할 때마다 1점을 득점한 것으로 인정해준 것이었다. 이로 인해 마이클은 아웃되지 않고 2루까지 달릴 수 있었고 성민이네 팀은 2점을 득점할 수 있었다. 이러한 간단한 규칙 변형은 성민이가 체육수업에 즐겁게 참여할 수 있게 해주었다. 또래 친구들도 이러한 간단한 규칙 변형에는 매우 호의적이었으며, 심지어 서로 성민이를 팀 구성원으로 데려오기 위해 경쟁을 펼치기도 했다. 마이클은 이 수업으로 인해 소프트볼에 흥미를 가지게 되었고 여름리그에도 참여해 볼 계획이다.
>
> [출처: Lieberman & Houston-Wilson (2009)에서 인용]

3. 수업 형태

> ☞ **특수체육 및 스포츠 지도를 위한 철학적 접근**
>
> 효과적인 개별화체육프로그램을 실행하는 지도자들은 이러한 프로그램이 대상자들의 타고난 가치와 잠재적인 전인양성의 발달에 긍정적인 영향을 미칠 수 있다는 기본적인 믿음을 가지고 있다. 이는 인본주의(humanism)와 응용행동분석(applied behavior analysis; ABA)이라는 두 개의 주요한 철학적 접근에 기인하는데, 지난 25년간 특수체육에 지대한 영향을 미쳐왔다. 두 가지 철학적 관점은 윤리적인 토대나 전략적인 접근에서 차이가 있으나, 장애학생과 일반학생을 위해 가장 높은 수준의 교육 제공을 목적으로 하며, 기술습득과 문제행동에 있어 적극적이고 능동적인 지도전략을 강조한다는 점과 특히 인간 존엄의 중요성을 강조한다는 공통점이 있다.

- **인본주의** 인간이 지금까지 인식되어 온 것보다 훨씬 더 자유롭고 창조적인 존재이며, 성장과 자기실현을 위한 역량이 있다는 믿음에서 출발하며, 창조, 선택, 자각, 개인적 또는 사회적 수준의 책무성 등을 갖춘 인간의 추구 및 양성을 강조한다. 이는 모든 사람들이 가지고 있는 속성으로, 인간행위의 긍정적인 측면(긍정적인 자기이미지의 개선, 자기결정 및 내적 동기 부여를 발달시킬 수 있는 능력)에서 접근하는 것이다. 특히, 마음, 신체, 영혼은 분리될 수 없으며, 교육적 경험은 전인양성에 도움이 되도록 계획해야 한다고 주장한다.

- **응용행동분석** 학습된 원리의 적용을 통해 문제행동을 감소시키고자 하는 접근으로서, Skinner는 학습에 있어서 행동이 발생한 다음에 주어지는 후속결과의 중요성을 강조하였다. 즉, 주의 깊게 선택된 후속결과는 선행자극에 따른 행동을 변화시킬 수 있고, 비록 후속결과가 벌과 같은 부정적인 형태로 제공된다하더라도 문제행동을 감소시킬 수 있으며, 장애학생들이 보상과 같은 긍정적 강화물에 집중하게 함으로써 바람직한 행동이 나타날 가능성을 증가시킬 수 있다는 것을 증명하였다(김삼섭, 2005).

> **참고** 행동수정(behavior modification)
>
> 응용행동분석의 기본원리를 토대로 장애학생을 지도하는 교육적 접근을 '행동수정'이라고 함. 중재를 조절하는 처벌의 이미지로 사용되었으나, 교사들은 윤리적이고 긍정적인 행동중재를 사용해 옴. 특히 긍정적 행동 지원(positive behavior support)의 강조를 통해 친화적 기술을 가르치는 것에 초점

> **☞ 체계적 지도: 운동학습 촉진**
>
> 효율적인 수업 방식을 토대로 특수체육 및 스포츠를 지도하는 것은 대상자들이 갖고 있는 능력의 다양성을 증진함으로써 더욱 많은 것을 가능하게 하고 주어진 과제에 도전하도록 하며, 의미 있는 내용을 학습하고 지속적으로 유지하도록 해 준다(Siedentop & Tannehill, 2000). 장애인을 위한 교육적 접근방식의 결정은 의학적 또는 행동적 진단 만을 토대로 형성되는 것은 아니다. 필요하다면 장애인들의 학습스타일이나 장·단점, 수업 목표 등을 고려한 지도상의 변형을 마련해야 한다. 양질의 체육수업은 숙련된 시도사로부터의 동기부여, 광범위한 지식 토대, 많은 연습, 적절한 피드백 등을 통해 대상자의 요구와 과제 지향적인 태도를 발달시킨다.

▨ **운동기술을 지도하기 위한 환경 조성** 운동기술을 지도하기 위한 환경 조성은 대상자 특성, 학습과제, 지도 환경을 필수적으로 고려해야 한다.

대상자 특성	연령, 체격, 성별, 사회경제적 수준, 문화수준, 태도, 실제적이고 지각된 유능감, 창조성, 동기, 장애유형 등
지도 환경	실내·외 환경, 시설, 장비, 공간, 바닥표면 상태, 조명, 기온, 대상자 선호도, 정서적인 환경, 안전 등(Sherrill, 2004)
학습과제	교육과정(유용성, 흥미성 등 고려)

▨ **운동기술 학습과 지도원리 적용** 일반적으로 운동기술의 학습과 지도는 운동학습, 운동발달, 운동제어, 운동역학, 운동생리학, 특수교육, 교육학과 같은 분야의 원리를 적절하게 적용하는 것이 매우 중요하다. 대상자의 특성, 수업환경, 학습과제의 성취에 있어 이러한 세 가지 요인의 상호작용을 주의 깊게 고려하여야 한다.

> **참고** 특수체육 및 스포츠에서의 운동기술 지도 원리(Dunn, 1997)
> - 성장 및 성숙은 운동기술의 학습능력에 영향
> - 최상의 방법 운동의 역학적·생리학적 원리를 기반으로 기술지도 필요
> - 새로운 운동기술을 학습할 때에는 적절한 강화와 반복수행 필요
> - 정서는 운동기술 학습과정에 영향
> - 주어진 과제에 대한 성공적 수행은 운동학습을 촉진
> - 적절한 휴식에 의해 연습구간을 분리하면 운동학습을 촉진
> - 완전학습(overlearned)된 운동기술은 더욱 오래 지속

> ☞ **대상자의 개별적 차이와 요구 충족**
> 특수체육 지도자의 경우 대상자의 개별적 차이를 이해하고, 이를 지도 상황에 적용하여 성취 정도를 높이기 위한 노력이 필요하다. 이를 위해서는 책임감과 최신 접근 방법의 적용, 보편적 설계 적용, 개별화 지도, 증거기반 교수 적용, 중재반응 모델 적용, 교육과정의 선정, 활동 변형수업 스타일 개선, 수업 방식 고려, 비연속적 개별시도 교수(discrete trial teaching), 과제 분석, 활동 분석 등의 지도전략을 수립하는 것이 중요하다.

▨ **책임감과 최신 접근 방법의 적용**(프로그램의 높은 질적 수준 담보 노력) 특수체육 지도자는 모든 장애인들이 과제 목표를 달성하도록 돕기 위해 지도 내용과 방법을 높은 수준으로 유지해야 할 필요가 있다. 이를 위해 관련 연구결과나 현장에서 가장 효과적인 방법으로 증명된 최신 접근 방법을 적용하고, 발전 정도를 세심하게 살펴야 한다(세심한 사정계획 수립 중요).

▨ **학습을 위한 보편적 설계** 특수체육 지도자들은 장애인에게 독특한 요구를 충족시킬 수 있도록 특별히 계획된 교육과정이 요구된다고 생각해왔으나, 최근에는 약간의 적응과정이나 변형을 통해 동일한 교육과정으로 수업을 받을 수 있다는 믿음이 확산되고 있다. 이러한 경향은 통합(inclusion)의 원리와 무관하지 않으며, 장애인이 주류 사회에 의미 있게 통합되고 있는 상황은 그들이 일반인과 동일한 교육과정으로 충분히 교육받을 수 있다는 것을 의미한다. 학습을 위한 보편적 설계(universal design for learning 또는 universal design for teaching)는 지도방법이 모든 학습자로부터 출발할 수 있도록 설계되어야 한다는 점을 강조한다. 이러한 보편적 설계는 지도환경의 구성이나 교재, 지도방법, 사정방법 등 교육의 모든 영역에 적용될 수 있다. 보편적 설계에서 모든 학습자들은 동일한 가치를 지니며, 이러한 개인적 가치는 학습 초기부터 고려되어야 한다.

▨ **개별화 지도** 최적의 학습이 이루어지기 위해서 지도자들은 학습자들이 현재 보이는 수준이나 한계 등에 기초하여 접근방법을 달리해야 하고, 학습과정의 많은 측면들은 지도의 효과성을 높이기 위해 알맞게 변형되어야 한다(이철환 등, 2012).

▨ **증거기반 교수** 증거기반 교수는 대상자들의 과제 수행에 효과적인 프로그램이나 지도전략을 적용하는 것을 의미할 뿐만 아니라 무엇을 가르치고 어떻게 지도해야 할지 결정하는데 필요한 정보를 수집하는 과정이라고 할 수 있다(중재방법의 효과성 측면에서 실재적인 증거 제시 필요).

중재반응모델(response to intervention): 미국의 No Child Left Behind 법안과 2004년 개정 IDEA에 가장 부합되는 최근 접근방식

No Child Left Behind 법안
- 결과에 따른 책임규명 강화
- 유연성과 지역 자치의 증가
- 유효성이 검증된 교육방법에 대한 강조
- 학부모 선택권의 강화

=> 개정 방향
- 진전된 정도 평가
- 모든 학생들의 학습 향상도 측정
- 평가 기준 5가지로 세분화

▨ **중재반응**(response to intervention; RTI) **모델** 중재반응 또는 중재반응 모델은 특별한 교육적 조치가 필요한 학생들을 확인하기 위해 사용되는 구조적 접근이라고 할 수 있다. 중재반응 모델은 현장에서 개별화 접근과 증거기반 교수가 갈수록 강조되는 상황과 관련해서, 생애 초기부터 학생들의 학습효과를 극대화하고 문제행동을 최소화할 수 있는 방식의 사정과 중재를 통합하는 접근이라고 할 수 있다. 중재반응 모델은 현장에서 적절히 시행되기만 한다면 모든 학생들의 교육적 경험과 학습을 향상시키는 동시에, 잠재적으로 과제 수행에 어려움이 있는 대상자를 선별해 낼 수 있는 방법으로 적용될 수 있다. 이러한 중재반응 모델은 No Child Left Behind와 2004년 개정된 IDEA의 내용에 부합되는 것으로, 비교적 최근의 접근 방식이라고 할 수 있다.

중재반응 모델의 부수적인 장점은 특별한 접근이 필요한 아동을 조기에 선별할 수 있을 뿐만 아니라 정규수업 환경, 즉 일반적인 발달을 보이는 동료들과 통합된 수업에서 학습 부진을 효과적으로 보완할 수 있다는 것이다. 만약 좀 더 집중적인 접근이 필요하다면, 교사와 학생의 비율이 낮은 상황을 중재반응 모델에 적용하여 구체적으로 실현할 수 있다.

체육수업 3단계 중재 접근 방법

단계	1단계 75-85%	2단계 10-15%	3단계 5-10%
내용	· 개별화된 지도 · 교육과정 중심 사정 · 긍정적 행동 지원 · 모든 학생들에게 높은 수준의 교육서비스 제공	· 1단계 중재에 반응을 보이지 못하는 학생들에게 집중됨 · 통합 환경에서 소그룹으로 증거기반 교수를 적용함 · 지도는 보조교사나 동료에 의해 제공됨	· 가장 집중적인 중재 · 개별화된 지도 · 지도 내용 및 교구의 변형 · 장기간 또는 자주 중재를 제공함 · 잠정적으로 중재는 통합 환경에서 어느 정도 이루어짐

▨ **교육과정의 선정** 장애학생을 지도하는데 있어서 효과적인 지도방법에 대한 이해만큼 무엇을 가르쳐야 하는가와 관련된 교육과정의 선정 역시 매우 중요하다. 지도자는 항상 주어진 공간과 시간 안에서 대상자에게 가장 적합한 교육과정을 제공하기 위하여 대상자의 특성, 수업환경, 활동과제 등을 주의 깊게 고려하여야 한다(곽승철 등, 2010).

동일 교육과정(same curriculum) 장애학생들의 교육목적(활동목표, 활동계획, 활동과제)이 개별학생의 차이에 따라 달라진다 하더라도 전체적으로 비장애학생과 동일한 교육과정을 적용
수준별 교육과정(multilevel curriculum) 장애학생들도 정규 교육과정을 따르되, 필요한 경우 적절하게 활동을 변형하는 것을 의미
변형 교육과정(modified curriculum) 중도 이상의 장애학생들에게 알맞은 교육과정으로 정규체육교육과정이 장애학생에게 부분적이나마 적합하지 않다고 판단될 때, 장애학생에 맞는 개별화된 활동계획 및 목적을 제공하는 교육과정
개별 교육과정(different curriculum) 장애정도가 심하여 정규체육교육과정과 맥락을 같이하는 안전하고 의미 있는 형태의 수업운영이 힘들 경우, 대상학생에게 적합한 개별교육과정 적용(전체적으로 차이, 정규체육교육과정과 무관한 활동 등)

하향식 접근
Top-down approach
특별한 기능이나 연령에 적합한 운동기술 지도에 초점

상향식 접근
Bottom-up approach
발달상의 측면에 초점

※ 특수체육 지도현장에서는 상·하향식의 절충적인 접근방식 권장

- **활동변형** 장애인들의 성공적인 체육활동 참여를 촉진하기 위해서는 활동변형이 필요하며, 기구, 규칙, 환경, 지도방법 등의 변형이 가능하다. 이 경우 활동의 고유한 특성을 유지하되, 과거부터 전통적으로 수행해 왔던 활동과 가능한 유사한 맥락을 갖도록 변형해야 한다.

- **수업스타일** 수업스타일은 지도내용과 학습자의 특성, 학습내용의 속성, 지도자의 개인적인 지도 기술, 지도자의 개인적 선호취향 등에 따라 달라지며, 최상의 수업스타일은 없다. 유능한 지도자는 이러한 여러 가지 요인들을 고려하여 효과적으로 지도하려고 노력한다. 일반적으로 수업 스타일을 결정할 때 지도자의 태도, 신념, 편안한 정도나 수업목표, 학습자의 태도 등을 고려해야 한다.

수업 스타일 비교(Mosston & Ashworth, 2002)

재생산적 수업 스타일(Reproductive style)
교사주도, 교사중심의 직접지도, 모방 또는 재현 중심
명령식 스타일(Command style) / 연습식 스타일(Practice/task) /
교류식 스타일(Reciprocal) / 자기점검식 스타일(Self-check) /
통합 스타일(Inclusion/invitation)

창조적 수업 스타일(Productive style)
학생주도, 학생중심의 간접식지도, 발견 또는 생산 중심
유도발견식 스타일(Guided discovery) / 수렴발견식 스타일(Convergent discovery) / 확산생산식 스타일(Divergent discovery)

교류식 수업 스타일
reciprocal teaching
- 짝과 함께 과제를 연습
- 지도자가 마련해준 기준에 비추어 짝에게 피드백을 제공
- 즉각적인 피드백을 제공받음
- 피드백을 제공하는 기술과 다른 사람과 어울리는 기술을 배움

※ 과제카드는 의사소통 보드나 일정표 등과 함께 사용할 때 자폐성장애가 있는 대상자에게 특히 효과적일 수 있다.

▨ **수업 방식** 수업방식은 수업 스타일과 관련된 중요한 고려사항으로서(Block, 2000; Graham, Holt-Gale & Parker, 2004), 특수체육 및 장애인스포츠 지도 현장에서 활용 가능한 아홉 가지의 효과적인 수업 방식은 다음과 같다.

1:1 방식
대상자에게 높은 수준의 개별화된 지도는 물론 학습자들이 반응할 수 있는 다양한 기회 제공
중도(重度) 장애인(학생)을 위한 지도방법에 적합
비연속 개별시도 교수(discrete trial teaching, DTT)가 대표적임

소그룹 방식
2-10명의 대상자들과 한 명의 지도자 또는 보조 지도자로 구성
좀 더 독립적인 학습이 가능하며, 동료들과 적절히 상호작용할 수 있는 방법을 배울 수 있는 많은 기회 제공 가능

대그룹 방식
전체 수업이나 지도에 참가하는 대상자와 한 명 이상의 지도자 및 보조 지도자로 구성
대그룹으로 활동하지만 개인적인 지원의 양이나 유형을 제공하기 위해 지속적인 진보 정도를 점검하는 것이 중요

혼합 방식
동일한 지도시간 안에 다양한 방식을 사용
대상자의 개별특성이나 교육목적이 다를 경우에 효과적인 지도형태

또래교수
상위 수준의 기술을 습득한 대상자가 수행수준이 떨어지는 대상자를 지도하는 방식
선-후배 또래교수(class-wide peer tutoring) 또는 교류식 수업 스타일(reciprocal teaching)에서 주로 사용

개인별 독립 과제수행
대상자 스스로 개인적인 목표를 정함
과제카드나 지도자의 피드백이 과제 집중에 도움

협력학습
공동의 목표를 성취하기 위해 대상자 모두가 협력
사회적 기술 또는 정의적 발달을 교육목표로 할 때 더욱 효과적임

역주류화
일반인들이 장애인들과 함께 수업에 참여하는 것임
장애인들이 일반인들과 상호작용하는 것이 중요(상호 모두에게 유익)

과제식 수업(스테이션 지도)
동시에 서로 다른 학습과제를 연습하도록 수업 환경을 조직
발달 수준이나 단계에 맞게 다양한 과제로 구성하기 때문에 다양한 운동기술 수준을 가진 학습자들에게 더욱 효과적임

| IV. 지적장애인·정서장애인·자폐성장애인의 체육 지도 전략 | V. 시각장애인의 체육 지도 전략 | VI. 청각장애인의 체육 지도 전략 | VII. 지체장애인·뇌병변장애인의 체육 지도 전략 |

▨ **스테이션 수업방식** 스테이션 수업방식은 일반적으로 3-4개의 스테이션으로 구성되며, 서로 다른 기술을 요하는 활동과제들로 이루어진다. 소그룹형태로 구성된 학생들은 주어진 스테이션을 시작으로 교사의 신호나 각 스테이션에 주어진 특정 수행기준을 충족했을 때 다음 스테이션으로 이동한다. 스테이션을 구성할 때는 발달 수준을 고려하여 쉬운 과제에서 어려운 과제로 구성하는 것이 바람직하다.

※ 발달 수준을 고려하여 쉬운 과제에서 어려운 과제로 구성

스테이션 구성의 예
연계활동(하키) : 슛이나 패스 - 스틱 다루기 - 골 방어 비연계활동 : 던지기 - 받기 - 줄넘기 ※ 다양한 수준의 기술 습득 기회 제공 / 개별화된 학습 기회
스테이션 구성 시 고려사항
다양한 기구(테니스 라켓, 배드민턴 라켓), 수업 목표, 필요한 반복횟수 등 과제를 시작할 장소와 방법 ※ 과제 카드나 포스터와 같은 시각적 보조(피드백)를 제공

▨ **비연속적 (개별)시행 교수** 비연속적 시행 또는 불연속적 시행이라고도 하며, 형식적인 개별화 지도, 수업 에피소드, 비연속 개별시행 훈련 등의 용어로 사용되어져 왔다. 구분된 시행 또는 비연속적 시행은 응용행동분석의 학습원리에 근거를 두고 있으며, 주로 자폐성 장애아동들에게 폭넓게 적용되어 왔으나, 다른 장애영역의 아동들에게도 효과가 있음이 밝혀지고 있다. 기본적으로 언어 기술, 사회성 기술, 기본움직임 기술 등을 가르칠 때 주로 사용되어 왔다. 보통 일대일 상황으로 구조화된 방법이며, 간단한 단계로 구성하여 서로 구분된 형태로 제시한다. 특정 시행 단계는 기술이 완벽하게 습득될 때까지 반복될 수 있으며, 각 시행단계가 서로 정밀하게 연결되어 있다는 장점이 있다. 주요 요소는 지도나 환경적 단서, 임의의 보조, 학생의 반응, 결과, 시도들 간의 간격이며, 각 요소들이 순차적으로 제시된다.

불연속 시행 절차
discrete trial procedure
Thorndike의 문제상자 탈출하기, 미로 달리기 실험에 기반한 참가자의 행동이 시행을 종료시킨다는 특징이 있다.
어떤 행동을 수행하는 데 걸리는 시간, 오류 횟수, 일정 시간 내 참가자 행동 수행 횟수 등이 종속변인으로 설정될 수 있다.

수업 에피소드의 구성 요소 및 유의사항

지도	학생들이 수업에 참여했을 때, 적절하면서도 쉬운 과제를 제시
보조방법 선택	학생과 교사의 상호 자극에 의한 반응이 동시적으로 일어나기 때문에 상황에 맞는 적절한 보조를 선택적으로 제공
학습자 반응	옳은 반응, 부적합한 반응, 또는 무반응
후속 결과	지속적으로 확실하게 적용
막간	3-5분 간

단서(cue): 학습자에게 기대되는 행동을 위한 환경적 정보

보조(prompt): 언어적, 시각적, 신체적으로 학습자의 알맞은 반응을 유도하기 위해 제공하는 기타의 정보
- 보조방법들은 상호보완적이며, 최소한의 보조가 효과적임

용암법(fading): 보조를 점진적으로 줄여나감으로써 학습자에게 필요한 행동을 성취시키는 것

▨ **교육적 또는 환경적 단서** 새로운 행동의 형성, 유지, 제거는 환경적 단서에 의해 결정되며, 환경적 단서의 변화는 행동의 변화를 가져온다. 행동의 변화에 영향을 미치는 환경적 단서란 행동의 발생 직전에 주어지는 선행자극(변별자극)과 행동 후 즉시 뒤따르는 후속결과(강화자극과 벌 등)를 의미한다. 교육적 또는 환경적 단서는 학생들의 반응을 유도하기 위한 중요한 요소로서 일반적으로 지도교사나 또래, 부모 등이 제공하거나 요청할 수 있다(예, 휘파람 불기나 벨 울리기, 이름을 직접 호명, 간단명료한 인어적 단시 등).

▨ **보조 방법의 선택** 보조는 장애인의 기술적인 영역을 지도하기 위해 빈번히 사용하고 있으며, 체육지도에 있어 중요한 지도방법이다. 보조를 통하여 강화를 제공하는 것은 특별한 준비가 필요 없이 즉각적인 반응을 촉구할 수 있다는 측면에서 매우 유용한 방법이다.

신체 보조
체육현장에서 매우 중요한 방법
과도한 신체보조는 대상자 스스로 할 수 있는 활동기회를 제한
가능하면 최대한 스스로 활동할 수 있는 상황을 조성
공굴리기-백스윙 중에 손목 잡고 팔의 가동범위 보조

시각 보조
과제수행을 돕기 위해 제공되는 모든 시각적 자극
볼링-정확한 시범(몸의 방향, 백스윙, 팔로스로우, 릴리스 등)

언어 보조
음향이나 단어, 또는 운동수행 관련 지시사항 등 과제수행을 돕는 모든 언어적 지시사항 포함
볼링-동작에 대한 충분한 설명 또는 간단한 설명(지시)

보조 없음(비보조)
보조를 제공하지 않는 상황에서는 기술 수행 상황에 맞는 환경을 만들어 주는 것이 핵심(상황에 맞는 목적 설정 중요)
볼링-정확한 레인 이동 지시, 정확한 수행 동료를 따라하도록 지시

▨ **학습자의 반응** 지도자는 학습자가 교육적 또는 환경적 단서에 의해 기대했던 반응과 다른 반응을 보인다면 제공한 지도사항을 다음과 같은 측면에서 다시 한 번 점검해 보아야 한다.

- 지도내용이 복잡하지 않은가?
- 실제 과제참여 외에 다른 활동에 참여하지 않는가?
- 수업환경이 너무 혼란스럽지 않은가?
- 한 명 이상이 활동해야 하는 수업 방식 상의 문제는 없는가?

※ 올바른 반응의 기준을 자세하고 정확하게 묘사, 지도 이전에 충분히 고려

■ **효과적인 보조** 지도자는 앞서 제시한 보조방법들을 상호 보완적으로 사용할 수 있으며, 가능한 스스로 학습을 수행할 수 있는 상황을 조성하고, 점진적으로 보조의 정도를 줄여나가는 것이 바람직하다. 효과적인 보조를 위하여 지도자가 유념해야 할 사항은 다음과 같다.

- 장애학생의 개별특성(현재 수행 수준, 선호하는 수업 방식, 장애유형)을 충분히 고려하여 좀 더 의미 있는 보조를 제공
- 잘못된 보조를 하지 않도록 주의
- 지나친 보조를 지양
- 보조보다는 활동과제에 집중하도록 유도
- 자신이 제공하는 보조가 효과적이라는 확신
- 사전-사후 평가에서 제공한 보조 수준을 고려
- 보조를 위한 거리를 점차적으로 늘림
- 언어보조와 다른 보조를 적당하게 연결하여 제공
- 언어적 지시만으로 수행 가능할 수 있도록 언어보조를 점차적으로 줄임

■ **후속결과**(긍정적 또는 교정적 피드백) 학생들에게 수업 에피소드가 주어졌을 때 옳은 반응, 부적합한 반응, 무반응 등을 나타낼 수 있으며, 교사는 반응 행동에 기초하여 지속적이고 확실한 후속결과를 제공해야 한다.

■ **막간** 연속적인 수업 에피소드 사이의 3-5분 정도의 휴식시간을 의미하며, 포옹, 하이파이브, 스티커 붙여주기 등 강화를 제공하거나, 수업 에피소드에 대한 자료수집 시간 등으로 활용한다.

■ **과제분석** 독특한 요구가 있는 대상자에게 상대적으로 더욱 체계적이고 세심하게 계획된 학습 경험을 제공하는 방법이며, 강화물과 보조법이 병행될 때 대상자의 평가와 지도에 있어 학습을 개선시킬 수 있는 강력한 전략이 될 수 있다.

전통적 과제 분석
활동의 구성요소들을 동일시하여 난이도 수준(가장 쉬운 과제에서부터 가장 어려운 과제로)에 따라 과제를 제시하는 형태
발달적 과제분석
과제의 다양성과 수업환경의 다양한 요인들이 학습자의 운동수행에 영향을 미치는 것
생체역학적 과제분석
연계성 있는 과제를 각 단계에 맞게 세분화하는 것

강화의 효과성 제고
강화물의 적합한 제공은 교사입장이 아닌 학생 입장에서 적합해야 하며, 강화의 형태가 지속적이고 효과적이려면 상황에 맞게 지속적으로 수정 및 보완되어야 한다. 이는 반응의 기준이 명확해야 하며, 일관성을 유지해야 한다.

강화의 효과성 제고
강화물의 적합한 제공은 교사입장이 아닌 학생 입장에서 적합해야 하며, 강화의 형태가 지속적이고 효과적이려면 상황에 맞게 지속적으로 수정 및 보완되어어야 한다. 이는 반응의 기준이 명확해야 하며, 일관성을 유지해야 한다.

> **생태학적 과제분석**
> 개별적인 특성과 수업 환경, 활동과제를 고려하여 각 요인마다 동등한 부하를 부여하는 것

☞ **전통적 과제분석의 예(줄넘기 활동)**

과제: 튼튼이는 언어적 단서 없이 4회 연속 줄넘기 수행이 가능하다.
필요한 운동기술: 점핑능력, 직립능력

Ⅰ. 언어적 단서 없이 바닥에 그려진 선을 앞, 뒤로 점프해서 1회 넘을 수 있다.
  a. 언어적 단서를 듣고, 바닥에 그려진 선을 뒤로 걸어서 넘을 수 있다.
  b. 언어적 단서를 듣고, 바닥에 그려진 선을 앞으로 점프해서 넘을 수 있다.
  c. 언어적 단서 없이 바닥에 그려진 선과 나란히 서서 앞, 뒤로 점프해서 넘을 수 있다.

Ⅱ. 언어적 단서 없이 정지된 줄을 앞, 뒤로 점프해서 2회 넘을 수 있다.
  a. 언어적 단서를 듣고, 정지된 줄을 앞으로 점프해서 1회 넘을 수 있다.
  b. 언어적 단서를 듣고, 정지된 줄과 나란히 서서 앞, 뒤로 점프해서 넘을 수 있다.
  c. 언어적 단서 없이 정지된 줄과 나란히 서서 앞, 뒤로 점프해서 2회 넘을 수 있다.

Ⅲ. 언어적 단서 없이 바닥으로부터 2인치 떠 있는 줄을 앞, 뒤로 점프해서 넘을 수 있다.
  a. 언어적 단서를 듣고, 바닥에 붙어 있는 줄을 점프해서 넘을 수 있다.
  b. 언어적 단서를 듣고, 바닥으로부터 1인치 떠 있는 줄을 점프해서 넘을 수 있다.
  c. 언어적 단서 없이 바닥으로부터 2인치 떠 있는 줄을 점프해서 넘을 수 있다.

Ⅳ. 언어적 단서 없이 줄을 반 정도 돌려 점프해서 4회 넘을 수 있다.
  a. 언어적 단서를 듣고, 2회 백스윙해서 점프하여 설 수 있다.
  b. 언어적 단서를 듣고, 앞, 뒤로 2회 스윙해서 점프하여 설 수 있다.
  c. 언어적 단서 없이 앞, 뒤로 4회 스윙해서 점프하여 설 수 있다.

Ⅴ. 언어적 단서 없이 4회 연속 줄넘기 수행이 가능하다.
  a. 언어적 단서를 듣고, 완벽한 줄넘기 수행이 1회 가능하다.
  b. 언어적 단서를 듣고, 완벽한 줄넘기 수행이 2회 연속 가능하다.
  c. 언어적 단서 없이 완벽한 줄넘기 수행이 4회 연속 가능하다.

▨ **전통적 과제분석과 생체역학적 과제분석의 비판** 전통적인 과제분석이나 생체역학적 과제분석은 과제의 요소를 비교적 정확히 제시할 수 있지만, 학습자의 능력이나 한계 등을 자세히 설명하지 못하는 단점이 있다. 또 한 가지는 전통적인 과제 분석은 기본적으로 지도자 중심이기 때문에 주로 지도자에 의해 특정 기술이 어떻게 수행되는지 기술된다는 점이다. 즉, 학습자나 과제 수행이 이루어지는 상황 정보에 대해서는 알 수 없다는 것이다.

☞ **생체역학적 과제분석의 예(테니스 한 손 백핸드 스트로크)**
- 수행이 이루어지는 동안 계속해서 공을 본다.
- 풋워크를 통해 재빨리 공에 접근한다.
- 라켓을 몸 중심에서 뒤로 가져간다(백스윙).
- 엉덩이와 어깨를 네트와 수직으로 위치시킨다.
- 공을 칠 때에 엉덩이와 어깨를 회전시키면서 무게 중심을 앞발로 옮긴다.
- 공이 엉덩이 앞쪽에 올 때 공을 친다.
- 공을 칠 때에 손목을 고정시킨다.
- 반대쪽 팔은 중심을 잡기 위해 몸 바깥쪽으로 뻗는다.
- 폴로 스루를 어깨 높이나 그 이상에서 계속해서 유지한다.

▨ **생태역학적 과제분석의 특징과 단계** 움직임 행동의 역동성에 관한 정보를 얻기 위해 기능적 움직임 과제와 관련된 변인을 변화시키는 과정이며, 교사들이 지도 전략을 계발할 수 있도록 핵심 단서를 제공하는 것(Davis & Burton, 1991)

▷ **1단계 Identification**: 성취해야 할 기능적 움직임 과제목표의 확인
▷ **2단계 Choice**: 선택(기술, 움직임 패턴, 환경, 기구 등)
▷ **3단계 Manipulation**: 조작(과제 변인 변형)
▷ **4단계 Instruction**: 지도

생태학적 과제분석
학습자를 좀 더 자세히 파악하여 구성 요소들 간의 상호 작용을 강조하며, 운동기술이나 움직임 형태, 수행 등이 과제 목표와 환경 조건, 수행자의 능력과 의도 사이의 역동적인 상호작용에 의한 결과(제한 요소)로 간주한다.

☞ **생태학적 실행 과정의 예(수영)**

단계	적용 내용
과제 제시	오른쪽 팔에 절단이 있는 학생은 폭이 6m인 풀에서 독립적으로 수영을 할 것이다. 물에 정면으로 떠서 두 발을 휘감아 차기(whip kick), 횡영(sidestroke), 돌핀킥(dolphin kick)을 할 것이다.
선택	과제의 성공적인 수행을 위한 질적 준거: 스트로크의 효율성과 정확성 과제의 성공적인 수행을 위한 양적 준거: 속도, 이동 거리, 공간 정확성, 시간 정확성
관련 변인의 조작	과제 변인들: 부유기구의 사용, 이동 거리, 이동 시간, 자신의 레인에서 계속 수영하기 환경 변인들: 물의 깊이, 레인의 폭, 동료의 수
지도	개별적인 촉진이나 강화, 필요한 경우 교정 피드백 등을 활용한 직접교수(direct instruction)

■ **활동분석** 활동을 수행함에 있어 최상의 성공을 얻는데 필요한 기본적인 요건들을 결정하기 위한 방법으로, 과제분석과 마찬가지로 가장 적절한 활동을 선택한 후에 지도자가 필요정도에 따라 활동을 변형시키는 분석형태를 말한다. 한 가지 활동을 여러 요소로 나눔으로써 어떤 활동의 특별한 가치를 더 잘 이해할 수 있으며, 필요하다면 개별 학습의 요구와 필요성에 따라 적절하게 변형시킬 수 있다. 활동분석을 위해서는 신체적, 인지적, 사회적, 행정적 요인들을 고려할 필요가 있는데, 신체적 요인(생리학적 또는 역학적 관점)에는 신체의 기본 위치, 신체조성 요소, 운동반응, 기본적인 운동패턴, 협응 및 체력 수준, 감각체계 등이 있으며, 인지적 요인에는 규칙의 수와 복잡성, 기억할 요소, 주의집중, 전략, 인지학습기술 등이 있다. 그리고 사회적 요인에는 협력적 또는 경쟁적 활동을 수행하는 데 필요한 상호작용 및 의사소통의 유형과 정도에 대해 고려할 수 있어야 한다. 또한, 실제 활동시간이나 필요한 기구, 시설, 안정성 또한 주의 깊게 고려해야 한다.

■ **보조인력의 활용** 장애인의 체육활동 지도에 있어 보조 교사, 보조 인력, 보조자, 자원봉사자, 또래 등을 효과적으로 활용하는 것은 매우 중요하다. 이러한 보조인력의 활용방법은 다음과 같다.

▷ **팀 티칭** : 두 명 또는 그 이상의 지도자가 팀을 이루어 함께 지도

장애인을 지도한 경험이 없거나, 준비가 충분하지 않은 지도자들과 함께 수업환경을 조성하고자 할 때 바람직함

통합체육 상황에서 주로 활용

▷ **보조수업** : 장애학생들이 정규체육수업시간에 참여하고자 할 때, 보조교사나 자원봉사자의 도움으로 참여

통합수업 초기 주로 활용

▷ **또래교수** : 동년배의 학생들이 서로 지도

선후배 교수
다른 연령대(고등학교 수준)의 학생들을 프로그램에 참여시켜 특수체육을 받고 있는 장애학생들을 지도하는 방법

[출처: 최승권, 이인경, 양한나, 2011]

👉 활동분석의 예(탁구)

요구 사항	활동	탁구

신체적 요구 사항	1. 기본자세를 갖추었는가?
	2. 움직임에 필요한 기술을 갖추었는가?
	3. 적합한 체력수준을 갖추었는가?
	  a. 근력
	  b. 지구력
	  c. 스피드
	  d. 유연성
	  e. 민첩성
	4. 협응력을 갖추었는가?
	5. 에너지를 갖추었는가?
		1. 서기
		2. 구부리기
		3. 최소한의 체력수준 요함
		  a. 탁구라켓을 잡는 정도
		  b. 낮은 심폐지구력 필요
		  c. 갖출수록 좋음
		  d. 보통
		  e. 높은 수준 요함
		4. 중요함, 특히 눈-손 협응력
		5. 적은 수준 필요

사회적 요구 사항	1. 참여 학생의 수는 적당한가? 2. 상호작용의 유형은? 3. 의사소통의 유형은? 4. 리더십의 유형은? 5. 경쟁적 또는 협력적 활동은? 6. 신체적 접촉 수준은? 7. 소음 수준은?	1. 단식의 경우 2명, 복식의 경우 4명 2. 1:1 3. 언어적 형태 약간, 거의 비언어적 형태로 주어짐 4. 무 5. 둘이 할 경우 경쟁적 요소 강함 6. 단식은 거의 없고, 복식의 경우에 약간 7. 최소화
인지적 요구 사항	1. 규칙의 복잡성? 2. 전략수준? 3. 집중수준? 4. 기초학력수준? 5. 언어적 기술수준? 6. 방향에 대한 개념이 필요한지? 7. 점수체계의 복잡성? 8. 기억수준?	1. 보통 2. 보통 3. 보통 4. 숫자 21까지 셀 수 있거나 그 이상 5. 무 6. 필요함 7. 간단함 8. 약간
행정적 요구 사항	1. 필요한 시간은? 2. 필요한 장비는? 3. 특별히 필요한 시설은? 4. 지도유형이 필요한지? 5. 안전요소들이 고려되었는지?	1. 점수에 의해 조절 가능 2. 탁구라켓, 탁구공, 탁구대, 네트 3. 탁구대를 수용할 만한 충분한 공간 4. 소그룹 형태로 지도할 능력 5. 탁구대 사이의 공간

📌 계획 및 지도 모델

1970년대 이후 여러 개의 교육과정 모델이 발전해 왔으며, 이러한 교육과정 모델은 양질의 체육활동 경험을 제공했을 뿐만 아니라 통합체육수업을 위해 필요한 기술적 발전을 촉진해 왔다. 또한 지도과정의 개선은 물론 장애학생을 위한 능률적이고 효과적인 지도를 가능하게 했다.

The Data-Based Gymnasium	중증장애 학생들에게 학습 환경을 효과적으로 조성해주기 위해 필요한 정보를 제공하는 교육과정 모델로서 응용행동분석 기법에 근거하여 의미 있는 학습목적을 성취하기 위한 수단 (Dunn, Morehouse & Fredericks, 1986)
MOVE	MOVE(The Mobility Opportunities Via Education) 모델은 하향식 활동에 근거하여 발전한 교육과정 모델로서, 최중도 장애학생들을 대상으로 그들이 가정이나 사회에서 삶을 영위하는 데 필요한 기본운동기술의 학습을 도와주는 모델
Moving to Inclusion	The Active Alliance는 캐나다의 장애학생들을 위한 단체로, Moving to Inclusion 교육과정에 근거하여 발전해 왔으며, 장애집단의 다양성과 관련하여 영어와 불어로 된 9권의 책으로 구성되어 있다. 특히 정규체육수업 시간에 장애학생들을 포함시키는 계획을 세울 때 유용하게 사용
Special Olympics	Special Olympics는 장애인스포츠의 교육 지침서 시리즈로서 장·단기목표, 운동기술 평가, 과제분석, 지도전략, 진보 점검표와 관련 정보들로 구성되어 있다. 효과적인 지도 원리와 시합 대비 선수 훈련방법, 영양섭취 방법, 안전, 위험 관리 등에 관한 정보들을 포함
I CAN	I CAN(Individualized instruction, Create social leisure competence, Associate all learning, Narrow the gap between theory and practice) 모델은 장애학생들을 위한 체육교육과 여가기술을 포함하는 종합 프로그램으로서 기본운동기술로부터 스포츠 및 여가와 레크리에이션 기술 등을 포함
저학년용 I CAN	I CAN Primary Skills K-3은 유치원에서 초등학교 3학년 학생들의 운동수행에 근거하여 그들을 지도하기 위해 피드백 방법을 개선하고 변형하는 교육적 모델에 근거한 체육교육과정 (Wessel & Zittel, 1998)
SMART START Preschool Movement Curriculum	이 교육과정 모델은 장애아동을 포함하여 취학 전 모든 아동들을 대상으로 교사와 보호자에게 발달과 관련된 적합한 움직임 교육과정을 제공(Wessel & Zittel, 1995)

4. 특수체육지도에서의 행동관리

> ☞ **장애인스포츠 활동에서의 행동관리 vs. 일반교육에서의 행동관리**
> 행동관리는 문제행동을 수정하여 적절한 행동으로 발달시키기 위해 관여하는 것으로 장애 유무와 상관없이 모든 교육현장에서 사용되어야 한다. 그러나 장애인의 문제행동은 일반인의 문제행동보다 더 다양하고 심각한 경우가 많기 때문에 장애인들의 효과적인 스포츠 활동을 위해 보다 치밀한 행동관리가 요구된다.

▨ **행동관리의 필요성** 오랜 기간 동안 지도자들은 학습자들에게서 나타나는 문제행동에 직면했을 경우 체벌, 정학, 제적과 같은 행동관리 방법을 주로 사용해왔다. 하지만 대부분의 경우 행동에 대한 결과론적인 접근방법으로, 잘못된 행동이 나타난 이후에 적용되는 경우가 대다수였다. 그러나 지도자가 사전에 학습자의 문제행동에 대한 조치를 취한다면, 대부분의 문제행동들은 예방될 수 있을 것이며 이는 체벌이나 정학 등의 비교육적인 행동관리 방법을 사용하지 않아도 된다는 것을 의미한다. 장애인이 스포츠 활동에 보다 효과적으로 참여하기 위해서는 이러한 지도자의 행동관리가 필수적이다. 즉, 장애인스포츠지도자는 주어진 상황 속에서 장애가 있는 학습자에게 제공할 수 있는 가장 효과적이고 실용적인 행동관리 방법이 과연 무엇인지를 알고 이를 적재적소에 적용할 수 있어야 한다. 따라서 본 장에서는 장애인스포츠 참여를 유도하기 위한 지도자들의 올바른 행동관리방법과 요령에 대해서 알아볼 것이다(Winnick, 2011/2014).

▨ **행동수정** 행동수정은 적응행동과 친사회적 행동을 발달시키고 일상생활에서 나타나는 부적응행동을 감소시키는 것에 초점을 두고 있다. 이러한 행동수정은 개인의 특성이나 특질이 아닌 '행동' 그 자체를 변화시키는 것을 목적으로 하는 개념으로 스포츠 상황에서 매우 효과적으로 사용되어왔다. 예를 들면, 행동수정은 자폐성장애를 변화시키기 위한 것이 아니라 자폐성장애가 있는 사람의 '문제행동'을 변화시키기 위한 것이다.

> **참고** 문제행동
> - 표출하는 행동이 상황에 맞지 않거나, 부적응적이거나, 자신이나 타인에게 위협을 가할 때 이를 문제행동이라 한다.
> - 문제행동은 문제행동을 일으킨 이들의 사회적응을 방해하는 주요 요인이 된다.
> - 이러한 문제행동은 학습활동을 방해할 뿐만 아니라 다른 학습자의 활동에도 지장을 초래하여 스포츠 참여 환경을 어렵게 만든다.
>
> [출처: 오광진(2010)에서 인용]

행동관리의 주요이론 및 절차

▷ **행동주의의 개념**: 행동주의에서는 "학습을 경험의 결과로 나타나는 관찰할 수 있는 행동의 변화"라고 정의하며, 인간의 행동은 학습되는 것이라고 주장한다. 행동주의 이론은 자극과 반응간의 관계, 그리고 그 관계로 구성되는 체계에 초점을 맞추고 있다(양명희, 2012). 또한, 행동주의 이론은 크게 고전적 조건형성과 조작적 조건형성으로 구별될 수 있는데, 본 장에서는 신체활동 지도에 유용한 조작적 조건형성을 중심으로 설명하고자 한다.

▷ **조작적 조건형성**: 조작적 조건형성에서는 모든 자발적 행동이 학습되는 것이기 때문에 자발적 행동은 관리될 수 있다고 말한다(Skinner, 1968, 출처: 김의수, 2001). 조작적 조건형성 기법은 장애인스포츠 상황에서 참여자의 행동을 관리하기 위해 직접적으로 적용되며 A-B-C 패러다임에 기초한다(Jansma & French (1994/2001)).

▷ **A-B-C 모델**: A-B-C 모델에서는 어떤 행동과 관련된 자극(antecedent stimulus)이 앞서 일어나고, 그 자극과 관련된 행동(behavior)이 나타나며, 그 행동에 따른 결과(consequence)를 얻거나 부수적인 보상을 얻는 형태로 행동이 나타난다고 본다. 즉, 자극과 결과를 통제함으로써 행동이 변화될 수 있다는 것이다. 장애인스포츠지도자는 선행자극이나 결과 중 하나는 능숙하게 다룰 수 있어야 한다. 자극 관리의 예로는 장애인스포츠지도자가 참여자들의 산만한 행동을 멈추고 줄을 서도록 호각을 부는 것이며, 참여자들이 만족스런 스포츠 수행을 했을 때 자유시간을 늘려주거나 참여자들이 원하는 스포츠 활동에 참여할 수 있도록 기회를 부여하는 것은 결과관리의 예로 들 수 있다(Jansma & French (1994/2001)).

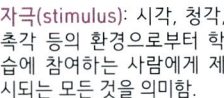

자극(stimulus): 시각, 청각, 촉각 등의 환경으로부터 학습에 참여하는 사람에게 제시되는 모든 것을 의미함.

반응(response): 자극으로 인해 나타나는 행동을 뜻함.

Burrhus Skinner (1904-1990): 미국의 인지심리학자. 인간행동을 자극-반응의 관계로 설명하려 하였으며 조작적 조건형성 이론을 완성하였다.

> **참고** 조작적 조건형성의 A-B-C 모델

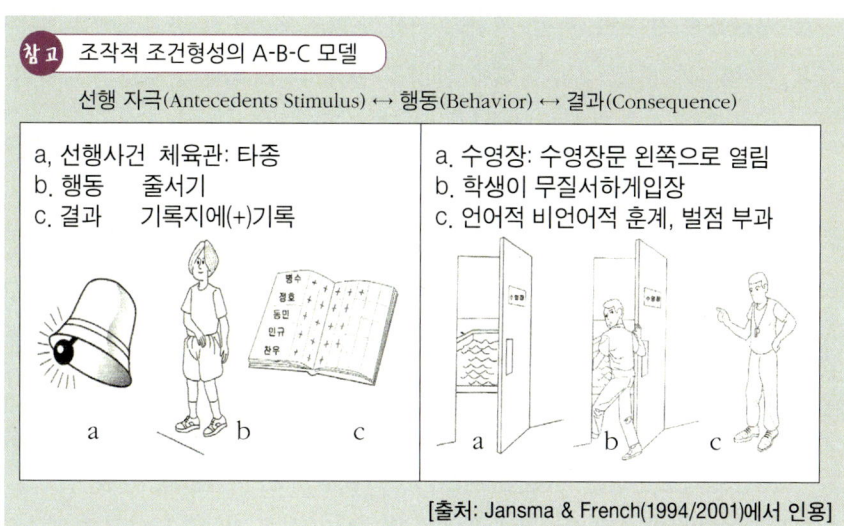

[출처: Jansma & French(1994/2001)에서 인용]

기타이론

교육 심리적 접근법	장애인스포츠 참여자의 자아 존중감(self-esteem)과 지도자와의 관계를 강화하는데 중점을 두고 접근함
정신 역학적 접근법	심리적 기능장애(psychological dysfunction)의 원인에 초점을 두고 접근함
생태학적 접근법	장애인스포츠 환경 또는 생태계(ecosystem)의 부조화가 문제행동을 야기한다는 가정에서 출발하여 접근함
생물기원학적 접근법	신경생리학적 기능 이상에 중점을 두고 접근함
인본주의적 접근법	Maslow(1970)의 연구를 기초로 하는 인본주의적 접근법은 자아실현(self-actualization)이론에 중심을 두고 접근함

[출처: Winnick(2011/2014)에서 인용]

▷ **교육 심리적 접근법:** 교육 심리적 접근법은 장애인스포츠 참여자의 문제행동에 대해 스포츠 환경에 대처하는 부적절한 시도때문이라고 인식하고 있다. 이러한 이유에서 참여자들의 문제행동은 참여자들이 보다 효과적으로 스포츠에 참여하고 성취한다면 개선될 수 있다고 주장한다.

▷ **정신 역학적 접근법:** 프로이드와 가장 밀접하게 관련되어 있는 정신 역학적 접근법은 정신분석, 상담 인터뷰, 놀이치료, 그룹요법과 같은 심리 치료적 기법이 포함된다. 최근에는 가족치료가 보편화되어, 자녀와 부모가 함께 치료에 참여하기도 한다.

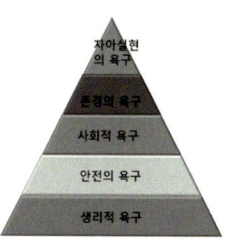

매슬로우 욕구 5단계: 매슬로우 욕구 5단계는 낮은 단계의 욕구에서부터 점차 높은 단계의 욕구로 발생한다고 보았다.

▷ **생태학적 접근법**: 생태학적 접근법의 목표는 부적절한 공격 행동을 단순히 멈추게 하는 것이 아니라 환경을 변화시킴으로써 중재를 시도하며, 이를 통해 목표 행동이 지속되도록 하는 것이다.

▷ **생물기원학적 접근법**: 생물기원학적 접근법과 관련된 주된 전략은 약물요법으로 행동의 수정 및 통제를 위하여 목표에 적합한 약물을 사용하는 것이다.

▷ **인본주의적 접근법**: 인본주의적 접근법은 생리적 욕구, 안전, 소속감, 자존감, 자아실현의 5가지 인간의 욕구가 단계적으로 나타난다는 자아실현 이론에 중심을 두고 있다. Maslow에 의하면 자아실현을 이룬 사람은 수용성, 자발성, 현실성, 자율성, 통찰력, 윤리, 동정심, 자애심, 봉사심, 친밀함, 민주주의, 정의 및 부정함과 창조력에 대한 확신을 지니고 있다고 하였다.

> ☞ **장애인스포츠 활동에서 행동관리 절차와 전략의 필요성**
> 행동관리전략은 바람직한 행동을 촉진하고, 문제행동을 감소시킬 수 있다는 점에서 유용하다. 하지만 잘못 사용하면 문제행동을 강화시키는 등 오히려 부정적인 영향을 미칠 수 있으므로 지도자들은 체계적인 관리 절차를 거쳐 효과적인 전략을 사용해야 한다.

▨ **행동관리 전략** 행동관리를 효과적으로 시행하기 위해서는 일련의 행동관리 과정에 따른 전략이 필요하다. 따라서 본 장에서는 먼저 문제행동을 관리하는 절차들을 소개할 것이고, 각 절차별로 간략한 설명을 제시할 것이다.

참고 문제행동 관리 절차

첫째, 문제행동 파악하기
둘째, 문제행동 발생 기저선 자료 파악하기
셋째, 효과적인 강화물 선정 및 행동관리 방법 선정하기
넷째, 행동관리 시행 효과 관찰 및 평가하기
다섯째, 행동관리에 사용된 강화물 점차적으로 줄여나가기

[출처: 오광진(2010)에서 인용]

▷ **문제행동 파악**: 장애인의 문제행동은 일반인의 문제행동보다 훨씬 더 다양하고 심각한 경우가 많다. 따라서 그들의 행동을 관리하기 이전에 무엇이 문제행동인지를 파악하는 것은 행동관리를 어떻게 적용할 것인지 결정하는 데 많은 도움이 될 것이다. 그러므로 행동관리에 있어 가장 먼저 시행되어야 하는 부분은 바로 문제행동을 판단하는 것이다. 스포츠현장에서 나타날 수 있는 문제행동은 크게 학습에 방해가 되는 행동과 다른 사람을 괴롭히고 자신을 공격하는 행동으로 구분할 수 있다.

문제행동은 하나가 아니라 여러 종류가 있을 수 있다. 그렇다고 여러 종류의 행동에 대한 중재를 동시에 적용하면 효과가 떨어지므로 하나의 행동을 한 번에 다루는 것이 좋다. 또한 효과적인 행동변화를 위해서는 우선순위를 정하는 것이 좋다. Cooper, Heron & Heward(1987)는 문제행동 우선순위 결정시 고려사항을 다음과 같이 제시하였다.

> **참고** 문제행동 우선순위 결정시 고려사항
> - 행동이 사람과 타인에게 위험이 되는지 판단하기
> - 행동 유형, 빈도, 지속시간, 강도, 수정이 요구되는 행동의 수 고려하기
> - 높은 수준의 강화 유발 행동을 낮은 수준의 강화 유발 행동보다 우선시하기
> - 행동이 장애인의 기능 발달과 독립성에 미치는 영향 판단하기
> - 학습된 행동이 장애인이 받는 부정적인 관심을 감소시키는 것인지 판단하기
> - 행동 학습이 주위에 있는 타인에게 강화를 증가시키는 것인지 판단하기
> - 문제행동을 변화시키기 위해 감수해야 할 어려움에 대하여 판단하기

▷ **기저선 자료 파악**: 문제행동이 무엇인지 파악하였다면, 해당 문제행동에 대한 세심한 관찰을 통해 문제행동의 발생 빈도, 원인, 지속시간 등의 필요한 자료를 수집해야 한다. 그리고 정확한 문제행동을 파악하고 변화 과정을 관찰하기 위해 적절한 기저선 자료를 기록해야 한다. 기저선 자료는 행동관리를 위한 기초를 제공하며 평가단계에서 운동의 효과를 판단하는데 사용된다. 기저선 기록 방법은 행동에 관한 인터뷰, 평가척도, 질문지, 직접 관찰 등이 있으며 기저선 기록지의 예시는 아래와 같다.

기저선 측정 방법 종류: 인터뷰, 평가척도, 질문지, 직접 관찰

> **참고** 기저선 기록지의 예
>
> 1. 수정되어야 할 문제행동은 무엇인가?
>
> 2. 행동을 문제행동으로 선정하는 과정에서 고려해야 할 특성을 아래목록에 표기하라.
>
> | (X) | 특성 | 참고사항 |
> |---|---|---|
> | ( ) | 빈도 | |
> | ( ) | 지속시간 | |
> | ( ) | 강도 | |
> | ( ) | 양식 | |
> | ( ) | 방향 | |
> | ( ) | 관찰가능성 | |
> | ( ) | 측정가능성 | |
>
> 3. 문제행동을 분명하고 구체적인 용어로 재진술하라.
>
> [출처: Janes, Thomas, & Anne(2011)에서 인용]

▷ **강화물의 선별**: 강화는 스포츠 활동 참여자의 문제행동에 대한 수정행동이 표출됐을 때 즉각적으로 이루어져야 한다. 모든 사람이 특정 강화물을 반드시 좋아하는 것은 아니며 강화물에 대한 선호 및 반응이 변할 수도 있다. 강화물을 선택하고 사용할 경우의 참고사항은 다음과 같다(오광진, 2010).

비언어적 강화물	언어적 강화물	비소모성 강화물
▷ 끄덕임 ▷ 윙크 ▷ 칭찬 ▷ 미소	▷ "좋아" ▷ "맞아" ▷ "수고했다" ▷ "바로 그거야"	▷ 트로피 ▷ 상장 ▷ 공 ▷ 상품권
음식물 강화물	**특 권**	**야외 활동**
▷ 껌 ▷ 사탕 ▷ 초코바 ▷ 음료수	▷ 지도자 보조 ▷ 준비운동 시범 ▷ 기구 분배 ▷ 경기 참가	▷ 볼링 ▷ 영화 ▷ 스포츠 관람 ▷ 수영

[출처: Smith & Rivera(1993)에서 인용]

> **참고** 강화물 결정시 고려사항
> ① 한 사람에게 매우 효과적인 강화물이 다른 사람에게는 그렇지 않을 수 있다.
> ② 강력한 강화물이라도 자주 제시하면 그 강도가 떨어져 다른 것으로 대체해야 한다.
> ③ 늘 적용하는 강화물의 효과를 관찰하고 새로운 강화물을 찾는 노력을 해야 한다.

▷ **행동관리 시행 효과 관찰 및 평가**: 행동관리 전략을 시행할 때에는 문제행동이 바람직한 행동으로 변화되기 위한 충분한 시간을 두고 중재를 해야 하며, 이와 같은 행동이 얼마나 긍정적으로 변했는지 혹은 부정적인 행동은 얼마나 감소했는지, 어떤 부분을 수정해야 하는지 등을 다각적으로 살펴보아야 한다. 이를 통해 새로운 행동이 수용할 만한 수준으로 확립되면 행동관리 실행자는 그 효과가 검증된 중재 방법을 차후 활동에서도 계속 참고해야 한다. 최종 행동관리 평가는 기저선 자료를 기초로 수집된 자료를 그래프, 차트, 그림 등의 시각적 자료로 이해하기 쉽게 작성해야 한다(오광진, 2010).

■ **강화** 강화는 새로운 행동을 유지·증가 혹은 감소·제거시키기 위해 일반적으로 사용하는 필수적인 행동 관리 요소로, 정적강화(positive reinforcement)와 부적강화(negative reinforcement)로 나뉜다. 강화를 통한 행동관리는 문제행동을 효과적으로 통제할 수 있고 장애가 있는 사람들의 스포츠 활동 수행력까지도 향상시킬 수 있기 때문에 스포츠 활동 상황에서 널리 사용되고 있다.

▷ **정적 행동의 유지 및 강화 방법**: 정적 행동의 유지 및 강화방법은 정적 강화(positive reinforcement)라고도 불린다. 정적강화는 바람직한 행동 후에 이를 유지·증가시킬 수 있는 효과를 가진 어떤 것을 제시하는 방법이다. 이는 바람직한 행동 후에 수반되는 결과가 바람직하다면, 그 행동이 증가할 것이라는 원리에 기초한다. 정적 강화는 다음에 제시하는 방법을 사용하여 장애인스포츠 활동 환경에서 효과적으로 시행될 수 있다.

정적강화(Positive Reinforcement): 보상, 칭찬, 인정을 제시하여 행동 증가 유도

부적강화(Negative Reinforcement): 불쾌한 자극을 제거하여 행동 증가 유도

참고 긍정적 강화 체계

형태	정의	장점	단점	대상
비언어적	몸짓, 접촉, 얼굴표정을 통한 사회적 강화 (예: 미소, 고개 끄덕이기, 하이파이브)	▷ 저비용 ▷ 즉각적 효과 ▷ 긍정적 환경 조성	▷ 강화될 행동에 대한 구체적인 제시의 어려움 ▷ 과도한 사용 ▷ 장애인에게 이해의 어려움	모든 수준에 가능하나 인지 수준을 고려해야 함
언어적	말과 표현을 통한 사회적 강화 (예: '수영 잘하네!', '높이 뛰기 잘했어!')	▷ 저비용 ▷ 즉각적 효과 ▷ 바람직한 행동의 구체적 제시	▷ 과도한 사용 ▷ 모호함 ▷ 장애인에게 이해의 어려움	중등·경도장애 이상
만질 수 있는 물건	생리적 욕구(예: 배고픔, 갈증)를 만족시킬 수 있는 1차 강화제 혹은 2차 강화제(예: 장난감)를 통한 강화 (예: 음식물, 장난감 등)	▷ 높은 동기유발 ▷ 중증장애에 사용가능	▷ 고비용 ▷ 강화제 의존 경향 있음	모든 수준에 가능하나, 연령에 적합하지 않은 강화제 사용 절대 금지
신체활동	다양한 형태의 기구나 게임을 활용한 신체활동을 통한 강화 (예: 낮고 큰 농구골대를 사용하여 슈팅 기회 증가)	▷ 저비용 ▷ 목표지향성 향상 ▷ 운동수행력 향상	▷ 강화제 의존 경향 ▷ 중도·최중도 장애인에게 이해 어려움	모든 수준에 가능하나, 중도·최중도 장애인에겐 단순화
토큰 경제 체계	미리 결정된 행동 기준에 도달하면 토큰을 부여하여 후에 보상물로의 교환가치를 갖는 방법을 통한 강화 (예: 다섯 개의 토큰을 사탕 하나와 교환 가능)	▷ 개별화된 항목들을 제공 ▷ 즉각적 강화가 가능하지 않은 상황에 사용 가능	▷ 즉각적 강화 불가 ▷ 고비용 ▷ 의존적	중도·최중도 이상
프리맥 원리	빈도가 높은 행동(선호행동)을 이용해 바람직한 행동을 강화 (예: 줄넘기 30번 수행 후 게임 실시)	▷ 즉각적 효과 ▷ 목표 지향성 향상	▷ 조건부 행동수행의 습관화	모든 수준에 가능하나, 중도·최중도 장애인에겐 단순화

[출처: Eichstaedt & Lavay(1992/2012)에서 인용]

▷ **부적 행동의 제거 및 감소 방법**: 부적 행동의 제거 및 감소방법은 부적강화(negative reinforcement)라고도 부른다. 부적강화는 문제행동이 발생했을 때 싫어하는 자극을 제거해줌으로써 바람직한 행동을 강화하는 방법이다. 단어 'negative'가 가지고 있는 일반적인 뜻 때문에 부적 강화와 벌을 동일한 것으로 생각하는 경우가 많은데, 이는 다른 개념이다. 차이점은 아래의 참고 자료와 같다(오광진, 2010).

부적강화의 종류:
① 타임아웃
② 과잉교정
③ 소거

참고 부적강화와 벌의 차이점

구 분	목표
부적강화	바람직한 행동 증가를 위해 그 행동을 보이면 혐오적인 사건을 제거하는 것
벌	바람직하지 않은 행동 제거를 위해 그 행동이 나타나면 혐오적인 사건을 제시하거나 긍정적 사건을 제거하는 것

축구 경기 중 지속적으로 상대편 선수를 때리는 지적장애인의 예를 들자면, "너는 경기 중 상대선수를 자주 때리니까 나가서 손들고 있어"라고 말하는 것은 그 선수의 문제행동을 줄이기 위한 벌의 의미이지만, "상대선수를 때리지 않으면 축구하게 해줄 거야"라고 말하는 것은 개선된 행동을 하게 되는 부적 강화의 의미를 갖는다. 다시 말해, 부적 강화는 자신이 '어떤 행동을 해야 되는가'를 알게 하는데 초점을 두고 있는 반면, 벌은 부적 강화 방법에 포함되지 않고 독자적인 행동관리 요소에 해당된다고 할 수 있다.

▷ **타임아웃**(time-out): 타임아웃은 정해진 시간동안 정적강화의 환경에서 문제행동을 보이는 학습자를 퇴출하여 제외시키는 방법을 말한다. 이는 벌의 한 유형이지만, 물리적인 충격 없이 문제행동을 관리할 수 있는 장점을 가진다. 타임아웃은 아래의 예를 통해 적용할 수 있다(한동기, 2008).

> 승호는 9세의 자폐성 장애를 가지고 있는 아동으로, 가까이 있는 아동이나 교사의 머리를 잡아당기는 문제행동을 보인다. 지도교사는 승호의 문제행동이 발생될 때마다 승호를 벽 쪽으로 데려가 일정시간 벽을 바라보게 하는 방법으로 문제행동에 대해 부정적 자극을 주었다. 문제행동 발생 즉시 타임아웃을 시행하여 승호에게 문제행동이 무엇이었는지를 인식하게 하였고, 고립되어 있는 동안에 가능한 다른 자극이 관계되지 않도록 조성하였다.

타임아웃 방법은 관찰적, 배타적, 격리적 타임아웃의 3가지 유형이 있다.

> 관찰적 타임아웃: 활동으로부터는 분리되었으나 수업에 참여하여 볼 수 있도록 허용하는 것
> 배타적 타임아웃: 체육수업 환경에 있지만 수업이 진행되는 것을 볼 수 없도록 고립시키는 것
> 격리적 타임아웃: 완전히 고립시켜 체육수업 환경으로부터 제외시키는 것

▷ **과잉교정**(과다교정, 강제적 반복교정): 학습자의 문제행동 결과를 강제로 책임지게 하여 원래의 상태로 되돌려 놓게 하거나 원래 상태보다 더 개선된 상태로 만들도록 하는 것을 말한다. 과잉 교정은 다음의 예를 통해 적용할 수 있다(한동기, 2008).

> 현진이는 신발을 벗을 때마다 자신의 신발을 집어던지는 문제행동을 나타낸다. 지도교사는 현진이가 신발을 던질 때마다 현진이와 함께 신발을 신발장에 계속 반복해서 넣는 연습을 시키거나, 주위에 흩어져 있는 신발까지 모두 가지런히 정리하도록 시켰다. 이러한 과정을 거치는 동안 현진이는 자신의 신발을 던지기 전 잠시 머뭇거리는 행동을 하며, 점차 신발을 던지는 행동이 줄어들기 시작했다.

위의 예와 같이 과잉교정은 문제행동이 바람직한 행동으로 변화될 때까지 계속해서 강제로 연습시켜야 한다.

▷ **소거**: 소거는 행동을 유지·증가시키는 특정 강화물을 철회함으로써 문제행동을 제거하는 기법이다. 이는 이미 발생된 문제행동이 무엇을 통해 강화되었는지를 파악하고, 그 강화를 없애면 문제행동의 빈도를 줄일 뿐 아니라 제거할 수 있다는 것이다. 소거는 문제행동을 무시하는 형태로 진행되기 때문에 '체계적인 무시'라고 말하기도 한다(한동기, 2008).

준택이는 체육교실에서 실시하는 달리기 시간에 달리는 도중 누워버리는 문제행동을 하고 있다. 준택이의 담당교사는 준택이 부모님과의 면담을 통해 자신의 의지대로 되지 않을 경우 드러누워버리는 행동을 보인다는 것을 알고, 이러한 문제행동이 주위 사람들의 관심을 끌기 위한 행동임을 파악하였다. 실제로 달리기 도중 준택이가 누우면 주위 교사들이 준택이를 일으키기 위해 준택이에게 말을 걸거나 일으켜 세우는 모습을 발견할 수 있었다. 결국 준택이의 문제행동은 주위사람들의 관심을 통해 지속적으로 강화되어 왔다고 판단한 담당교사는 다른 교사들 및 부모들과 협의하여 준택이의 눕는 행동을 무시해버리는 소거 행동관리법을 시작하였다. 처음에는 준택이의 문제행동이 더욱 증가하는 경향을 보였지만 소거법을 시행한 지 2주만에 준택이의 드러눕는 행동은 줄어들기 시작하였고, 4주에 접어들면서 문제행동은 거의 사라졌다. 그러나 얼마 후 준택이의 문제행동이 다시 나타나기 시작했는데, 이는 새로운 교사가 준택이의 행동을 보고 다시 관심을 보이는 태도를 취했기 때문이다. 준택이의 담당교사는 다시 2차 소거를 계획하여 새로 들어온 교사에게 협조를 부탁하였으며 결국 3주에 걸친 2차 소거를 통해 준택이의 문제행동을 제거할 수 있었다.

위의 예는 소거법의 절차와 함께 일관성 있는 행동관리의 중요성을 보여주고 있다. 모든 행동관리법이 그러하지만 아동에게 주어지는 강화를 일관적으로 적용하지 못하면 문제행동 변화를 지속적으로 기대하기는 어렵다. 따라서 지도자 또는 주변 사람들이 계획된 행동 관리법에 적극적으로 참여하는 것이 중요하다.

5. 장애와 운동발달

> ☞ **발달적 접근법**
> 일반적으로 발달은 연속적인 변화를 통해 경험하게 되는 성장의 과정 또는 향상된 효율성으로 정의할 수 있다. 따라서 발달적 접근법은 인간의 성장과 발달을 촉진하기 위해 수많은 방법들을 미리 계획하고 체계적인 방식으로 작동되도록 하는 것으로 자동차에 비유할 수 있다. 이러한 발달적 접근법을 움직임 수행에 문제가 있는 사람들에게 적용할 때 그들의 움직임을 더욱 효율적으로 만들 수 있고 잠재 능력 또한 극대화 시킬 수 있을 것이다. 특히, 체육교육에서 발달적 접근법을 적용하기 위해서는 무엇보다 "감각-통합-운동-감각-피드백"시스템에 대해 이해해야 할 필요가 있다.

S: sensory
I: integrative
M: motor
S: sensory
F: feedback

피드백(feedback): 어떤 일로 인해 일어난 결과가 다시 원인에 영향을 미치는 자동 제어 원리

▨ **감각-통합-운동-감각-피드백(SIMSF) 시스템** 인간은 본질적으로 감각 입력정보를 받고, 그 감각 자극을 의미 있는 운동 반응으로 나타내기 위해 통합하고 이해하는 과정을 필요로 한다. 움직임에 대한 특성은 감각 정보가 어떻게 통합되었는지에 따라 결정되며, 운동 반응은 이후 발생하게 될 움직임을 위한 중요한 피드백을 제공하게 된다.

참고 감각-통합-운동-감각-피드백(SIMSF) 시스템

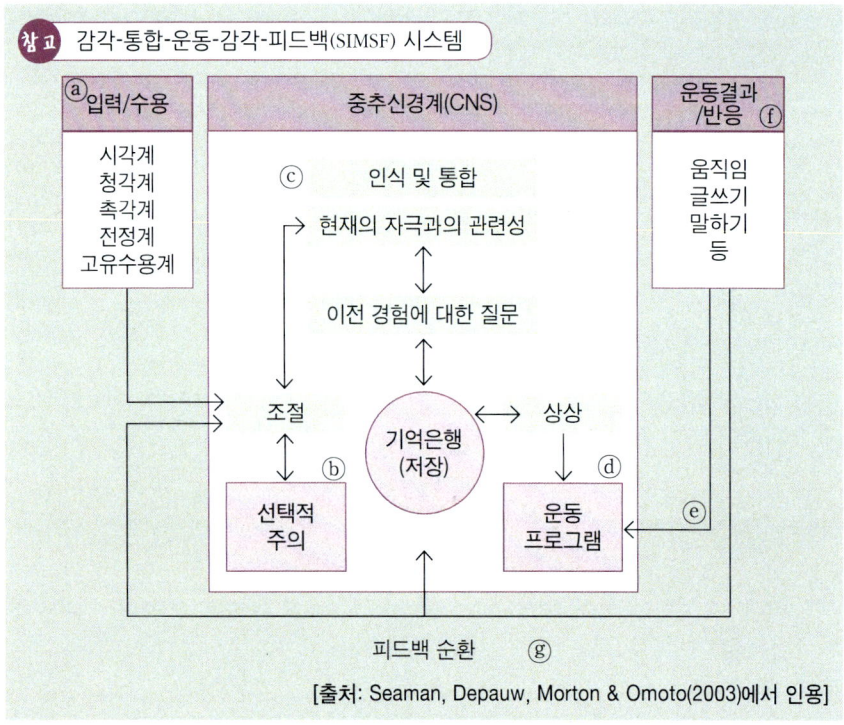

[출처: Seaman, Depauw, Morton & Omoto(2003)에서 인용]

■ **감각 입력의 수용** 모든 감각계의 근본적인 기능은 중추신경계(CNS)로 정보가 바로 도달하도록 완벽한 체계를 갖추는 것이다. 이러한 체계에서 가장 먼저 일어나는 현상은 바로 감각 입력을 수용하는 것이다. 입력된 감각은 초기에 중추신경계(CNS) 내에서 미세한 느낌으로 인식되는데 이는 그 감각을 인식했다고 판단하기에 아직 이르다. 하지만 중추신경계 구조들은 감각 정보 처리를 위해 반드시 모든 감각을 인식해야한다. 이 단계에서 구조적 또는 기능적 손상이 발생할 경우 중추신경계로 유입되는 감각 정보의 양과 질이 부족하게 되어 비효율적이고 비정상적인 운동 반응이 나타나게 된다. 이러한 예로 시각장애, 청각장애를 들 수 있으며 운동 수행에 필요한 정보를 처리하기 위해 손상된 감각계 이외의 채널을 통해 유입된 감각 정보의 보상작용에 의존해야만 한다.

■ **선택적 주의** 감각 자극을 수용한 이후의 단계는 바로 선택적 주의와 각성이다. 감각 입력이 실제로 이루어지기 전 중추신경계는 그 자극을 식별하고 선별적으로 주의를 기울여야 할 필요가 있다. 이러한 과정은 적절한 정보들이 중앙신경계의 더 높은 수준에 전달될 수 있도록 하는데 반드시 요구되는 것이다. 만약 감각 정보가 중추신경계에 이르렀지만 주의 및 각성이 부족해서 효율적으로 처리되지 못한 경우에는 감각 자극을 적절하게 통합하는 데 어려움을 겪게 된다. 이러한 어려움은 흔히 지적장애, 학습장애, 외상성 뇌손상, 감정조절장애, 자폐성 스펙트럼 장애가 있는 사람들에게서 관찰된다. 따라서 특수체육 지도자는 원하는 운동 반응을 이끌어 내기 위한 자극에 학생들이 집중할 수 있도록 다양한 수업 전략을 사용해야 할 필요가 있다.

■ **감각 정보의 인식과 통합** 이 단계에서는 인식, 조절, 관계, 기억의 일치, 통합을 포함한 다양한 기능과 연관되어있다. 이 단계에서의 핵심은 바로 운동 반응으로 사용하기 위해 감각 정보를 조직화하는 과정이다. 이 과정에서 환경과 보다 효과적으로 상호작용하기 위해 감각 정보를 종합하게 된다. 감각 정보를 인식하고 통합하는 과정에서 문제가 발생하게 되면 감각 자극을 해석하거나, 감각을 기억과 일치시키는 데 어려움을 겪게 된다. 또한 비슷한 감각을 구분해 내는 데에도 어려움을 겪을 수 있다. 이러한 현상은 보통 중추신경계에서 인식을 담당하는 영역에 손상을 입은 학습장애 또는 지적장애인에게서 주로 관찰된다.

■ **인식을 운동 프로그램으로 해석** 인식을 운동 프로그램으로 해석하는 과정은 배열(sequencing), 운동 계획(motor planning), 상상(imaging)을 포함하게 된다. 그러므로 감각은 복잡한 과정을 통해 입력되며 모든 부분들을 통합하

> **중추신경계(Central Nervous System, CNS)**: 연합뉴런으로 구성되어 판단을 통해 감각뉴런과 운동뉴런을 연결시키는 역할을 하는 것으로 뇌와 척수로 구성

> **각성(arousal)**: 각성은 깨거나 자극에 반응을 보이는 생리적, 심리적 상태로 이는 증가된 심박수 및 혈압과 감각 각성, 이동성 및 응답할 준비의 상태에 이어지는, 뇌줄기의 망상 활성계, 자율신경계통과 내분비계통의 활성화를 수반

> **학습장애(learning disability)**: 학습 장애는 보통 혹은 그 이상의 지능을 가지고 있음에도 불구하고, 개인의 내적인 요인으로 인해 기본적인 학습 능력에 심한 어려움이 있는 것임

> **외상성 뇌손상**: 머리에 충격이 비교적 약하게 가해졌을 때 뇌의 육안적 구조 변화는 초래되지 않았으나 물리적 충격으로 인한 동시 다발적인 신경세포들의 기능이상으로 일시적으로(몇 초에서 몇 분 동안) 뇌 기능(의식, 인지, 감각, 운동 등)이 감소 혹은 소실된 상태

여 전체로 만드는 과정을 통해 운동 반응을 준비하게 된다. 이러한 과정에서 발생하는 문제들은 뇌의 각 영역을 연결하는 영역에서 일어날 가능성이 높다. 예를 들면 학습장애 또는 외상성 뇌손상을 입은 사람은 원하는 움직임을 계획하고 수행하는데 필요한 뇌의 특정 영역으로부터 감각 정보를 조직화하는데 어려움을 겪게 될 것이다.

▨ **운동 프로그램의 통제** 일단 운동 프로그램이 결정되면 뇌의 운동영역을 담당하는 부분은 행동을 통제하는 역할을 담당하게 된다. 다시 말해 뇌의 운동영역을 담당하는 부분들이 운동반응을 직접적으로 지시한다는 것이며 소뇌, 기저핵, 피질의 구체적인 운동영역들은 원하는 운동 반응이 나타날 수 있도록 도움을 주게 된다. 하지만 소뇌 또는 기저핵 부분에 손상을 입은 사람은 비록 감각 자극이 그 지점까지 잘 처리되었음에도 불구하고 과제를 수행하는데 어려움을 겪을 수 있다. 예를 들면, 외상성 뇌손상 또는 뇌성마비인은 평균대 위에서 걷기를 수행하기 위해 운동 프로그램을 선택할 수 있지만 소뇌에서의 손상으로 인해 성공적으로 수행하기 위해 필요한 움직임을 제어하는 데에는 큰 어려움을 겪을 수도 있다.

▨ **운동반응** 인간의 모든 관찰 가능한 행동은 모두 운동 행동 또는 운동의 결과이다. 중추신경계는 신경 전달로를 통해 운동 반응기에 메시지를 전달하며, 이 과정을 통해 운동 결과가 만들어 진다. 그 결과가 공 던지기, 글쓰기, 말하기 등 어떠한 형태로 나타나던지 간에 중앙 과정은 반드시 나타나야 하고 운동 프로그램의 통제는 반드시 그 운동 반응을 위해 사전에 결정되어야 할 것이다. 이 단계에서 발생하게 되는 문제는 뇌에서부터 근육으로 이어지는 전달 통로의 손상으로부터 기인할 가능성이 높다. 이런 경우 비록 과제가 무엇이고 어떻게 해결해야 하는지를 알고 있음에도 불구하고 근육으로 이동하는 신경 전달이 부적절하기 때문에 과제 수행에 실패할 가능성이 높다. 이는 보통 척수 손상을 입은 사람들에게서 주로 발견된다.

▨ **피드백** 피드백은 이 시스템의 가장 중요한 요소이다. 피드백은 운동 반응이 나타난 후 중앙신경계를 통해 되돌려 보내진 감각 정보를 일컫는다. 피드백은 운동 반응을 평가하거나 변화의 효율성을 검증하는데 사용된다. 이것은 운동기술 학습과 수행의 효율성에 영향을 미치는 가장 중요한 요소 중 하나라고 볼 수 있다. 이러한 피드백 과정에서 문제가 있는 아이들은 서툰 움직임을 나타내는 경우가 많다. 비록 운동 수행에 필요한 구조는 해부학적으로 큰 문제가 없으나 움직임의 실수를 교정하는 데에는 어려움을 보이는 경우가 많다.

기저핵: 대뇌반구에서 뇌간에 걸쳐 존재하는 회백질성 신경핵군. 미상핵, 피각, 담창구, 시상하핵, 흑질로 구성되며, 전장도 여기에 포함. 이러한 핵은 서로 연락하여 전체적으로는 커다란 기능계를 형성하며 신체 전체의 균형을 위한 안정성 유지기능을 수행

■ **발달모델**(Developmental Model) 일반적으로 각각의 발달 단계는 이전 단계에서의 성숙도에 따라 결정되는 경우가 많았다. 아이들은 몇 가지 선천적인 행동 패턴을 가지고 태어나지만 성숙과 표현은 개인의 경험에 따라 매우 다양하게 나타난다. 뇌가 발달할수록 성장은 매끄럽고 위계가 있으며 발달적으로 점진적인 과정을 따르게 된다. 이러한 발달 모델이 특수체육에서 중요한 점은 바로 각각의 단계에서의 기능이 그 이전 단계에서의 기능과 매우 밀접한 연관이 있다는 점이다. 예를 들면, 공을 찰 때에도 우선적으로 필요한 것은 공을 차는 사람이 킥을 개념화하고 동작을 계획할 수 있는 선천적 신경학적 능력이다. 그 이후에 전정-안구반사, 정위반사 등 다양한 반사 활동이 요구된다. 또한 고유수용성 감각 및 전정감각을 바탕으로 공간에서 신체의 움직임을 정확하게 인식하게 되며, 시각과 청각을 통해 공의 정확한 위치를 파악할 수 있을 뿐 아니라 다양한 동작의 결합을 통해 균형유지에 필요한 운동 반응을 만들어 낼 것이다. 여기서 제일 중요한 것은 바로 각 단계에서의 기능이 적절치 못하면 상위 발달 단계에서 보다 복잡하고 정확한 기술 및 기능은 제대로 구사되지 못할 것이라는 점이다. 만약 학생이 어떤 단계에서 운동 수행에 어려움을 겪고 있다면 그 이전 단계로 돌아가 과연 어떠한 능력이 부족한 것인지 부터 판단할 필요가 있다.

전정-안구반사: 갑작스런 머리의 움직임을 보상하기 위해 일어나는 반사적인 안구 운동

정위반사: 동물이 어떠한 상황에서도 항상 머리를 올바른 상태로 유지하려고 하는 자세 반사. 정위반사(正位反射)라고도 함. 높은 데서 떨어진 고양이가 안정적으로 착지하는 자세를 예를 들 수 있음

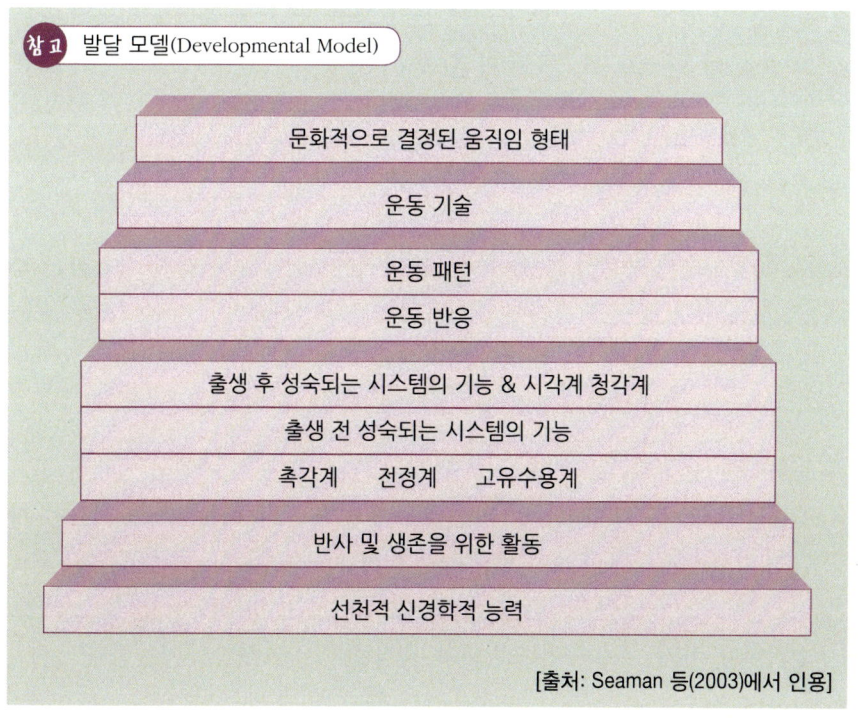

참고 발달 모델(Developmental Model)

- 문화적으로 결정된 움직임 형태
- 운동 기술
- 운동 패턴
- 운동 반응
- 출생 후 성숙되는 시스템의 기능 & 시각계 청각계
- 출생 전 성숙되는 시스템의 기능 촉각계 전정계 고유수용계
- 반사 및 생존을 위한 활동
- 선천적 신경학적 능력

[출처: Seaman 등(2003)에서 인용]

출생 전 성숙되는 감각 시스템:
촉각계, 전정계, 고유수용계

출생 후 성숙되는 감각 시스템: 시각계, 청각계

눈-손 협응: 눈과 손의 협동 감각 운동 능력이다. 시각과 운동 기술을 전체적으로 통합하여 사용하는 것을 말하며, 생후 6개월에서 12개월 사이에 길러주는 것이 바람직하다.

▨ **선천적 신경학적 능력** 발달 모델은 운동발달과 감각계와의 상호작용을 반영한 것이 특징이다. 각각의 개인은 장애 여부와 관계없이 선천적으로 신경학적 능력을 가지고 태어나게 되는데 이러한 능력은 개인의 경험에 따라 영향을 받게 된다.

▨ **반사 및 생존을 위한 활동** 초기 운동 활동은 다양한 형태의 감각 자극에 대한 반사에 의해 수행된다. 이러한 초기 반사는 인간의 생존 욕구에 매우 중요한 역할을 하게 되는데 그 이유는 인간이 생존에 필요한 원시 반사를 가지고 태어나며, 미래에 사용하기 위해 억제되거나 중추신경계에 통합되기 때문이다. 다른 반사들은 시간이 지나도 여전히 남아 있는 경우가 많은데 이는 개인의 잠재력을 극대화시키기 위해 반드시 개발되어야 할 필요가 있다.

▨ **출생 전 성숙되는 시스템** 우리는 아기가 태어났을 때 촉각계, 전정계, 고유수용계와 같은 감각계가 놀라울 정도로 정확하게 기능한다는 것을 경험을 통해 알 수 있다. 특히 아기가 축축하고 춥고 뜨거운 것에 대한 촉각 자극에 강하게 반응한다는 사실은 촉각계 시스템이 적절한 양의 의미 있는 자극을 뇌로 전달시키고 있다는 근거가 될 수 있다.

▨ **출생 후 성숙되는 시스템** 태어난 후 성숙되는 시스템으로는 시각계와 청각계가 이에 속한다. 갓 태어난 아기의 시각능력이 완전치 못하다는 것을 우리는 잘 알고 있다. 또한 유아기 동안 중추신경계에 들어온 시각적 자극의 질을 결정하는 것은 다름 아닌 출생 전 성숙되는 시스템으로부터 받은 정보이다.

▨ **운동반응** 운동반응은 관찰 가능한 운동 행동을 말하고, 상당한 양의 감각 입력 정보를 필요로 하며 운동 패턴을 발달시키는데 기본바탕이 되기도 한다. 운동반응의 예로서 눈-손 협응, 눈-발 협응, 신체의 한 쪽을 사용하는 능력, 신체의 한 분절을 분리해서 사용하는 능력, 신체의 중심을 가로지르는 능력, 유목적적이며 비습관적인 움직임을 계획하고 수행하는 능력, 균형을 유지하는 능력이 여기에 속한다.

▨ **운동패턴** 운동패턴은 주요 운동 단계 중 하나로 흔히 개인의 일생에 걸쳐 자연스럽게 이루어지며 일반 아동들은 특별히 노력하지 않아도 시간이 지나면 익히게 되는 동작들이 포함된다. 이러한 운동패턴에는 머리 들기, 구르기, 기기, 오르기, 걷기, 미끄러지기, 뛰기, 던지기, 점프하기, 한 발로 뛰기, 높이뛰기, 차기, 치기 등이 포함되며, 동작들 간 상호결합도 가능하다.

| IV. 지적장애인·정서장애인·자폐 성장애인의 체육 지도 전략 | V. 시각장애인의 체육 지도 전략 | VI. 청각장애인의 체육 지도 전략 | VII. 지체장애인·뇌병변장애인의 체육 지도 전략 |

▨ **운동기술** 운동기술이란 운동패턴들의 보다 정확하고 구체적인 활용을 의미한다. 또한 운동기술은 감각계와 운동계 간 통합의 보다 높은 차원을 의미한다. 걷기의 경우 매우 쉬운 수준의 운동패턴이지만 선을 따라 걷는다던지, 다양한 속도를 내면서 걷는 경우 이는 운동 기술이 된다. 특히 스텝(step)과 홉핑(hop)은 각각 운동패턴이지만 이들이 결합했을 때에는 스킵(skip)의 형태로 보다 복잡한 운동기술이 된다.

▨ **문화적으로 결정된 움직임 형태** 운동패턴은 발전하여 운동기술이 되고, 운동기술은 궁극적으로 문화적으로 결정된 움직임 형태로 최종 진화하게 된다. 문화적으로 결정된 움직임 형태로는 한 문화적 맥락 안에서 개발되고 영향을 받은 신체 활동들이 여기에 해당된다. 이를테면, 단체 게임, 스포츠, 여가 활동 등을 예로 들 수 있는데 이러한 형태의 움직임은 단순히 나이와 사회경제적 현상, 인종, 국적, 사회적 정체성 등에 의해 영향을 받을 뿐 아니라 가족과 거주지역의 사회적 맥락에 의해서도 영향을 받게 된다.

> ☞ **감각시스템**
> 순차적인 발달은 감각계가 가진 고유한 특징 중 하나이다. 그 순서는 수직적이며 시각계와 청각계와 같이 태어난 이후에 성숙하게 되는 감각계와 태어나기 전 성숙하게 되는 고유수용계, 전정계, 촉각계와 같은 감각계 사이에는 많은 상호작용이 존재한다.

▨ **촉각계** 촉각계란 피부로부터 얻은 감각을 해석하는 능력으로 정의할 수 있다. 이 촉각계는 감촉(touch)과 촉각(tactile)로 나눌 수 있으며, 이 두 가지 감각은 성장과 발달에 매우 중요한 역할을 담당하게 된다.

촉각계 이상징후:
1. 접촉 거부
2. 접촉 과다요구
3. 촉각 인지 불능
4. 과잉행동
5. 운동계획 어려움

> **참고** 촉각계에서의 어려움을 가진 아동의 지도 사례
>
> 영철(가명)이는 물건과 공을 잡는 것, 사람들을 만지는 것, 줄 서 있는 아이들에게 부딪히는 것을 좋아한다. 때로는 다른 사람들 옆에 너무 가까이 붙어 있는 적도 있다. 이러한 행동들은 영철이가 많은 촉각 정보를 필요로 한다는 하나의 근거가 된다. 터치 게임 중 영철이에게는 부드러운 스티로폼 재질의 공 또는 콩 주머니를 제공하여 그것을 이용해 다른 사람을 터치하도록 하는 것이 효과적이다. 이를 통해 보다 안전하고 수용되는 방식으로 촉각정보를 받아들일 수 있다.
>
> [출처: Seaman 등(2003)에서 인용]

고유수용계 이상징후:
1. 비정상적 근장력
2. 부적절한 근육수축
3. 신체인지 부족
4. 협응능력 부족
5. 이동능력 저하

▨ **고유수용계** 고유수용은 신체내부에서 일어나는 자극에 반응하는 지각-운동능력들로 구성되며 피부, 근육, 건, 관절, 그리고 전정기관으로부터 오는 자극들을 포함한다.

> **참고** 고유수용계에서의 어려움을 가진 아동의 지도사례
>
> 민지(가명)는 민속무용 수업에 참가하여 멕시코 민속 무용을 배우고 있다. 민지는 무용을 배우던 중 양 발을 번갈아 앞으로 내딛는 데 어려움을 겪고 있었다. 교사는 민지의 파트너로 하여금 민지의 어깨를 잡고 원을 그리며 무용을 따라하도록 지시하였다. 이를 통해 민지는 고유수용 지각보다는 시각 정보를 활용하여 균형을 잡고 파트너의 동작을 따라하였다.
>
> [출처: Seaman 등(2003)에서 인용]

시각계 이상징후:
1. 시각자극에 대한 집중력 저하
2. 움직이는 물체 추적 능력 저하
3. 배경과 물체 구별 능력 저하
4. 공간정향 능력저하
5. 기타 시각 특징 회상 능력 저하

▨ **시각계** 시각계는 눈을 통해 받아들인 감각 자극을 처리하고 수초형성(myelination)을 통한 시각적 정보를 발달시키기 위한 광각 자극을 필요로 한다. 시각계는 학습, 체육 및 스포츠 환경에서 매우 중요하다. 학습 환경에서 시각적인 지각 능력은 글쓰기, 그리기, 읽기, 철자 말하기, 수학 등에서 활용되며 체육 및 스포츠에서는 달리기, 받기, 던지기, 차기, 술래잡기, 균형 잡기 등 기본적인 동작을 수행하는데 중요한 역할을 한다.

> **참고** 시각계에서의 어려움을 가진 아동의 지도 사례
>
> 시각장애를 가지고 있는 윤주(가명)는 반 친구들과 함께 축구를 하는 것을 매우 좋아한다. 윤주는 팀에서 왼쪽 후방 수비수를 맡고 있는데 배정된 파트너를 통해 윤주에게 오는 공의 방향과 위치 등에 대한 정보를 언어를 통해 제공 받는다. 이를 통해 게임에 필요한 다양한 기술을 효과적으로 습득할 수 있었다.
>
> [출처: Seaman 등(2003)에서 인용]

전정계 이상징후:
1. 비정상적 근장
2. 평형성 저하
3. 근육 수축 부족
4. 시각추적능력 저조
5. 각성장애
6. 짧은 주의집중
7. 자세불안정
8. 회전동작 회피

▨ **전정계** 전정계는 특별한 고유수용성 시스템으로 전체적인 신체 움직임을 파악하는 역할을 담당한다. 전정계의 주요 기능은 평형성, 근력, 공간에서의 머리 위치, 움직임에 대한 인식을 유지하는 것이다.

청각계 이상징후:
1. 어휘력 저조
2. 표현언어 사용능력 저조
3. 언어구조 사용능력 저조
4. 소리 구분능력 저조
5. 음의 고저, 크기, 리듬 구별 능력 저조

▨ **청각계** 청각계는 듣는 감각을 의미하며, 감각 자극을 귀를 통해 받게 된다. 또한 청각계를 통해 진동과 소리를 동시에 느낄 수 있다. 청각계는 또한 전정계와 밀접한 연관을 갖고 있는데 그 이유는 감각수용기가 전정계가 위치한 내이 안에 있어 같은 청각적 정보를 공유하기 때문이다. 이러한 밀접한 연관성으로 인해 청각손상과 균형손상은 동시에 오는 경우가 많다.

| Ⅳ. 지적장애인·정서장애인·자폐 성장애인의 체육 지도 전략 | Ⅴ. 시각장애인의 체육 지도 전략 | Ⅵ. 청각장애인의 체육 지도 전략 | Ⅶ. 지체장애인·뇌병변장애인의 체육 지도 전략 |

참고 청각 및 전정계에서의 어려움을 가진 아동의 지도사례

민준(가명)이는 청각 손상 및 전정계의 이상으로 인해 말을 통해 지시를 수행하고 균형을 잡는데 어려움을 겪고 있다. 학교에서 민준이가 줄넘기를 배울 때 교사는 이러한 특성을 고려하여 한 학생으로 하여금 가능한 자주 민준이에게 시범을 보여주어 시각 정보를 최대한 제공하고자 하였다. 이를 통해 과제를 이해하고 균형을 잡는데 어려움을 겪고 있는 민준이에게 다양한 감각의 활용을 통해 청각 및 전정계 기능 손상을 보상할 수 있는 기회를 제공하였다.

[출처: Seaman 등(2003)에서 인용]

☞ 영·유아 대상 특수체육

인간은 발달 수준, 필요성, 능력에 따라 다양한 발달 패턴을 보이며, 이러한 발달 과정은 인지, 의사소통, 심동적, 정의적, 사회적 영역에 따라 발달하는 속도가 각각 다르게 나타난다. 이러한 다양한 발달 과정은 개인의 문화적, 사회적 문맥에 따른 어려움을 해결하기 위해 다양한 교육적 접근법을 필요로 한다는 것을 의미한다. 따라서 특별한 주의가 요구되는 영·유아를 대상으로 하는 특수체육을 지도할 때에는 이들을 위한 운동 프로그램의 목적과 목표, 평가방법, 가족의 역할 등에 대해 자세히 알아야 할 필요가 있다.

 영·유아 특수체육 교사의 역할 영·유아들은 장애유형에 관계없이 심동적 영역의 지체를 보일 수 있다. 운동이 아동의 초기 학습에 중요한 역할을 하기 때문에 심동적 영역의 지체는 아동들에게 큰 불이익을 가져다준다. 유아 특수체육 교사들은 장애 영·유아들의 운동능력을 자극하고 적절한 운동 프로그램을 개발 및 실행하는 데 중요한 역할을 하게 된다. 또한 특수체육 교사들은 장애아동의 동작을 관찰하고 평가하여 발달 목표를 설정하는 역할을 담당할 뿐만 아니라 부모들에게 조언자로서의 역할을 하기도 한다. 결국 영·유아 특수체육 교사들은 평가를 수행할 뿐만 아니라 장애 영·유아들을 돌보는 사람들을 가르치거나 조언을 해 줄 수 있는 중요한 위치에 있다는 점을 명심해야한다.

참고 미국 뉴욕 주 발달지체 판단 기준

가. 한 가지 기능적 영역에서 12개월 발달지체를 보임
나. 한 가지 기능적 영역에서 33%의 발달이 지체되거나 두 가지 영역에서 각각 25%의 발달지체를 보임
다. 한 가지 기능적 영역에서 평균보다 최소한 표준편차가 2 이하일 때
라. 두 가지 기능적 영역에서 평균보다 최소한 표준편차가 1.5 이하일 때

[출처: NYS Department of Health(1999)에서 인용]

밀라니-컴파레티 운동발달 선별평가: Milani-Comparetti Motor Development Screening Test (1967)

덴버Ⅱ: Denver Ⅱ training manual (1992)

PDMS-2: Peabody Developmental Motor Scales-2nd Edition(2000)

브리건스 조기발달 검사: Brigance Inventory of Early Development(1999)

특수 장애 영유아를 위한 캐롤라이나 교육과정: The Carolina curriculum for infants and toddlers with special needs (1991)

하와이 조기학습 프로파일: HELP standard(1992)

▨ **선별**(screening) 포괄적인 평가에 앞서 영·유아들이 잠재적인 지체 가능성이 있는지 선별하는 과정이 필요한데 이러한 과정을 통해 앞으로 이루어질 평가와 관련된 사전 정보를 얻게 된다. 이러한 선별 평가도구에는 밀라니-컴파레티 운동발달 선별평가(Milani-Comparetti & Gidoni, 1967)와 덴버Ⅱ(Frankenburg 등, 1992) 등이 있다. 특수체육 교사들은 운동발달에 관한 확고한 지식을 갖고 있어야 선별과 후속 평가 결과들을 쉽게 적용할 수 있을 것이다.

▨ **표준화된 평가** 일차 선별을 통해 아동이 발달지체가 있는 것으로 판단되면 공식적인 평가가 이루어져야 한다. 장애 영·유아들의 독특한 요구를 만족시키기 위한 한 가지 방법으로 표준화된 평가가 있다. 표준화된 평가는 발달 상태를 판정할 수 있고 기술적으로 안정적이며 상대적으로 수행하기가 쉬워 현장에서 자주 사용된다. 이러한 표준화 평가 도구로 PDMS-2(Folio & Fewell, 2000)와 브리건스 조기발달 검사(Brigance, 1999)가 있다.

▨ **교육과정 중심평가** 교육과정 중심평가는 아동의 현재 수행 수준과 관련된 자료를 얻을 수 있기 때문에 많이 쓰이고 있다. 이 평가는 인위적인 환경이 아닌 아동이 속한 자연스러운 환경에서 수행되며, 기존에 설정된 교육과정 목표에 토대를 둔다. 장애 영·유아를 위한 캐롤라이나 교육과정(Johnson-Martin, Jens, Atternmeier, & Hacker, 1991)과 하와이 조기학습 프로파일(Parks, 1992)은 대표적인 교육과정 중심평가들이다. 평가 자료를 바탕으로 아동에 대한 프로파일이 만들어지며 이러한 평가들이 교육과정과 연계되어 있으므로 평가결과가 교육단계로 자연스럽게 전이되는 특징이 있다.

▨ **초학문적 활동중심 평가** 전통적인 평가방법은 일반적으로 전문가들이 특정 영역에서 아동의 강점과 필요사항을 판단하는 반면, 영역평가라고도 알려진 초학문적 활동중심 평가는 아동과 또래친구들 또는 부모와 상호작용하는 것에 초점을 맞추고 있다. 여기에서 상호작용은 발달 분야의 전문가들이 심사숙고하여 만든 놀이 환경에서 정해진 기준에 맞춰 이루어진다(Linder, 1993). 상호작용을 하는 동안 인지 발달, 사회적-정서적 발달, 의사소통 및 언어발달, 감각운동 발달 등이 평가된다. 이러한 유형의 평가는 많은 장점이 있는데 무엇보다 평가과정 수준에 대한 자세한 내용을 보여줄 수 있다. 일반적으로 아동들도 이러한 유형의 평가에 편안함과 안정감을 느끼고 수행능력이 좋아지는 경향이 있다. 더욱이 놀이 지도자를 활용함으로써 과거처럼 3~5명씩 구성된 팀이 평가하는 것이 아닌 한 전문가가 아동을 평가할 수 있다는 장점이 있다.

| IV. 지적장애인·정서장애인·자폐 성장애인의 체육 지도 전략 | V. 시각장애인의 체육 지도 전략 | VI. 청각장애인의 체육 지도 전략 | VII. 지체장애인·뇌병변장애인의 체육 지도 전략 |

> **참고** 개별화된 가족 서비스 계획(Individualized Family Service Plan: IFSP)
>
> 가. 다섯 가지 발달 영역에서 아동의 현재 수행 수준
> 나. 장애아동의 발달 촉진과 관련된 가족들의 자원, 우선순위, 관심 사항들
> 다. 향상도의 평가와 변형의 필요성을 결정하기 위한 목표, 절차, 시간 계획
> 라. 아동 및 가족의 특수한 요구사항을 반영한 조기중재 서비스의 빈도, 강도, 전달방법
> 마. 조기중재 서비스가 제공되는 환경 및 서비스 제공 수준
> 바. 서비스 개시 예정일 및 예상 기간
> 사. 아동과 가족의 필요사항과 직접 관련이 있는 서비스 코디네이터의 신원
> 아. 장애아동을 취학 전 서비스나 다른 적절한 서비스에 적응시키는데 필요한 조치들
>
> [출처: Office of Special Education and Rehabilitation Services(2002)에서 인용]

▨ 영·유아를 위한 운동프로그램의 목적 및 목표(Bredekamp & Copple, 1997)

▷ 유아기 동안의 성인-유아 상호작용은 온정적이고 긍정적이어서 영·유아들이 세상에 대한 신뢰감과 자신감을 개발할 수 있도록 해야 한다.

▷ 유아는 부모 및 보모로부터 독립심을 보여주기 시작하고 보다 독립적으로 움직이는 걸 배우기 시작할 때 지원이 필요하다.

▷ 적극적인 운동의 기회를 제공해야한다.

▨ 영아를 위한 수행지침(National Association for Sport and Physical Education, 2002)

▷ 영아들은 환경을 보다 잘 이해하기 위한 체육활동에서 부모와 상호작용을 해야 한다.

▷ 영아들은 안전한 환경에서 체육활동을 해야 하며 장기간 운동을 제한해서는 안 된다.

▷ 영아의 체육활동은 운동기능 향상에 기여해야 한다.

▷ 영아들이 근육을 크게 움직이는 운동을 할 때 안전기준을 충족시키는 환경을 제공해야 한다.

▷ 영아들의 복지를 담당하는 사람들은 체육활동 및 운동기능의 중요성을 인식해야 한다.

▨ 유아를 위한 수행지침(National Association for Sport and Physical Education, 2002)

▷ 유아들은 하루 중 최소한 30분 이상 체계적인 신체활동의 기회가 주어져야 한다.

▷ 유아들은 하루에 최소한 60분 이상 자유로운 신체활동에 참가해야 하고, 수면 시간을 제외하고 60분 이상 지속적으로 앉아 있어서는 안 된다.

> 유아들은 보다 복잡한 과제를 수행하기 위해 블록을 쌓는 운동기능을 발달시켜야 한다.

> 유아들이 근육을 크게 움직이는 운동을 할 때에는 안전기준을 충족시키는 실내외 공간을 제공해야한다.

> 유아들의 복지를 책임지는 사람들은 신체활동 및 운동기능의 중요성을 인식해야한다.

▨ **특수 영·유아 운동프로그램의 목적 및 목표** 일반적으로 영·유아들은 반사운동 단계에서 기본운동 단계로 자연스럽게 발달하지만 장애가 있는 영·유아들은 특별한 중재가 필요한 경우가 있다. 장애가 있는 영·유아들의 발달과 관련해 주의를 기울여야 할 영역들은 다음과 같다. 첫 번째는 근장력과 근력을 증대시키는 것이다. 근육의 저긴장과 관련된 장애에는 다운증후군, 근육형성 장애, 대사장애 등이 포함된다(Cowden, Sayers, & Torrey, 1998). 근육 저 긴장증을 가진 유아들은 반사 통합 장애, 특히 긴장성 경반사를 보이는 경우가 있다. 두 번째로 근긴장을 줄이고 반사통합의 능력을 향상시키는 것이다. 근긴장의 증가, 다시 말해 근육 고긴장증은 반사통합의 장애로 나타난다. 특히, 뇌성마비를 가진 영·유아는 근육 고긴장증을 보인다. 반사통합의 결함은 운동기능을 저해하고 상당한 운동 장애를 초래할 수 있다. 근이완 기술, 마사지, 메디신볼 등을 이용한 활동이나 적절한 자세를 유지하고자 하는 노력이 근육 고긴장증을 줄이고 완화시키는 데 도움이 된다. 세 번째로 감각운동체계의 향상과 발달 영역에도 관심을 기울여야 한다. 여기에는 전정통합, 시각-운동 제어, 청각 판별, 촉각 자극, 운동감각 및 공간 인식 등이 포함된다. 전정통합 활동을 통해 평형감각을 향상시킬 수 있으며 직립자세를 유지하는데 도움을 준다. 시각-운동 제어능력을 향상시키기 위해 물체를 쫓아가고, 물체의 모양과 크기를 구별하며 배경과 구별하는 활동을 활용할 수 있다. 청각 판별력은 방안에서 소리 찾기, 음악의 리듬에 맞춰 몸 흔들기 등의 활동을 통해 향상될 수 있다. 일부 아동은 접촉에 민감하거나 반대로 반응을 보이지 않을 수 있다. 이러한 경우 촉각 자극을 지속적으로 제공하는 활동이 운동 프로그램에 반드시 포함되어야 한다. 마지막으로 대상을 조작하는 능력도 독립적 능력을 키우고 환경과 의미 있는 방식으로 대응하는데 도움이 될 수 있다.

긴장성 경반사: 이 반사는 머리의 위치가 달라짐에 따라서 신전되는 근의 지각기관, 즉 근방추가 자극되어 반사적으로 사지의 근의 긴장을 변화시키기 때문에 일어나는 반사임

고긴장증: 근긴장이 비정상적으로 증가하거나 근육이 뻣뻣하여 근육을 늘리는 능력의 결여와 지속적인 근육의 수축이 나타나는 증상

▨ **영·유아의 발달에 적합한 상호작용** 특수체육 교사들은 아동, 부모, 보모들의 관심을 끄는 환경을 조성할 필요가 있다. 영·유아들에게는 직접적인 교육이 적합하지 않다. 오히려 발견이나 탐구를 목표로 하는 간접적 접근방식이 교육환경에 내재되어 있어야 한다. 그들에게는 자유롭게 탐구하고 스스로 학습을 반복할 수 있는 충분한 기회가 주어져야 한다. 다시 말해, 교사와 부모들은 아동에게 지시하는 것이 아니라 아동이 스스로 시작한 활동을 관찰하는 간접적인 교육방법을 취해야 한다는 것이다. 또한 아동이 무엇을 해야 하는지를 말하는 것 보다 무엇을 하고 있는지 아동의 수준에서 설명해 주면서 지속적으로 관찰하고 상호작용해야 한다. 뿐만 아니라 아동들에게 활동을 선택할 수 있는 기회를 제공해 주는 것이 바람직하다(McCall & Craft, 2000).

▨ **가족과의 상호작용** 특수체육 교사들은 운동프로그램이 가족 지향적인 원칙에 토대를 두어야 하고, 프로그램 목표 역시 가족과 결부되어 수립되어야 한다는 것을 유념해야 한다. 영·유아들은 대부분 부모에게 그들의 삶 전체를 의존하기 때문에 조기 중재에서 부모의 역할은 매우 크다고 할 수 있다(McGonigel, 1991). 특수체육 교사들이 부모들과 효과적으로 의사소통할 수 있는 방법으로 몇 가지 가족 중심적인 원칙을 수립하였다. 첫째, 중재 프로그램이 가족이 원하고 필요로 하는 것들에 기반을 두어야 한다는 것이다(Fiorini, Stanton & Reid, 1996). 이를 통해 부모는 아동의 발달에 있어서 가장 중요하다고 생각하는 목표를 설정할 수 있다. 이와 관련하여 특수체육 교사의 역할은 그러한 목표들의 우선순위를 정하는데 도움을 줄 수 있을 것이다. 둘째, 가족지향적인 원칙은 가족의 프로그램 참여 능력과 자신감을 키워주는 것이다. 특수체육 교사는 부모와 아동이 적절히 상호작용할 수 있는 신체활동에 대한 정보를 제공해 주어야 한다. 부모가 아동의 신체활동에 직접 참여함으로써 자신의 능력과 가족에 대한 신뢰를 강화시킬 수 있을 것이다. 마지막으로 가장 중요한 것은 특수체육 교사와 부모 간 의사소통이다. 아동의 발달은 부모의 노력뿐만 아니라 부모에게 아동의 발달에 관한 정보를 제공하는 전문가들의 노력이 함께 이루어져야 할 것이다(Bennett, Lingerfelt, & Nelson, 1990).

TGMD-2: Test of Gross Motor Development-2nd Edition(2002)

> **취학 전·후 아동 대상 특수체육**
> 우리는 주변에서 유아 체육교사들을 쉽게 찾아볼 수 있다. 또한 발달지체 아동들을 위한 취학 전 프로그램도 쉽게 찾아볼 수 있다. 대다수의 체육교사들이 유치원에서 장애유아들을 지도한 경험이 있을지 모르지만 취학 전 장애아동들을 지도하는 것은 새로운 경험일 수 있다. 이를 위해 아동들의 능력을 정확하게 평가하는 방법과 취학 전 아동 및 취학 적령기 아동들 간의 발달 차이, 발달 단계에 맞는 적절한 지도와 교사 실습 등에 대해 알아보고자 한다.

- **수행평가** 개별화된 프로그램이 필요한지 결정하기 위해서는 각 아동의 현재 수행수준을 이해하여야 한다. 평가는 타당도와 신뢰도가 우수한 측정방법을 통해 이루어져야 하지만 이 외에도 다양한 환경에서 수행능력을 평가해야 할 필요가 있다. 평가 과정은 공식적이고 표준화된 절차를 거쳐 이루어져야 하며 평가의 목적도 명확히 정해져야 할 것이다(Zittel, 1994). 아동의 수행능력을 평가하기 위해서는 한 두 사람의 힘으로는 많은 정보를 얻기 힘들며, 아동의 일상적 행동과 가장 밀접한 연관을 가진 집단을 통해 정보를 얻는 것이 바람직하다. 즉, 다차원적 팀을 구성하여 조직화된 환경 뿐 아니라 자연적인 놀이 환경 속에서의 관찰을 통해 아동에게 필요한 정보를 수집해야 한다는 것이다.

- **표준화된 공식적인 검사** 장애아동의 특성을 평가하기 위해서는 탄력적인 검사절차(검사방법이나 환경) 과정을 거치는 것이 평가결과의 정확도를 높이는데 도움이 된다. 대근운동기능을 평가하기 위한 표준화된 규준 및 준거지향검사로는 브리건스 조기발달 검사(Brigance, 1999), PDMS-2(Folio & Fewell, 2000), TGMD-2(Ulrich, 2000) 등을 들 수 있다. 이러한 검사 도구를 통해 학습 프로그램에 대한 정보를 얻을 수 있을 뿐 아니라 대근운동 발달수준을 파악할 수 있으며 아동의 개별화 교육 프로그램 개발을 위한 목표를 정하는 데에도 도움이 된다. 유아 특수체육 교사는 수행 수준을 판단하기 위해 다양한 사람들의 관찰 및 평가로부터 자료를 수집하는 것이 바람직하다는 것을 명심해야 한다. 또한 실험 환경에서 수집된 정보 이외에도 자연스러운 논리 환경에서의 관찰을 결합시켜야 할 필요가 있다.

- **비공식적인 검사** 자연스러운 환경에서 수집된 신뢰성 있는 자료는 아동의 기호나 능력에 대한 유용한 정보를 제공한다. 교사는 아동이 게임과 놀이에서 보여주는 행위를 관찰 및 기록하고 연령에 적합한 기구와 상호작용하는 과정을 관찰함으로써 정확한 지도목표를 수립하고 효과적인 교육환경을 구

축할 수 있다. 유아 특수체육에서 수행능력 평가 자료를 확보하기 위해 사용되는 방법에는 다음과 같다. 첫째는 교사들이 만든 점검표 및 지침사항인데 이는 운동 및 놀이 기능을 평가하는데 유용한 수단이다. 아동들의 특수한 운동능력에 관한 기준을 만들 수 있고, 기준의 향상 여부를 통해 교육목표가 개선되었는지를 평가할 수 있다. 교사는 이러한 방법을 통해 공식적인 점검표에서 발견되지 않은 능력 및 행동에 관한 정보를 수집할 수 있게 된다. 또한 유아에게 중증 장애아동에 대한 과제분석 기술을 활용하여 점검표의 중점요소들을 개인별로 차별화함으로써 아동의 기능적 능력을 평가할 수 있다. 두 번째는 포트폴리오 평가를 통해 교육목표의 진전 여부를 점검하거나 교육실습을 통해 아동에게 필요한 정보를 수집하는 방법이다(Lynch & Struewing, 2001). 포트폴리오의 목적은 교육의 효과를 높이는 것이므로 담임교사와의 협력적인 노력이 필요할 것이다. 수집된 자료는 각 아동을 대상으로 한 대근운동 강도 및 과제를 선정하는데 활용되어야 한다. 특수체육 교사는 적절한 교육과정을 계획하고 연령과 개인의 특성을 고려한 교수계획을 만드는데 많은 노력을 기울여야 할 것이다.

▨ **아동을 위한 특수체육 프로그램의 목표** 아동을 위한 특수체육 프로그램은 유아에게 가장 적합한 활동을 중심으로 특수교육에 초점을 두고 개발되어야 한다. 운동발달 지체아동에게는 장애정도를 고려하여 알맞게 변형하되 또래 일반아동들과 동일한 교육기회가 제공되어야 한다. 발달장애 및 발달지체 아동을 위한 운동 환경은 평가정보에 따라 개별화되어야 한다. 재미있고 즐거워하는 것처럼 보이는 게임이나 활동을 교사의 의사에 따라 선택하는 것은 바람직하지 않다. 교육환경은 평가과정에서 기록된 개별화교육프로그램에 따라 만들어져야 하며 현재 아동들이 알고 있는 것을 토대로 새로운 기술을 잘 습득할 수 있도록 세심하게 만들어져야 한다(Vygotsky, 1978).

▨ **취학 전 아동과 초등 저학년 아동 간의 발달 차이** 아동은 인지적, 사회적으로 발달할수록 운동방법을 다양한 방식으로 인식한다. 특수체육 교사는 한 가지 이상의 학습지체를 나타내는 아동에게 적절한 교육환경을 제공해 주기 위해서 연령에 따른 발달 수준의 차이를 이해해야 한다. 취학 전 연령의 아동은 속도, 방향 변화와 관련된 활동 및 새로운 공간과 단순해 보이는 환경을 탐색하는데 흥미를 보인다. 하지만 초등 저학년 아동들은 이러한 활동을 단순하고 지루한 것으로 여길 수 있다. 이들은 보다 높은 수준의 문제 해결 능력이 필요한 활동에 더욱 흥미를 보이게 될 것이다. 또한 특수체육 교사는 심동적 영역에서 목표를 설정할 때 아동의 인지 및 사회적 발달이 중요하다

개별화교육프로그램(IEP):
Individualized Educational Program

- **장애아동에 대한 발달적 고려** 교육계획 수립 시 아동의 의사소통 장애는 물론 사회적, 인지적, 신체적 발달의 장애를 반드시 고려해야 한다. 아동의 장애가 운동학습 및 운동수행에 어떠한 영향을 미치는지를 파악해야 적절한 체육 프로그램을 만들 수 있다. 예를 들면, 자폐성장애 아동과 같이 사회적 상호작용에 문제가 있는 아동의 경우 게임과 활동양식을 바꿔 체육활동에 참가하는데 어려움이 없도록 해야 한다. 또한 지적장애 아동에게는 일관되고 예측 가능하며 반복적인 환경이 적합하다.

- **체육교육에서 의사소통 촉진하기** 다른 사람들과의 상호작용에는 일정 수준의 의사소통 기술이 필요하다. 일부 장애아동의 경우 의사소통을 위해 언어를 사용하지만 말을 하지 않는 아동은 몸짓과 같이 대안적인 수단을 이용하기도 한다. 언어장애는 취학 전 장애아동에게 가장 일반적으로 나타나는 유형이며 대다수의 다른 장애가 있는 아동들 역시 효과적인 의사소통의 필요성을 인식하고 있다(US Department of Education, 2002). 운동 환경은 의사소통 기능을 높일 수 있는 매우 이상적인 환경이라는 점에는 이의가 없다. 특수체육 교사는 담임교사 및 언어치료사와 협조하여 유아체육에서 의사소통에 관한 목표를 어떻게 세우고 수업에 활용할 수 있는지 결정해야 할 것이다. 이러한 활용방법에 대한 예로 첫째, 운동 환경을 다양한 언어로 표현할 수 있는 기회를 제공해 주는 것, 둘째, 모양, 색깔, 기구를 식별할 수 있는 능력을 길러 주는 것, 셋째, 그 날 수업에서 배운 것들을 되새기게 하는 것, 넷째, 수화 또는 그림을 통해 대안적인 의사소통 방법을 지도해 주는 것, 다섯째, 이야기나 노래를 사용하는 것 등을 들 수 있다(DiCarlo, Banajee, & Stricklin, 2000).

- **교육계획** 장애아동 및 발달지체 아동을 위한 체육 프로그램을 개발할 때는 연령에 적합한 것과 개별 아동에 적합한 것들 간의 균형을 맞추어야 한다(Bredekamp & Rosegrant, 1992). 취학 전 아동 및 초등 저학년 아동을 지도하는 특수체육 교사는 교육내용, 환경구축, 접촉의 세 가지를 명심해야 한다(Wessel & Zittel, 1995, 1998). 첫째, 교육내용으로 선택할 기능을 고려해야 한다. 취학 전 체육 프로그램은 세발자전거 타기나 수레 끌기와 같은 또래들과의 단체 활동에 초점을 맞추어야 하는 반면, 초등 저학년 아동들에게는 줄넘기를 가르치는 것이 더 적절하다. 두 번째로 교육환경 구축을 세심하게 계획해야 한다. 3세 아동과 7세 아동의 발달과정이 다르다는 것을 고려하면

연령대가 다른 아동들이 물리적 환경에서 상호 의사소통하는 방식이 다양하다는 것을 알 수 있다. 세 번째로 교육계획을 개발할 때 중요한 것은 아동이 교사와의 접촉시간에 대비하여 놀이기구 및 동료와 접촉하는 기회를 극대화하는 방법을 모색해야 한다는 점이다. 장애아동은 이 과정에서 놀이기구나 동료와의 접촉을 거부하지 않도록 더 많은 격려가 필요할 것이다.

■ **취학 전 아동에게 적합한 지도방법** 일반적으로 취학 전 수업은 교사 1명, 보조자 1명, 20명 이내의 학생 등으로 구성된다. 중증 발달지체 및 어린 장애아동을 위한 수업의 경우 학생 수를 좀 더 줄일 필요가 있다. 그러나 이 연령대의 아동을 지도하는데 문제가 되는 것은 대다수의 취학 전 프로그램이 다양한 연령대의 아동을 함께 지도하고 있다는 점이다. 교사는 지도계획을 수립할 때 발달학적 연령 및 장애가 발달에 어떠한 영향을 미치는지에 관계없이 학급 내 개별아동의 발달 상태를 고려해야 한다. 학급 내에서 장애아동의 연령 및 수행수준에 차이가 난다고 하더라도 지도방식은 일반아동을 지도할 때와 동일해야 한다. 또한 취학 전 체육 프로그램에서 교사는 지도자나 촉진자의 역할을 수행해야한다(Avery, Boos, Chepko, Gabbard, & Sanders, 1994). 이때 운동 환경은 교육목적에 맞게 아동들의 참여를 최대한 유도하도록 구성되어야 한다. 장애아동 및 발달지체 아동에게 운동 환경을 구성할 때에는 다음과 같은 원리가 적용된다. 첫째, 아동주도형 대 교사주도형 학습, 둘째, 선택의 기회, 셋째, 자기주도형 탐구, 넷째, 익숙한 기구 및 새로운 놀이기구를 통한 경험, 다섯째, 또래 모델이 바로 그것이다.

또래 모델: 비슷한 연령의 일반 아동의 수행을 관찰함으로써 물리적, 사회적으로 안정된 환경 속에서 안정감을 제공하는 교육방법

■ **초등 저학년 아동에게 적합한 지도방법** 유치원에서 초등 3학년까지의 아동을 위한 학급 규모는 학교의 정책에 따라 다양하다. 초등교육에 대한 새로운 지도방식은 다양한 연령의 학급을 구성하는 것이다. 즉, 유치원과 초등 저학년 아동은 같은 교실에서 교육을 받을 수 있다. 장애아동이 신체적으로 성장하면서 또래 일반 아동과의 운동능력의 차이는 점점 커지게 된다. 그러나 6~8세 사이의 장애아동 및 발달지체 아동은 또래 일반아동과 동일한 체육활동을 수행하는데 관심을 가질 것이다. 하지만 이 시기의 아동에게는 이들이 성장해서도 체육활동에 적극적으로 참여할 수 있도록 해 주는 것이 중요하므로 운동을 배우고 즐길 수 있도록 만들어 주는 것이 매우 필요하다. 또한 이 연령대의 아동들은 만들어진 환경을 접하는 것 보다 놀이기구를 직접 선택하고 그 기구를 활용하는 법을 찾아나간다. 이는 아동의 운동 및 탐구 욕구를 향상시킬 수 있는 매우 효과적인 방법이지만 학생의 모방행위를 방지하기 위해 지나치게 일찍 칭찬을 해서는 안 된다(Pangrazzi, 1998). 초등

저학년 아동의 발달에 적합한 특수체육에 적용되는 일반적인 원칙은 다음과 같다. 첫째, 다양한 학습방법에 맞춘 개별화된 교육 및 다양한 교수방법, 둘째, 학생의 선택을 수용할 수 있는 다양한 놀이기구, 셋째, 창조성과 문제해결 능력을 향상시키기 위한 과제의 경우 규칙을 유연하게 적용, 넷째, 다양한 학급 설계, 다섯째, 또래관찰 및 상호작용의 기회가 바로 그것이다(Coker, 1996).

[출처: 최승권, 이인경, 양한나, 2011]

[출처: 최승권, 이인경, 양한나, 2011]

6. 장애와 체력육성

> ☞ **체력의 정의**
> 체력은 인간 신체활동의 기초가 되는 신체적 능력으로, 크게 건강체력과 운동체력으로 나뉜다.

트레이닝은 신체적 적응능력을 이용하여 발달을 도모하는 계획적인 운동 프로그램 또는 체력의 계획적인 강화훈련을 통하여 운동능력을 향상시키고자 하는 과정으로 정의할 수 있다. 체력은 장애유무와 상관없이 누구에게나 필요하며, 체력의 발달은 건강한 생활과 여가·레크리에이션의 필수조건, 신체의 건강한 기능 유지, 심혈관계와 근육계 기능 향상, 바람직한 자세 유지, 독립적인 생활패턴을 가능하게 하는 효과를 갖는다.

▨ **체력 관련 용어** 체력 관련 용어인 신체활동, 운동, 체력에 대해 알아보면 다음과 같다.

▷ **건강**(health): 신체적, 정신적, 사회적으로 양호한 상태
▷ **신체활동**(physical activity): 에너지 소비의 결과로 근육에 의해 생성되는 모든 신체의 움직임으로 이동(걷기, 사이클 등), 일상적인 습관적 활동(집안일, 정원가꾸기 등)뿐 아니라 모든 형태의 활동적인 놀이, 스포츠, 댄스 및 운동을 포함
▷ **운동**(exercise): 신체적, 정신적, 사회적 건강, 체력 및 복지의 측면을 향상시키는 계획되고 구조적인 신체활동
▷ **체력**(fitness): 신체활동에 참여할 수 있도록 해주고 신체활동으로부터 얻을 수 있도록 개개인이 소유하거나 성취하는 능력이나 일력의 소인. 체력은 신체적 차원과 정신적 차원을 가짐

▨ **체력요소의 정의** 체력은 건강체력과 운동체력으로 나눌 수 있으며, 체력요소에는 근력, 근지구력, 심폐지구력, 유연성, 신체조성, 순발력, 민첩성, 협응성, 평형성 등이 있다.

건강체력(fitness for life, fitness for health, health-related fitness): 건강과 관련된 체력으로 심혈관계 효율성(심폐지구력), 근력 및 근지구력, 유연성, 신체구성, 안정 및 의사결정 등이 포함됨

운동체력(fitness for performance, skill-related fitness): 스포츠 수행과 관련된 체력으로 민첩성, 평형성, 협응성, 순발력, 반응시간, 스피드, 주의집중이 포함됨

체력 요소의 정의

체력요소	정의 및 내용
근력 (muscle strength)	1회 근수축으로 발휘할 수 있는 최대의 힘
근지구력 (muscle endurance)	반복해서 근수축을 하거나 오랫동안 근수축을 유지하는 근육의 능력
심폐지구력 (cardiovascular endurance)	심장 및 호흡·순환계를 통하여 산소를 공급해주는 능력. 유산소 능력 또는 전신지구력이라고도 함
유연성 (flexibility)	인체의 팔이나 다리 또는 동체가 관절을 중심으로 움직일 수 있는 운동범위
신체 구성 (body composition)	체지방(body fat)과 체지방을 제외한 제지방 체중(lean body mass)의 비율
민첩성 (agility)	몸의 자세나 방향을 바꾸면서 빠르게 움직일 수 있는 능력
순발력 (power)	단위시간 당 발휘한 일의 양 또는 단시간에 힘을 폭발적으로 내는 능력
협응성 (coordination)	주어진 운동과제를 부드럽고 신속하고 정확하게 수행하기 위하여 신체 여러 부분의 감각을 잘 사용할 수 있는 능력 또는 신체기관들이 서로 협력하여 동작을 이루는 능력
평형성 (balance)	정적 또는 동적 상태에서 신체를 일정한 자세로 유지할 수 있는 능력

순발력(Power, P):
= F(힘)×V(속도)
= F×D(거리)/t(시간)
= W(일)/t

> **체력 운동의 원리**
> 체력 운동 즉, 트레이닝의 원리에는 과부하의 원리, 점증부하의 원리, 특수성의 원리, 반복성의 원리 등이 있다.

- **과부하의 원리** 현재의 능력보다 약간 큰 부하를 제공하는 것으로 반복횟수나 세트 수의 증가, 거리 증가, 운동이 실행되는 스피드 증가, 지속활동 시간 증가, 활동 간 휴식 인터벌 감소를 통하여 가능하다.

- **점증부하의 원리** 적용된 부하에 신체가 적응함에 따라 지속적인 체력의 향상을 가져오게 하기 위해서 운동의 강도와 빈도를 점증적으로 증가시키는 원리이다. 일반적으로 점증부하는 계단식으로 적용하는 것이 바람직하다.

- **특수성의 원리** 트레이닝은 적용된 운동형태, 운동시간 및 근육 동작의 형태에 따라 효과가 달라진다. 즉, 어떤 운동이든 트레이닝을 실시한다고 하여 모든 체력이 발달하는 것이 아니며, 트레이닝의 효과는 훈련 중에 사용된 근육과 그 때 사용된 부하와 동작 형태에 국한하여 달성된다.

- **다양성의 원리** 트레이닝 프로그램은 대상자들이 흥미를 유지하고 지루함을 피하기 위해 다양하게 계획되어야 한다. 운동과 휴식의 조화, 힘든 운동과 가벼운 운동의 조화, 트레이닝 방법의 변화 및 트레이닝 환경의 변화 등을 고려해야 한다.

- **개별성의 원리** 개별성의 원리는 개인적 특수성(체력 수준, 유전적인 영향, 성숙도, 건강 상태, 수면, 기타 환경 요인 등)을 고려하여 각자의 능력과 가능성에 알맞은 트레이닝의 부하를 계획하는 것이다. 특히 장애인 체육과 트레이닝에서는 개별화된 접근을 사용하며 특정 사정자료, 동기유발 수준, 활동 선호도도 고려해야 한다.

- **가역성 및 계속성의 원리** 트레이닝에 의해 향상된 대부분의 운동능력들은 영구적인 것이 아니며 트레이닝을 중지하면 이전 수준은 소멸된다. 그러므로 비시즌기에도 체력을 향상시키고 유지시키기 위한 트레이닝은 계속되어야 한다.

- **반복성의 원리** 체력은 1회성 운동으로 발달되는 것이 아니므로 규칙적으로 반복하여 실시하여야 한다.

- **전면성의 원리** 전면성의 원리는 근력, 지구력, 협응성 및 유연성 등의 체력요소, 정신적 요소, 건강 그리고 교양의 발달을 의미한다. 따라서 전면적 발달은 체력의 운동기술을 끊임없이 향상시키는 기본 조건이 된다. 이 원리는 특히, 초심자에게 중요한 의미를 가진다. 즉, 어릴 때의 전면적인 신체의 발달은 장래 높은 수준의 운동성취 그리고 어른이 되어서도 고도의 작업능력을 소유하게 하는 기초가 된다.

- **적극 참여 및 동기유발의 원리** 체력을 기르고자 하는 사람들은 어떠한 고통도 참을 가능성이 많다. 체력은 쉽게 향상되지 않으므로 지루함, 피로, 불편함을 참기 위해 적극적인 참여 자세와 동기유발이 필요하다.

- **의식성의 원리** 의식성의 원리는 트레이닝의 과제를 정확하게 이해하고 그 수단과 방법에 대한 편성내용을 명확히 앎으로써 효과를 높일 수 있다는 것이다.

FITT의 원리: 운동을 처방할 때 운동의 빈도(Frequency, F), 운동의 강도 또는 저항(Intensity, I), 운동의 시간 또는 기간(Time, T), 그리고 운동의 유형(type)을 고려해야 한다는 원리

☞ 체력 훈련을 위한 운동처방의 구성 요소
운동처방은 양적 요소(운동 시간, 운동 빈도, 운동 기간)와 질적 요소(운동 강도, 운동 유형)로 나눌 수 있다.

▨ **양적 요소** 양적 요소에는 운동 시간(time), 운동 빈도(frequency), 운동 기간(period)이 있다. 운동 시간은 1회 운동의 지속시간을 말한다. 달리기의 경우 시간이나 거리, 웨이트트레이닝은 반복횟수와 세트로 나타낼 수 있다. 운동 빈도는 1일 또는 주당 몇 회 실시할 것인가를 나타낸다. 마지막으로 운동 기간은 최소 몇 주에 걸쳐 훈련을 실시하면 효과가 나타날 것인가를 고려하여 결정하는 것으로 운동의 재처방 시기를 말한다.

▨ **질적 요소** 질적 요소는 운동 강도, 즉 운동을 얼마나 강하게 할 것인지를 나타내는 것이다. 운동 강도는 달리기의 경우 스피드나 운동 중의 심박수, 웨이트트레이닝과 같은 중량운동의 경우 최대 근력의 비율(%)이나 무게 단위로 나타낼 수 있다. 운동 강도는 운동의 효과를 극대화하기 위해서 가장 먼저 고려해야 할 중요한 요건이라고 할 수 있다. 이것과 더불어 운동 유형(무산소 운동, 유산소 운동 등)도 질적인 요건의 하나로 포함된다.

☞ 체력 훈련 처방의 절차
체력 훈련의 처방 절차는 체력진단, 목표 설정, 운동 처방, 운동 실시와 효과 판정 그리고 운동 재처방 순으로 이루어진다.

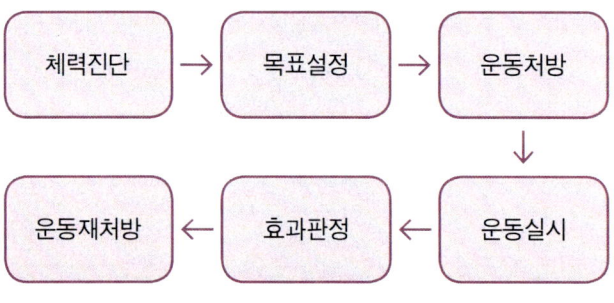

체력 훈련 처방의 절차

체력진단	· 운동처방의 근거자료를 확보하는 단계 · 수집된 자료는 개인의 체력 수준에 적합한 운동 강도, 운동 시간, 그리고 운동 빈도를 결정하는 데 이용되며, 운동을 실시하고 난 후에 운동이 얼마나 효과적이었는지를 판단하는 데에도 필요함
목표의 설정 및 운동 처방	· 체력 측정 자료를 기초로 하여 어떠한 체력 요인을 얼마만큼 강화시킬 것인가를 결정하는 단계 · FITT인 원리를 적용하여 처방함
운동의 실시와 효과 판정	· 특정인에게 운동이 처방되고 일정 기간 동안 운동을 실시한 후에 운동이 얼마나 효과적이었는지를 알아보는 단계 · 훈련 전과 마찬가지로 동일한 검사를 실시하거나 운동 수행 중의 운동 강도나 운동량의 향상도를 점검하는 방식으로도 확인 가능함 · 운동 효과를 판정할 때에는 개인별로 향상도를 비교해 보고 부진한 경우 그 원인을 진단하여 재처방하는 것이 바람직함 · 훈련 단계에서는 일지를 꼭 기록하는 것이 필요함
운동 재처방	· 1차 처방에 의한 운동 효과의 유무가 판정되면 이를 근거로 운동 강도와 운동량을 조절하는 단계 · 인간이 가지는 적응 능력을 고려하여 점증부하의 원리에 따라 체력수준이 향상된 만큼 이에 적합한 운동 처방이 이루어져야 함 · 일반적으로 운동 재처방은 6~8주 주기로 이루어짐

체력 훈련의 처방 절차

☞ **운동의 단계**
체력을 증진시키기 위한 운동은 반드시 준비운동, 본 운동, 그리고 정리운동의 순서로 실시해야 한다.

▨ **준비 운동**(preliminary exercise, warm-up) 준비 운동은 본 운동이나 시합 전에 행하는 예비 운동으로 이에 적합한 신체 상태를 유지시키고 자신이 소유한 운동능력을 효율적으로 발휘할 수 있도록 관련 조건들-생리적으로 체온을 상승시키고(약 1 ℃) 중추신경계와 교감신경계의 흥분성을 적정수준으로 높이며, 운동 상황에 심리적으로 대비-을 형성시켜 주며 상해 예방의 효과를 가진다.

여러 가지 준비 운동의 특징(용인대학교 장애인스포츠지도자연수원, 2003)

구분	운동 방법
능동적 준비 운동	달리기, 계단 오르내리기, 자전거 타기, 유연체조 그리고 본 운동의 기본 동작을 가지고 실시하는 예비 운동
소극적 또는 수동적 준비 운동	운동 대신 목욕, 온수 샤워 등을 이용하여 체온과 근육 온도를 높이는 방법
일반적 준비 운동	전신의 주요 관절을 신전시키고 호흡·순환계의 기능을 높여 체온을 상승시키는 것을 목적으로 하는 준비운동으로 맨손체조와 조깅을 결합하여 실시하는 것이 일반적임
특수 준비 운동	특수 준비운동은 일반적 준비운동 후에 실제로 수행할 본 운동의 종목과 밀접하게 관련되는 근육과 관절을 충분히 굴곡, 신전시키고자하는 예비 운동

준비 운동은 "스트레칭 준비 운동"(목적: 유연성 향상), "맨손체조 준비 운동"(목적: 팔, 어깨, 복부 근력 개선), 그리고 "규정 준비 운동"(신체가 실시하고자 하는 해당 종목의 수행력을 최대로 발휘할 수 있도록, 그 종목과 관련된 동작과 비슷한 동작을 간단하게 하거나 혹은 본 운동과 관련 있는 동작을 사용하는 준비 운동) 순으로 실시하며 15~20분 정도가 적절하다. 준비 운동에서 마지막 5분 정도는 본 운동의 특수성을 살린 준비 운동을 실시하는 것이 바람직하다.

▨ **본 운동** 본 운동은 운동하고자 하는 목적, 예를 들어 근력과 심폐지구력 증가나 유연성 향상과 같이 자신의 신체 능력에 맞게 처방된 운동 프로그램을 실제로 수행하는 단계이다. 일반적으로 본 운동은 체력 수준에 따라 45~120분 정도 이루어진다.

▨ **정리 운동**(cooling down, warm down, taper-down) 정리 운동은 본 운동이나 경기 혹은 훈련이 끝난 직후 바로 가볍게 약한 강도로 수행하여 신체를 서서히 정상상태로 이끄는 마무리 운동이다. 일반적으로 정리 운동 시간은 5~10분 정도가 적당하며 특별한 이유가 없다면 본 운동 전에 실시한 준비 운동과 그 내용과 방법은 동일하게 하고, 실시 순서를 반대로 한다.

정리 운동의 효과:
- 심장으로 되돌아가는 혈액 작용인 정맥혈 회귀 촉진
- 산, 염기 평형을 비롯한 인체 내부의 항상성 회복
- 강도 높은 활동에 기인하여 발생한 피로물질인 젖산을 제거하여 근육통과 피로 예방

☞ 장애유형별 운동 특성과 체력 훈련
장애유형별 운동은 뇌성마비, 외상성 뇌손상, 척수장애, 이분척추, 회백수염, 절단장애, 시각장애로 나누어 살펴보기로 한다.

▨ **뇌성마비**(cerebral palsy, CP) 뇌성마비는 수의적 운동과 운동제어의 손상을 가져오는 일련의 의학 및 신체적 증상을 나타낸다. 뇌의 병변 부위에 따라 운동, 움직임, 영향 받은 부위 또는 움직임의 어려움 정도가 크게 달라지며, 경련, 인지 손상(약 40~50% 정도가 지적장애와 뇌성마비의 중복장애를 보임), 지각-운동 장애, 시각 손상(사시 등), 구음 장애, 정형외과적 문제(비정상적인 근장력과 유연성 감소에 의한 구축, 가위걸음 등), 원시반사 지속 등의 증상을 보인다. 뇌성마비는 신경운동장애에 따라 경련성, 무정위 운동증, 강직형, 운동실조형, 진전형, 혼합형으로 마비 부위에 따라 단마비, 사지마비, 양측마비, 삼지마비, 편마비 등으로 분류하며, 체력 훈련과 관련된 특성과 고려 사항은 다음과 같다(용인대학교 장애인스포츠지도자연수원, 2003).

▷ 뇌성마비가 있는 사람들을 위한 운동 프로그램을 설정하기 전에 협응력, 균형과 동체 안정, 근장력, 관절가동범위 영역을 반드시 평가하여야 한다.

▷ 대부분의 운동 변형과 훈련 시 고려 사항은 협응력 손상 정도에 따라 달라진다. 초기 프로그램은 근력 증가보다는 신체 제어나 협응력 향상에 두어야 한다.

▷ 자유 중량(free weights)을 사용하기 어려운 경우 웨이트 기계를 사용해야 한다. 경도 협응력 손상을 가진 경우에는 덤벨을 이용하는 것이 적절하지만 운동하는 동안에 동체가 안정되도록 벨트나 스트랩 등을 사용한다.

▷ 기능적으로 잡기(악력)가 어려운 경우 랩어라운드 중량(wraparound weights)을 사용하며 중도 협응력 장애가 있는 사람들은 손을 사용한 저항(manual resistance), 지도자가 손(저항)을 이용하여 대상자가 수동적으로 운동하도록 하는 방법]이 유용하다.

▷ 마비가 없는 부위의 근활동으로 마비 부위의 경련이 일시적으로 증가할 수 있다. 또한 빠른 움직임이나 빠르게 반동을 주는 움직임은 경련을 촉진시킬 수 있기 때문에 피한다.

> **원시반사**: 원시반사란 정상아에게도 일정기간 존재하는 반사로서 대뇌피질의 발달에 따라 반사가 억제되어 통합되는 반사를 의미한다. 따라서 일정기간 원시반사가 나타날 시기에 나타나지 않거나 통합해야 할 시기에 통합되지 않으면 뇌의 발달에 문제가 있다고 본다. 뇌성마비인 등에게는 일정 부분 원시반사가 남아있다.

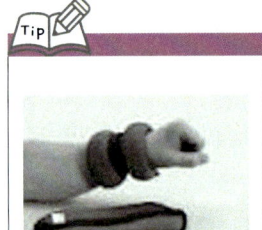

wraparound weights
(사진출처:https://www.
google.co.kr/images)

▷ 뇌성마비는 감소된 운동제어, 비정상적인 근장력, 원시반사의 비기능적 활성 그리고 직립자세 유지의 어려움, 신체의 운동수행 능력 제한, 신체 활동의 부족으로 인하여 체력수준이 낮다. CP와 외상성 뇌손상을 가진 사람들은 표준 이하의 산화 능력과 낮은 이동효율성을 보인다. 또한 CP는 동 연령의 일반인들보다 최대파워생성량과 최대산소섭취량이 30% 정도 낮은 것으로 보고되고 있으며, 운동제어의 감소와 이질적인 움직임에 기인하여 낭비되는 에너지가 많으며 수행된 운동에 비하여 높은 비율의 산소소비를 보인다. 결과적으로 일반인들보다 피로가 빠르게 나타난다.

- 근장력을 정상화시키고 운동하기에 적합한 몸을 만들기 위해 운동 프로그램 시작 전 그리고 준비운동 후에 느리고 시간을 길게 하는 스트레칭을 실시한다(종목당 약 1~2분).
- 모든 운동에서는 운동의 효과를 극대화시키고 원시반사를 피하기 위해 신체를 정렬시키고 바른 자세를 취해야 한다.

▨ **외상성 뇌손상** 외상성 뇌손상의 주된 원인은 교통사고로, 최근 증가하는 추세를 보이고 있으며 관련 증상으로는 운동과 협응력 손상(근력 감소, 협응력 손상, 불수의적 움직임에 의해 운동기능과 움직임이 제한되고, 경련이 다양하게 나타나며, 편마비 부위의 근장력이 감소하여 흐느적거림), 움직임 협응력 손상(근육 움직임을 부드럽게 협응하지 못함), 비규칙적인 근육 움직임(걷기, 말하기, 먹기 또는 기타 일상생활 능력을 방해함), 원시반사 재현, 감각 손상[청력, 일반적 촉각, 근운동감각(평형성과 운동 감각)의 감소], 인지 손상, 그리고 행동의 문제(정신착란, 불안, 화, 공격성, 우울증, 불면증, 충동성, 과잉행동, 자기중심적 사고나 행동 등)와 발작(간질)을 보인다. 외상성 뇌손상은 뇌성마비와 특성이 유사하기 때문에 운동 준비 및 운동 변형과 운동 시 고려 사항은 뇌성마비 부분을 참고하도록 한다.

▨ **척수장애** 척수장애는 척수외상에 기인하는 것으로 연약한 척수조직이 손상되어 나타나며, 수의적 근기능, 감각, 내장과 방광, 순환, 체온조절 등이 영향 받을 수 있다. 손상은 완전 손상과 불완전 손상으로 나뉘며, 척수장애 수준의 분류는 척추뼈 손상 수준보다는 가장 낮은 기능을 보이는 골격근(신경학적 수준)에 기초한다. 척수장애인의 체력 훈련 관련 특징과 고려 사항은 아래와 같다(용인대학교 장애인스포츠지도자연수원, 2003).

- 척수장애가 있는 사람들을 위한 운동 프로그램을 설정하기 전에 다음의 영역을 반드시 평가하여야 한다: 기능적 관절가동범위, 근력, 평형성 및 동체안정, 근장력, 유산소 운동에 대한 내성.
- 중력에 대항하여 전 관절가동범위에서 능동적으로 움직일 수 없는 경우 중력-감소 운동, 지지 탁자 또는 보조자를 이용한다.
- 암 크랭킹(arm-cranking)과 같은 장시간의 지속적인 활동을 시작하기 전에 기립성 저혈압의 병력이 있는지 확인한다.
- 사지마비가 있는 사람들은 유산소 운동 시작 전에 휠체어 롤러나 암 크랭킹으로 1~2분 정도 운동을 실시해야 한다. 어지럽거나 현기증이 나면 운동을 즉시 중단하고 현기증이 사라지지 않으면 몸을 비스듬히 눕히거나 보조자가 휠체어를 기울여 준다.
- 동체 균형이 부족한 경우 스트랩이나 벨트를 사용하여 몸을 고정시킨 후 운동한다. 벤치 프레스의 경우 허리 아래 부위에 사용할 수 있다.
- 한 근육 또는 근육군이 약하거나 마비된 근육에서 움직임이 부족한 것을 보충하기 위한 대체 방법을 고려한다. 일례로, 기능이 약한 팔에 에어 스프린트(air splint)를 하여 레터럴 레이즈(lateral raise)를 실시하는 것을 들 수 있다. 이러한 스프린트를 지속적으로 사용하면 약한 근육의 근력을 향상시키지 못하기 때문에 장기적인 사용은 지양한다.

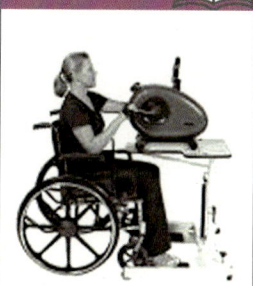

arm-cranking
(사진출처: http://www.rehabtechnology.com)

기립성 저혈압: 누워 있거나 혹은 앉아 있다가 갑자기 일어나는 경우와 같이 체위를 변환시키거나 장시간 동안 서 있는 경우에 혈액은 중력에 의해 자연적으로 하반신에 모이게 되고, 심장으로 들어가는 혈액량이 감소하면서 나타나는 저혈압 증상. 척수장애인은 하지 근육의 소실로 근육 펌프 작동이 어려우며, 장시간 앉아서 생활하는 경우가 많으므로 기립성 저혈압을 일으킬 가능성이 높다.

척수장애 관련 증상(용인대학교 장애인스포츠지도자 연수원, 2003)

증상명	내용
체지방률 증가	운동 상실과 마비에 기인한 근위축이 제지방 체중의 감소, 체중의 증가를 가져옴
유산소 능력 감소	하지의 근활동량 감소, 심장의 교감신경계 조절 및 혈관운동장력의 상실 등이 최대산소섭취량의 감소를 가져온다(사지마비인의 경우 심박수는 분당 110~130회로 제한됨).
체온 조절	T6 이상의 장애의 경우 극단적인 환경(열이나 추위)에 노출되었을 때 심혈관계와 체온조절에 대한 부담이 더 커진다. 이것은 열감소율에 대한 교감신경계의 혈관운동장력(내부기관으로부터 피부로의 열수송 또는 발한을 통하여 과도한 열을 체외로 발산시키는 역할을 함)이 부족한 것에 기인한다. 또한 수의적 근육사용이 부재한 척수손상의 경우 전율 작용(shivering, 근육 떨림)이 방해받으며 고체온증이나 저체온증을 일으킬 가능성이 있다. 더운 날씨나 장시간의 유산소 운동 중에는 차가운 수건 등으로 체온을 낮춰줄 필요가 있다.

air splint
(사진출처: https://www.google.co.kr/images)

증상명	내용
기립성 저혈압과 운동성 저혈압	하지의 혈관운동장력과 근육펌프의 손실 때문에 비활동성 하지 근육의 저류(blood pooling)는 심장으로의 혈액 복귀를 감소시키고, 이 결과 상지 근육근과 뇌로 혈류량도 감소하여 기립성저혈압과 운동 저혈압이 발생한다. 운동을 천천히 시작하고 운동강도와 시간을 느리게 증가시키는 것이 혈압 적응에 도움이 된다. 압박 스타킹(elastic pressure-gradient stocking)이나 복부 바인더를 착용하는 것이 도움이 되며, 현기증이 나면 휠체어를 뒤로 기울이거나 등을 대고 휴식을 취한다.
심혈관계 질환	척추 쇼크, 심근의 노에피네프린의 과도 분비, 정서적 스트레스 및 자율성 반사기능향진이 심혈관질환 발달에 공헌한다. 하지마비인들은 죽상경화증이나 동맥경화증 발생 위험이 높다. 또한 고혈압은 수명을 낮추는 제1요인이며 HDL-C(좋은 콜레스테롤) 농도가 유의하게 낮은 특징을 보인다.
경련	손상된 뇌와 척수의 근기능 제어 상실의 결과로 나타나며 항경련성 약물을 복용하거나 전 관절가동범위에 걸쳐 매일 스트레칭을 실시하는 것이 바람직하다.
골다공증	비활동적 생활방식으로 인하여 전 골격의 탈무기질화와 골격량 감소 및 비활동성 사지의 국부 골다공증을 보인다.
내장과 방광기능	척수의 척골 수준이 방광과 내장을 제어하기 때문에 대부분의 척수장애인들은 이 기관들을 제어하지 못한다. 삽입 또는 외부 카테터를 사용하여 방광을 비워주거나 대변완화제, 고섬유질 다이어트, 좌약 등을 사용하여 내장을 비운다. 요도와 신장 감염 위험이 높기 때문에 주의해야 하며, 얼굴색이 붉게 변하거나 체온 증가 같은 감염신호가 발견되면 운동을 중단해야 하며 운동 전에 주머니를 비운다.
구축과 관절가동 범위 감소	장시간 앉아서 생활하기 때문에 고관절, 무릎 및 발목 굴근이 지나치게 경직되어 구축이 나타나거나 전면 어깨도 과도한 휠체어 추진으로 근 경직이 나타나기 쉽다.
이소골화	이것은 관절 주변의 연조직에서 과도하게 뼈가 생성되거나 새로운 뼈가 돌출되는 증상으로 저조한 순환에 기인한 조직으로의 산소 공급 감소, 비정상적인 칼슘 대사, 압통, 과도한 관절가동범위 운동, 근경련에 의해 반복 생성되는 힘에 기인하는 것으로 알려져 있으며, 남성의 경우 고관절에서 가장 자주 나타난다. 이것이 나타나면 과도한 관절가동범위 운동은 금기사항이다.
욕창	사지마비와 같이 감각이 감소하고 움직임이 제한될 때 가장 자주 발생하며 피부나 기타 결체조직들이 파괴되기까지 하므로 주의해야 한다. 좌석의 표면에 압력을 줄이며 운동하는 것이 필수적이며 매 15~20분마다 혈액순환을 위해 휠체어 팔굽혀펴기나 휠체어에서 앞 뒤 쪽으로 체중 옮기기 등을 실시하는 것이 바람직하다.

증상명	내용
자율성 반사부전증	방광이나 직장의 팽창으로 인하여 가장 잘 나타나며 두통, 고혈압, 상기된 피부, 척추 손상 수준 이상에서의 발한 그리고 상해 수준 이하에서의 창백하고 냉습함 등의 증상으로 나타난다. 자세 저혈압(혈압감소)을 일으키도록 허리를 세워 똑바로 앉고 머리를 든 자세를 취하는 것이 바람직하며 카테터나 튜브가 빠져 있거나 꼬여있는지를 확인하고 방광과 소장의 팽창을 수시로 확인하며 의복, 복부 바인더, 다리에 하는 스트랩, 브레이스나 신발이 지나치게 꼭 죄는지 여부를 체크한다.
혈전성 정맥혈	정맥혈 내부에 형성된 혈전으로 정맥이 돌출되는 것으로 자주 혈류를 방해하며 종아리와 허벅지에 주로 발생한다. 증상으로는 통증이 있고 부종이 생기며 종아리와 허벅지가 따뜻한 것을 들 수 있다. 처치로는 혈액 항응고제 치료나 폐색전증과 같은 추가 합병증을 일으키는 혈전을 예방하기 위해 약 1주일간 영향 받은 부위에서 관절 움직임을 하지 않는 방법이 있다.

▷ 휠체어에서 앞으로 기울인 자세는 취하지 않는 것이 바람직하다. 특히 호흡이 힘들거나 척추 수술 후에 척추 고정용 막대를 사용하는 경우 척추를 굽히거나 회전시키는 것은 금기사항이다. 이 경우 배 부위에 배개를 대고 앞쪽으로 기대어 운동한다.

▷ 과도한 운동에 의한 상해(overwork injuries)를 일으키지 않는 정도로 기능적인 근육들을 최대한 강화시켜야 한다. 예를 들어, 이두근 건염(biceps tendonitis)으로 인한 어깨 통증(삼두근의 약화에 의해서도 발생)을 예방하기 위해서는 이두근을 과활동시키는 것보다는 견갑대와 견갑근을 강화시켜야 한다.

▷ 손 기능이 완전하지 못한 경우 변형이 필요하다. 랫 풀다운 바(lat pull-down bar)와 풀리 시스템(pulley system) 운동에서는 손목 커프(wrist cuff)에 고리를 달아 실시하고, 상체 에르고미터 운동 시에는 벨크로 장갑(velcro glove), 특수 제작된 장갑이나 에이스 랩(ace wrap)을 사용할 수 있다.

▷ 손 기능이 제한된 사지마비인의 경우 strap-on weights나 변형된 손목 커프를 사용하여 손목이 과신전되지 않도록 해야 한다.

▷ 방광의 과도한 팽창을 막기 위해 운동 전에 레그 백(leg bag)을 비운다.

▷ 경련을 제어하고 자세를 바르게 하기 위한 스트랩은 폭이 적어도 5cm 정도 되어야 한다. 붉거나 검게 피부색이 변하거나 부종(부어 오름)이 있는 경우, 감각이 감소되는 것은 스트랩이 혈관이나 신경 위를 압박하고 있

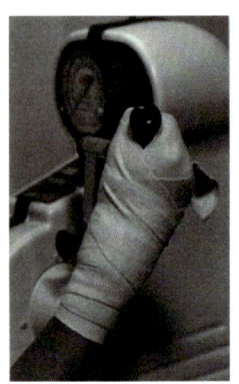

ace wrap
(사진 출처: Lockette & Keyes, 1994)

다는 신호이므로 느슨하게 해준다.

▷ 유산소 능력을 향상시키고 척수장애인의 운동 검사를 실시하는 운동으로는 arm-cranking ergometry(ACE), 휠체어 ergometry(W-ERG), 전기로 작동되는 leg cycle ergometry(FES-LCE), ACE와 FES-LCE가 결합된 형태의 운동 등이 있다. 장애의 정도에 따라 효과가 다르기는 하지만 자신에게 맞는 운동방법을 사용하여 운동하면 안정 시 심박수가 낮아지고, 혈액의 순환능력과 유산소 능력이 향상되며, 근지구력 및 운동 내성이 증가하여 심혈관계 질환의 예방과 체지방의 감소를 가져올 수 있다.

이분척추 이분척추는 척추골 중 하나가 폐쇄되어 발생하는 척추의 기형으로 척수를 싸고 있는 막이 밀려나간 증상을 수막류(meningocele) 라고 하며, 척수 피복과 척수 및 신경근이 밀려나간 경우를 척수수막류(myelomeningocele) 라고 한다. 척수수막류는 경도에서 중도에 이르는 신경학적 손상을 일으키고 하체의 기관과 근육의 기능을 정지시키거나 방해하며, 비뇨기계의 문제를 수반하는 등 여러 가지 장애가 중복되어 나타날 가능성이 높다. 또한 출생 시부터 척추측만증이나 척추후만증과 같이 늑골과 골반이 변형되고 발이 기형이 되기도 하는데 일반적으로 교정 깁스, 의료적 자세 교정, 브레이스 등으로 이러한 문제를 개선하고 있지만 이러한 형태의 처치로도 효과가 없을 경우에는 외과 수술이 필요하다.

척수수막류를 가지고 태어난 유아의 약 90% 정도가 뇌수종(hydrocephalus)을 갖고 있다. 뇌수척액이 과도하게 축적되면 머리에 압력이 높아져 대뇌가 발달하지 못하게 되어 지적장애를 유발하게 되며 생명을 위협하기도 한다. 뇌수종에 대한 치료로는 과도한 뇌수척액을 우회시키기 위해 측로(shunt)를 삽입하는 방법이 있으며, 뇌실-심방(ventricular-atrial) 측로기법이 가장 널리 사용되고 있다. 측로는 일방 밸브로 오른쪽 귀 뒷부분에 삽입되는데, 뇌의 오른쪽 부분에 삽입된 카테터로부터 목의 피부 아래를 거쳐 정맥혈로 들어간 후 우심방에서 끝나는 카테터로 척수액을 펌프한다. 측로 시술을 한 경우 측로를 삽입한 부위를 보호하는 예방 조치가 반드시 취해져야 한다.

일부의 경우 하체 부위에 상해가 발생하여도 그것을 느끼지 못하기 때문에 그 부위가 단단한 표면에 마찰되지 않도록 주의를 기울여야 한다. 브레이스를 사용하는 사람들은 활동 후에 피부에 염증이 발생했는지 항상 확인해야 한다. 만약 이것을 치료하지 않고 그대로 두게 되면 욕창이 발생할 수도 있으므로 주의해야 한다. 이분척추는 척수장애와 특성이 유사하기 때문에 운동 준비와 사정, 운동의 변형 및 운동 시 고려 사항은 척수장애인을 지도할 때와 동일하다.

▨ **회백수염** 회백수염은 위나 내장으로 들어간 바이러스가 혈류로 흡수되어 돌아다니다가 뇌의 부위나 운동 뉴런(전각 세포)에 영향을 주어 영구적인 마비를 가져오게 하는 장애이다. 일반적으로 회백수염은 마비가 상지보다는 하지에 주로 나타나고 근마비가 척수장애 및 이분척추와 유사(동체와 사지근육 마비, 근위축)하지만 마비가 고르지 않고 비대칭적이라는 점이 다르다. 바이러스가 운동 뉴런만을 공격하기 때문에 감각과 교감신경계는 손상 받지 않아 체온 조절, 경련, 운동 저혈압 등을 일으키지는 않는다.

마비가 얼마나 존재하느냐에 따라 근위축, 근육 불균형, 근구축 증상이 나타나며, 한 부위에만 영향을 주는 경우 다리 길이에 차이를 보인다. 이 경우 영향을 받은 다리가 짧기 때문에 뒷굽이 높은 신발을 착용하기도 한다. 또한 척추후만과 척추측만이 나타나는 경향이 있으며 관절 불완전탈구, 발목과 무릎의 기형이 나타날 수 있다. 처치로는 회복 근육을 강화시키는 활동적인 운동, 영향을 받은 관절의 관절가동범위 운동, 약한 동체나 사지를 안정시키기 위한 브레이스 착용 등이 있다. 연령이 많은 사람들에게 후기 소아마비증후군이 나타나고 있어 이에 대한 접근도 요구된다. 체력 훈련과 관련된 특징과 고려 사항은 다음과 같다(용인대학교 장애인스포츠지도자연수원, 2003).

▷ 운동 프로그램을 시작하기에 앞서 기능적 관절가동범위, 근력, 평형성 그리고 동체 안정의 정도를 평가하는 것이 바람직하다. 회백수염을 가지고 있는 경우 교감신경계가 영향을 받지 않았기 때문에 척수장애인들보다 더 높은 운동 심박수를 보인다.

▷ 회백수염을 진단 받은 후 2~3년 정도는 계속 회복되고 있는 중이기 때문에 활동은 이것에 페이스를 맞춰 실시한다. 운동과 휴식을 번갈아 가며 하는 것이 바람직하며, 단속적인 근력 운동과 유산소 운동이 과도한 피로를 예방하도록 해 줄 것이다.

▷ 사지에 구축이나 골다공증이 있는 경우 스트레칭과 근력강화 운동이 적절한지 의학적으로 확인받아야 한다.

▨ **절단장애** 절단은 하나 이상의 사지의 부분 또는 전체가 없는 증상을 말한다. 절단장애는 활동부족으로 인한 근육 경직, 관절의 가동범위 감소 및 관절 구축, 척추의 정형외과적 기형(상지절단의 경우 척추측만증과 머리 위치가 기울어

후기 소아마비증후군(post-poliomyelitis syndrome): 소아마비 발병 후 안정기간이 지난 25년~30년 후에 나타나며, 근위약, 피로, 근육/관절통 등 다양하고 광범위한 육체적, 전신적 증상을 말함

지는 현상이 나타남), 보장구 착용에 의한 감각 손상과 피부 파괴, 평형성과 협응력 손상 등의 증상을 보인다. 체력 훈련과 관련한 특징과 고려 사항은 아래와 같다(용인대학교 장애인스포츠지도자연수원, 2003).

▷ 절단장애인을 위한 운동 프로그램을 선정하기 전에 절단 유형, 기능적 관절가동범위, 근력, 평형성과 동체 안정, 피부 보호 등의 영역들을 평가한다.

▷ 구축과 관절가동범위 감소는 규칙적인 스트레칭과 관절가동범위 운동, 길항근군의 강화, 동체, 양팔, 양다리의 적절한 자세 취하기 등을 통하여 예방할 수 있다. 또 구축과 관절가동범위의 감소로 인하여 사지의 모양이 변형되면 보장구 착용의 문제가 생기고 보행 패턴에 영향을 준다. 결국, 걷는 동안 에너지 소비가 증가하고 절단 부위의 피부가 파괴되거나 통증을 가져와 다시 보행을 제한하므로 주의해야 한다.

▷ 척추측만증과 머리 위치가 기울어지는 현상을 예방하기 위해서는 동체와 자세 운동을 규칙적으로 실시하는 것이 바람직하며, 중심선 제어와 새로운 무게 중심을 강조하여 운동한다. 예를 들어, 팔꿈치 이상의 절단을 가진 경우, 절단이 없는 부위 쪽으로 기울어지는 경향을 보상하기 위해 절단 부위 등 신전근들과 측면 굴곡근들을 강화시킨다.

▷ 상하지 절단의 결과 상하지의 수용기들을 잃게 되므로 새로운 보장구를 착용한 사지를 사용하여 훈련할 필요가 있다. 보장구 사용을 최대화하고 환경에 적응 능력을 향상시키기 위해 평형 활동과 협응력 운동이 필수적이다.

▷ 절단이 선천성이거나 외상에 기인한 경우 운동에 대한 특별한 제약은 없다.

▷ 절단이 혈관 합병증의 결과(혈관 절단)이거나 당뇨병, 고혈압 또는 심장 질환과 같은 증상과 관련된다면 운동 프로그램을 시작하기 전에 의학적 검사를 받아야 한다.

▷ 보장구를 착용하여 운동할 때 절단된 부위의 피부를 관찰하며 피부가 견딜 수 있는 한도 내에서만 운동한다. 보장구 위에 매단 중량(예: wraparound weights)이나 기타 유형의 저항(예: 케이블이나 Theraband)은 전단력에 의해 피부를 다치게 할 가능성이 있기 때문에 추천되진 않는다.

▷ 보장구 자체를 저항의 형태로 사용할 수 있다. 복부를 강화시키기 위해 무릎 이하의 보장구를 사용하여 레그 리프트(leg lifts), 고관절 외전근을

강화시키기 위하여 사이드 레그 레이즈(side leg raise)를 수행할 수 있다.

▷ 유연성을 향상시키기 위해서 준비운동과 정리운동 시 항상 스트레칭 운동을 실시한다. 무릎 이상 절단의 경우 고관절 굴곡근, 무릎 이하 절단의 경우 고관절과 무릎 굴곡근, 상지 절단의 경우 어깨와 견갑골의 관절가동범위를 증가시키는 스트레칭을 강조한다.

▷ 체중을 지지하여 운동을 실시할 때에는 사지와 보장구에 체중이 균등히 분배되도록 해야 한다. 보장구에 수직력이 가해지거나 보장구가 빠르게 뒤틀리는 상황을 피한다.

▷ 유산소 운동은 활동 감소와 관련된 질환의 발생 가능성을 줄이며 체중 조절을 돕는다. 이 경우 체중 변화에 따라 적절한 보장구로 교체해 주어야 한다. 체력수준은 절단의 원인에 따라 다양하다.

▷ 최대유산소능력은 연령, 현재의 신체 상태, 절단 수준에 따라 영향 받는다. 일반적으로 절단 수준이 낮을수록 신체의 운동수행과 걷기가 더 효율적이며 최대유산소능력이 높다고 알려져 있다. 하지 절단의 경우(혈관이나 외상성 절단 모두) 걷는 동안 일반인들보다 50% 정도까지 산소가 더 요구된다.

▷ 노인의 하지 절단은 마로혈관 절단이 가장 일반적인 원인이며, 이 경우 당뇨병, 심혈관계 질환 그리고 비활동적 생활방식에 따른 합병증으로 고생하는 경향이 있다 노인들뿐 아니라 혈관 절단을 한 성인들의 경우에도 심혈관계 질환 발생 가능성이 높으며 운동 중에 심근 허혈, 비정상적인 심장 반응이 나타나는지 세밀히 관찰하여야 한다.

■ **시각장애** 시각장애는 안구, 시신경 및 대뇌 중추 등 시각 기관 중 어느 부분에 손상이 나타나, 보는 것이 부자유스럽거나 불가능한 장애를 말한다. 시각장애인들은 낮은 고유수용기 인지, 자세 제어 감소, 신체활동 부족에 기인한 비만, 근육 약화 및 낮은 스테미너, 상동행동(stereotypic behavior: 앞뒤로 흔들기, 눈 찌르기, 머리 비틀고 흔들기 등) 등을 보인다. 체력 훈련과 관련된 특징과 고려 사항은 다음과 같다(용인대학교 장애인스포츠지도자연수원, 2003).

▷ 시각장애인의 운동 준비도 평가와 실제 운동은 시각 손상이 없는 사람들이 사용하는 것과 유사하다. 즉, 시각장애인을 위한 운동 프로그램의 처방은 일반인을 위한 지침을 따라야 한다.

▷ 신체활동은 심혈관계와 근력 관련 기능을 모두 증가시키며, 감각 단서

인지가 높아져 자세와 보행이 향상된다.

▷ 초기 아동기 이후에 시각장애가 있는 사람들은 선천성 장애가 있는 사람들보다 이동 능력이 뛰어난데, 이것은 성숙된 움직임 패턴을 습득했기 때문이다.

▷ 대부분의 시각장애인들이 전혀 보지 못하는 것이 아니다. 잔존 시력(residual vision)이 남아 있어 운동하는 과정에서 방향이나 장비를 인식할 때 유용하게 사용할 수 있다. 그렇지만 대부분의 경우 언어나 촉각 단서를 제공해야 한다.

▷ 주의를 요하는 증상으로는 망막박리와 안압 증가에 따른 녹내장이 있다. 망막박리는 머리에 충격이 가해질 때(접촉스포츠나 충돌 위험이 있는 스포츠) 추가 분리 위험이 있으므로 주의해야 한다. 이 경우 보호용 안경을 쓰거나 헬맷 등을 착용하는 것이 바람직하다. 녹내장은 근력 훈련과 같이 체내의 압력이 증가할 때 발생할 수 있으므로 녹내장을 가진 경우 안압을 증가시킬 수 있는 운동을 피해야 한다.

▷ 운동을 할 때에는 지도자 자신과, 함께 운동하는 사람들을 소개하는 것이 바람직하며, 자신이 어디에(특정인의 전후 또는 좌우) 서있는지, 얼마나 떨어져 있는지를 확인시켜 준다. 또 운동하는 지역이나 공간의 크기와 모양을 알려 주고 준거점을 설정하여 운동하게 한다. 특히, 기구들을 충분히 만져보고 작동시켜 볼 시간을 제공해야 한다.

▷ 달리기 활동은 가이드 와이어(guide wire), 로프 또는 달리기 파트너를 활용하여 실시할 수 있다.

▷ 근력 훈련은 보조자를 이용하여 쉽게 수행할 수 있다. 근력 훈련뿐 아니라 모든 활동에 대비하여 보조자에게 시각장애의 특성과 보조법에 대한 기초 정보를 제공하여 활동하도록 한다.

▷ 에어로빅 운동 시 복잡한 움직임을 형성하기 전에 단순한 움직임 패턴을 도입하는 것이 성공가능성을 높인다. 또한 시각장애인들은 지정된 지점에서 벗어나는 경향이 있으므로, 이 경우 먼저 되돌아오는 방법(앞, 뒤, 왼쪽 등)을 언어로 지시하거나 목소리가 나는 쪽(적절한 위치)으로 이동하도록 지시한다. 또 팔을 잡게 하거나 신체보조로 가이드하여 되돌아오도록 할 수도 있다.

▷ 시각장애인들의 주된 문제점은 방향 정위로 새로운 환경에 적응하도록 할 때에는 먼저 지형지물을 충분히 익히도록 하고 새로운 변화가 생기면 다시 알려주어야 한다.

▷ 저항 훈련과 스트레칭은 변형을 거의 하지 않고도 실시할 수 있다. 저항 훈련 프로그램을 시작하기 전에는 언어 및 촉각을 이용하여 각 운동에서 사용되는 근육군 즉, 근 부착점과 수축되는 근육의 위치 등을 확인하게 한다. 근부착 위치를 정확히 모르면 시각장애인이 지도자에게 신체적으로 보여주길 원하는 것처럼 질문하는 배려가 필요하다.

▷ 비효율적이고 에너지 소비가 큰 시각장애인들에게 유산소성 체력은 특히 중요하다. 음악을 사용하여 유산소 운동을 할 때에는 목소리가 들어 있는 음악보다는 기악으로 녹음된 음악을 사용하는 것이 좋다.

> ☞ **체력요소별 운동 방법**
> 장애인의 체력 훈련은 건강체력과 운동체력을 모두 다루어야 하지만 최근 강조되고 있는 건강체력을 위주로 운동 방법을 알아보고자 한다.

▨ **근력/근지구력 운동** 근력과 지구력을 유의하게 향상시키기 위해서는 주당 2~3일의 저항훈련이 필요하다(ACSM, 1991). 목표에 따라 다르지만, 운동량은 각 세트 당 3~20회 반복, 3~5세트 실시하는 것을 추천한다. 일반적으로 최대 5~7회 반복을 통해 근력은 최적으로 증가한다. 12~20회를 반복하는 프로토콜(더 가벼운 부하를 사용하는 운동)은 일반적으로 근지구력 발달을 목표로 한다. 자극의 강도가 높으면 상해 위험성도 높아지므로 관절이나 근 기능이 손상된 사람들의 경우 주의를 기울여야 한다. 저항훈련 프로그램의 목표는 기능적 감소를 가져오지 않으면서 가능한 가장 높은 근력 발달을 가져와야 한다는 것이다(Lockette & Keyes, 1994). 근력/근지구력 훈련의 과부하 변인들은 다음과 같다.

근력/근지구력 훈련의 과부하 변인들(Lockette & Keyes, 1994)

변인	추천내용	변형 방법
빈도	2~3일/주 (유지를 위해 1일/주)	관절염(영향 받은 관절): 매일
강도와 시간		
반복횟수	3~7: 근력 8~12: 근력/근지구력 12~20: 근지구력	관절염(영향 받지 않은 관절), 근신경계 장애와 진행성 질환들, *약화: 낮은 부하/중간~높은 반복
세트	3~5	관절염(영향 받은 관절): 2~3회 반복, 낮은 부하로 매일
부하	고: 근력 중: 근력/근지구력 저: 근지구력	발작: 중간~낮은 부하로 높은 반복
회복	2~4분 2분 이하	

장애영역별 근력/근지구력 운동 프로그램의 구성은 다음과 같다.

장애영역별 근력/근지구력 운동 프로그램 구성(Durstin 등, 2009)

장애유형	체력 요소 유형	목표	강도/빈도/시간	목표 달성 기간
회백수염과 후기 소아마비 증후군	등장성 훈련 등척성 훈련	·안정된 사지의 근력 증가와 안정되지 않은 사지의 유지 ·일상생활 활동과 이동 효율성 증가	·10~15회 반복, 3세트 ·주당 2~4일 ·처음 3세트 ·안정된 근육/관절의 관절가동 범위(ROM) 매 20° 마다 1RM의 67%로 6회 수축, 3세트	
하지 절단 장애인	웨이트 머신	·동체, 엉덩이 그리고 손상/손상받지 않은 사지의 근력 증가 ·일상생활 활동과 이동 효율성 증가	·1RM의 60~80% 또는 8회 반복 가능한 무게로 1~2세트 ·주당 2~3일 ·1회 운동당 각 운동에 대해 5≥	·12회 반복이 가능할 때까지 초기 중량 유지, 이후 중량을 5~10lb 증가시키고 반복횟수는 8회로 실시 ·연속 2일 근력운동 하지 않음 ·1회 운동당 상체운동 2, 동체운동 1, 하체운동 2 실시

장애유형	체력 요소 유형	목표	강도/빈도/시간	목표 달성 기간
뇌졸중/ 뇌손상인	등척성 훈련 웨이트 머신 프리 웨이트	· 일상생활 활동과 독립성 증가	· 8~12회 반복, 3세트 · 1~2세트 · 주당 2일	· 2~4개월
척수손상 장애인	웨이트 머신 또는 덤벨 손목 중량	· 활동적 근육량과 근력 증가 · 기능적 독립성을 위한 전반적 근력의 최대화 · 수동휠체어 추진의 효율성 증가	· 8~12회 반복, 2~3세트 · 주당 2~4일	· 4~6개월
뇌성마비인	자유 중량 또는 웨이트 머신	· 영향 받은/영향 받지 않은 근육군의 근력 향상	· 8~12회 반복, 3세트	
지적장애인	웨이트 머신 등척성 운동 운동 / 저항 밴드 자유 중량 사용에 대한 주의사항	· 대근육군의 근력 증가	· 1RM의 70~80 · 8~12회 반복, 3세트 · 세트 간 1~2분 휴식 · 상해 예방을 위해 긴밀한 모니터 필요 · 주당 3일	· 10~12주

■ **심폐지구력 운동** 유산소 훈련을 할 때에는 대근육을 사용하여 리드미컬하게 지속적으로 움직이는 달리기, 수영, 자전거타기, 줄넘기, arm cranking이나 wheelchair ergometry를 이용할 수 있다. 운동의 유형은 대상자의 능력을 고려하여 장시간 휴식 없이 이루어지는 지속 운동, 운동과 휴식을 반복하며 휴식기에 완전회복을 실시하는 반복운동 그리고 운동과 휴식을 반복하되 휴식기에 걷기나 조깅 등의 불완전 휴식을 취하면서 실시하는 인터벌 운동을 선택할 수 있다. 유산소 운동의 과부하 변인들은 다음과 같다.

유산소 운동의 과부하 변인들

변인	추천사항*	수정사항
빈도	3~5일/주	진행성으로 피로가 높게 나타나는 장애의 경우 휴식을 제공
강도 심박동수법 (HR method)	최대심박동수의 55%~90% (기초선 체력수준에 따라) 평균 범위 70%~85%	진행성으로 피로가 높게 나타나는 장애, 컨디셔닝 되지 않은 참가자 그리고 뇌졸중 환자들의 경우 낮은 강도로 실시, 상지 운동 시 수정된 공식 사용
신체자각도법 (RPE method)	12~16(20점 척도) 4~6(10점 척도)	자율신경계 손상과 비협응을 가진 경우에 사용
시간	15~60분	제한된 근육 또는 과장된 심박동수 반응을 보이는 경우(경련형, 무정위운동증) 단속적으로 실시

* ACSM(1991)의 Guidelines for exercise testing and prescription에서 **추천한 범위**

체력이 매우 낮은 경우 주당 3일 이하로 운동을 실시해도 약간의 효과를 얻을 수 있다. 반면, 주당 5일 이상 운동하는 것은 과도한 훈련에 의한 상해, 피로, 그리고 무기력감(staleness)(이것들은 차후 컨디셔닝 프로그램을 성공적으로 수행하지 못하도록 제한하는 요인이 될 수 있음) 등을 가져올 수 있다.

운동 프로그램을 처음 시작하는 사람 또는 다발성경화증이나 후천성 소아마비 같은 진행성 증상이 있는 사람들에게는 운동 세션 사이에 하루의 휴식 시간을 두도록 권장하는 바이다. 체력이 매우 낮은 사람들은 컨디셔닝 첫 몇 주 동안 매일 5분 정도의 낮은 강도 운동을 여러 차례 실시함으로써 효과를 얻을 수 있을 것이다(ACSM, 1991).

유산소 운동의 강도는 심박동수(HR)와 주관적인 신체자각도(RPE) 방법을 사용하여 비교적 쉽게 확인할 수 있다. 일반인들의 경우, 다리나 전신을 사용하여 운동할 때 최대심박동수를 220에서 나이를 뺀 수치로 추정한다. 그러나 근육량이 적은 상체 운동 시에는 200에서 나이를 빼서 연령 관련 최대심박동수를 추정한다. 이것은 팔 운동이 일반적으로 다리 운동 최대심박동수의 약 90%~93%에 해당하기 때문이다(Shephard, 1990). 심호흡계 체력을 향상시키기 위해 개인의 건강과 체력 상태에 따라 최대심박동수의 55%~90% 범위의 운동 강도가 추천된다. 일반적으로, 건강한 사람은 최대심박동수의 70%~85% 사이의 목표 심박동수 범위로 운동함으로써 효과를 얻을 수 있다. 컨디셔닝 되지 않은 사람은 척도의 하위 한계까지 운동 강도를 제한할 필요가 있는 반면, 체력이 매우 높은 사람은 과부하를 얻기 위해 추천된 상위 한계에 가까운 심박동수로 운동할 필요가 있다(대한장애인체육회, 2014).

장애영역별 심폐지구력 운동 프로그램 구성(Durstin 등, 2009)

장애유형	체력 요소 유형	목표	강도/빈도/시간	목표 달성 기간
회백수염과 후기 소아마비 증후군	Schwinn-Air-Dyne Arm ergometer	· 심혈관계 상태를 향상시킴 · 안정된 사지의 지구력 증가와 안정되지 않은 사지의 유지 · 일상생활 활동과 이동 효율성 증가	· $\dot{V}O_{2peak}$ 또는 peak HR의 40~70% · 주당 3일 · 1회 운동당 20~30분(비활동적인 경우 처음에 인터벌로 수행)	· 부정(단속적) · 견딜 수 있는 경우 40분까지 지속
하지 절단 장애인	에르고미터 · 앉은 자세로 실시하는 arm-leg ergometer · 팔 · 노젓기 · 사이클 · 선 자세로 실시하는 arm 또는 leg ergometer · 수영	· 심혈관계 체력과 손상/손상받지 않은 사지의 지구력 증가 · 일상생활 활동과 이동 효율성 증가	· $\dot{V}O_2R$ 또는 HRR의 40~80% · RPE 11~16/20 · 주당 4~7일 · 1회 운동당 30~60분	· 초기 10~20분, 30~60분까지 시간 증가
뇌졸중/뇌손상인	상지/하지 에르고미터 사이클 에르고미터 트레드밀 암에르고미터 앉은 자세로 실시하는 스텝퍼	· 일상생활 활동의 독립성 증가 · 걷기 속도 증가 · 심혈관계 질환 위험 감소	· $\dot{V}O_{2peak}$의 40~70% · 주당 3~5일 · 1회 운동당 20~60분 (또는 1회 운동당 ×10분)	· 2~4개월
척수손상 장애인	· 암에르고미터 · 휠체어에르고미터 · 휠체어트레드밀 · 프리휠링(free wheeling) · 암 사이클링 · 앉은 자세로 실시하는 에어로빅스 · 수영 · 휠체어스포츠 · 전기로 자극하는 사이클에르고미터(암에르고메트리 유/무)	· 활동적 근육량과 근력 증가 · 기능적 독립성을 위한 전반적 근력의 최대화 · 수동휠체어 추진의 효율성 증가	· $\dot{V}O_2R$의 40~90% · RPE 11~16/20 · 주당 3~5일 · 1회 운동당 20~60분	· 4~6개월

장애유형	체력 요소 유형	목표	강도/빈도/시간	목표 달성 기간
뇌성마비인	이동가능: · Schwinn-Air-Dyne 휠체어: · Arm ergometer	· 유산소 능력과 지구력 증가	· $\dot{V}O_2R$의 40~85% · 주당 3~5일 · 1회 운동당 20~40분 · 강도보다 시간 증가	· 다양
지적장애인	걷기, 걷기/조깅 Schwinn-Air-Dyne 수영 에어로빅스(또는 음악에 맞춰 실시하는 기타 운동)	· 체중 제어 또는 감량 · 심혈관계 체력 향상 · 일 수행력 향상	· $\dot{V}O_2R$의 40~85% · 주당 3~5일 · 1회 운동당 20~40분 · 강도보다 시간 증가	· 4~6개월

■ **유연성 운동** 유연성을 향상시키기 위한 스트레칭은 적어도 주당 3회 실시해야 한다. 준비운동과 정리운동 단계, 운동 세트 사이 휴식 시간에 실시하는 것이 바람직하며 각 스트레칭에 대하여 1~3회 반복한다. 특정 부위의 관절가동범위 증가가 목표인 경우 반복횟수를 증가시켜야 한다.

스트레칭 강도는 스트레칭이 유지되는 시간과 스트레칭 되도록 적용된 외력의 양에 따라 증가 또는 감소되어야 한다. 약간의 긴장을 일으키는 정도의 강도여야 하며 통증을 나타나는 것은 너무 많이 눌렸다(강도가 높다)는 것을 의미한다. 근육 진동, 통증 지속, 근육 떨림, 관절가동범위 감소 등이 나타나는 경우도 스트레칭 강도가 과도하다는 증상들이므로 주의해야 한다.

스트레칭 시간은 10~60초 정도가 적당하다. 준비운동에는 중강도로 10초간, 경련성(다발성 경화증, 뇌성마비, 척수장애)과 협응력에 문제가 있는 경우에는 중강도로 60초간 실시한다. 특히, 근 경련이 심한 뇌성마비인들의 경우 2분까지도 실시한다. 반면, 다운증후군을 가진 사람들에게는 스트레칭이 거의 필요 없다고 할 수 있다. 운동 후에 조금 길게 실시하는 스트레칭은 근육통을 감소시키고 관절가동범위를 증가시킨다. 정적 스트레칭의 과부하 변인들은 다음과 같다.

정적 스트레칭의 과부하 변인들(Lockette & Keyes, 1994)

변인	추천사항	수정사항
빈도	3회/주(최소)에서 시작하여 점증적으로 횟수 증가	구축, 경련, 관절염이 있는 경우 빈도 증가
강도	장력에 대한 주관적 감각 3~5회 반복	경련성이 있는 경우 부하 낮춤
시간	준비 운동 시 6초~12초 유연성 향상을 위해 10초~30초(이상)	경련이 있는 경우 시간 연장

장애영역별 유연성 운동 프로그램의 구성은 다음과 같다.

장애영역별 유연성 운동 프로그램 구성(Durstin 등, 2009)

장애유형	체력 요소 유형	목표	강도/빈도/시간	목표 달성 기간
회백수염과 후기 소아마비 증후군	스트레칭(수동운동)	·관절가동범위 증가 ·구축 예방	·안정된(통증이 없는 경우) 그리고 안정되지 않은(저강도) 근육/관절 모두에 수행 ·주당 5~7일	
하지 절단 장애인	스트레칭(동체, 엉덩이, 이용가능한 하지 관절)	·관절가동범위 유지		
뇌졸중/뇌손상인	스트레칭(수동운동)	·손상 받은 사지의 관절가동범위 증가 ·구축 예방	·주당 2일(유산소 또는 근력 운동 전 또는 후)	·2~4개월
척수손상 장애인	스트레칭(동체, 엉덩이, 이용가능한 하지 관절)	·관절구축 예방	·유산소 또는 근력 운동 전	·4~6개월
뇌성마비인	유연성 스트레칭(영향 받은/영향 받지 않은 많은 관절)	·손상 받은 사지의 관절가동범위 증가 ·구축 예방	·유산소 및 지구력 운동 전과 후	·다양
지적장애인	수동적 스트레칭 능동-보조 스트레칭 능동적 스트레칭	·선택된 관절의 가동범위 증가 ·한 관절에 대한 유연성 향상	·가벼운 긴장이 느껴지는 자세로 스트레치 유지 ·주당 3~5일 ·매 30초를 초과하지 않고 3~5회 반복 ·상해 예방을 위해 긴밀한 모니터 필요	·10~12주 ·다운증후군의 경우 추천되지 않음

참고문헌

곽승철, 박재국, 오세철, 정진자, 정해동, 조홍중, 한경임, 홍재영 (2010). **중도·중복장애 학생교육**. 서울: 교육과학사.

교육과학기술부 (2012). **특수교육 기본 교육과정(고등학교 체육)**.

교육부 (2000). **특수학교(지체부자유) 체육 교사용 지도서**.

김삼섭 (2005). **특수교육의 심리학적 기초**. 서울: 시스마프레스.

김의수 (2001). **특수체육**. 서울: 무지개사.

김의수 (2003). **장애아동 체육교실의 이론과 실제**. 서울: 무지개사.

김의수, 임완기, 최승권 (1992). **장애인 체력육성**. 서울: 한국장애인복지진흥회.

대한장애인체육회 (2014). **장애인 생활체육 체력증진 프로그램 개발**.

보건복지부 (2009). **장애인차별금지법 분야별 안내**. 서울: 보건복지가족부.

양명희 (2012). **행동수정이론에 기초한 행동지원**. 서울: 학지사.

오광진 (2010). **특수체육의 이해**. 서울: 레인보우북스.

용인대학교 장애인 스포츠지도자연수원 (2003). **장애인스포츠지도자를 위한 이론**. 서울: 무지개사.

이철환, 김권일, 백승엽, 박병도 (2012). **장애인스포츠지도**. 서울: 레인보우북스.

장애인 등에 대한 특수교육법, 법률 제12127호 (2013. 12. 30). 2014. 12. 8, http://www.law.go.kr에서 인출

최승권, 이인경, 양한나 (2011). **통합체육: 지적장애·운동발달지체**. 서울: 레인보우북스.

최승권, 이재원 (2014). **통합체육수업 매뉴얼 보급을 위한 교사연수**.

한국체육과학연구원 (1998). **과학적 트레이닝**. 서울: 동원사.

한동기 (2008). **특수체육의 이론과 실제**(2판). 서울: 레인보우북스.

한동기 (2014). **특수체육 교과 교재연구 및 지도법**. 서울: 레인보우북스.

한동기, 최승권 (2007). **지체장애 체력육성**. 서울: 무지개사.

한창수 (2006). **스트레칭**. 서울: 김영사.

한창수 (2006). **워킹**. 서울: 김영사.

홍영우, 박윤빈, 김원배, 정영수, 김정묵 (2005). **생활체육지도자를 위한 지침서**. 서울: 무지개사.

Abeson, A., & Weintraub, F. (1977). Understanding the IEP. In S. Torres(Ed.). *A primer on IEPs for handicapped children*(pp. 3-8). Reston, VA: Foundation for Exceptional Children.

ACSM (1991). *Guidelines for exercise testing and prescription*(4th ed.). PA: Lea & Febiger.

ACSM (2009). *ACSM's Exercise management for persons with chronic diseases and disabilities*(3th ed.). Champaign, IL: Human Kinetics.

Avery, M., Boos, S., Chepko, S., Gabbard, C., & Sanders, S. (1994). *Developmentally appropriate practice in movement programs for young children ages 3-5*. Reston, VA: Council on Physical

Education for Children.

Bennett, T., Lingerfelt, B. V., & Nelson, D. E. (1990). *Developing individualized family support plans: A training manual.* Cambridge, MA: Brookline Books.

Block, M. (2000). *A teacher's guide to including students with disabilities in general physical education*(2nd ed.). Baltimore, MD: Paul H. Brookes.

Bredekamp, S., & Copple, C. (1997). *Developmentally appropriate practice in early childhood programs-Revised.* Washington D.C.: National Association for the Education of Young Children.

Bredekamp, S., & Rosegrant, T. (1992). *Reaching potentials: Appropriate curriculum and assessment for young children.* Washington D.C.: National Association for the Education of Young Children.

Brigance, A. (1999). *Brigance diagnostic inventory of early development.* Billerica, MA: Curriculum Associates.

Butt, N., & Scott, E. M. (1994). Individual education programmes in secondary schools. *Support for Learning, 9,* 9-15.

Coker, C. A. (1996). Accommodating students' learning styles in physical education. *Journal of Physical Education, Recreation and Dance, 67,* 66-68.

Cooper, J., Heron, T., & Heward, W. (1987). *Applied behavior analysis.* Columbus, OH: Merill.

Cowden, J. E., Sayers, L. K. & Torrey, C. C. (1998). *Pediatric adapted motor development and exercise: An innovative, multi system approach for professionals and families.* Springfield, IL: Charles C. Thomas.

Davis, R. W. (2011). *Teaching disability sport.* Champaign, IL: Human Kinetics.

Davis, W., & Burton, A. W. (1991). Ecological task analysis: Translating movement behavior theory into practice. *Adapted Physical Activity Quarterly, 8,* 154-177.

DiCarlo, C., Banahee, M. & Stricklin, S. (2000). Enbedding augmentative communication within early childhood classrooms. *Young Exceptional Children, 3*(3), 18-26.

Dunn, J. M. (1997). *Special physical education: Adapted, individualized, developmental.* Madison, WI: Brown & Benchmark.

Dunn, J. M. (2000). *Special physical education: Adapted, individualized, developmental*(8th ed.). Madison, WI: Brown & Benchmark.

Dunn, J. M., Morehouse, J. W., & Fredericks, H. D.(1986). *Physical education for the severely handicapped: A systematic approach to a data based gymnasium.* Austin, TX: Pro-ed.

Durstin, J. L., Moore, G. E., Painter, P. L., & Roberts, S. O. (2009). *ACSM's exercise management for persons with chronic diseases and disabilities.* Champaign, IL: Human Kinetics.

Eichstaedt, C. B., & Lavay, B. W. (2012). **지적장애 체육.** (최승권, 강문주, 강병일, 강유석, 김권일, 김상두 외 8명 역.). 서울: 레인보우북스. (원저 1992 출판)

Fiorini, J., Station, K., & Reid, G. (1996). Understanding parents and families of children with disabilities: Consideration for adapted physical activity. *Palaestra, 12*(2), 16-23.

Folio, M. R., & Fewell, R. (2000). *Peabody developmental motor scale*(2nd Ed.). Autin, TX: Pro-Ed.

Frankenburg, W. K., Dodds, J., Archer, P., Bresnick, B., Maschka, P., Edelman, N., & Shapiro, H. (1992). *Denver II training manual*(2nd ed.). Denver, CO: Denver Developmental Materials.

Goodman, S. (1993). *Coaching athletes with disability: General principles.* Australian Sports Commission.

Graham, G., Holt-Gale, S., & Parker, M.(2004). *Children moving: A reflective approach to teaching physical education*(6th ed.). Boston: McGraw-Hill.

Greenwood, C. R., Carta, J. J., & Hall, R. V. (1988). The use of peer tutoring strategies in classroom management and education instruction. *School Psychology Review, 17*(4), 258-275.

Hayes, J., & Higgins, S. T. (1978). Issues regarding the IEP: Teachers on the front line. *Exceptional Children, 44*, 267-273.

Houston-Wilson, C., Lieberman, L. J., Horton, M., & Kasser, S. (1997). Peer tutoring: A plan for instructing students of all abilities. *Journal of Physical Education, Recreation & Dance, 6*, 39-44.

James, E. W., Thomas, M. S., & Anee, M. B. (2011). **행동관리: 교육자를 위한 실제적 접근**(문양호 역.). 서울: 시그마프레스. (원저 2011 출판)

Jansma, P. & French, R. (2001). **특수체육.** (김의수 역.). 서울: 무지개사. (원저 1994 출판)

Johnson-Martin, N., Jens, K. G., Attermeier, S. M., & Hacker, B. J. (1991). *The Carolina curriculum for infants and toddlers with special needs.* Baltimore, MD: Paul H. Brooks.

Lieberman, L., & Houston-Wilson, C. (2009). Chapter 5 Adapting Activities: A Universal Design for Learning. *Strategies for Inclusion-A Handbook for Physical Educators*(2nd ed.). Champaign, IL: Human Kinetics.

Lieberman, L. J. & Houston-Willson, C. (2002). *Strategies for inclusion: A handbook for physical education.* Champaign, IL: Human Kinetics.

Linder, T. (1993). *Transdisciplinary play-based assessment.* Baltimore, MD: Paul H. Brooks.

Lockette, K. F. & Keyes, A. M. (1994). *Conditioning with physical disabilities.* Champaign, IL: Human Kinetics.

Lynch, E., & Struewing, N. (2001). Children in context: Portfolio assessment in the inclusive early childhood classroom. *Young Exceptional Children, 5*(1), 2-10.

McCall, R., & Craft, D. H. (2000). *Moving with a purpose: Developing programs for preschoolers of all abilities.* Champaign, IL: Human Kinetics.

McGonigel, M. J. (1991). Philosophy and conceptual framework. In M. J. McGonigel, R. K. Kaufman & B. H. Johnson (Eds.), *Guidelines and recommendations for the Individualized*

Family Service Plan. Bethesda, MD: Association for the Care of Children's Health.

Milani-Comparetti, A., & Gidoni, A. E. (1967). Routine developmental examination in normal and retarded children. *Developmental Medicine & Child Neurology, 9*, 631-638.

Morgan, D. P. (1981). Guidelines for development and implementation of quality IEPs. *Education Unlimited, 3*, 12-17.

Mosston, N, M., & Ashworth, S. (2002). *Teaching physical education*(5th Ed.). San Francisco, CA: Benjamin Cummings.

National Association for Sport and Physical Education (2002). *Active Start: A statement of physical activity guidelines for children birth to five year.* Reston, VA: Author.

NYS Department of Health(1999). *The Early Intervention Program: A parent's guides.* NY: Author.

Office of Special Education and Rehabilitative Services (OSE/RS) (2002). *Code of Federal Regulation, 34,* 306.

Pangrazzi, R. P. (1998). *Dynamic physical education for elementary school children.* Needham Height, MA: Allyn and Bacon.

Parks, S. (Ed.). (1992). *HELP standard: Curriculum-based developmental assessment birth to three years.* Palo Alto, CA: VORT.

Seaman, J. A., DePauw, K. P., Morton, K. B., & Omoto, K. (2003). *Making connections from theory to practice in adapted physical education.* Scottsdale, AZ: Holcomb Hathaway.

Shephard, R. J. (1990). *Fitness in special populations.* Champaign, IL: Human Kinetics.

Sherrill, C. (1993). *Adapted physical activity, recreation and sport: Crossdisciplinary and lifespan*(4th ed.). Madison, WI: Brown & Benchmark.

Sherrill, C. (2004). *Adapted physical activity, recreation, and sport*(6th ed). NY: McGraw Hill Company.

Sherrill, C. (1998). *Adapted physical activity, recreation, and sport: Cross-disciplinary and lifespan*(5th ed.). Dubuque, IA: WCB/McGraw-Hill.

Siedentop, D., & Tannehill, D. (2000). *Developing teaching skills in physical education*(4th ed.). Mountain View, CA: Mayfield Publishing.

Smith, D. D., & Rivera, C. M. (1993). *Effective children.* Austin, TX: Pro-Ed.

Ulrich, D., (2000). *Test of motor development*(2nd ed.). Austin, TX: Pro-Ed.

US Department of Education (2002). *Code of Federal Regulations, 34 CFR, Parts 300 to 399*, July 1, 2002.

US Department of Education. (2002). *Twenty-fourth annual report to congress on the implementation of the Individual with Disabilities Education Act.*

Vygotsky, L. (1978). *Mind in society: The development of higher psychological processes.* Cambridge, MA: Havard University Press.

Wessel, J. A., & Zittel, L. L. (1995). *Smart Start: Preschool movement curriculum designed for children of all abilities.* Austin, TX: Pro-Ed.

Wessel, J. A., & Zittel, L. L. (1998). *I CAN primary skills K-3.* Austin, TX: Pro-Ed.

Winnick, J. P. (2005). **특수체육과 장애인스포츠.** (김의수 역.). 서울: 무지개사. (원저 2006 출판)

Winnick, J. P. (2013). **특수체육과 장애인스포츠.** (최승권, 강유석, 김권일, 김기홍, 박병도, 양한나 외 7인 역.). 서울: 레인보우북스. (원저 2011, 출판)

Winnick, J. P., & Short, F. X. (1999). *The Brockport physical fitness test manual.* Champaign, IL: Human Kinetics.

Zittel, L. L. (1994). Gross motor assessment of preschool children with speical needs: Instrument selection considerations. *Adapted Physical Activity Quarterly, 11,* 245-260.

IV. 지적장애인·정서장애인·자폐성장애인의 체육 지도 전략

1. 지적장애·정서장애·자폐성장애의 특성

2. 지적장애인·정서장애인·자폐성장애인의 체육·스포츠 지도

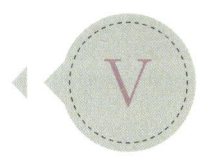

1. 지적장애 · 정서장애 · 자폐성장애의 특성

1) 지적장애의 특성

Tip

정신박약(精神薄弱, mentally deficient 또는 feeble minded)

정신지체(精神遲滯, mental retardation)

지적장애(知的障礙, intellectual disability)

☞ **지적장애 용어의 변화**

▨ **지적장애 용어의 변화** 지적장애와 관련된 용어를 살펴보면, 과거에는 '정신박약'으로 불리다가 '정신지체'로 개정되었으며, 근래에 이르러 '지적장애'라는 용어로 개정되었다. 병인론에 기인하여 사용된 "정신박약이란 용어는 여러 가지 원인에 의해서 정신발육이 항구적으로 곤란한 자를 말한다."라고 정의하였으며, 우리나라는 심신장애자복지법 제정 당시에 '정신박약'으로 정의하였다. 정신박약이라는 용어는 장애인에 대한 무시라는 지적과 교육을 통한 발전 가능성을 인정하지 않는 용어의 한계를 내포하고 있었다. 이에, 1991년 6월에 심신장애자복지법이 장애인복지법으로 개정되면서 '정신박약'은 '정신지체'로 개명되었고, 2007년 10월에 장애인복지법 시행규칙이 개정되면서 현재의 용어인 '지적장애'로 개정되었다(네이버 지식백과, 2014). 이러한 배경으로 현재 우리나라에서는 '정신지체'라는 용어 대신에 '지적장애'라는 용어가 보편화 되었으나, 교육현장에서는 아직까지 '장애인 등에 관한 특수교육법'에 쓰인 '정신지체'라는 용어를 사용하고 있다. 이렇듯, 정신지체와 지적장애의 용어는 시대에 따라 철학과 사회의 관점에 따라 다양하게 변화되어 왔다. 현재 장애인스포츠 관련 분야에서도 지적장애(intellectual disability)라는 용어를 주로 사용하고 있다.

☞ **지적장애의 정의**

우리나라의 지적장애 관련 법적 정의는 장애인복지법과 장애인 등에 대한 특수교육법에서 규정한 정의가 대표적이다. 미국의 경우 미국지적장애협회(AAIDD)의 정의를 따른다. 지적장애를 정의함에 있어 핵심요소는 '지적능력'과 '적응행동' 그리고 '발달기'에 관한 내용이다.

■ **장애인복지법의 정의** 장애인복지법 시행령(대통령령 제25840호, 2015) [별표 1] 장애인의 종류 및 기준에 따르면 지적장애인(知的障礙人)은 '정신 발육이 항구적으로 지체되어 지적 능력의 발달이 불충분하거나 불완전하고 자신의 일을 처리하는 것과 사회생활에 적응하는 것이 상당히 곤란한 사람'으로 정의하고 있다.

■ **장애인 등에 대한 특수교육법의 정의** 우리나라의 교육 관련 법령에서는 '정신지체'라는 용어로 정의하고 있다. 장애인 등에 대한 특수교육법 시행령 [별표] 특수교육대상자 선정 기준에 따르면 정신지체를 지닌 특수교육대상자는 '지적 기능과 적응행동상의 어려움이 함께 존재하여 교육적 성취에 어려움이 있는 사람'이라 정의하고 있다.

■ **미국지적장애협회(AAIDD)의 정의** 미국정신지체협회(AAMR)는 2007년에 미국지적·발달장애협회(AAIDD)로 협회의 명칭을 바꾸고 2010년 지적장애에 대한 11차 정의를 새롭게 제시하였다. 2010년 정의는 정신지체라는 용어를 지적장애로 바꾼 것 이외에는 2002년의 정의와 맥을 같이하지만, 지적장애로 변경하게 된 환경과 철학적 배경은 매우 중요한 의미를 내포하고 있다. 정신지체에서 지적장애로 용어가 변경된 이유는 '지적장애'라는 용어가 국제보건기구(World Health Organization: WHO)나 AAIDD에서 설명하는 최근의 장애 개념을 더 잘 반영하고 있으며, 기능적 행동과 상황요인을 강조하는 현재의 전문적 임상 실제에 잘맞고, 사회-생태학적 틀에 기초한 용어로 개별화된 지원을 제공하기 위한 논리적 기초를 제공하기 때문이다. 또한, 장애인 당사자에게 덜 불쾌하게 느껴지고, 국제적 용어와의 일관성이 더 높기 때문으로 설명된다(Shalock, Keith, Verdugo & Gamez, 2010, 이소현, 박은혜, 2012: 재인용). 2010년 AAIDD에서 정의한 3대 핵심 요소는 '지적 기능'과 '적응 행동'의 제한이 명백히 나타나는 것과 '발달기' 등이며, 이와 함께 다루어야 할 요소는 '맥락'이다. 지적장애의 관점이 개인의 지적능력에서 생태적 관심으로 초점이 옮겨가고, 지원의 패러다임과 통합의 차원으로 전환되면서, 이전에 사용되었던 분류보다 더 확대된 접근이 필요하게 되었다. 따라서 2010년 매뉴얼에서는 지적능력, 적응행동, 건강, 참여, 그리고 맥락에 기초하여 필요한 지원의 강도에 따른 다차원적 분류체계를 제안하였다. 2010년 AAIDD 정의에 따른 다차원모델의 요소로는 1차원의 지적능력, 2차원의 적응 행동, 3차원의 건강, 4차원의 참여, 5차원의 상황 맥락으로 분류체계를 정의하고 있다.

지적·발달장애협회(American Association on Intellectual and Developmental Disabilities ; AAIDD): 1876년에 미국에서 정신지체 교육을 위하여 설립된 협회. AAMD→AAMR→AAIDD로 명칭이 변경됨

적응 행동: 개인이 생활환경에 적응하는 데 필요한 다양한 기술의 집합체이다. 의사소통, 자기 관리, 사회성 기술 등이 포함되며 지적 능력과 함께 지적장애 진단의 주요 요인

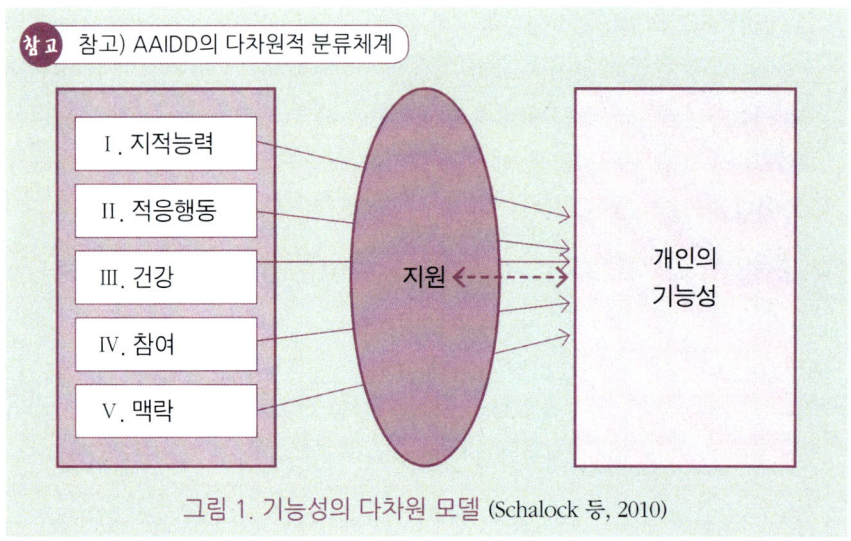

그림 1. 기능성의 다차원 모델 (Schalock 등, 2010)

☞ 지적장애의 분류

지적장애의 분류는 지능검사 점수를 근거로 한 법적인 분류가 있다. 미국의 경우 지원에 따른 분류 기준을 규정하고 있다. 또한 지적장애인이 스포츠 활동에 참여하기 위한 기능적인 등급분류도 구분하고 있다. 단 과거에 전통적으로 사용되어 온 교육가능급이나 훈련가능급 등의 용어는 더 이상 사용하지 않는다.

▨ **지능검사 점수에 의한 분류** 지적장애에 대한 다양한 형태의 분류체계들이 존재하는데, 일반적으로 IQ 수준이나 지원 서비스의 정도, 행동양식, 인과관계 등을 반영한 분류가 널리 사용되어져 왔다. 2001년 세계보건기구(WHO)의 국제질병분류(ICD)와 미국정신의학회(APA)의 정신장애 진단 및 통계편람(DSM-IV)에서는 정신지체를 분류하기 위해 지능검사 점수를 사용하였다. 이보다 더 전에 사용되었던 교육가능급, 훈련가능급 등의 용어는 이제 더 이상 사용하지 않는다.

> 미국정신의학회(American Psychiatric Association; APA)
>
> 정신장애 진단 및 통계편람(Diagnostic and Statistical Manual of Mental Disorders-IV; DSM-IV): 미국정신의학회에서 제공하는 정신장애의 분류체계

참고) 지능검사 점수에 의한 분류

수준	지능검사 점수
경도(mild)	IQ 50-55 ~ 70-75
중도(moderate)	IQ 35-40 ~ 50-55
중도(severe)	IQ 20-25 ~ 35-40
최중도(profound)	IQ 20-25 이하

IV. 지적장애인·정서장애인·자폐성장애인의 체육 지도 전략   V. 시각장애인의 체육 지도 전략   VI. 청각장애인의 체육 지도 전략   VII. 지체장애인·뇌병변장애인의 체육 지도 전략

■ **장애인복지법의 분류** 장애인복지법 시행규칙(2014)에서는 장애등급을 1급, 2급, 3급으로 구분하고 있다. 지능지수의 상한선을 70에 두고 지능, 사회생활, 일상생활, 직업을 동시에 고려하여 지적장애를 분류하였다. 지적장애의 정의와 분류가 국가 또는 사회적 요구에 따라서 약간의 차이를 보인다는 것을 알 수 있다.

참고 지적장애의 판정 기준

장애등급	장애정도
1급	지능지수 34 이하인 사람으로 일상생활과 사회생활의 적응이 현저하게 곤란하여 일생동안 타인의 보호가 필요한 사람
2급	지능지수 35 이상 49 이하인 사람으로 일상생활의 단순한 행동을 훈련시킬 수 있고, 어느 정도의 감독과 도움을 받으면 복잡하지 아니하고 특수기술을 요하지 아니하는 직업을 가질 수 있는 사람
3급	지능지수 50 이상 70 이하인 사람으로 교육을 통한 사회적·직업적 재활이 가능한 사람

[출처: 장애인복지법 시행규칙(2014)에서 인용]

■ **AAIDD의 지원에 따른 분류** AAIDD는 지적장애의 개념정의에서 '지원'의 중요성을 강조하고 지원의 종류와 강도에 의해 지적장애를 분류하고자 하였다. 2002년에 IQ를 중심으로 하는 분류가 다시 고려되긴 하였으나 실제로 1992년부터 IQ를 중심으로 한 분류보다는 지원에 중심을 두기 시작하였다. 2002년 지적장애 매뉴얼에서는 지원의 개념을 사정, 계획/실행, 평가의 틀로 확대시켰다. 2010년 매뉴얼에서는 지원체계(a systems of supports)로 제시되었는데 이 지원체계에는 공공정책이나 기준을 수립하는 조직시스템, 행동계약 수립을 위한 보상(incentives), 기억을 위한 언어적 신호와 같은 인지적 지원, 보조 의사소통 체계와 같은 도구, 지적장애인의 감각, 운동, 인지적 강점과 제한점을 수용하기 위한 수정·보완된 물리적 환경, 체계적인 교수방법을 통한 기술/지식 그리고 지적장애인의 타고난 강점과 같이 모든 활동에 기초가 될 선천적 능력 등의 7개 요소에 기초를 두고 있다.

> **참고** AAIDD의 지원에 따른 분류

참분류	지원강도
간헐적 지원 (intermittent)	필요한 때에 기초적 지원. 일회적 성격을 띠며, 인생의 전환기(예; 실직, 건강상의 심각한 위기상황)에 단기간의 지원이 필요. 간헐적 지원의 강도는 고강도에서 저강도까지 다양함
제한적 지원 (limited)	일정한 시간 동안 일관성 있게 지원. 시간 제한적 성격. 확장적 지원보다는 지원 인력이 덜 필요하고 비용도 적게 듦(예; 시간 제한적인 직업훈련 또는 학교에서 성인기로의 전환기에 지원)
확장적 지원 (extensive)	일부 환경(직장이나 가정)에서 정규적으로 지원을 제공. 시간 제한 요소 없음(예; 장기간의 가정생활 지원).
전반적 지원 (pervasive)	항구적이고 고강도의 지원으로 전반적인 모든 환경에서 제공. 삶을 유지시키는데 필요한 지원을 의미. 확장적 혹은 제한적 지원보다 더 많은 인력과 개입 요함.

[출처: American Association on Mental Retardation(2002)에서 인용]

☞ **지적장애의 원인**

지적장애의 원인은 출생 전·중·후로 나누어서 원인을 찾아볼 수 있다. 지적장애의 원인은 시기에 따라 매우 다양하게 나타나며, 후천적 원인보다는 선천적 원인으로 인해 지적장애가 있는 경우가 더 높게 나타난다. 또한, 다운증후근 등 병인학적인 원인으로 인해 지적장애가 나타나기도 한다.

▨ **출생 전 원인** 지적장애의 원인 중 하나인 수두증(hydrocephalus)은 뇌를 둘러싸고 있는 뇌척수액이 정상적으로 제거되지 못하고 과도하게 생산되어 머리 내부를 폐색하는 증상을 말한다. 이 결과 두개(頭蓋)가 확장되고 뇌세포의 최대 성장이 억제되어 결과적으로 실제 뇌세포 수가 제한되어 지적장애가 발생하게 된다. 또 다른 원인으로는 풍진(rubella), 독일홍역(German measles)이 임신 후 3개월 내 감염되는 경우이다. 이 기간은 인간 발달에 가장 중요한 시기로 풍진 바이러스가 모체에 침투하면 대뇌피질, 눈, 귀 등에 손상을 준다. 현재는 풍진 백신이 도입되어 지적장애와 이것에 영향을 주는 기타 장애의 출현율이 낮아지고 있다. 부적합한 부모의 혈액형도 태아에게 나쁜 결과를 가져올 수 있다. 지적장애와 관련된 혈액형 부적합의 한 가지 유형이 Rh 인자이다. 임신 전에 부모가 혈액검사를 실시하여 산모들이 정상 출산이 가능하도록 하는 약물들을 이용할 수 있는데, 이러한 약물들은 첫 아이 이후

수두증(hydrocephalus): 뇌실과 지주막하 공간에 뇌척수액이 비정상적으로 축적된 상태

풍진(rubella): 풍진 바이러스에 의한 감염으로 발생하며 미열과 홍반성 구진, 림프절 비대를 특징으로 하는 급성 감염성 질환

홍역(measles): 홍역 바이러스에 의해 발생하는 급성 유행성 전염병

매 임신 전에 투약해야 한다. 출산 전에 부모가 고려해야 할 마지막 사항은 산모의 보호이다. 니코틴, 알콜, 코카인 그리고 기타 독성 물질을 산모가 섭취했을 때, 태아가 손상을 입을 수 있다. 임산부는 태아에 위험을 낮추기 위해 이러한 물질의 섭취를 제한하거나 완전히 끊어야 한다. 또한, 칼로리 섭취와 같은 부모가 고려해야 하는 사항을 산부인과 의사와 상담해야 한다.

▨ **출생 시 원인** 미숙아와 조숙아도 지적장애를 일으킬 수 있다. 분만 시 충격이나 안전하게 보호받지 못하고 외부적 충격을 입을 경우 지적장애의 원인이 된다. 불행하게도 분만 시 난산으로 손이나 도구 등을 사용할 경우가 있는데 거칠게 잡아당기는 시술로 인하여 지적장애가 나타날 수도 있다. 난산에는 역산과 제왕절개 등이 있다.

▨ **출생 후 원인** 신생아 중 뇌세포에 영향을 미치는 질병이나 뇌세포로의 적절한 산소 흐름을 방해하는 질병이 발생한다면 지적장애를 일으킬 수 있다. 뇌수막염이나 뇌염, 성홍열, 폐렴 등이 이러한 질병에 속한다. 이 시기 지적장애 발생의 두 가지 주요 원인은 부모의 방임과 출생 시 감각상실이다. 아동이 모유를 정상적으로 소화시키지 못하는 것과 같은 대사 장애를 가지고 태어날 수도 있다. 갈락토스혈증(galactosemia)이라고 알려진 이 증상은 특히 우유의 락토스를 정상적으로 소화시키지 못하는 것을 말한다. 식이요법을 실시하면 지적장애를 예방할 수 있다.

역산(逆産, breech birth): 출산할 때 태아의 다리부터 나오는 경우

참고 지적장애의 시기에 따른 원인

분류	원인
출생 전	1. 염색체 이상(예: 다운증후군) 2. 수두증, 소두증 3. 대사 이상(예: 페닐케톤뇨증) 4. 산모의 질병(예: 풍진) 5. 부모의 혈액형 부적합(예: Rh 인자) 6. 산모의 중독(예: 흡연, 알콜 중독, 기타 약물중독)
출생 시	1. 미숙아, 조숙아 2. 저체중아 3. 난산
출생 후	1. 질병(예: 뇌수막염, 뇌염) 2. 발달상의 지체, 환경박탈 3. 중독(예: 납 함유 페인트 섭취) 4. 대사 장애(예: 갈락토스혈증)
복합적 발생 (출생 전·중·후)	1. 사고 2. 대뇌 산소결핍 3. 종양 4. 매독 5. 특발성 증상

[출처: Jansma & French(1994/2011)에서 인용]

▨ **복합 시기 원인** 출생 전·중·후 어느 시기이든 종양, 환경박탈, 비정상적인 성장, 질병 또는 기타 다른 변인들에 의해서 지적장애가 나타날 수 있다. 뇌 손상, 대뇌 산소결핍증, 종양, 병변, 매독 그리고 여러 가지 특발성 원인들이 이 범주에 속한다. 지적장애 예방을 위해서는 출산될 아동이 정상보다 높은 위험에 노출되어 있을 경우 이 부분에 대한 상담이 필요하다. 출생 전 검사-태반 내의 양수분석이나 태아의 자궁 내 초음파 분석이 필요하며, 추가로 임신 후, 출생 전과 출생 시 산모 보호, 출생 후의 적절한 환경이 절대적으로 필요하다.

참고 지적장애의 병인학적 원인

다운증후군 (Down syndrome)	정상적인 46개의 염색체보다 1개가 많은 47개의 염색체를 가진 염색체 이상으로 발생
페닐케톤뇨증 (phenylketonuria, PKU)	유전자에 의한 단백질 대사 이상으로 선천성 대사 장애가 원인
약체 X 증후군 (Fragile X Syndrome)	약체 X 증후군은 X염색체에서 발견되는 1개 이상의 유전자가 관여
프라더-윌리증후군 (Prader-Willi syndrome)	유전적 결함으로 인하여 15번 염색체의 일부가 소실되는 이유로 발생

[출처: Winnick(2011/2014)에서 인용]

▷ **다운증후군**(Down syndrome) 지적장애의 가장 큰 원인 중 하나로 염색체 이상에서 기인한다. 정상적인 46개의 염색체보다 1개가 많은 47개의 염색체를 가진 염색체 이상으로 발생하는 경우이다. 다운증후군은 태아기에 양수검사를 통하여 발견되지만, 신생아의 신체검사에서도 진단되며 염색체 분석으로도 확인된다. 다운증후군의 약 95%가 감수분열의 세포분열 단계에서 기능 부진으로 21번 염색체가 하나 더 복사된 삼염색증(trisomy 21)으로 분화되어 발생한다. 이러한 염색체 비분리의 위험성은 임산부의 나이 증가에 따라 증가한다. 다운증후군의 약 20~30% 정도는 아버지에게 원인에 있다고 알려져 있다. 이외에도 유전인자 전위, 모자이시즘 등의 유형이 있다. 다운증후군의 일반적인 신체적, 발달적 특성은 손상의 정도나 외모에서 다양하게 나타난다. 이들은 위로 치켜 오른 가는 눈, 넓적한 얼굴, 넓적한 뒤통수, 작은 코와 귀, 저긴장성 근육(hypotonia), 과도하게 유연한 관절, 작은 홍채 반점, 눈구석 주름(epicanthal folds), 작은 구강(그로 인해 혀가 삐져나옴), 작은 키, 짧은 손가락,

평평한 손바닥에 한 줄의 주름, 엄지와 검지 발가락 사이가 넓은 모양새 등의 특징이 있다. 다운증후군 중에서 약 30~50%는 선천적 심장 결손이 있으며, 8~12%는 위장계통의 이상이 있는데 이러한 결손들은 수술로 교정이 가능한 경우이다. 다운증후군의 70% 이상은 청각장애나 근시가 나타나는 것으로 알려지고 있다. 다운증후군의 12~22%에서 환축추성 불안정(Atlantoaxial instability: AAI)이 나타나는데, 남성보다 여성과 여아에게서 더 빈번히 나타난다. 이는 첫째와 둘째 경추의 정렬 불량 상태를 의미하기에 일상생활과 운동 참가 시 관련 신체활동과 운동기술에 있어서 각별한 주의가 필요하다

> **페닐케톤뇨증**(phenylketonuria, PKU) 유전자에 의한 단백질 대사 이상으로 선천성 대사 장애가 원인이며 지적장애와 관련된다. 페닐케톤뇨증은 특정 대사효소가 부족하여 발생하고 신체의 조직을 손상시키는 산을 형성하는 원인이 된다. 이 산은 단백질의 페닐알라닌 아미노산의 적절한 대사를 방해하여 결국 뇌세포를 손상시킨다. 초기에 엄격한 페닐알라닌 식이조절을 실시하는 것이 지적장애 예방에 필수적이다. 또한, 가능성은 희박하지만 부모가 모두 PKU 인자를 가진 경우를 판별하여 유전상담을 하는 예방적인 노력도 필요하다(이소현, 박은혜, 2012).

> **약체 X 증후군**(Fragile X Syndrome) 다운증후군만큼 지적장애의 주요 원인 중 하나이다. 의학과 과학기술 발달로 약체 X 증후군이라는 새로운 염색체 이상이 발견되었다. 약체 X 증후군은 X염색체에서 발견되는 1개 이상의 유전자가 관여하는 열성질환으로 특성이 다양한 집단이다. 이는 여성보다 남성에게서 더 많다. 손상된 사람 X염색체의 미세한 부분, 즉 염색체의 긴 가지 끝이 눌린 모양 때문에 붙여진 이름이다. 이 증후군에서 나타나는 전형적인 특징은 큰 머리, 돌출된 이마와 눈, 큰 턱모양, 경우에 따라 자폐와 유사한 행동, 지적장애 등의 특징이 나타나고 이들의 지적 능력은 경도에서 중등도 지체 정도이며, 아동들은 신경학적 비정상은 보이지 않는다.

> **프라더-윌리증후군**(Prader-Willi syndrome) 아버지로부터 원인이 되는 유전적 결함으로 인하여 15번 염색체의 일부가 소실되는 이유로 발생한다. 신생아 때는 근육의 힘이 약하여 음식 섭취에 어려움이 있지만, 약 생후 1년이 지날때부터는 지나치게 음식에 집착하고 고도비만의 위험이 높아짐으로 식이조절이 매우 필요하다. 또한, 성장 호르몬의 이상으로 키가 작으며, 심장 질환, 척추측만 등의 신체적 문제를 발생할 수 있다. 문제행동과 더불어 수면장애도 일으킬 가능성이 있다.

다운증후군의 세 가지 유형: 삼체성 염색체, 전위, 모자이크

> **지적장애의 일반적 특징**
> 지적장애는 생활의 모든 영역에 영향을 미치는 다차원적인 특징을 보인다. 다음의 내용들은 지적장애에 일반적으로 나타나는 특징이다.

분류	내용
인지행동	1. 낮은 인지수준 2. 주의력 결핍과 기억력 결함 3. 장기기억 및 단기기억 결함
사회적 · 감정적	1. 상황에 대한 부적절한 반응 2. 상호작용 미숙 3. 사회성 결여
신체적	1. 심동적 영역 차이 2. 운동 발달상의 지체 3. 낮은 수준의 체력 및 운동수행능력

[출처: Winnick(2011/2014)에서 인용]

▨ **인지행동 특성** 지적장애는 인지행동(cognitive behavior) 측면에서 일반인과 차이를 나타난다. 일반적으로 지적장애의 정도가 심할수록 인지 수준은 낮다. 지적장애는 그 정도에서 개인적인 차이가 있지만 주의력 결핍과 기억력 결함을 가지고 있다. 장기기억 및 단기기억도 일반적인 능력보다 매우 부족하다. 특히, 단기기억은 매우 부족한 것으로 알려져 있으며, 장기기억력은 단기기억력에 비해 덜 손상된 것으로 보는 견해가 있다. 따라서 단기기억 차원에서 장기기억 차원으로 전환될 수 있도록 반복학습과 여러 가지 촉진 프로그램을 병행하여 학습활동을 전개하여야 한다. 일반적으로 지적장애는 학습의 속도가 느리고, 구체적이고 의미 있는 자료를 사용할 때 더 효과적으로 학습하는 것으로 나타났다. 또한, 관찰이나 모방을 통하여 배우는 모방학습이나 우발학습의 능력도 부족하다. 지적장애는 인지행동에 있어 동기가 높지 않아서 문제가 되는 경우가 많다. 처음부터 동기유발이 잘되지 않는 경우도 있으나, 무동기 또는 누적된 실패로 인한 '학습된 무기력'의 상태가 나타나는 것도 빈번하다.

▨ **사회적 · 감정적 특성** 지적장애는 일반인과 비슷한 범위의 사회적 행동과 감정을 보이는 경우도 있지만, 대부분의 경우 사회적 그리고 감정적 상황에 대해 자주 부적절한 반응을 표출하는 경우가 많다. 즉, 지적장애인은 일반인과 동일한 비율과 능력으로 정보를 일반화하거나 과거 경험을 통해 학습하

는데 어려움을 겪기 때문에, 그들이 직면하게 되는 모든 상황들에 적절히 대처할 준비가 되어 있지 않다고 할 수 있다. 또한 지적장애인들은 상황에 따른 적절한 반응을 몰라서라기보다 상황을 잘못 받아들이기 때문에 종종 어떻게 해야 할 지를 이해하지 못하고, 그에 따라 부적절한 반응을 보이기도 한다. 지적장애인의 교육 프로그램에는 일상생활에서 일어나는 상황에 대처하는 적절한 사회적 행동과 감정 반응을 결정하도록 돕는 경험적인 내용들을 다양하게 포함하고 있어야 한다. 건전한 사회적 관계에 대한 개인적인 수용과 발전은 독립적인 생활을 영위하는데 아주 중요한 역할을 한다. 일반인에게도 당연한 사실이겠지만, 간헐적 혹은 제한적 지원이 필요한 사람들 대부분이 직업을 잃는 이유는 부적절한 작업 습관과 같은 사회적 기술의 결함과 동료 근로자들과 어울리는 능력이 부족하기 때문이다. 특히, 지적장애인은 다른 사람들과 어떻게 상호작용을 해야 하는지 몰라서 사회성이 결여되는 경우가 많다. 어렸을 때부터 자신이 일반인들과 다르다는 것을 알게 되고, 빈약한 자아개념을 형성하게 되는 경우 사회성발달에도 부정적인 영향을 미치게 한다.

■ **신체적 특성** 지적장애인은 심동적인 영역에서 일반인과 차이를 보인다. 대부분의 지적장애인은 운동 기능의 발달이 느린데, 이는 생리적 혹은 운동 제어의 결여보다는 부족한 주의력 및 이해력과 관련이 있다. 일반적으로 지적장애가 심할수록 주요 발달 지표에 도달하기까지 시간이 더 걸리게 된다. 지적장애인은 근력, 지구력, 민첩성, 평형성, 스피드, 유연성, 반응시간 측정에서 일반인보다 낮은 점수를 받는 것으로 나타났다. 대부분의 지적장애인은 동료들과 큰 어려움 없이 성공적으로 신체활동에 참여할 수 있지만, 확장적 또는 전반적 도움이 필요한 지적장애인들은 일반인들에 비해 체력과 운동수행력에서 현저히 뒤쳐지는 문제점을 보인다. 일반적으로 간헐적 또는 제한적 지원이 필요한 지적장애인의 체력 및 운동수행력은 일반인보다 부족하지만 확장적 또는 전반적 지원이 필요한 지적장애인보다는 우수한 경향을 보인다. 지적장애인 중 남자가 여자보다 체력 및 운동능력, 유연성, 평형성 등에서 좀 더 나은 능력을 나타냄으로 성별의 차이에 따라 지원 서비스의 수준을 고려하여야한다. 지적장애인들이 같은 연령대의 일반적인 수행 수준에 접근하기 위해서는 일정 수준의 유산소능력과 신체 조성, 유연성, 복근력, 건강과 독립적인 생활, 신체활동 참가에 필요한 상체근력 및 지구력이 필요하다. 다운증후군은 다른 지적장애보다 상대적으로 유연성이 우수하나, 관절의 기능과 관절을 보강하는 근육들의 능력은 다소 낮은 수준으로 나타나

Tip

반응시간(reaction time): 인간은 자극을 받아 반응을 나타낼 때까지 얼마간의 시간 지연이 있게 되는데, 이를 반응시간이라 한다.

며, 필요이상의 과도한 유연성(hypermobility)을 갖는 경향이 있다. 따라서 인대와 근육이 약하기 때문에 일반인보다 유연할 수 있으나 그만큼 다칠 위험도 높다. 많은 지적장애인들은 저긴장성 근조직과 과체중을 보인다. 따라서 보다 높은 수준의 기술을 수행하기 위해서는 적절한 영양섭취와 신체활동이 필요하다. 불균형적인 신체는 역학적인 측면과 균형에 있어 많은 문제를 야기한다. 특히 평평하지 않은 지면 위에서의 활동이나 빠른 방향 전환을 요하는 활동들은 매우 불안하며, 큰 부상의 위험이 있다. 또한 신체의 각 부분이 외관상 그리고 기능적인 측면에서 효율성이 떨어진다. 이와 더불어 손발의 부조화, 자세정렬의 어려움 등은 지적장애인에게 가장 많이 나타나는 증세이다. 지적장애인의 경우 종종 다른 장애가 함께 나타나기도 하는데 이와 같은 복합장애의 발생률과 빈도는 지적장애로 인해 발생하는 다양한 제한점들을 더욱 심화시킬 수 있다. 지적장애는 생활의 모든 영역에 영향을 미치는 다차원적인 특징을 보인다.

참고 지적장애 스포츠

축구 스키
탁구 역도

[출처: 대한장애인체육회]

2) 정서장애의 특성

> **☞ 정서장애의 정의**
> 정서장애의 정의는 다양한 법에서 서로 다른 의미의 용어를 사용하여 규정하고 있다. 장애인복지법에서의 정서장애는 직접적으로 정의하지 못하고 정신장애인과 자폐성장애인으로 구분하여 정의하고 있다. 장애인 등에 대한 특수교육법은 정서장애와 행동장애를 포괄하여 정서 및 행동장애로 규정하고 있다. 미국의 장애인교육법에서 규정하고 있는 정서장애는 중증 정서장애라는 용어로 규정하고 있다.

정서장애는 불안정한 정서와 감정 상태로 인하여 사회적으로 인정되는 행동을 수행하는데 어려움을 갖는다. 이러한 정서장애의 정의는 정서 혹은 감정 상태에 이상이 있다는 측면을 강조하여 '정서 및 행동장애'라고 부르기도 하고, 사회적으로 인정되는 행동을 수행하는데 어려움을 갖는다는 측면을 강조하여 '행동장애'라고 부르기도 한다. '장애인 등에 대한 특수교육법 (2013)'에서는 이 두 가지를 합하여 '정서 및 행동장애'라 하고 있다.

▨ **장애인 등에 대한 특수교육법의 정의** 정서 및 행동장애의 정의는 첫째, 지적, 신체적 또는 지각 면에서 이상이 없음에도 학습 성적이 극히 부진한 자, 둘째, 친구나 교사들과의 대인관계에 부정적 문제를 지닌 자, 셋째, 정상적인 환경 하에서 부적절한 행동이나 감정을 나타내는 자, 넷째, 늘 불안해하고 우울한 기분으로 생활하는 자, 다섯째, 학교나 개인문제에 관련된 정서적인 장애로 인하여 신체적인 통증이나 공포를 느끼는 자로 규정되어 있다.

▨ **미국장애인교육법(IDEA)의 정의** 이 법(IDEA, PL 101-476, 1997)에서는 중증 정서장애(serious emotional disturbance)란 표현을 쓰고 있다. 그 이유는 일반 사람들도 경미한 정서적 문제는 항상 가질 수 있으나 장애로 판정하기에는 일정 수준 이상의 정서적 문제를 보여야 한다는 전제 조건이 내포되어 있어야 하기 때문이다. 중증 정서장애란 "장기간 동안 학습에 뚜렷하게 불리한 영향을 주며, 다음 중 하나 또는 그 이상의 특성을 나타낸다"(Winncik, 2005)로 정의하고 있다. 이러한 정서장애 정의에서는 기간, 정도, 교육 수행에 미치는 부정적인 영향을 구체적으로 이해할 필요가 있다. 여기서 기간은 장기간을 의미하며, 지속적인 행동 패턴이 나타나야 하고, 친구에게 언어적, 신체적 공격을 하는 경우를 말한다. 정도는 현저한 정도를 의미하며, 친구에 대한 심한 신체적, 언어적 공격을 하는 행동의 강도를 말한다. 교육적 수행에 부정적인 영향은 아동

IDEA(Individuals with Disabilities Education Act, 미국 장애인 교육법): 미국의 장애인에 대한 특수교육 및 관련 서비스를 위한 연방 법률

의 행동과 학업 부진 간에 인과관계를 증명하는 것으로, 아동에게 최소한으로 기대되는 정도, 또는 그와 유사한 수준의 수행을 보이는지 여부를 판단하는 것을 말한다[Winnick(2011/2014)].

정서장애의 분류

정서장애의 분류는 교육학 및 심리학적 분류, 미국정신의학회 분류, 소아정신과적 분류 등으로 다양하게 분류되고 있다.

교육학 및 심리학적 분류	행동장애, 품행장애, 성격장애
미국정신의학회 분류	정신지체, 기질성 뇌증후군 및 다양한 기능장애 -신경증적 행동, 인격장애, 심신증, 정신병적 행동
소아정신과적 분류	정서장애, 신경장애, 정동장애

Sigmund Freud (1856. 5.6.~1939.9.23.): 오스트리아의 신경과 의사, 생리학자, 정신병리학자, 정신분석의 창시자

기질성 뇌증후군: 대뇌의 물리적 손상

기능장애-신경증적 행동: 현실감을 가지고 비공격적이지만 기괴한 행동

인격장애: 성도착증, 약물중독과 같이 다른 사람을 심하게 공격하는 비정신병적, 반사회적 행동

심신증: 지속적으로 마음을 괴롭히는 문제로 인하여 신체에 병발증을 보이는 증상

정신병적 행동: 현실세계와 거리가 있는 기괴한 행동

▨ **교육학·심리학 측면에서의 정서장애의 분류** 교육학 및 심리학에서는 정서 및 행동장애를 심리병리학적인 개념에 초점을 두어 행동장애(자폐성장애, 정신지체, ADHD 등), 품행장애, 성격장애(우울증, 불안증, 조울증 등)의 3가지로 분류하고 있다. 이 가운데에서도 가장 일반적으로 사용되어 온 용어는 정서장애(emotion disturbance)와 행동장애(behavior disorders)이다. 행동의 측면에서의 분류체계는 행동의 유형이 나타나는 정도에 따라 분류하는 것으로 주로 외현적 문제와 내현적 문제의 두 가지로 분류된다(이소현, 박은혜, 2012).

▨ **미국정신의학회 정서장애의 분류** 미국정신의학회의 DSM-IV에 의하면, 일반적으로 정신의학적 진단 범주에는 정신지체, 기질성 뇌증후군 및 다양한 기능장애-신경증적 행동, 인격장애, 심신증, 정신병적 행동과 같은 장애유형이 포함되어 있다. 정신분열증 환자는 심각한 정신병을 가지며 편집증, 강박행동, 망상 및 환각 증세를 나타낸다. 그들은 현실세계에서 분리되어 자신들만의 세계에 있는 것처럼 보인다. 정신분열증은 편집증, 긴장증, 파과병 등 세가지 주요 유형으로 구분할 수 있다[Winnick(2011/2014)].

▨ **소아정신과 측면에서의 정서장애의 분류** 정서장애의 분류는 주관 분야에 따라 구분이 조금씩 달라 소아정신과에서는 정신과적인 입장에서 프로이드의 이론을 내세워 정서 행동장애를 정서장애(psychotic disorders; 정신분열증, 자폐성장애 등), 신경장애(neurotic disorders, 우울증, 불안증 등), 정동장애(affective disorders; 조울증, 조증 등)의 3가지로 분류하고 있다.

> **정서장애의 원인**
> 정서장애의 원인은 생물학적 요인, 가족 요인, 문화적 요인 등으로 구분하여 원인을 파악할 수 있으며, 구체적인 원인은 다음과 같다.
>
> | 생물학적 요인 | 유전적, 신경학적, 생화학적 요인 |
> |---|---|
> | 가족 요인 | 병리적 가족관계 요인 |
> | 문화적 요인 | 주변 인물, 가족, 지역사회 |

편집증(paranoid): 정신장애의 하나로서 가장 현저한 특성은 지속적이고 완고하게 의심하고 피해망상(delusion)을 갖는 것

긴장증(catatonic): 의식이 뚜렷함에도 주위의 자극에 응답하지 않고 표정·행동도 정지해 버린 정신운동성 혼미 상태

파과병(hebephrenic): 감정과 의지의 둔화가 눈에 띄고 치매화(痴呆化)한 것 같은 병세

▨ **생물학적 요인** 정서장애는 유전적, 신경학적 또는 생화학적 요인에 의해서 영향을 받을 수 있다. 다양한 생물학적 이상이 정서장애를 유발할 수 있는데, 생물학적 이상에는 유전자 이상, 기질적 문제, 뇌 손상 또는 뇌 기능이상, 영양 결핍, 신체적 질병, 정신생리학적 장애가 있다. 생물학적 요인이 정서 또는 행동장애에 영향을 미친다면 그들을 환경적(심리학적) 영향력으로부터 독립시키거나 격리되도록 해서는 안 된다.

▨ **가족 요인** 병리적 가족관계는 행동장애의 주된 발생요인이다. 가족 요인은 다른 요인들과의 상호작용 없이 단독적으로는 아동의 문제행동을 유발하지 않는다. 가정 파탄, 이혼, 무질서하며 냉담한 가족 관계, 부모의 부재, 아동 학대, 부모와의 분리는 행동장애를 유발할 수 있다. 하지만 가족 관계의 분열과 행동장애 간에 상관관계가 있는 것은 아니다. 또한 부모와 분리되는 것보다 부적절한 양육(parental discord)이 아동들에게 더 해로울 수 있으며, 빈곤은 행동장애의 발생에 상당한 관련이 있다고 볼 수 있다. 이밖에 다중적 영향을 지적하기도 하는데 두 가지 이상의 요인이 동시에 제시되었을 때, 정서장애를 유발할 가능성이 증가한다는 것이다.

▨ **문화적 요인** 종종 주변 인물, 가족, 지역사회의 기대와 가치가 일치하지 않는 경우가 있다. 이러한 불일치는 학생을 일탈자로 만들거나 사람이 문화적으로 폭력적인 범주에 포함될 가능성을 증가시킨다. 그러므로 핵심적인 목표의 성취에 악영향을 주는 행동에만 제한적으로 개입해야 한다. 또한 문화적 행동들은 행동이 목표와 일치하는 않는 지, 또는 이러한 행동이 문화적 관습과 상충되는지에 대해 주의 깊게 고려해야 한다. 문제의 핵심은 사회가 만들어낸 문화적 가치와 기준이 대립될 때 나타난다. 또 다른 문제는 문화적 결핍보다는 다문화적 견해에 의해 유발된다. 지도자는 자신의 문화적 견해를 기준으로 가치평가하기 때문에 차별과 선입견 없이 정서장애인의 행동

을 평가하지 못하는 경우가 많다. 이로 인해 지도자의 판단에 의해 부적절하다고 여겨지는 행동, 즉 보편적으로는 부적절하지 않을 수도 있는 행동이 '일탈(deviant)'로 규정될 수 있다. 행동에 영향을 미치는 또 다른 문화적 요인에는 대인관계, 이웃, 지역사회, 민족성, 사회적 계층이 있다. 이러한 요인들은 정서장애를 예측하는 핵심 요인은 아니지만 경제적 궁핍, 가족 불화와 결합되면 행동에 부정적인 영향을 줄 수 있다. 약물남용은 비정상적인 성인의 행동과 정서장애로 인한 우발적 사고 간의 관계를 밝혀주는 중요한 사회문화적 요인 중 하나이다. 출생 전에 부모의 약물 및 알코올 남용은 아동에게 악영향을 미칠 가능성이 높다.

참고 정서장애의 행동특성

품행장애 (Conduct disorder)	사람들의 이목을 끌려는 행동, 탠트럼(tantrums), 싸움, 파괴, 타인을 귀찮게 하는 성향
사회화된 공격 (Socialized aggression)	일반적으로 조직적인 절도, 무단결석, 불량학생에 대한 추종, 불량조직에 가담, 도덕적 가치와 법률에 대한 경시가 포함
주의력 문제-미성숙 (Attention problems - immaturity)	짧은 집중 시간, 나태함, 집중력 부족, 산만함, 무기력, 생각 없이 대답하는 경향이 포함
불안-회피 (Anxiety-withdrawal)	품행장애와는 반대되는 개념으로, 과도한 자기-자각, 과민성, 일반적인 두려움, 불안, 우울감, 인식된 슬픔이 포함
정신병적 행동 (Psychotic behavior)	과장해서 말하기, 어색한 표현, 엉뚱한 생각이 포함
운동 과잉 (Motor excess)	쉬지 않고 움직이며, 편안하게 이완하지 못하는 것을 의미

▨ **행동 특성** 경도 또는 중도 정서장애를 이해하려는 노력은 통합 환경에서 시도되어야 하며, 행동 등급분류를 사용하면 보다 용이하게 이들의 행동을 구체화 할 수 있다. 차원적 등급분류는 다양한 차원, 즉, 품행장애, 사회화된 공격, 주의력 문제-미성숙, 불안-회피, 정신병적 행동, 운동과잉 등으로 분류할 수 있다. 이와 더불어 정서장애의 지능지수(IQ)는 일반인의 평균보다 낮고, 학업성취도 낮으며, 학습에 있어 어려움을 갖는 등 전반적인 문제를 나

타낸다. 정서장애는 일반인과 마찬가지로 동일한 인지발달 단계를 거치지만 사회-인지적 발달은 지체되고 자기중심적 사고를 가져 자신의 행동이 다른 사람들에게 어떠한 영향을 미치는지 깨닫지 못한다. 또한 과거의 경험뿐 아니라 간접 경험을 현재의 문제에 적용시키지 못하며, 특히 사회적 문제를 해결하기 위한 전략이 부족하여 사회적으로 고립되는 경향이 있다.

정서장애의 행동 특성으로는 과잉행동, 산만성, 충동성 등이 있다(강위영, 1996). 과잉행동은 활동의 양이 주어진 과제보다 지나치게 많고 쉬지 않고 움직이는 경우를 말한다. 산만성이란 과제에 대한 주의집중과 관련되어 있으며, 사회 활동으로부터 쉽게 방해를 받거나 특정 과제에 주의를 기울일 수 없는 경우를 의미한다. 충동성은 사려 깊은 생각이나 목적 없이 일시적이고 즉흥적으로 일어나는 행동을 의미한다. 이러한 과잉행동, 산만함, 충동성은 한편으로 주의력결핍 과잉행동 장애아동(ADHD)의 특징으로도 볼 수 있어, 정서장애와 주의력결핍 과잉행동이 유사한 행동 특성을 보임을 알 수 있다. 이들의 문제행동으로는 부적절한 대인관계, 기괴한 행동습관, 독립과제 처리 곤란, 지시 불응, 접근하지 못하게 하는 행동, 학급규칙 위반, 반항, 예측 불가능, 일관적이지 못한 수행, 달아나기, 의미 없는 웃음 등을 들 수 있다. 또 다른 행동특성으로는 위축, 외면, 무표정, 침묵, 창백한 외모, 의사소통 부족, 시선 피하기 등이 있다. 그리고 정서장애 아동들은 자신의 분노, 두려움, 불안 등의 감정을 사회적으로 수용 가능한 방법으로 나타내지 못하고, 부적절한 행동으로 표출하기 때문에 긍정적인 사회적 관계 형성에 어려움이 많다. 또한 정서장애는 공격성, 거짓말, 방화, 도벽, 과다한 알콜 섭취, 약물남용 등을 하며, 사회 부적응 행동을 보인다. 이에 따라 지능과 감각 및 건강요인 등을 설명하지 못하고, 다른 사람과 대인관계가 어려우며, 정상적인 환경에서 행동 또는 감정표현이 부적절하다. 더욱이 불행감, 우울감이 만연해 있고, 개인 및 학교 문화 관련 신체적 이상 또는 두려움 증대 등을 보일 수 있다.

▨ **체력** 정서장애는 일반인과 유사한 성장과 발달을 보이지만 정의적 영역의 발달(사회적, 정서적, 심리적 발달)은 거의 이루어지지 않는다. 특히, 정서장애가 심할수록 체력수준과 지각능력은 낮으며, 자폐 증상이 있는 사람과 같은 반사회적 행동을 보이기도 한다. 이들의 체력 상태는 다른 발달장애가 있는 아동들(정신지체, 자폐성장애, 의사소통 장애, 학습장애 등)과 유사하다. 또한 이들에게 있어서 심폐지구력 운동은 위액 분비의 증가, 심박수 증가 등을 가져와 격앙된 감정을 보이기도 하며, 부적절한 감정 변화를 나타내기도 한다. 이로 인하여 심폐지구력 운동을 시킬 때에는 주의가 요구되며, 그렇다고 해서 이

> **과잉행동(hyperactivity):** 사회적으로 수용되기 어려운 안절부절못하는 행동과 충동적 행동이 지속적으로 일어나는 것
>
> **산만성(distraction):** 어수선하고 무질서한 성질
>
> **충동성(impulsivity):** 행위의 결과를 거의 고려하지 않고, 내적 충동에 대해 갑작스럽게 행동하려는 성향
>
> **주의력결핍 과잉행동 장애아동(attention deficit hyperactivity disorder; ADHD)**

들에게 정적인 활동만 시키는 것은 문제가 있다. 그것보다는 이들의 행동 및 건강 상태를 체크하면서 활동량이 많은 동적 운동을 시키는 것이 바람직하다. 이는 활동량이 많은 격렬한 운동으로 자신의 정서적 문제를 밖으로 표출함으로써 정신적 안정과 신체적 건강을 도모하고, 다른 사람들과의 대인관계 및 사회적응에 도움을 주기 때문이다. 또한, 활동량이 많은 운동 가운데에서도 혼자 하는 개인운동보다는 다른 사람과 함께 어울릴 수 있는 집단운동을 제공하는 것이 바람직하다. 보통 정서적으로 문제가 있는 사람들은 체육활동에 적극적으로 참여하지 못하기 때문에 연령에 맞는 신체활동 프로그램에 적극적으로 참여를 유도할 필요가 있다. 그러한 운동으로는 집단운동을 바탕으로 한 격렬하고 활동적인 유산소 운동이 요구되며, 특히 체육활동에 참여할 때에는 체력 향상을 도모할 수 있는 운동 프로그램을 계획하는 것이 중요하다. 이들의 운동종목으로는 트레드밀, 로잉머신, 자전거타기, 계단 오르기, 중량들기, 트램펄린, 줄넘기 등을 추천한다. 이러한 체력 증진 운동들은 정서적으로 문제가 있는 아동의 정서 안정과 심리적 불안을 해소해 준다는 점에서 의의가 있다. 또한, 이들의 대근운동, 소근 활동, 지각운동 능력은 일반아동과 비교하여 낮을 뿐 아니라, 시간 및 공간 개념의 결핍, 낮은 신체 이미지와 신체 협응력을 보이고, 신체활동을 수행할 때에도 위축된 행동을 보인다. 이러한 위축된 행동으로 인하여 운동기능 역시 지체를 보이며 이에 대한 연쇄 작용으로 정서장애는 전반적으로 운동기능이 낮다고 생각한다. 그러나 이러한 특성으로 인해 이들의 운동기능이 낮을 것이라고 단정할 수는 없다. 그것보다는 이들이 일상생활에 필요한 감각 및 지각 운동기능을 향상시켜 주는 것이 바람직하다. 정서장애에서 가장 문제가 되는 신체능력은 지각 운동기술의 결핍이다. 이에 따라 정서장애는 동작의 복잡성이나 숫자, 색깔 혹은 시선 등의 문제로 인하여 심리적인 충동을 일으켜 운동수행을 거부하는 경우가 많이 나타난다. 이러한 정서장애인에게는 감각 및 지각 운동기술을 발달시킬 수 있는 운동 프로그램을 제공하는 것이 바람직하다. 지도자들은 정서장애인들의 운동기능을 향상시키기 위하여 운동능력과 지각 발달을 동시에 도모할 수 있는 놀이 및 게임들을 만들어 제공하는 것이 중요하다. 예를 들어, 체육관 바닥에 숫자 혹은 글자를 흩어 놓고 집어 오는 놀이를 하거나, 편을 나누어 숫자 혹은 글자 맞추기 게임을 하는 것은 정서장애 아동의 감각 및 지각 운동기능 발달에 도움을 준다.

3) 자폐성장애의 특성

> **자폐성장애의 정의**
> 자폐성장애의 정의는 다양하며 서로 다른 의미의 용어를 사용하여 규정하고 있다. 다음은 관련 법령에서 규정하고 있는 법적인 정의의 내용이다.
>
> | | |
> |---|---|
> | 미국자폐협회
(ASA, 2006) | 자폐는 일반적으로 생후 3년 이내에 나타나는 복잡한 발달장애로 두뇌의 정상적인 기능에 영향을 미침으로서 사회적 상호작용과 의사소통 기술영역에 영향을 받음. 자폐를 지닌 사람들은 일반적으로 구어 및 비구어 의사소통, 사회적 상호작용, 여가나 놀이 활동에서의 어려움을 나타냄 |
> | 장애인복지법
(2015) | 소아기 자폐증, 비전형적 자폐증에 따른 언어·신체표현·자기조절·사회적응 기능 및 능력의 장애로 인하여 일상생활이나 사회생활에 상당한 제약을 받아 다른 사람의 도움이 필요한 사람 |
> | 장애인 등에 대한
특수교육법 (2013) | 사회적 상호작용과 의사소통에 결함이 있고, 제한적이고 반복적인 관심과 활동을 보임으로써 교육적 성취 및 일상생활 적응에 도움이 필요한 사람 |

자폐성장애의 정의 미국 Johns Hopkins 소아정신과 의사였던 Leo Kanner 박사는 1943년에 처음으로 자폐증(autism)이란 병명을 사용했다. 그는 자폐성장애아동들이 사회성 결여로 인하여 자기만의 삶에 도취되어 있는 듯한 태도를 보임을 발견하고, 자폐증이라는 용어를 사용한 것이다. 자폐증이란 용어는 본래 희랍어에서 어의를 빌려온 것으로 영어의 'self(자기자신)'와 같은 뜻을 가진 '아우타(auto)'에서 유래하였다. 즉 원어의 뜻을 적절하게 해석한다면 '자기 자신만의 세계 속에 고립된 증세'라는 의미이다. 그러나 학계에서는 '자폐증'이라는 용어자체가 그것을 하나의 특이한 정신병리 현상으로 바라보는 시각에서 만들어졌다는 점에서 객관적으로 적절한 용어는 아니라고 의견을 모으고 있다. 사실 그 동안 계속 수정되어 온 최신 이론을 보면 '자폐증'을 특정한 정신적인 질환으로 간주하기보다는 발달적인 장애, 즉 아동이 정상적인 발달 속도를 따르지 못하거나 어느 특정 기능들의 발달이 중단되어서 나타나는 증후군으로 보고 있다. 그럼에도 불구하고 '자폐증'이라는 명칭이 오랫동안 사용되어 왔기 때문에 지금 와서 새롭게 개명하는 것은 더욱 어려운 일이다. 그러나 최근 들어 약간의 용어 수정이 있었다. 1994년에 미국 정신의학협회에서 편찬한 DSM-IV에서는 현재까지 사용되어 왔던 'autism'이라는 명사적 용어 대신에 형용사 형태로 수정된 '자폐성장애(autistic disorder)'라는 용어로 바꾸어 사용하기 시작하였는데(American Psychiatric Association, 2000), 이는 새로운 의미를 함축하려는 의지를 담은 것이라 할 수 있다. 그러나 원천적으로 '자폐'라는 기본적 이미지에는 변화를 주지 않았다. 그러다 최근 1990년대 중반기부터 학계에서 '자폐 스펙트럼 장애(autistic spectrum disorder)'라는 용어를 도입하게 되었고(Wing, 1988), 이 용어가 각종 저널 속에 부쩍 많이 등장하게 되었다. 이러한 용어의 변화는 많은 의미를 함축하고 있다. 과거 자폐 스펙트럼 장애에 속하지 못하였던 기타 전반적 발달장애나 비전형 자폐증 그리고 아스퍼거 장애들도 포함하게 된 것이다. 이러한 추세에 발맞추어 자폐 스펙트럼 장애의 발생율도 바뀌게 되었는데 전에는 10,000명에 4명 내지 5명이 발생하는 것으로 발표되었으나 현재는 10,000명에 15명으로 늘어나게 되었다(한동기, 2004). 자폐증이란 용어는 현재 우리나라에서 자폐성장애로 부르고 있으며, 미국에서도 자폐 스펙트럼 장애(autistic spectrum disorder)로 사용하고 있다. 우리나라의 '장애인 등에 대한 특수교육법(2013)'에서 언급하고 있는 자폐성장애의 정의는 사회적 상호작용과 의사소통에 결함이 있고, 제한적이고 반복적인 관심과 활동을 보임으로써 교육적 성취 및 일상생활 적응에 도움이 필요한 사람으로 규정하고 있다.

▨ **자폐성장애의 판단 기준** 미국정신의학협회(APA)의 정신장애 분류 및 통계편람 4판(American Association on Mental Retardation, 2002)은 자폐성장애(autism)와 아스퍼거 증후군(Asperger synd-rome)은 물론 렛장애(Rett's disorder), 소아기 붕괴성 장애(CDD), 비전형 전반적 발달장애(PDD-NOS)등을 "전반적 발달장애(PDD)"의 범주 안에 포함시키고 있다. 미국장애인교육법(IDEA, 2004)에 의하면, 자폐증은 언어 및 비언어적 의사소통과 사회적 상호작용에 심각한 영향을 미치는 발달장애로 아동의 교육수행에 부정적인 영향을 미치며, 일반적으로 3세 이전에 나타난다. 자폐증과 관련된 기타 특성으로는 반복적인 활동과 상동행동, 환경 및 일상의 변화에 대한 거부나 독특한 감각반응이 있다. 자폐성장애는 다른 장애처럼 명확하게 정의를 규정할 수 있는 것이 아니라 하나의 스펙트럼 상에 연속하는 존재처럼 다양하기 때문에 경도, 중도, 심도 장애로 구분할 수 없다. 이로 인해 자폐성장애는 일정한 범주에 포함되면 자폐 스펙트럼으로 규정한다. 자폐성장애의 판단 기준은 1) 사회적 상호작용에 있어서의 질적인 손상 영역, 2) 의사소통에 있어서의 질적인 손상 영역, 3) 제한적이고 반복적이며, 일정한 방식이 유지되는 행동이나 관심, 활동 영역으로 분류하여 하위기술내용에 해당하는 내용으로 판단한다. 1), 2), 3) 세 개의 영역에서 적어도 6개 이상, 이때 적어도 1)영역에서 2개 이상, 2)영역과 3)영역에서 1개 이상씩 해당되어야 한다.

소아기 붕괴성 장애(childhood disintegrative disorder; CDD)

비전형 전반적 발달장애(pervasive developmental disorder, not otherwise specified; PDD-NOS)

전반적 발달장애(pervasive developmental disorder; PDD)

상동행동(stereotyped behavior): 비정상적인 반복 행동으로 같은 동작을 일정 기간 계속 반복하는 행동

> **참고** 자폐성장애의 판단 기준
>
> A. 다음 1), 2), 3) 세 개의 영역에서 적어도 6개 이상, 이때 적어도 1)에서 2개 이상, 2)와 3)에서 1개 이상씩 해당되어야 한다.
>
> 1) 사회적 상호작용에 있어서의 질적인 손상
>   ① 사회적 상호작용을 위해 눈 맞춤을 할 때 얼굴 표정, 몸의 자세, 몸짓 등 비언어적인 행동을 사용하는데 현저한 결함이 있다.
>   ② 발달 수준에 맞게 적절한 친구관계를 맺지 못한다.
>   ③ 기쁨이나 흥미, 성취 등을 다른 사람과 자발적으로 공유하려 하지 않는다(예: 흥미 있는 물건을 다른 사람에게 보여주거나, 가져오거나, 가리키지 않는다).
>   ④ 사회적 또는 감정적인 상호작용이 없다(주의: 단순한 사회적 놀이나 게임에 능동적으로 참여하지 않고, 혼자서 하는 행동을 좋아하거나, 활동하는데 다른 사람을 도구나 기계적인 보조물처럼 참여시킨다).
>
> 2) 의사소통에 있어서의 질적인 손상
>   ① 말로 하는 언어 발달의 지연 또는 전체적 결핍(몸짓이나 무언극을 사용하여 의사소통을 대체하려는 시도를 보이지 않는다)이 있다.
>   ② 말을 적절하게 하더라도 다른 사람과 대화를 시작하거나 계속하는 능력에 심한 장애가 있다.
>   ③ 언어나 특이한 언어를 일정한 방식(판에 박은 듯한)이나 반복적으로 사용한다.
>   ④ 발달단계에 적절한 다양하고 자발적으로 상상해서 하는 놀이나 사회모방 놀이를 하지 않는다.
>
> 3) 제한적이고 반복적이며, 일정한 방식이 유지되는 행동이나 관심, 활동을 보인다.
>   ① 일정한 방식이 유지되고 제한된 패턴으로 하나 또는 그 이상의 흥미거리에 사로잡혀 있다. 이때 그 흥미는 강도나 초점이 비정상적이다.
>   ② 특정한 그리고 비기능적인 순서에 따른 행동이나 의례적인 행동에 융통성 없이 집착하고 있다.
>   ③ 일정한 방식이 유지되고 반복적인 운동을 한다(예: 손이나 손가락을 흔들고 비틀거나 몸 전체를 복잡하게 움직인다).
>   ④ 물건의 한 부분에 과도한 집착을 보인다.
>
> B. 다음 영역 중 한 가지 이상에서 지체되거나 비정상인 모습이 보이며, 3세 이전에 나타난다.
>   ① 사회적 상호작용
>   ② 사회적 의사소통에 사용되는 언어
>   ③ 상징, 상상 놀이
>
> C. 레트 장애(Rett's disorder)나 아동기 붕괴성 장애에 속하지 않는 장애이다.
>   자폐증의 판별: 위의 A 중 6개 이상, B 중 1개 이상, C에 해당되지 않는 증상이 나타날 때 자폐증으로 판정한다.
>
> [출처: 한동기(2002)에서 인용]

참고 자폐성장애의 유형별 진단기준

상태	준거
아스퍼거 증후군	다음 영역 가운데 적어도 두 가지 이상에서 사회적 상호작용에 있어서의 질적인 결함이 나타난다. · 사회적 상호작용을 위한 얼굴표정, 눈 맞춤, 몸짓과 같은 비언어적인 행동을 사용함에 있어서 현저한 결함 · 발달 수준에 적합한 또래관계 형성 실패 · 자발적으로 다른 사람들과 기쁨, 관심, 성공을 나누지 못함 · 사회적, 정서적 반응의 상호교류 결여 다음 영역 가운데 최소 한 가지 이상에서 반복적이며 상동적인 행동유형이 나타난다. · 강도나 초점에 있어서 비정상적인 한 가지 이상의 상동적이고 제한적인 관심거리에 집착 · 특이하고 비효율적인 틀에 박힌 일이나 의례적인 행동에 융통성 없이 집착 · 상동적이고 반복적인 동작성 매너리즘 사회적, 작업적, 또는 기능적으로 중요한 영역에 있어 임상적으로 의미 있는 결함이 원인이 되는 상태. 언어 발달상에는 임상적으로 의미 있는 지체가 나타나지 않는다. 인지 발달 또는 자조기술 측면에서는 임상적으로 의미 있는 지체가 나타나지 않는다. 전반적 발달장애나 정신분열증이 갖는 준거기준을 충족하지 않는다.
렛 장애	렛 장애아동을 진단하기 위하여 다음의 기준들을 사용해 왔다. · 태아기(prenatal)와 주산기(perinatal)의 정상적인 발달이 나타난다. · 생후 5개월까지 심동적 영역의 정상적인 발달이 나타난다. · 출생 시 머리둘레가 정상이다. 정상적인 발달시기 이후에 나타나는 징후는 다음과 같다. · 48개월에서 5세 사이에 머리의 성장이 감소된다. · 상동적인 손 움직임의 발달과 함께 30개월에서 5세 사이에 습득한 손기술의 손실이 나타난다. · 사회 참여의 제한 · 몸통 움직임과 협응력 미약 · 심동적 영역의 지체와 함께 표현 언어와 수용 언어 발달의 심각한 결함
소아기 붕괴성 장애	적어도 생후 2년까지는 정상적인 발달이 나타난다. 적어도 2세 이전(향후 10세까지)에 습득한 기술에 있어 다음 영역에서 임상적으로 의미 있는 손실이 나타난다. · 표현 언어 또는 수용 언어 · 사회적 기술 또는 적응행동 · 배변 또는 배뇨 조절 · 놀이 · 운동기술 다음 영역 가운데 적어도 두 가지 이상에서 비정상적인 모습이 나타난다. · 사회적 상호작용의 결함 · 의사소통 기술의 결함 · 상동적이거나 반복적인 동작성 매너리즘 전반적 발달장애나 정신분열증으로는 잘 설명되지 않는다.
비전형 전반적 발달장애	비전형 전반적 발달장애의 범주는 상호간의 사회적 상호작용, 언어적·비언어적 의사소통 기술 또는 상동행동 등의 발달에 있어 심각하고 전반적인 결함이 나타나지만, 전반적 발달장애나 정신분열증 또는 다른 인격 장애(personality disorder)의 진단 기준을 충족하지는 않는다.

[출처: Jansma & French(1994/2011)에서 인용]

■ **자폐성장애의 원인** 자폐성장애를 포함한 전반적 발달장애는 아직까지도 정확한 원인을 밝혀내지 못하고 있다. 그러나 일부 연구에서는 신경계 손상이나 유전적 요인에 기인한 것이라 주장하고 있다. 유전적 요인과 관련된 다양한 원인들을 제시되고 있는데, 가장 보편적으로 대두되고 있는 유전적 원인으로는 약체 X 증후군(Frazile X syndrome)이 있다. 이 증후군은 남아와 여아 모두에게 영향을 미치지만 특히, 남아에게 더 심각한 영향을 미치며 정신지체의 원인이 되기도 한다. 이밖에도 자폐성장애를 유전에 의한 것으로 보는 주장도 있다. 예를 들어, 첫째 자녀가 자폐인 경우 그렇지 않은 부모에 비해 둘째 자녀가 자폐일 확률이 두 배 이상 높다. 자폐성장애는 생후 3개월 이내에 나타나는 경우가 많으며, 남녀 비율이 남아가 여아보다 4~5배 더 많이 발생하고, 이들 가운데 약 75~80%는 지적장애를, 25%는 간질을 동반한다고 하였다. 흔히, 자폐성장애를 정신분열증과 동일하게 생각하는 사람들이 있지만 정신분열증과 분명히 다르다. 그 이유는 자폐성장애는 출생 시부터 장애를 가지는 경우가 대부분이지만, 정신분열증은 정상적인 발달과정을 거치는 가운데 나타나는 질환이다. 또한, 정신분열증은 가끔 환각을 경험하기도 하지만, 자폐성장애는 그렇지 않은 경우가 대부분이기 때문이다.

☞ **자폐성장애의 특성**
자폐성장애의 특성으로는 지능 및 학습 특성, 행동 특성, 체력 특성 등을 구분하여 설명하고 있다.

지능 및 학습	지적장애와 유사한 경우가 있음 특정 학습 분야에서 뛰어난 암기력, 기억력 기능적인 언어 발달의 문제
행동	다른 사람과 주변 환경에 무관심 수면 및 음식섭취에 곤란 상동행동(stereotype)
체력	낮은 체력 및 운동기술 수준

■ **지능 및 학습** 자폐성장애는 자폐 스펙트럼 장애라고도 한다. 이는 자폐증의 현상이 하나가 아니라 빛의 연속체인 스펙트럼과 같이 다양하게 분류되어 질 수 있다는 의미에서 유래되었다(한동기, 2002). 즉, 자폐증으로 진단 받은 아동들은 증상이나 기능 수준에서 같은 아동들이 거의 존재하지 않을 정도로 개개인이 독특성을 갖고 있다. 자폐성장애로 진단된 아동 중에는 평균

반향어(echolalia): 상대방이 말한 것을 그대로 따라서 말하는 증세

또는 그 이상의 지적기능을 보이는 아동도 있지만, 약 70~85% 정도는 지적장애를 함께 보이는 것으로 알려졌다. 이러한 아동은 그렇지 않은 아동에 비해 학업이나 일반적인 생활에 있어서 더 낮은 수행 수준을 보인다. 이것은 자폐성장애로 인하여 나타나는 언어 및 사회성 결함, 행동 조절의 어려움, 일과에 대한 집착 등의 특성에 지적장애로 인한 어려움이 가중되었기 때문이다(이소현, 박은혜, 2012). 한편, 자폐성장애아동들 가운데에는 특정 학습 분야에서 뛰어난 암기력 혹은 기억력을 발휘하고 있다. 이와 같은 특출한 암기력이나 기억력이 있다고 해서 이들을 천재적 자폐성장애아동이라고 부르는 것은 문제가 있다. 모든 인간은 학업을 수행하고 사회생활을 할 때 두뇌의 통합적 사고능력이 필요하기 때문이다. 자폐성장애아동과 같이 기계적인 암기력과 기억력을 가지고 천재적 아동이라고 추켜세우는 것은 자폐성장애의 특성을 모르고 하는 무지에서 비롯되었다고 말할 수 있다.

- **행동** 자폐성장애아동은 보통 신체, 정서, 지각, 언어, 인지적 영역에서 심각한 문제를 보이는데 그 가운데에서도 기능적인 언어의 발달에 큰 문제를 보인다. 이들의 언어적 특성은 상대방의 질문을 그대로 따라하는 반향어의 형태를 보이며, 주로 상호작용의 목적이 아닌 도구적인 목적으로 언어를 사용한다. 또한, 사회적 상호작용에서는 다른 사람들과 눈 맞춤을 못하고, 주위 사람들과 긴밀한 대인관계를 잘 형성하지 못하며, 특정한 사물에 대한 강한 집착을 보인다. 또래 친구들과 잘 어울리기보다는 고립된 행동을 보이며, 혼자 노는 모습을 자주 볼 수 있고, 다른 사람과 주변 환경에 무관심하고, 수면 및 음식섭취에 곤란한 모습을 보인다. 특히, 자폐성장애아동의 행동 가운데 상동행동(stereotype)은 가장 심각한 행동 특성 문제로 행동이나 동작을 습관적으로 반복하여 손을 계속 빙빙 돌린다거나, 자신의 머리를 벽에 계속 부딪친다거나, 머리카락을 집요하게 뽑는다거나, 손톱을 쉬지 않고 물어뜯는 바람직하지 않은 행위 등이 포함된다. 자폐성장애아동에게 있어서 이러한 상동행동은 일상생활을 영위하고 다른 사람들과 의사소통을 하는데 장애로 작용하는데 상동행동을 소거하기 위해서는 신체활동을 필수적으로 사용해야한다.

- **체력** 일반적으로 자폐성장애아동은 체력 및 운동기술 수준이 낮은 편이다. 이러한 원인이 무엇 때문인지는 아직 정확히 밝혀지지 않고 있다. 자폐성장애는 운동발달 및 운동기술이 정상적인 발달과정을 거친다고는 하지만 종종 운동기술의 지체와 서투른 움직임이 나타난다. 또한 자폐성장애아동에게 운동검사를 실시하기 위해서는 동기부여가 필요하며, 검사목적을 이해하는

데에도 한계가 있어 어려움이 있다. 다시 말해, 운동 자체에 관심을 갖기보다는 자신이 관심 있는 물건, 혹은 사물에 집중을 하여 운동기능 검사가 쉽지 않을 뿐 아니라 운동을 시키는 것도 쉽지 않기 때문이다. 이러한 이유로 자폐성장애의 체력과 운동기능을 정확히 파악하기가 어렵다. 자폐성장애아동 가운데에는 일부 민첩하고 적합한 신체능력을 보이는 경우가 있지만, 전반적으로는 운동기술의 지체와 서투른 움직임을 보인다.

자폐성장애아동의 운동기능과 관련한 일반적인 내용에서는 자폐성장애아동의 개인적 특성에 따라 운동기능의 정도가 다양하기 때문에 다양한 운동기능을 사용할 수 있는 운동과 개별 장애아동에게 적합한 운동기능 개선 프로그램을 제공해 주는 것이 중요하다고 언급하고 있다. 이에 따라 이른 시기부터 자폐성장애아동들의 운동기능을 향상시킬 수 있는 다양한 신체활동 프로그램에 참여시키는 것이 중요하다. 이들의 신체활동 프로그램 참여는 일상생활 기술을 습득하고, 체력을 향상시키며, 평생 다른 사람들과 어울려 살아가는데 도움을 주기 때문이다.

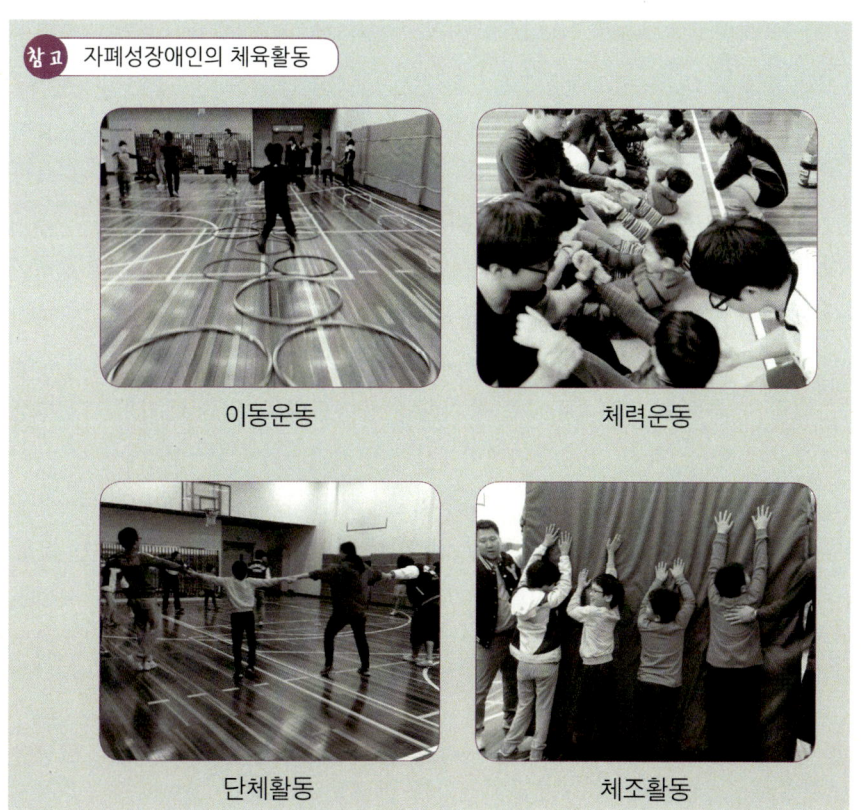

참고 자폐성장애인의 체육활동

이동운동 | 체력운동
단체활동 | 체조활동

2. 지적장애인 · 정서장애인 · 자폐성장애인의 체육 · 스포츠 지도

> ☞ **지적장애 · 정서장애 · 자폐성장애인의 영역별 신체활동 특성**
>
> 지적장애가 있는 사람들은 일반사람들과 동일하게 기본적인 요구를 가지고 있다. 따라서 이들이 원하고 있는 특별한 요구 수준을 초기에 파악하여 중재하는 것이 효과적인 지도전략을 펼치는데 대단히 중요한 요소로 작용한다.
>
> | 심동적 영역 | - 운동발달 지체
- 평균 이하의 체력과 운동수행 |
> |---|---|
> | 인지적 영역 | - 짧은 기억과 주의집중
- 정보 습득과 파지의 어려움
- 우연학습의 어려움
- 사고능력의 과소평가 |
> | 정의적 영역 | - 모방하는 경향
- 사회성 결여 |
>
> [출처: 한동기(2002)에서 인용]

▨ **심동적 영역** 지적장애가 있는 사람들은 일반인과 동일한 발달 양상을 보이지만 발달속도가 느리다. 따라서 신체발달의 양상을 고려하여 지도를 해야 한다. 몸의 중심에서부터 말초로의 발달(proximodistal development)과 두부에서 미부로의 발달(cephalocaudal development) 등 성장과 발달에 대한 지식이 필요하다. 또한, 이들은 체력과 운동발달 정도가 평균 이하이고, 일반인과의 체력 차이는 생활연령이 증가함에 따라 커지기 때문에 각 개인의 현재 수행 능력 수준을 기초로 체력과 운동기술을 향상시킬 수 있는 계획된 프로그램을 제공한다. 특히, 건강관련체력에서는 심폐지구력 관련 영역에서 큰 차이점을 보이므로, 스포츠 활동 지도 시 단속적인 휴식시간을 주고 강한 강도와 약한 강도로 반복적인 활동을 실시한다. 일부 신체활동 영역에서는 운동수행이 뛰어난 참가자도 있을 수 있으니 개인의 특성과 능력에 따라 적절한 지도계획을 세우고 실시하여야하며, 참가자가 실질적으로 사용할 수 있는 적정한 운동기술을 지도한다.

▨ **인지적 영역** 지적장애가 있는 사람들은 구체적이고 복잡하지 않은 활동을 가장 잘 수행한다. 추상적이며 복잡한 활동은 학생들을 "좌절"시킬 수 있고 반복적인 행동함을 통해 기술들을 가장 잘 습득할 수 있다. 따라서 활동을

중재(intervention): 과제의 목표 달성을 위하여 학생이나 참가자를 돕는 일련의 도움 활동

단순화시키고 정적강화를 제공하며 시범을 보이고 다감각 접근(예를 들어, 언어적 지시와 손을 이용하여 보조)을 사용하여야 한다. 지도 시 하나 또는 두 가지 활동만 실시하고, 시작단계에는 많은 기술들을 지도할 필요가 있다. 모든 활동은 분습법을 사용하여 지도하는 것이 바람직하다. 지적장애인들은 중재(intervention) 없이는 기술을 거의 유지할 수 없기 때문에 배우고 있는 새로운 정보들에 대해 습득하고 파지가 되고 있는지 수시로 점검하여야 한다. 특정기술이 획득되었다면 지체수준에 따라 다음날, 다음주, 다음달, 또는 6개월 후에 그 기술을 파지하고 있는가를 확인하는 것이 바람직하다. 또한, 기술의 일반화를 위해서는 반드시 개입이 필요하다. 다양한 기구(예를 들어, 색, 크기 등을 변화), 각기 다른 환경 및 시간 그리고 여러 사람들과의 활동을 통해 기술의 일반화를 꾀할 수 있는 프로그램을 체계적으로 제공한다. 가능하다면 사회생활을 할 때 이러한 기술을 응용할 수 있도록 일반화시키는 것을 목표로 한다. 우발학습(incidental learning)이 일어나기가 어렵고, 기억과 주의집중 시간이 매우 짧기 때문에 기억해야 하는 규칙이 거의 없는 활동들을 제공하며 지도시간이 짧아야 한다. 특히, 학생의 지체가 심할수록 활동관련 자극을 눈에 띄게 하여 동기유발 및 주의집중을 의도적으로 지속하게 한다.

우발학습(incidental learning): 주의를 다른 곳에 쏟고 있어 어떤 것을 학습하려는 동기나 준비·의도가 없는데도 이루어지는 학습

지적장애인의 사고능력은 지도자와 관련 전문가에 의해서 과소평가될 수 있다. 무엇보다도 중요한 점은 이 참가자들이 학습함으로써 향상될 수 있다는 점이다. 수행수준에 대해 선입견을 가져서는 안 되며, 향상이 가능하다는 태도를 가지고 지도하도록 한다. 또 학생들에게 원인-결과(예, 안전)를 이해시키는데 중점을 두도록 한다.

- **정의적 영역** 지적장애가 있는 사람들은 쉽게 좌절하고 부적절한 자아상을 가지며, 동기유발이 부족하고 공격적이다. 따라서 활동 초기에는 성공할 수 있는 활동들을 제공하고, 학습능력이 감소함에 따라 활동을 변화시킨다. 수업활동에 대한 생각을 질문하고 어떤 활동을 선택하는지 관찰한다. 모방하는 경향이 강하나 때때로 행동표현을 적절하게 하는 것이 어렵다. 따라서 부적절한 행동에 대해서는 계획적으로 무시해 버린다. 지도 시 적절한 행동모델을 설정하며 적절히 반응하면 칭찬을 해준다. 일상적으로 반복되는 것에 변화가 생겼을 때 쉽게 당황하게 되는데 이를 보완하기 위하여 지도활동이 연계되고 지속되도록 계획한다. 특히, 매 시간 시작과 끝에 동일하거나 유사한 활동을 실시한다. 기구·신호·수업의 흐름 등 지도 상황을 일정하게 구성한다.

> ### 🔖 성공적인 지도전략
> 지적장애가 있는 사람의 성공적인 지도전략으로는 개인별 기본정보 습득, 현재 수행능력 파악, 안전사항 확보, 규칙 정하기, 좋은 환경으로 갖추기, 성공적인 교수법을 활용, 프로그램을 수정 등을 확보하여 체계적인 지도활동에 임하여야 한다.

특별한 요구(unique needs): 장애로 인해 생리적·심리적 기구에 생기는 부족상태를 보충하고 과잉상태를 배제하려는 특별한 생리적·심리적 과정

▨ **기본 정보 습득** 지도자는 참가자의 특성을 알기 위해 참가자와 다른 지도자들, 보조 코치, 가족과 다양한 정보를 공유해야 하고 필요하다면 참가자와 관련된 의사와도 정보를 공유해야 한다. 왜냐하면 지도자가 참가자의 특성에 대해 많은 것을 알수록 좀 더 세밀한 프로그램을 준비할 수 있기 때문이다. 지적장애를 가지고 있는 참가자들은 단편적인 운동기능의 수준만이 아니라, 자신이 가지고 있는 특별한 요구와 다양한 능력들의 정보를 공유하고, 보다 구체적인 사항들을 지도자에게 제공하는 것이 바람직하다. 지도자가 참가자의 구체적인 정보들을 가지고 있다면 스포츠 활동 참여를 위한 적절한 계획을 마련할 수 있다. 교사는 학생의 기능 발달을 위한 필요 요소를 면밀히 살펴야 하며 구체적인 발문 준비를 통해 많은 정보를 얻을 수 있다. 참가자의 현재 수행능력 수준, 신체 활동에 대한 두려움 여부, 주의해야 할 신체 움직임 부분, 참여 가능한 지역사회 활동 프로그램 등의 정보는 성공적인 프로그램 운영에 큰 도움을 줄 것이다.

▨ **현재 수행능력 파악** 지적장애가 있는 사람들은 비록 지적장애가 있지만, 운동 수행의 가능성이 있다. 사실 지적장애 판정을 받은 사람들은 복잡한 것을 할 수 없으나, 생리학적으로 보았을 때에는 특별한 제한이 없다. 이런 까닭에 지적장애가 있는 사람들은 신체적인 잠재능력 면에서 장애가 없는 사람들과 동일하다. 어쨌든, 제한된 인지능력과 단순성으로 인하여 그들에게 운동을 지도할 때에는 많은 점들을 고려하여야 하는데, 그 중 가장 중요한 것이 현재 수행능력을 파악하는 것이다. 다른 장애영역의 참가자들과 마찬가지로 지적장애인들도 다양한 범주의 스포츠 관련 기술들을 수행해야 한다. 지적장애인들은 특정 활동에서 보조를 필요로 하지만 대부분의 활동들은 스스로 수행할 수 있다. 따라서 지도자의 프로그램 계획과 지도법을 구성하기 전 참가자들의 현재 수행능력을 기초운동기술과 건강 체력 등을 중심으로 평가하여 진단하는 것은 매우 바람직한 지도활동이다.

> **참고** 기본정보 습득 관련 양식

구분		내 용
식사	식사 방법	문제없다( )　　　　　문제있다( ) ※ 있다면, 문제행동을 간단히 써 주세요.
	편식 정도	심 함( )　거의 없음( )　전혀 없음( )
신변 처리 기술	위생 활동	스스로( )　도움 필요( )　할 수 없음( )
	옷 입기	스스로( )　도움 필요( )　할 수 없음( )
	가족	언어로( )　행동으로( )　표현 안 됨( )
	타인	언어로( )　행동으로( )　표현 안 됨( )
사회 생활 능력	교통수단 이용	스스로( )　도움 필요( )　이용불가능( ) ※ 이용 가능한 교통수단은?
	화폐 사용	돈계산 가능( ) 물건사기 가능( ) 사용 불가능( )
	대인 관계	교우관계 형성 가능( ) 타인과 대화 가능( ) 친한 사람에게 반응 안함( )
학습 능력	국어	내용 이해 가능( )　읽기 가능( )　쓰기 가능( ) 보고 쓰기 가능( )　기타(　　　　　)
	수학	나눗셈·곱셈 가능( )　덧셈·뺄셈 가능( ) 수세기 가능( )　기타(　　　　　)

구 분	좋아하는 것	싫어하는 것
음 식		
물 건		
사 람		
활 동		
기 타		

[출처: 서울특별시교육청(2005)에서 인용]

환축추(Atlantoaxial): 경추 1번과 2번의 척추

▨ **안전 사항 확보** 지도자는 참가자의 활동참여에 있어 가장 중요한 사항인 안전관리를 위해 반드시 참가자의 의학적 정보, 사회적 능력, 신변처리 및 독립생활 능력, 기초학습능력 등을 숙지하여야 한다. 필요하다면 참가자들의 학령기 교육적 정보, 의료 기록, 상담 기록, 부모 및 보호자와의 상담 등도 필요하다. 특정 활동은 지적장애가 있는 사람들에게 적절하지 않을 수 있기 때문에 지도자는 수업하기 전에 이러한 정보를 확인해야 한다. 예를 들어 다운 증후군의 경우 환축추 위험성(Atlantoaxial Instability)을 확인하기 위해 X-ray를 찍어야 한다(경추 윗부분인대의 이완. 만일 이 증상의 위험이 있다면 체조나 과격한 신체활동의 참여는 학생의 체육 프로그램에 포함되지 말아야 한다). 좀 더 많은 정보를 얻기 위해 학생의 담당 내과의사와 부모, 혹은 보호자와 지속적으로 연락을 취하도록 하며 다음과 같은 안전 사항을 고려하여야 한다.

▷ 지도자는 참가자가 이해할 수 있는 방법으로 안전 규칙을 설명

▷ 지도자는 참가자에게 활동에 대한 위험, 원인, 효과 등에 대해 충분한 설명 제공

▷ 지도자는 환경의 안정성을 확인하기 위해 또래교수법 사용 권장

▷ 활동에 필요한 장비들을 항상 점검하며 이용법 숙지를 확인

루틴(routine): 최상의 운동수행을 발휘하는데 필요한 이상적인 상태를 갖추기 위해 자신만의 고유한 동작이나 절차를 가지는 것

▨ **일정한 규칙 정하기** 체육 프로그램은 지적장애인들의 특수한 요구에 맞는 다양한 활동을 제시해야 한다. 그러나 개개인의 요구수준과 신체활동 정도를 모두 고려하여 활동을 지도할 수 없는 경우가 빈번하게 나타나기에 지도 활동 시 적절한 구조와 절차를 고안하여 적용하는 것이 바람직하다. 지적장애는 고정된 순서에 따라 좀 더 효과적으로 학습할 수 있다. 정해진 활동 순서의 변화는 안정적이지 못하며 학습에 영향을 미친다. 지도자의 활동 전개 순서는 일관적이어야 하며, 일정한 활동으로 지도를 시작하는 것이 바람직하다. 프로그램의 구성을 조직화하여 도입, 전개, 활동, 평가의 구성을 명확하게 구분하여 활동을 지도하고 체육관 환경의 설정과 도구, 용품의 배치 및 활용을 항상 루틴화한다. 정지 및 시작 신호, 발문 및 답변 듣기 등의 방식을 일관성 있게 정하여 실시하고, 그룹 나누기 전략을 세워 자발적인 선택과 참여 및 동료들 간의 상호작용도 유발한다.

> **참고** 자기결정 학습모형(Self-Determined Learning Model of Instruction: SDLMI)
>
> 자기결정이란 자신의 삶에 있어 주체적인 결정권자가 자신이라는 것을 알고 부당한 외부의 영향이나 방해를 받지 아니하며 자신의 삶의 질에 관한 선택과 결정을 내릴 수 있도록 주도적 역할을 수행하는 것이다(Wehmeyer, 1999). 예를 들면, 어디에서 일하고 어떻게 살아갈 것인가, 누구와 친구가 될 것인가 그리고 어떠한 교육을 받을 것인가에 대한 결정을 말한다(장윤미, 2010). 자기결정을 근거로 교육학적 모형으로 발전한 자기결정 학습모형(Self-Determined Learning Model of Instruction: SDLMI))은 자기조정 이론에 기반을 둔 '적합화 교수모형(The Adaptability Instruction)'을 기초로 하는 중재 모형이다. 기존의 교수모형들이 교사주도적인 것과 달리 자기결정 학습모형은 학습자가 주도적 학습을 추구한다. 자기결정 학습모형은 목표 설정하기, 계획 구상 및 과제 수행하기, 목표 또는 계획을 조정하기의 3단계로 순환된다. 또한 이 모형은 자기결정 구성요소, 자기 조정적 문제해결 과정에 기초하여 설계되었다(Wehmeyer, 1999).

▨ **좋은 환경 갖추기** 참가자들의 운동 수행 시 능동적인 활동을 지속하게 할 수 있는 효율적인 방안 중의 하나가 환경적인 요인들을 고려하는 것이다.

- ▷ **소음**: 소음으로 인하여 참가자들의 주의력이 흐트러지지 않도록 해야 한다. 소음은 활동하는 사람들의 운동 수행에 영향을 주기 때문이다. 그러나 소음은 때때로 연습 분위기를 만들고, 경쟁활동 시 방향을 설정하거나 목표물의 위치를 알려주는데 도움이 되기도 한다.

- ▷ **조명**: 조명은 체육관과 야외 경기장에서 시각적인 정보를 습득하고 인지하는데 매우 중요한 역할을 한다. 어떤 참가자는 너무 강렬한 조명으로 인하여 지나친 자극을 받기도 한다. 이러한 요인들로 인하여(너무 강렬한 조명) 훈련 과제의 집중력이 흐려지거나 활동과다를 초래할 수 있다. 마찬가지로 너무 어두운 조명으로 인해 훈련 효과가 떨어질 수 있다.

- ▷ **온도**: 참가자들에게 있어서 기후는 체육관과 야외 경기장의 중요한 환경적 요인이다. 서늘한 환경은 너무 덥거나 습한 것보다 바람직하다. 참가자들은 덥고 습한 곳에서 활동하는 것을 싫어한다. 덥고 습한 기후는 또한 참가자들을 일찍 지치게 할 수 있다.

- ▷ **환경**: 훈련 환경은 최적의 연습 효과를 만들 수 있다. 장비의 크기와 색상은 매우 중요한 요인이다. 색상은 시각적으로 얼마간의 목표를 볼 수 있도록 해주며 크기와 더불어 운동 수행의 성공을 가능하게 해준다. 방해물이 없는 환경은 또한 연습을 조직화할 때 고려해야 하는 중요한 문제이다.

과제분석(task analysis): 학습자가 수행해야 하는 과제를 더 단순한 하위 과제로 분할하는 활동 혹은 계획

지원(Support): 지지하여 도움

▨ **성공적인 교수법** 참가자들의 운동 수행 시 지도자가 성취하여야할 목표에 도달하기 위하여 과제분석, 반복된 경험 제시, 다양한 교수적 지원 등을 마련하여 제공하는 것이 바람직하다.

▷ **과제분석**: 참가자의 성취 가능성을 높이기 위해 활동내용을 작은 단위로 나누는 과제분석을 실시해야 한다. 지적장애인들은 같은 일반인들에 비해 점진적으로 기능 발달을 보이는 경향이 있다. 과제분석이 이루어질 경우 지적장애인들의 기술 습득의 진행과정을 볼 수 있으며 기술 발달을 촉진시킬 수 있다.

▷ **반복**: 지적장애인들은 반복 연습을 통해 가장 효율적으로 배운다. 지도자는 새로운 활동을 전개하기 전 기술의 반복 및 복습을 충분히 진행하도록 한다.

▷ **교수적 지원**: 지도자는 참가자의 세부 활동을 수행시키기 위해 다양한 교수적 지원을 필요에 맞게 사용해야 한다. 참가자의 완벽한 과제 수행에 요구되는 최소한의 보조만을 제공하고 언어적 지시를 가장 먼저 활용한다. 더 나아가서는 몸짓으로 직접 시범을 보이고 행동 지원을 제공하여 직접적인 신체활동을 보조유도 한다.

참고 긍정적 행동 지원

긍정적 행동지원은 문제행동의 이유를 이해하고 문제행동이 왜 발생하는지에 대한 가설에 따라 개인의 사회적, 환경적, 문화적 배경에 적합한 지원방안을 고안하는 종합적인 문제해결 접근방법으로 행동공학, 방법론, 개인중심의 가치에 기반을 둔 생태학적 체계 변화에서 최상의 지도실제를 종합한 것이다. 긍정적 행동지원은 '거의 모든 행동은 기능을 가지고 있다'고 전제하고 문제행동의 예방을 강조하는 개별화된 중재전략이자 협력적인 문제해결과정으로 본다(김주혜, 박지연, 2004).

〈긍정적 행동지원 구성요소〉

선행/배경사건 중재	대체 행동 지도	문제행동에 대한 반응	장기간 지원
- 수정 제거 문제 선행사건 / 배경사건 - 도입 긍정적 선행사건 / 배경사건	- 대체 행동 지도 문제행동과 같은 목적 - 대처, 인내 행동지도 - 일반적인 기술지도	- 결과 줄이기 - 교수적 피드백 제공 / 논리적 후속결과 도입 - 위기 관리 계획 개발	- 삶의 스타일 변화 - 유지하도록 하는 전략실행

[출처: Bambara & Kern(2005)에서 인용]

> **참고** 교수적 수정방법의 예

유 형	수 정
지시(instructions)	대상자에게 지시를 할 때 좀 더 쉽게 바꾸어 말할 수 있다.
시범(demonstration)	지도자가 과제를 어떻게 수행하는지에 대한 시범을 보여 줄 수 있다.
시간제한(time limits)	과제완성을 위한 시간제한을 연장하거나 제거할 수 있다.
제시양식 (presentation mode)	과제의 제시양식을 변경할 수 있다. 예를 들어, 대상자에게 전광판에 게시된 점수를 읽도록 요구하기보다 지도자가 대상자에게 점수를 큰 소리로 알려줄 수 있다.
반응양식 (response mode)	참가 대상자에게 요구되는 반응양식을 변경할 수 있다.
보조물(aids)	대상자가 개인의 특성에 따라 요구되는 다양한 보조장비를 사용하도록 허용할 수 있다.
촉진자극(prompts)	지도자가 참가대상자에게 촉진자극을 제공할 수 있다. 예를 들어, 활동의 첫 단계는 지도자가 수행한 후 다음단계부터 참가자가 수행할 수 있게 한다.
피드백(feedback)	지도자가 참가자에게 피드백을 줄 수 있다. 이러한 피드백은 옳은 반응에 대한 확인뿐만 아니라 틀린 반응에 대한 정정도 포함한다.
정적강화 (positive reinforcement)	옳은 반응이나 다른 적절한 행동에 대해 참가자에게 정적 강화를 제공할 수 있다.
물리적 위치/장소 (physical location)	활동이 실시되는 물리적 위치나 장소를 변경할 수 있다.
지도자 (instructor)	지도자 또는 보조요원을 변경 할 수 있다. 부모나 교사와 같이 피검자가 편안하게 느끼는 사람이 프로그램을 실시할 수 있다.

[출처: McLoughlin & Lewis(2008/2011)에서 인용]

▨ **프로그램 수정** 효과적인 지도활동의 제공은 면밀히 계획된 활동과 개별 학생들 스스로가 만든 수업 진도를 수행함으로 발생하는 결과라고 할 수 있지만, 더욱 중요한 고려사항은 지도활동이 매 순간마다 일어나는 예상지 못한 다양한 현상들과 참가자들의 반응에 어떻게 적절히 대처하고 보완할 것인가하는 점이다. 프로그램 운영 시 지도활동의 목표는 분명히 모든 학생들을 대상으로 세워져 있어야 한다. 다른 학생들과 마찬가지로 지적장애 학생들도 그들을 향한 목표에 반응하기 때문이다. 학생을 위한 현실적이고 획득 가능한 목표를 세우는 동시에 적합한 행동을 장려하고 인지시키기 위해서는 적절한 수정과 보완도 병행하여야 한다. 수정된 활동은 지적장애인에게 적절한 활동 수준과 다양한 기회를 제공할 수 있다. 복잡하지 않은 규칙과 단순한 전략을 요구하는 활동, 특성을 제거하지 않아도 되는 활동, 최대한의 참여를 장려할 수 있는 활동, 협력적인 행동이 필요한 활동 등을 제공

하는 것이 매우 바람직하다. 또한, 활동을 진행하는 동안 참가자가 집중력을 잃거나 좌절감 및 지루함을 느낄 경우 변화를 주어야 한다. 이 때 팀의 구성원을 조정하고 대안적인 규칙을 찾는다. 참가자의 위치를 변경하며, 각 팀의 인원수를 조정하고 경기장 규격도 줄일 수 있다. 활동에 필요한 운동 기술을 지적장애인이 수행할 수 있는 기술로 대체하고 동료 도우미를 지정하여 돕게 할 수 도 있다.

> ☞ **기본운동기술과 건강체력의 지도**
> 지적장애가 있는 사람의 신체활동 지도는 자발적인 동기유발과 능동적인 참여를 통한 활동의 지속이 중요하다. 이를 위해, 지도자는 이들의 지체된 운동발달의 향상과 건강관련 체력의 향상에 관심을 기울여야 한다. 따라서, 대상자의 현재 수행능력에 적정한 교수학습 운영을 위해서는 참가 대상자들의 기본운동기술 수준과 건강관련 체력 요소의 수준을 파악하고, 적정한 진단에 따른 지도와 평가 활동을 수행하는 것이 매우 중요한 의미를 갖는다.

▣ **기본운동기술** 기본 움직임 능력의 발달은 모든 발달의 기초이며 보다 복잡한 운동을 성공적으로 수행하는데 필수 기본 요소이다. 이러한 기술들이 발달하면 다른 신체활동 기술에 대한 통찰력이 더하게 되고 수중운동, 무용, 게임 등 다양한 스포츠 활동에서 사용되는 보다 복잡한 움직임을 성공적으로 수행하는 것이 가능해 지게 된다. 이는 인지적인 제한으로 인해 지적장애가 있는 사람들에게는 특히 더 중요한 의미를 갖는다. 기본운동기술은 본질적으로 건강체력과는 다른 의미를 가지지만, 건강체력을 증진시키면 기본운동기술 수행도 향상될 수 있다. 지적장애가 있는 사람들에게는 근력, 움직임 스피드, 민첩성, 평형성, 협응성, 지구력 등의 움직임 요인들이 기본운동기술 수행에 긍정적인 영향을 주고, 기본운동기술 숙달 정도가 높을수록 스포츠 기술을 더욱 쉽게 습득할 수 있다. 예를 들어, 중등도 지적장애가 있는 아동들이 스페셜올림픽 축구 게임에서 성공적인 경험을 하려면, 먼저 달리기, 점프, 슬라이딩, 킥, 트래핑 등과 같은 기본운동기술을 구사해야 한다 (Eichstaedt & lavay, 1992; 최승권 등, 2012에서 재인용). 만일 이 참가자들이 기본운동기술을 수행할 수 없다면 참가자들은 계속 참여하기를 주저할 것이기 때문에 스포츠 활동에서 쉽게 좌절하고 실패를 하게 될 것이다. 따라서 게임 활동과 스포츠 활동은 참가자들이 적절한 지도를 받고 다양한 경험을 지속하여 기본운동기술 발달이 이루어진 후에 시작되어야 한다.

지적장애가 있는 사람들을 대상으로 하는 기본운동기술 지도의 가장 중요한 이점은 기능적 기술 영역에 있다. 기본운동기술이 숙달되면 일상생활에서 요구되는 움직임을 수행하는데 필요한 기능적 기술들도 발달되어 보다 기능적으로 생활할 수 있게 된다. 예를 들면, 주변 환경을 성공적으로 극복하는 데에는 이동이 필수적이며, 이 영역이 숙달되면 계단을 오르내리며 걷거나 이동 경로에 있는 물체 주변을 걷는 것에 도움을 줄 수 있다. 이와 같은 기능적 기술의 예들은 5세 이하의 장애가 없는 아동들에게는 당연시 되는 것이지만, 중증 지적장애가 있는 청소년들이나 성인들에게는 이 영역을 발달시키기 위한 적절한 지도가 필요하다.

참고 기본운동기술 활동

이동기술

물체조작기술

■ **기본운동기술의 영역** 기본운동기술은 두 개의 주된 움직임 영역, 즉 이동(locomotion)과 물체조작(object control)을 포함하고 있다. 이동이란 공간에서 고정된 한 장소로부터 다른 곳으로 움직여 돌아다니는 것을 말한다. 이동 운동의 예로는 걷기, 달리기, 점프, 홉(hopping), 슬라이드(sliding), 립(leaping), 스킵(skipping) 등이 있다. 이동 기술들을 증진시키는 것은 보다

더 효과적이며 효율적인 방법으로 움직이는 것을 의미한다. 물체조작 운동은 개인이 효과적이며 효율적으로 물체에 힘을 가하고 또 물체로부터 힘을 받을 수 있는 것으로 특징지을 수 있다. 물체조작은 추진 운동(propulsive movement)과 수용 운동(absorptive movement)으로 더 나눌 수 있다. 추진 운동은 던지기, 치기, 차기 등 물체를 자신으로부터 멀리 움직여 보내는 활동들로 구성된다. 수용 운동은 물체를 효과적으로 멈추거나 물체의 방향을 바꾸기 위해 신체나 신체 부위들의 위치를 잡는 것이 요구되는 활동들을 말한다. 즉, 받기와 트래핑 같은 기술들을 포함한다.

■ **건강체력의 중요성** 지적장애가 있는 사람들은 연령대가 같은 일반인들에 비해서 체력 점수가 낮으며, 장애 정도가 심할수록 이 체력 점수는 지속적으로 감소한다. 특히, 체력 수준이 낮은 것은 청소년기보다 성인기에서 더욱 두드러지게 나타나는데, 그들이 학교를 졸업하고 직업을 가지게 되면 체력에 대한 요구는 사실상 무시되기 때문이다. 그러나 지적장애가 있는 사람들에게 적절한 트레이닝을 시키면 체력 영역에서 유의한 향상을 가져올 수 있다(Lavay, Reid, & Cressler-Chaviz, 1990). 지금까지 지적장애인들의 체력에 관한 사항들이 다르게 평가되었던 이유는 적정한 체력 훈련 기획 및 지도 부족, 체력 연습의 기회 부족, 체격 특성(예: 체중, 신장)과 의학적 상태(예: 선천성 심장 질환) 등을 검토해 볼 수 있다. 지적장애가 있는 사람들은 적절한 건강 체력 활동에 참여할 기회가 거의 없었고, 신체적 특성과 의학적 조건 또한 낮은 체력 수준을 갖게 하는 주된 원인이라고 할 수 있다. 운동과 생활방식은 밀접히 연관되어 있고 바람직한 체력 운동을 지속하는 것은 필수적이다 (McConaughy & Salzberg, 1988). 대부분의 지적장애가 있는 사람들은 자기-주도의 건강한 생활방식을 선택하는 인지 능력이 부족하다. 이들이 자연스럽게 매일 체력 운동을 선택하여 실시하는 것이 어렵기 때문에 이러한 습관을 길러주어야 한다. 체력 운동을 할 수 없게 하는 기타 요인들로는 양질의 교수 부족, 레크리에이션과 스포츠 참여 기회 부족, 신장, 체중(비만) 및 의학적인 고려 사항 등이 있는데, 이것들이 결합하면 신체활동에 참가하는 것을 더욱 더 어렵게 만든다. 또 신체활동에서 계속적인 실패와 좌절의 경험은 신체활동을 하고자 하는 시도조차도 그만두게 한다. 그러므로 이 집단을 대상으로 체력 훈련 프로그램을 개발하는 전문가들은 지적장애가 있는 사람들이 일생을 통해서 지속적으로 연습하길 원하도록 안전하고 흥미로우며, 동기유발을 유도하고 그들의 요구에 잘 맞으면서 성공-지향적인 체력 프로그램을 고안하고 실행하는데 모든 노력을 기울여야만 한다.

장애영역별 체육활동 지도

지적장애	운동수행의 발달정도에 따라 꾸준히 지도 현재수행능력의 세밀한 파악 후 지도 안전지도 방안 구체화
정서장애	구조화된 체육활동 프로그램 기획 비경쟁적인 자기향상 활동에 우선적 참여 유도 구조화된 환경 내에서의 교사 통제력 발휘 기분상태 조절 방안
자폐성장애	소음과 활동에 저해되는 환경 관리

[출처: 한동기(2002)에서 인용]

■ **지적장애인의 체육활동 지도** 운동수행의 발달 정도가 느리게 나타나므로 무엇보다도 끈기 있게 참고 지도하여야 한다. 체육활동 지도 시에는 개인의 현재 수준을 기초로 체력과 운동기술을 향상시킬 수 있도록 세밀하게 계획된 프로그램을 제공하여야 한다. 활동은 단순화시키고 정적강화를 제공하여 시범을 보이고 다감각적인 접근법을 사용하는 것이 바람직하다. 지적장애인들은 원인-결과 또는 안전에 대한 개념이 미숙하기 때문에 항상 안전에 관한 사항을 유의하여야하며, 신체활동 시 기술의 습득, 파지, 전이가 이루어지고 있는지 수시로 점검하며 지도하는 것이 바람직하다.

■ **정서장애인의 체육활동 지도** 정서장애인들에게 체육활동지도가 어렵게 느껴질 수 있지만 모든 유형의 구조화된 활동-지향적 체육활동이 성공적으로 제공될 수 있다. 참가자들에게 적정한 강화를 제공하고, 이러한 강화가 포함된 놀이, 게임, 체력 운동 및 사회성 기술을 발달시키는데 중점을 둔 활동들을 제공하여야 한다. 활동에 참여하기 싫어하는 참가자들에게는 경쟁 스포츠를 강요하는 것이 바람직하지 않으며, 처음에는 직접 참여하는 활동보다는 다른 사람들이 활동하는 모습을 참관하게 하고 일정시간이 지난 후 비경쟁적인 자기향상 활동에 참여하도록 유도한다. 체계적인 체육프로그램은 보다 정상적인 생리적 반응을 자극시키고 격양된 감정을 적절히 분출시켜 줄 수 있다. 모든 환경자극은 구조화된 환경 내에서 지도자의 통제 하에 이루어져야 한다. 적절한 자극(예: 밝은 색 공)을 활용하고, 주의를 분산시키는 자극(문이 열려 복잡한 외부환경이 보이는 상황)을 줄이거나 제거하여야 한다. 또 활동 시 기다리는 시간을 최소화시키고 흥분을 가라앉히며 인내심을 가지게 한다. 문제행동을 보이는 경우 잠시 타임-아웃을 활용할 수 있다. 동적인 활

강화(reinforcement): 행동의 반응이나 빈도, 강도를 유발하고 증가시키는 자극. 정적 강화와 부적강화가 대표적임

습득(acquisition): 학문이나 기술 따위를 배워서 자기 것으로 함

파지(retention): 학습된 반응이나 경험이 지속적인 영향을 미치는 것

전이(transfer): 학습의 결과가 다른 유사한 학습에 적용/연계되는 현상

문제행동(problem behavior): 반사회적, 비사회적, 신경증적, 자기과시적 행동

중추신경계(central nervous system): 말초신경 계통과 연결되는 신경 계통의 일부로서 뇌수와 척수로 이루어짐

정보처리과정: 운동제어, 운동학습, 운동계획 등의 과정

동과 차분하고 정적인 활동을 모두 제공하는 것이 바람직하며, 참가자가 흥분할 때의 상황을 예견하고 미리 완화시키는 방안을 숙지하도록 한다. 과잉행동을 보이는 참가자는 이완 및 비경쟁활동이 적합하며, 활동이 매우 저하된 상태의 참가자는 적극적인 놀이와 게임이 적합하다.

▨ **자폐성장애인의 체육활동 지도** 자폐성장애가 있는 참가자들은 감각이상과 더불어 중추신경계의 정보처리과정이 결여되어 있다. 중추신경계의 장애로 인하여 일반적으로는 운동을 서투르게 수행한다. 이러한 이유 때문에 체육활동 시간에 종, 호각, 점수판의 부저, 마루에 의자나 책상이 긁히는 소리, 메아리 등의 소음이나 소리를 최소화시켜주어야 한다. 오래도록 체육활동 프로그램에 지속적으로 참가하는 자폐성장애인들은 이러한 자극과 소리에 민감하게 반응하던 것이 완화되어 가기 때문에 지도자는 적절한 지도활동과 대처방안을 적용하여야 한다.

유니스 케네디 슈라이버 여사와 지적장애인

> ☞ **국제스페셜올림픽위원회**(Special Olympic International : SOI)
> 스페셜올림픽위원회는 지적장애인의 국제스포츠 기구로써 전 세계적으로 약 2억 2천만 명의 지적발달장애인들을 대상으로 활동하고 있고, 374만 명의 지적장애 등록선수와 27만여 명의 등록코치를 확보하고 있으며, 180여 개국 220개 위원회가 활동하고 있다. 더욱이 전 세계적으로 60만여 명의 자원봉사자들이 참여하고 있다.

한국스페셜올림픽위원회

2013동계스페셜올림픽 세계대회

▨ **스페셜올림픽의 역사** 스페셜올림픽위원회는 지적장애인들을 위해 지속적인 스포츠훈련(year-round sports training) 기회를 제공하고 수시로 경기대회를 개최하여 참여시킴으로써, 지적·자폐성장애인들의 신체적 적응력을 향상 시키고 생산적인 사회구성원으로서 인정받을 수 있도록 기여하는 국제적 운동이자 비영리 국제스포츠기구이다. 특수올림픽은 처음에는 단순히 장애인을 돕기 위해, 또는 이상 실현을 추구하기 위해 시작되었다. 1963년 6월 유니스 케네디 슈라이버(Eunice Kennedy Shriver)는 그녀의 집에서 정신지체아동들을 위한 일일 캠프를 시작했다. 그 목적은 다양한 운동과 신체적 활동을 통하여, 이들 아동과 성인들의 잠재능력을 찾아내자는 것이었다. 이러한 이상은 점차적으로 호응을 얻어 조세프 P. 케네디 주니어 재단(Joseph, P. Kennedy Jr. Foundation)의 지원 아래 조그만 지역단위에서 여름 캠프가 열렸으며 차차 주 단위, 세계 단위의 특수올림픽으로 발전하였다. 1968년 슈라이버는 제1회 국제특수올림픽대회를 개최하였고, 개최지인 시카고 및 미국 각주와 캐

나다에서 약 천 여명의 선수들이 참가했다.

우리나라는 1978년 한국특수올림픽위원회로 출범하여 1985년 국제본부로부터 승인을 받았고, 2004년 공식인증을 획득하였다. 2005년 한국스페셜올림픽위원회로 명칭을 변경하였고 대한장애인체육회 장애유형별 가맹경기단체로 가입하였으며, 2008년 사단법인 한국스페셜올림픽위원회가 출범하였다. 2013년에는 동계스페셜올림픽 세계대회를 평창에서 성공리에 개최하였다.

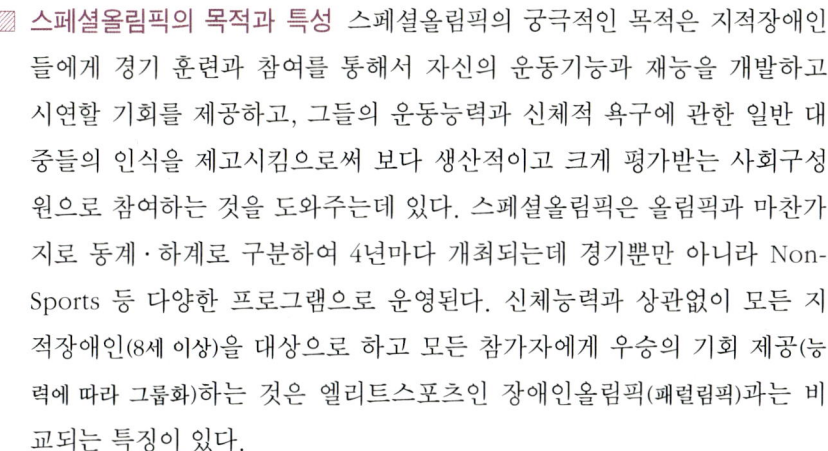

스페셜올림픽 참가선수

■ **스페셜올림픽의 목적과 특성** 스페셜올림픽의 궁극적인 목적은 지적장애인들에게 경기 훈련과 참여를 통해서 자신의 운동기능과 재능을 개발하고 시연할 기회를 제공하고, 그들의 운동능력과 신체적 욕구에 관한 일반 대중들의 인식을 제고시킴으로써 보다 생산적이고 크게 평가받는 사회구성원으로 참여하는 것을 도와주는데 있다. 스페셜올림픽은 올림픽과 마찬가지로 동계·하계로 구분하여 4년마다 개최되는데 경기뿐만 아니라 Non-Sports 등 다양한 프로그램으로 운영된다. 신체능력과 상관없이 모든 지적장애인(8세 이상)을 대상으로 하고 모든 참가자에게 우승의 기회 제공(능력에 따라 그룹화)하는 것은 엘리트스포츠인 장애인올림픽(패럴림픽)과는 비교되는 특징이 있다.

스페셜올림픽 경기대회는 다른 엘리트스포츠대회들과 근본적으로 다른 특징을 가지고 있다. 스페셜올림픽의 차별성은 어떤 수준의 경기력을 갖춘 선수라도 모두 대회에 참가할 수 있고, 대회에 참가한 모든 선수들은 그들의 경기결과를 인정받는다. 공평한 방법에 의해 분류된 등급에 따라 유사한 경기력을 지닌 선수들 간에 경쟁을 하게 된다. 모든 선수들은 스페셜올림픽이 개발한 독특한 시스템에 의해서 경기력 수준에 관계없이 보다 높은 수준의 경기대회에 참가할 수 있는 공정한 기회를 갖는다.

참고 스페셜올림픽과 패럴림픽의 차이점

스페셜올림픽(Special Olympics)	패럴림픽(Paralympics)
지적발달장애인 선수를 위한 스포츠대회	신체장애 및 감각장애 선수를 위한 스포츠대회
모든 연령층을 대상(경기 참가는 만8세 이상)	종목에 따라 다양한 연령층
최소한의 경기력을 갖춘 누구나 모든 종목에 참가 가능	엘리트선수만 참가
대회참가 모든 선수들의 경기결과 인정 (조별 1~8등) 메달 및 리본 시상	1, 2, 3등만 메달수여
국제기구 : 국제스페셜올림픽위원회(SOI)	국제기구 : 국제패럴림픽위원회(IPC)

[출처: 한국스페셜올림픽위원회(2015)]

참고문헌

강위영 (1996). **장애인의 삶의 질 개선**. 경북: 대구대학교출판부.

김주혜, 박지연 (2004). 긍정적 행동 지원(PBS) 과정에서의 핵심관련자 간 협력에 관한 고찰. **특수교육연구**, 11(2), 27-45.

네이버 지식백과 (2014). 교육학용어사전: 2014. 12. 20, http://terms.naver.com/entry. nhndocId에서 인출

서울특별시교육청 (2005). **특수학급 운영 매뉴얼**. 서울: 서울특별시교육청.

장애인 등에 대한 특수교육법, 법률 제12127호 (2013). 2014. 12. 14, http://www.law.go.kr에서 인출

장애인복지법 시행규칙, 보건복지부령 제278호 (2014). 2014. 12. 14, http://www.law.go.kr에서 인출

장애인복지법 시행령, 법률 제 25840호 (2015). 2014. 12. 14, http://www.law.go.kr에서 인출

한국스페셜올림픽위원회 (2015). 2015. 01. 02, http://www.sokorea.or.kr/sports에서 인출

한동기 (2002). **특수체육의 이론과 실제**. 서울: 무지개사.

American Association on Mental Retardation (2002). *Mental retardation: Devifition, classification, and systems of supports*(10th ed.). Washington, DC: Author.

American Psychiatric Association (2000). *Diagnostic and statistical manual of mental disorders*(4th ed.). Washington, DC: Author.

Bambara, L, M., & Kern, L. (2005). *Individualized supports for students with problem behavior*. NY: Guilford.

Eichstaedt, C. B., & Lavay, B. W. (2012). **지적장애 체육**. (최승권, 강문주, 강병일, 강유석, 김권일, 김상두 외 7인역.). 서울: 무지개사. (원저 1992 출판)

Jansma, P. & French, R. (2001). **특수체육**. (김의수 역.). 서울: 무지개사. (원저 1994 출판)

Lavay, B., Reid, G., & Cressler-Chaviz, M. (1990). Durance of persons with mental retardation: A critical review. In K. Pandolf(Ed.), *Exercise science sport review*(pp. 263-290). Baltimore: Williams & Wilkins.

McConaughy, E. K., & Salzberg, C. L. (1988). *Physical fitness of mentally retarded individuals*. In N. W. Bray (Ed.), International review of research in mental retardation (pp. 227-258). San Diego: Academic Press.

McLoughlin, J. A., & Lewis, R, B. (2008). **특수교육평가**. (이승희 역.). 서울: 학지사. (원저 2011 출판)

Schalock, R. L., Keith K. D., Verdugo M. A., & Gomez L. E. (2010). *Quality of life model development and use in the field of intellectual disability, in quality of Life: Theory and Implementation*. NY: Kober, Ed.

Wehmeyer, M. L. (1999). A functional model of self-determination: describing development and implementing instruction. *Focus on Autism and other Developmental disabilities, 14*(1). 53-61.

Wing, L. (1988). The continuum of autistic disturbance. In E. Schopler & G. M. Mesibov(Ed). *Diagnosis and Assessment in Autism*. NY: Plenum Press

Winnick, J. P. (2013). **특수체육과 장애인스포츠**. (최승권, 강유석, 김권일, 김기홍, 박병도, 양한나 외 7인 역.). 서울: 레인보우북스. (원저 2011 출판)

시각장애인의 체육 지도 전략

1. 시각장애의 특성

2. 시각장애인의 체육·스포츠 지도

1. 시각장애의 특성

> ☞ **시각장애의 정의**
> 시각장애는 크게 법적 정의와 기능적(교육적) 정의로 구분된다. 법적 정의는 국가에서 사회복지 혜택이나 특수교육서비스 대상자를 선정하기 위해 사용되고, 기능적(교육적) 정의는 지도 현장에서 지도자가 대상자의 잔존시각 기능에 맞는 지도방법을 적용하기 위해 주로 사용된다.

시력: 사람이나 물체를 뚜렷하게 인식하는 능력

시야: 눈이 한 지점을 주시하고 있을 때 그 눈이 볼 수 있는 범위

색각(또는 색약): 물체의 색채를 구별하여 인식하는 능력

나안시력: 안경을 쓰지 않은 상태에서 측정한 시력

교정시력: 굴절이상이 있는 사람이 안경이나 렌즈를 착용하고 측정한 시력

▨ **법적 정의** 법적 정의는 시력과 시야의 두 가지 기준을 중심으로 판단한다. 즉, 시력의 상실 정도나 시각 범위의 활용성을 기준으로 시각장애 여부를 판정하며, 주로 사회복지 혜택이나 특수교육서비스 대상자를 선정하기 위해 사용된다. 우리나라의 법적 정의는 주로 「장애인복지법」과 「장애인 등에 대한 특수교육법」에서 찾아볼 수 있다. 먼저 「장애인복지법」에서는 복지혜택의 시혜성 측면에서 시각장애를 시력장애와 시야결손장애로 구분하여 규정하고 있으며, 시각장애를 판단하는 데 다음과 같은 네 가지 기준을 제시하고 있다.

> **참고** 「장애인복지법」 시행령(2014)에서 규정하고 있는 시각장애의 기준
>
> 가. 나쁜 눈의 시력(만국식 시력표로 측정한 것을 말하며 굴절이상이 있는 사람의 경우에는 교정시력을 기준으로 한다.)이 0.02 이하인 사람
> 나. 좋은 눈의 시력이 0.2 이하인 사람
> 다. 두 눈의 시야가 각각 주시점에서 10도 이하로 남은 사람
> 라. 두 눈의 시야 2분의 1 이상을 잃은 사람

「장애인 등에 대한 특수교육법」에서는 시각장애를 시각 과제 수행 정도를 기준으로 정의하고 있다. 즉, 시각장애를 '시각계의 손상이 심하여 시각기능을 전혀 이용하지 못하거나 보조공학기기의 지원을 받아야 시각적 과제를 수행할 수 있는 사람으로서 시각에 의한 학습이 곤란하여 특정의 광학기구·학습매체 등을 통하여 학습하거나 촉각 또는 청각을 학습의 주요 수단으로 사용하는 사람'으로 정의하고 있다.

| | IV. 지적장애인·정서장애인·자폐성장애인의 체육 지도 전략 | **V. 시각장애인의 체육 지도 전략** | VI. 청각장애인의 체육 지도 전략 | VII. 지체장애인·뇌병변장애인의 체육 지도 전략 |

참고 「장애인 등에 대한 특수교육법」의 시각장애 기준

구분	기준
시각장애	시각에 의한 학습 수행이 곤란하여 특정의 광학기구, 학습 매체 등을 이용하거나 촉각이나 청각을 학습의 주요 수단으로 이용하는 사람으로 맹과 저시각을 포함
맹	시각계의 손상이 심하여 시각 기능을 전혀 이용하지 못하는 상태
저시각	보조공학기기의 지원 등을 받아야만 시각적 과제를 수행할 수 있는 상태

> **스넬렌(Snellen) 시력검사**
> - 20피트(6m) 떨어진 거리에서 실시
> - 가로열은 크기가 같고 아래로 내려갈수록 작아짐
> - 정상시력: 20/20
> - 예) 20/50: 정상시력을 가진 사람이 50피트에서 읽을 수 있는 것을 20피트에서 읽을 수 있음

■ **기능적(교육적) 정의** 기능적 또는 교육적 정의는 특수교사나 특수체육 지도자들이 지도 현장에서 잔존시력에 맞는 지도방법을 적용하기 위해 주로 사용된다. 시각장애인을 지도하는 현장에서는 대상자의 잔존시력에 따라서 학업성취나 훈련효과를 높이기 위해 점자나 교정렌즈, 확대경 등의 특수한 기구나 교육환경이 필요할 수 있다. 기능적(교육적) 정의는 실명과 저시각을 좀 더 세분화하여 분류함으로써 지도자가 대상자를 쉽게 이해할 수 있게 하여 교육이나 훈련 효과를 높이는 데 도움을 줄 수 있다.

> **잔존시력(residual vision)**: 시력 상실 후 남아 있는 시력의 기능

참고 기능적(교육적) 정의에 따른 분류

완전실명(전맹) (全盲, totally blind)	시력이 전혀 없는 상태
광각(光覺, light perception)	암실에서 광선을 인식할 수 있는 상태
수동(手動, hand movement)	눈앞에서 손을 좌우로 움직일 때 이를 알아볼 수 있는 상태
지수(指數, finger counting)	자기 앞 1m 전방에서 손가락 수를 셀 수 있는 상태
저시각(低視覺, low vision)	일반 활자를 읽지 못할 수도 있으나 시력으로 일상생활을 할 수 있는 상태로, 한계는 일정치 않으나 다각적으로 변화를 발견 못하는 시력 감퇴가 있는 상태

> **광각 이상의 상태**: 빛 정도만이라도 볼 수 있는 상태(광각 이상)라면 생활이나 지도 현장에서 시각을 활용할 수 있다.

> **시각장애의 분류**
> 시각장애의 분류는 법적 분류와 기능적(교육적) 분류 외에 시각장애인의 스포츠 참여와 관련된 스포츠 의무 분류가 있고, 일상생활이나 학교 교육, 스포츠 지도 현장에서 수행에 영향을 미칠 수 있는 실명 시기나 장애 진행 정도에 따른 분류 등이 있다.

시각(vision): 시각은 눈을 통해 외부 세계의 정보를 받아들이는 과정이다. 눈을 통해 받아들여진 정보는 시신경을 거쳐 뇌로 전달되어 이미지가 시각적으로 나타나게 된다.

▨ **WHO(1980)의 시각장애 분류** 먼저 WHO에서는 시각장애를 시각손상 정도에 따라 정상, 저시각, 맹으로 구분하였다.

참고 WHO의 시각장애 분류

분류	시력 정도	과제 수행 정도
정상 (normal)	정상시력(normal) 또는 정상근접시력 (near normal)	특별한 도움 없이 과제 수행이 가능하다.
	중등도(moderate)	특별한 도움을 받으면 거의 정상적으로 과제 수행이 가능하다.
저시력 (low-vision)	중도(severe)	도움을 받아 속도, 정확도, 지속도가 낮은 수준에서 시각적 과제 수행이 가능하다.
	최중도(profound)	시각과제에서 전반적으로 어려움이 있고 아주 섬세함을 요구하는 시각과제 수행은 불가능하다.
맹(또는 실명) (blind)	실명근접시력 (near blind)	시력에 의존할 수 없으며 기본적으로 다른 잔존감각에 의존해야 한다.
	맹(또는 실명) (blind)	시력이 전혀 없고, 오로지 다른 잔존감각에 의존해야 한다.

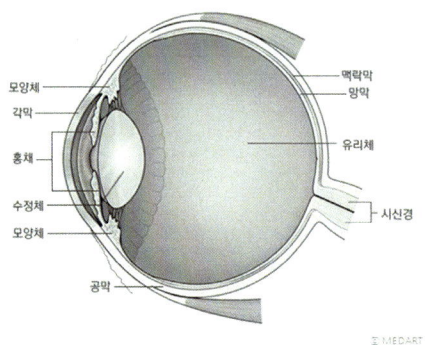

[출처: 서울대학병원 신체기관 정보]

■ **법적 정의와 기능적(교육적) 정의에 의한 분류** 시각장애의 법적 분류로「장애인복지법」에서는 시각장애 등급판정 기준에 따라 1급 1호부터 6급까지 여섯 등급으로 구분하고 있고,「장애인 등에 대한 특수교육법」에서는 맹과 저시각으로 분류하고 있다. 또한 기능적(교육적) 분류에서는 잔존시력의 상태에 따라 완전실명, 광각, 수동, 지수, 저시력으로 나누고 있다.

참고 「장애인복지법(2008)」의 시각장애등급 판정 기준

장애 등급	장애 정도
1급 1호	좋은 눈의 시력이 0.02 이하인 사람
2급 1호	좋은 눈의 시력이 0.04 이하인 사람
3급 1호	좋은 눈의 시력이 0.08 이하인 사람
3급 2호	두 눈의 시야가 각각 주시점에서 5도 이하로 남은 사람
4급 1호	좋은 눈의 시력이 0.1 이하인 사람
4급 2호	두 눈의 시야가 각각 주시점에서 10도 이하로 남은 사람
5급 1호	좋은 눈의 시력이 0.2 이하인 사람
5급 2호	두 눈의 시야 1/2 이상을 잃은 사람
6급	나쁜 눈의 시력이 0.02 이하인 사람

■ **스포츠 등급 분류** 시각장애인의 스포츠 참여와 관련해서는 국제시각장애인경기연맹(International Blind Sports Association; IBSA, 2009)에서 시각장애를 B1, B2, B3로 분류하고 있다.

참고 국제시각장애인경기연맹(2009)

등급	설명
B1	어느 쪽으로도 빛을 감지하는 못하는 경우
B2	시력이 2m/60m 이하 혹은 시야가 5도 이하로 물체나 그 윤곽을 인식하는 경우
B3	시력이 2m/60m ~ 6m/60m 혹은 시야가 5도에서 20도 사이인 경우

안구의 주요 기능
- **각막**: 눈의 초점작용, 빛을 굴절시킴
- **동공**: 안구 안으로 들어가는 빛의 양 조절
- **홍채**: 빛의 양 조절
- **방수**: 각막에 영양 공급
- **수정체**: 망막에 빛의 초점을 맺게 함
- **망막**: 빛 에너지를 신호로 바꾸어 뇌에 전달함

2m/60m의 의미
정상시력을 가진 사람이 60m에서 읽을 수 있는 것을 20m에서 읽을 수 있는 정도의 시력

망막색소변성: 색소상피에 문제가 생기는 유전적 질환으로, 성인이 되면 야맹증이 생긴다.

▨ **실명 시기에 따른 분류** 일반적으로 실명 시기에 따라 선천성 시각장애와 후천성 시각장애로 구분된다. 보통 2세 혹은 5세를 기준으로 선천성과 후천성으로 구분하는데, 선천성 시각장애는 태어나면서 또는 태어나서 얼마 안 되어 시각장애가 발생한 경우로 사물이나 장소에 대한 시각적 경험이 형성되어 있지 않다. 반면에, 후천성 시각장애는 출생 이후 생활을 하다가 시각장애가 발생한 경우로 어느 정도 시각적 경험이 존재한다. 선천성의 경우는 시각적 경험이 거의 남아있지 않기 때문에 시각 이외에 청각이나 촉각 등 다른 감각 기관을 활용하여 지도하는 것이 필요하며, 후천성의 경우는 남아 있는 시각적 경험을 최대한 활용하여 활동을 지도하는 것이 효과적이다.

▨ **장애 진행 정도에 따른 분류** 시각장애 진행 정도에 따라 급성(acute)과 만성(chronic)으로 구분된다. 사고로 단번에 실명하는 경우와 같이 시각장애 진행 정도가 급격히 진행되는 경우를 급성이라고 하고, 망막색소변성처럼 장기간에 걸쳐 서서히 진행되는 경우를 만성이라고 한다.

> ☞ **시각장애의 원인**
> 시각장애의 원인은 산전 원인, 전염병, 상해, 종양 등으로 다양하게 나타난다. 최근 의학의 발달로 유전이나 출산 이상에 의한 시각장애는 점차 줄어들고 있으나 노화나 사고에 의한 시각장애는 점차 증가하는 추세이다. 특히, 근시, 원시 등의 굴절 이상에 의한 질환이 가장 흔한 증상으로 나타나고 있으며, 그 외에 각막 질환이나 수정체 질환, 망막 이상 등 다양한 원인에 의해 발생할 수 있다.

▨ **굴절 이상** 시각장애의 원인 중 가장 흔한 경우가 근시, 원시, 난시 등의 굴절 이상에 의한 문제이다. 근시는 시각의 상이 망막보다 앞에 맺히는 경우로 가까운 거리에 있는 물체는 명확히 볼 수 있으나 먼 거리에 있는 물체는 희미하게 보인다. 원시는 시각의 상이 망막보다 너무 뒤에 맺혀서 가까운 물체는 희미하게 보이고 먼 곳에 있는 물체는 명확하게 보이게 된다. 난시는 각막과 수정체의 표면이 매끄럽지 못해 망막에 맺힌 상이 흐려지거나 왜곡되는 경우로 눈의 초점을 맞추는 것에 어려움이 있다. 그리고 노안(老眼)은 나이가 들면서 수정체가 딱딱해지거나 눈의 초점 조절을 통제하는 모양근이 약해져서 초점을 조절하는 능력이 떨어지는 경우를 말한다. 이러한 굴절 이상에 의한 시각장애는 대부분 안경이나 콘택트렌즈를 이용하여 어느 정도 교정될 수 있다.

■ **각막 질환** 망막에 선명한 이미지가 형성되기 위해서는 외부의 빛이 각막을 통과해야 하는데, 감염이나 상해, 알레르기 등으로 각막에 상처가 생겨서 시력이 떨어지거나 빛이 왜곡되는 경우를 말한다. 대표적인 질환으로 원추각막은 각막 중심부가 서서히 얇아지면서 원뿔 모양으로 앞으로 돌출되는 진행성 질환이다. 시각이 뿌옇거나 왜곡되는 문제가 생긴다.

■ **수정체 질환** 수정체가 탁해지면서 생기는 대표적인 질환으로 백내장을 들 수 있다. 백내장은 노령으로 발생할 수 있으며 선천적으로 생길 수도 있고, 눈에 질병이나 상해로 생길 수도 있다. 보통 양쪽 눈에 발생하고 수정체가 탁해져서 빛을 잘 통과시키지 못한다. 시력이 떨어지고 흐릿해지며 색상 분별력이 떨어진다. 초기에 사시 증상이 일어날 수 있으며, 교정되지 않고 방치하면 저시각 상태가 된다.

> **참고** 백내장이 있는 시각장애인 지도 시 고려사항(박순희, 2014)
> - 지도할 때에 빛이 들어오는 창문 앞에 서지 않는다.
> - 거리조정이 가능하고 가감저항기를 가진 조명으로 근거리에서 활동하게 한다.
> - 콘택트렌즈나 안경이 처방된다면 반드시 착용한다.
> - 조명이 바뀌면, 잠시 동안 적응할 수 있는 시간을 준다.
> - 근거리 과제에서 원거리 과제로 바뀔 때에는 휴식 시간을 주어 눈의 피로를 줄여준다.

■ **망막 질환** 망막 질환은 망막에 혈액이 제대로 공급되지 못하거나 수용기에 질병이 생겨서 발생할 수 있으며, 망막박리, 황반변성, 당뇨망막병증, 망막색소변성 등이 있다. 망막박리는 망막이 맥락막으로부터 떨어져서 망막의 감각기능이 떨어지는 질환으로 눈앞이 번쩍거리고 먼지 같은 물체가 보이는 것과 같은 증상을 보인다. 황반변성은 노화로 인해 망막 안으로 새로운 혈관들이 파고 들어와 망막의 중심에 해당하는 황반 주변에 손상을 초래하는 질환이다. 증상으로는 주변시력은 남아 있지만 중심시력이 상실되어 글자를 읽을 때 특정 부분이 보이지 않거나 그림을 볼 때 한쪽이 흐릿하게 보이게 된다. 당뇨망막병증은 당뇨병으로 인해 모세혈관이 부풀어 오르는데 이 상태에서 비정상적인 혈관이 새로 생겨서 망막에 상처를 내고 망막박리를 초래할 수 있다. 망막색소변성은 유전성 질환으로 성인기가 되면서 밤에 잘 보이지 않는 야맹증 증상을 보이고 점차 말초 망막이 손상되어 시력을 잃게 된다.

■ **시신경 질환** 시신경은 눈에서 뇌로 시각정보를 전달하는 통로인데, 이 부분에 손상이 생기거나 노화로 인해 시각장애가 발생할 수 있다. 시신경 이상으

원추각막: 초기에는 안경으로 교정할 수 있으나 심해지면 특별하게 제작된 콘택트렌즈를 착용해야 한다.

백내장의 증상: 시력 감소, 색각 부족, 광선 공포증, 안구진탕증 등

중심시력: 물체의 상이 망막의 중심부분에 맺혀져 가장 선명하게 보이는 시력이며, 보통 시력은 중심시력을 말한다.

주변시력: 사물을 망막 중심부분을 제외한 주변을 통해 보는 경우로, 이 주변시력이 가능한 범위를 시야라고 한다.

망막박리가 발생한 경우: 망막박리를 초래할 수 있는 접촉 스포츠나 다이빙, 잠영 등을 피해야 한다.

정상 안압: 10~21mmHg

로 발생하는 대표적인 질환이 녹내장인데, 녹내장은 안압이 높아지면서 시신경이 눌리거나 혈액 공급이 원활하지 않아 시야가 좁아지고 영구적인 시력 손실을 가져올 수 있다. 시신경 위축은 눈에서 뇌로 시각 정보가 제대로 전달되지 못해 시야가 감소하고 희미하고 뿌옇게 보이는 증상이다. 그리고 시신경 형성부전은 선천적으로 시신경이 충분히 발달하지 못하여 발생할 수 있으며 경미한 시각손상부터 전맹까지 다양한 증상을 보인다.

> **참고 | 녹내장이 있는 시각장애인 지도 시 알아야 할 사항**(박순희, 2014)
> - 스트레스나 피로는 시각적 과제 수행에 부정적인 영향을 준다.
> - 안압이 증가하는지, 또는 통증이 있는지 주의 깊게 살핀다.
> - 약물치료가 처방된다면 정기적으로 복용한다.
> - 익숙하지 않은 장소로 이동하는 것이 어려울 수 있다.

안구진탕증의 증상: 시력감소, 피로, 현기증, 오랫동안 응시할 수 없다.

백색증이 있는 경우: 가능한 햇빛 노출을 피하고 실내조명을 조절한다.

기타 질환

기타 질환으로 안구진탕증과 백색증, 선천적 안구결함 등이 있다. 안구진탕증은 물체를 보고 있을 때 안구가 수직, 수평, 원모양 등 여러 모양으로 무의식적으로 움직여서 특정 부분을 오랫동안 주시할 수 없고 시력 감소와 피로, 현기증을 유발하는 증상이다. 안구진탕증이 있는 사람은 오랫동안 책을 읽을 수 없으며 읽던 곳을 자주 놓치는 반응을 보인다. 백색증은 유전적으로 눈이나 피부 등 신체 일부의 색소가 부족하여 시신경이 비정상적으로 발달하는 질환으로 시력 저하와 난시, 광선공포증, 고도 굴절이상 등의 증상을 보인다. 선천적 안구결함은 유전적인 문제로 태내에 있을 때 안구 형성에 결함이 생겨서 출생 후 시력 감소와 광선공포증 등을 보이는 질환으로 소안구증, 무안구증, 무수정체안, 무홍채증 등이 나타날 수 있다. 그리고 사시는 눈 주변 근육의 불균형으로 두 눈이 동시에 특정 물체에 초점을 맞추지 못하는 것으로, 두 안구가 안쪽으로 몰리거나 모두 바깥쪽으로 몰리는 경우, 한쪽에 비해 다른 한쪽이 위쪽으로 치우진 경우 등이 있다.

일상생활에서 시각장애인이 흔하게 나타내는 징후들
- 사시
- 구부정하고 경직된 자세
- 지나치게 깜박임, 가려움, 다래끼, 강한 빛을 피하는 행동 등
- 물체를 더듬거나 가까이에서 관찰하는 행동

> **참고 | 사시의 특징**
> - 두 눈이 동시에 같은 지점을 보지 못한다.
> - 가능한 빨리 치료해야 하며 시기가 늦어지면 약시로 발전할 수 있다.
> - 미간이 넓거나 코가 낮고 넓으면 사시가 나타나는 경우가 있으나 시간이 지나면서 정상으로 돌아올 수도 있다.
> - 조기 진단 시 대부분의 교정이 가능하다(교정안경, 안근운동, 수술 등).

공간개념: 상하, 좌우 등 공간의 방향과 구성 등에 대해 공간지각을 통해 얻은 인식

■ **인지적 특성** 시각장애의 인지적 특성은 주로 시각장애 발생 시기에 따른 시각적 경험에 따라 차이를 보이게 된다. 일반적으로 시각장애인은 일반인과 동일한 인지발달 단계를 거치지만 속도와 성숙도 측면에서 지체가 있는 것으로 알려져 있다. 즉, 성장기에 일반인에게 반복적으로 제공되는 모방과 관찰의 기회가 제한되기 때문에 동일 연령의 일반인에 비해 지능이나 개념 발달이 늦다. 특히, 사물의 영속성이나 인과관계, 공간개념, 신체개념 등의 구체적인 개념 발달이 상대적으로 지체되는 것으로 알려져 있다.

☞ **시각장애의 특성**

구분	주요 특성
인지적 특성	- 지능과 학업성취가 또래에 비해 지체되어 있다. - 사물의 영속성, 인과관계, 공간개념, 신체개념 등의 개념 발달이 지체되어 있다. * 지능이나 개념 발달이 지체되는 것은 제한된 환경 경험이 주요 원인으로 알려져 있다.
언어적 특성	- 일반인보다 느리게 말한다. - 일반인보다 크게 이야기하고 음을 조절하지 못한다. - 말하는 동안 억양, 몸짓, 얼굴표정, 입술모양 등에 변화가 없다.
행동 특성	- 신체활동의 기회가 적고 혼자 있는 시간이 많아지게 되면서 습관적인 행동이 나타난다. - 바른 자세를 취하기가 어렵고 몸이 경직되어 있다.
사회적 특성	- 불안이나 공포, 긴장감이 일반인보다 높다. - 사람들과의 상호작용 부족으로 사회적 고립이 초래된다. - 사회적 관계를 시작하고 유지하기가 어렵다. - 습관적이고 부적절한 행동으로 사회적 상호작용이 제한된다.

■ **언어적 특성** 시각장애의 언어적 특성은 외부 시각자극으로부터 다양하고 의미 있는 경험을 하지 못하기 때문에 거리나 시간 개념, 감각자극, 개념발달, 의사소통 기술 등 언어생활에 영향을 미치는 요인들을 습득하는 데 어려움이 많다. 이로 인해, 보통 일반인에 비해 느리게 말하거나 음을 조절하지 못하고 크게 말하는 경향이 있다. 또한 억양에 변화가 없고 몸짓이나 얼굴표정을 거의 사용하지 않는다. 많은 수의 어휘를 사용할 수 있지만 추상적인 표현이 많고 구체적인 의미를 모르고 상황에 맞지 않는 어휘를 사용하는 경우가 있다.

사물의 영속성: 물체가 보이지 않는데도 계속 존재하는 것으로 인식하는 것

신체개념: 자신의 신체 및 신체의 작용에 대해 인식하는 것

모델링: 바람직한 행동의 본보기를 제공하여 모방 및 관찰을 통해 목표행동을 학습하도록 하는 방법

▨ **행동 특성** 시각장애인은 시각 손상으로 인해 움직임 기회가 제한되어 신체능력을 발달시킬 수 있는 기회를 잃게 된다. 이로 인해 신체활동에 대해 수동적인 태도를 갖게 되며, 대체로 앉아 있는 시간이 많아지고 신체활동량이 감소하게 된다. 또한 바른 자세를 취하기가 어렵고 몸이 경직되어 있는 경우가 많다. 턱을 앞으로 내밀거나 머리를 한쪽으로 기울이거나 허리를 굽히고 서 있는 모습을 자주 볼 수 있다. 또한 눈을 지나치게 깜박이거나 수시로 눈을 비비는 행동이 나타나며 구부정한 자세로 물체를 가까이에서 보려는 행동이 자주 나타난다.

▨ **사회적 특성** 시각 손상은 사회적 기술을 습득하거나 일상생활에서 사람들과 상호작용하는 것을 어렵게 한다. 시각장애인은 시각적 신호를 주고받는 것이나 모델링, 피드백 등 사회적 상호작용에 필요한 기술들을 충분히 습득하는 것에 한계가 있다. 일반적으로 시각장애인이 보이는 사회적 특성을 살펴보면 첫째, 사회적 고립이 나타난다. 시각장애인이 눈 맞춤이나 미소 등 표정을 제대로 사용하지 못하는 것이나 상대방과 상황을 고려하지 못하고 말하는 경향들이 일반인과의 상호작용을 제한하거나 오해를 불러일으킬 수 있다. 또한 상대방의 반응이 어떨지 지나치게 걱정하면서 사회적 퇴행과 함께 걱정과 좌절을 경험하는 등 사회적 고립을 초래할 수 있다. 둘째, 사회적 관계를 시작하고 유지하는 것이 어려울 수 있다. 시각장애인은 옆에 누가 있는지, 누가 어떤 상황에서 말하고 있는지 등에 대해 충분히 알 수 없기 때문에 소극적이 될 수 있고, 대화를 시작할 때 눈 맞춤보다 팔로 상대방의 신체를 접촉하면서 상대방에게 거부감을 갖게 할 수 있다. 즉, 대화할 때 신호 보내기, 상대방의 신호 받기, 적절한 시기에 대화를 시작하고 끝내기 등의 사회적 기술에 어려움을 보인다. 셋째, 시각장애인은 대화 도중에 몸을 좌우로 흔들거나 손으로 얼굴을 반복적으로 만지는 등 사회적으로 수용되기 어려운 동작들이 상대방과의 활발한 상호작용을 제한할 수 있다.

> **참고** 블라인디즘(Blindism)
>
> 블라인디즘은 자기자극(Self-stimulation)이라고도 하며, 몸을 제대로 움직이지 못하여 보상작용으로 나타나는 반복적인 행동이라고 할 수 있다. 몸 흔들기, 눈 찌르기, 사용하지 않는 사지 흔들기 등이 대표적인 행동들인데, 지도자는 어떠한 상황에서 이러한 행동을 보이는지 파악하거나 이러한 습관적 행동을 멈추게 할 수 있는 적절한 관심거리와 대체 행동을 찾아내는 것이 필요하다. 하지만 시각장애인의 습관적 행동이 지도 상황이나 다른 사람들과의 관계에서 큰 문제가 되지 않는다면 무시하고 그냥 넘어갈 수 있다 (McHugh & Lieberman, 2003).

2. 시각장애인의 체육·스포츠 지도

☞ 시각장애의 신체활동 특징

구분	주요 특징
운동발달	일반인과 대체로 유사하지만 발달 과정에서 일부 과정이 누락되거나 발달 속도가 지체되는 특징을 보인다.
자세	발을 땅에 끌며 걷기, 앞으로 기울인 자세, 움츠린 어깨 등이 대표적인 특징이다.
체력	건강체력과 운동체력 영역에서 또래의 일반인보다 낮은 것으로 나타난다.
운동기술	운동기술 습득이 상대적으로 느리고 경우에 따라서는 질적으로 다른 패턴을 보인다.
신체상	시각이 아닌 촉각, 청각, 운동감각 등을 활용하여 제한적으로 신체상을 형성한다.
보행	일반인에 비해 보행속도가 느리고 보행자세와 방향성, 안정성에서 정확성이 떨어진다.

▨ **운동발달** 시각은 외부 자극을 지각하고 정보를 형성하며, 이를 동작으로 발현하는 인간 움직임 형성에 가장 중요한 역할을 하는 감각이다. 따라서 성장기에 있는 시각장애인의 운동발달은 일반인의 경우와 대체로 유사하지만 발달 과정에서 일부 과정이 누락되거나 발달 속도가 지체되는 특징을 보인다. 이는 발달기에 주위 사람들과 적극적으로 활동할 수 있는 기회의 제한, 과잉보호, 시각장애인이 스스로 갖는 공포감이나 움직임에 대한 동기 부족 등이 원인이 될 수 있다. 성장기 시각장애인의 운동발달 특징을 살펴보면 첫째, 유아기에 시각 자극에 의한 움직임의 동기가 약하여 기본운동기술의 지체가 나타난다. 누워서 고개를 돌리거나 지탱하고자 하는 동기가 약하고 팔이나 다리를 움직여서 외부의 자극에 반응하고자 하는 의지가 약하다. 이로 인해 앉기, 서기, 기기, 달리기 등 자세 유지와 이동에 관련된 운동기술이 지체되고, 더불어 던지기, 받기, 치기 등 물체조작기술의 지체도 동반한다. 둘째, 혼자서 앉기나 서기와 같이 움직임이 크지 않은 활동에서는 시각장애가 없는 아동과 큰 차이를 보이지 않지만 이동하거나 물체를 조작하여 활동하

는 동작에서는 현저한 지체가 나타난다. 셋째, 평형성이나 자세조절, 지각의 협응이 요구되는 동작들에서 지체가 크게 나타난다. 특히, 걷기 이전보다 걷기 이후의 운동발달에서 상대적인 지체가 크다. 넷째, 시각장애가 없는 아동은 자신의 신체상이 발달한 이후 신체적 역량에 대한 확신이 생기면서 운동기술의 발달이 크게 나타나는데, 시각장애 아동은 자신과 타인의 신체에 대한 구체적인 이미지를 형성하지 못하여 신체적 역량에 대한 불확실성과 함께 운동기술 지체가 과중된다.

참고 시각장애 유아의 운동발달 이정(Levtzion-Korach, Tannenbaum, Schnitzer & Ornoy, 2000)

단계	운동발달영역	Bayley와 Denver의 이정표(개월)	시각장애아동의 발현 연령(M±SD)
걷기 이전	구르기	4(D*)	8.2±2.2
	기기	8(D)	13.2±4.0
	도움 받아 혼자 서기	8.1(B**)	14.4±4.7
	누운 자세에서 앉기	8.3(B)	11.9±2.4
걷기 이후	도움 받아 걷기	9.6(B)	16.6±5.5
	혼자서 걷기	11.7(B)	19.3±4.1
	도움 받아 계단 오르기	16.1(B)	28.8±7.1
	한 발로 서기	22.7(B)	52.4±9.6
	두 발로 점프하기	23.4(B)	40.0±10.9
	혼자서 계단 오르기	25.0(B)	38.3±15.8

* D: Revised Denver Developmental Screening Test
** B: Bayley Developmental Scale

시각장애 유아의 운동발달 경향을 Bayley Developmental Scale와 Revised Denver Developmental Screening Test의 일반아동의 운동발달 이정표와 비교함

자세 시각장애인이 겪게 되는 모방학습 및 외부 환경과의 상호작용 결여는 움직임 부족으로 이어지고, 이는 신체발달이나 자세에 부정적인 영향을 미친다. 아동기의 시각장애인은 또래에 비해 대체로 신장이 작고, 팔이나 어깨 등 상체 근력과 몸을 지탱하는 복부 근육 및 하체 근력이 약한 것으로 알려져 있다. 또한 바른 자세를 취하기가 어렵고 신체가 경직되어 있으며, 어깨가 동그랗게 앞으로 구부러져 있고 물체를 만지기 위해 몸을 앞으로 구부리는 경향과 함께 머리를 보호하기 위해 상체를 뒤쪽으로 기울이는 자세를 취하기도 한다. 보통 발을 땅에 끌며 걷기, 앞으로 기울인 자세, 움츠린 어깨 등이 대표적인 특징으로 나타난다(Winnick, 2011).

자세 편향: 시각장애인이 시각을 극대화하기 위해 머리나 상태를 한쪽으로 움직이면서 나타나는 불균형적인 자세

> **참 고** 시각장애인의 신체활동 수준이 낮은 이유
>
> 부모나 보호자의 과잉보호, 신체활동에 따른 안전사고, 지나친 작업관련 활동 강조, 효과적인 신체활동 프로그램 부족, 시각장애에 대한 편견 등

▨ **체력** 체력은 건강체력과 운동체력으로 나뉜다. 시각장애인은 두 가지 체력 영역 모두에서 일반인에 비해 낮다는 연구 결과들이 많다. 건강체력의 경우, 시각장애인의 심폐지구력이 일반인과 비교하여 현저히 떨어지고 시각장애인 여자보다 남자의 경우에 그 격차가 크다고 알려져 있다(Lieberman & McHuch, 2001). 신체조성에서도 시각장애인은 상대적으로 신장이 작고 피부 두겹이 두껍거나 체지방률이 높았다는 조사 결과들이 있다. 근력 측면에서는 턱걸이나 팔굽혀펴기를 통해 측정한 결과에서 일반인에 비해 근력과 근지구력이 약한 것으로 나타났으며, 시각장애인 남녀 간에는 그러한 차이가 크지 않은 것으로 보고된 바 있다. 또한 유연성도 상체 및 하체 모든 부위에서 대체로 일반인에 비해 부족하며, 특히 제한된 움직임으로 인해 하체 유연성이 상대적으로 더 부족한 것으로 알려져 있다.

운동체력의 경우, 건강체력에 비해 더욱 부족한 것으로 보고되고 있다. 많은 연구들에서 시각장애인이 평형성, 협응력, 민첩성 등에서 대체로 낮은 수행을 보이는 것으로 나타났는데, 이는 성장기에 충분히 신체를 움직일 수 있는 경험이 부족하고 상대적으로 시지각을 활용하는 동작이 많은 운동체력 과제에서 더욱 어려움을 겪기 때문인 것으로 알려져 있다. 특히, 평형성은 시각 정보가 중요한 역할을 하기 때문에 시각장애인은 정적 평형성과 동적 평형성 모두에서 지체를 보이며, 이는 대근운동이나 자세 조절, 보행 등에도 부정적인 영향을 미치는 것으로 보고되고 있다.

건강체력: 근력 및 근지구력, 심폐지구력, 유연성, 신체조성

운동체력: 평형성, 협응력, 조정력, 순발력, 민첩성 등

> **참 고** 시각장애인의 체력 향상을 위해 추천되는 활동들(Lieberman & Houston-Wilson, 2002)
>
> 주로 기구를 잡고 반복적인 움직임을 하는 활동들과 안정적인 환경에서 동료와 함께 할 수 있는 활동들이 추천된다. 예를 들어, 줄넘기, 웨이트 트레이닝, 에어로빅, 템덤싸이클(2인용 자전거 타기), 조깅, 달리기, 수영, 레슬링, 유도, 볼링 등이 있다.

▨ **운동기술** 운동기술은 큰 근육을 사용하고 대체로 큰 동작이 포함되는 대근운동기술과 작은 근육이 사용되는 소근운동기술로 구분된다. 일반적으로 시각장애인은 운동기술 습득이 상대적으로 느리고 경우에 따라서는 질적으

대근운동기술: 걷기, 달리기, 차기 받기, 던지기 등

소근운동기술: 글쓰기, 타자치기, 뜨개질 등

로 다른 패턴을 보이는 것으로 알려져 있다. 그리고 나이가 들어가면서 일반인의 운동기술 수준과 격차가 더욱 크게 벌어지는 것으로 보고되고 있다(Jankowski & Evans, 1981). 또한 시각장애인은 일반인과 비교할 때, 움직임이 작은 소근운동기술보다는 움직임이 크고 환경이 개방적인 대근운동기술에서 낮은 점수를 보인다. 즉, 던지기나 받기, 치기, 드리블, 달리기, 홉핑, 제자리멀리뛰기 등 대부분의 대근운동기술에서 낮은 수행을 보인다. 시각장애인의 낮은 운동기술 수행에는 몇 가지 요인들이 영향을 줄 수 있다. 첫째, 시각정보 차단으로 인해 시각피드백을 제대로 활용할 수 없기 때문에 시공간 타이밍을 맞춘다든지 목표지점을 인식하는 요소가 들어 있는 과제에서 어려움을 겪게 된다. 둘째, 운동기술이 주로 발달하는 유아기나 아동기에 과잉보호나 신체활동 경험의 부족 등으로 운동기술을 습득할 기회가 부족하게 된다. 셋째, 시각정보의 제한으로 다른 사람의 움직임을 모방하는 것이나 운동기술을 개념화하는 것에 어려움이 있고 자신의 운동 수행에 자신감이 결여되어 있기 때문이다.

> **참고** 시각장애인의 운동기술 발달 특징
> - 나이가 들면서 일반인과 운동기술 발달 차이가 더욱 뚜렷해진다.
> - 평형성과 협응력, 타이밍과 정확성이 필요한 운동기술(공잡기, 공치기, 반응시간, 눈-손 협응 과제 등)에서 더욱 어려움을 보인다.
> - 주변 환경이나 과제가 수시로 변하는 복잡한 과제의 수행에서 어려움을 보인다.

▨ **신체상** 신체상(body image)은 자신의 신체나 신체 기능에 대해 갖게 되는 이미지, 또는 느낌을 의미한다. 시각은 이미지나 개념 형성에 큰 역할을 하기 때문에 시각장애인은 시각이 아닌 촉각, 청각, 운동감각 등을 활용하여 제한적으로 신체상을 형성하는 경우가 많다. 이러한 부족한 신체상은 기본적인 움직임이나 운동기술의 습득, 공간 내에서 이루어지는 과제 수행에 어려움을 겪게 한다. 따라서 시각장애인이 촉각이나 다른 사람의 도움으로 자신의 신체부위 및 신체기능에 대한 이미지를 형성할 수 있도록 도와주어야 한다.

신체상: 자신의 신체(외모) 및 신체기능(움직임의 방향이나 크기 등)에 대한 주관적인 인식

> **참고** 시각장애인의 신체상(Cratty, 1971)
> 신체의 앞면과 뒷면, 신체의 부분과 그 움직임, 좌우의 식별, 신체와 대상자의 상대적인 관계 이해, 다른 사람의 신체부위와의 관계 등

■ **보행** 시각장애인의 보행은 학교생활이나 대인관계, 지역사회의 경제생활, 여가 및 레크리에이션 활동 등 건강하고 독립적인 사회인으로 살아가는데 필수적인 능력이라고 할 수 있다. 하지만 시각장애인의 보행은 일반인에 비해 보행속도가 느리고 보행 자세와 방향성, 안정성에서 정확성이 떨어지는 것으로 나타난다. 이는 이동운동에 대한 경험의 부족이나 하지근력의 약화, 평형성 및 협응력 부족, 방향정위의 어려움 등이 원인이 될 수 있다. 보통 시각장애인은 보행 시 보행속도가 느리고 보폭이 짧으며 보행 간의 접지 시간이 긴 것이 특징이다. 또한 머리나 상체를 뒤로 젖힌 채로 걷거나 다리를 옮길 때마다 뒤뚱거리기도 하며 발목이나 무릎을 심하게 구부리는 경향이 있다. 특히, 시각의 전체 또는 부분적 결여는 공간 내 물체의 탐지를 어렵게 하기 때문에 보행 시 심리적 위축을 가져올 수 있다.

> **참고** 선천성 시각장애와 후천성 시각장애의 보행패턴 차이
>
> 선천성 시각장애인의 경우 공간 내에 물체를 탐지하기 위해 앞발을 지팡이처럼 앞으로 내밀어 걷고, 후천성 시각장애인은 신체 중심을 앞쪽에 두고 상체를 앞으로 기울여 전방을 탐색하듯 걷는 패턴을 보인다.

달리기 자세에서도 시각장애인은 일반인과 다소 다른 패턴을 보인다. 일반적으로 시각장애인은 달리기를 할 때, 보폭이 좁고 고관절의 가동범위가 상대적으로 좁으며 발이 지면에 접촉하는 시간이 길고 공중에 떠 있는 시간이 짧은 특징을 보인다. 특히, 전맹의 경우 저시각보다 더욱 보폭과 관절의 가동범위가 좁고 상체를 뒤로 젖힌 채 달리는 경향이 있는 것으로 나타난다 (Arnhold & McGrain, 1985; Pope, McGrain, & Arnhold, 1986).

> **참고** 운동 경험 유무에 따른 시각장애인의 보행 특성
>
> 운동 경험이 있는 시각장애인은 그렇지 않은 경우보다 보폭이 넓고 보행속도가 빠르다. 공간 탐색과 방향정위가 가능하며 이동 시 자세 변화에 대한 자신감이 있다.

상체보호법

하체보호법

상체·하체 보호법 동시 사용

트레일링 방법

> **☞ 시각장애인 신체활동 지도 시 고려사항**
> 시각장애인에게 신체활동을 지도할 때에는 특정 공간 내에서 자신의 위치와 자세, 방향 등을 파악할 수 있도록 해야 한다. 또한 목표한 지점까지 안정적으로 이동할 수 있어야 하며, 이를 위해 평형성과 방향감 등을 습득해야 한다. 지도자는 시각장애인의 신체활동에 대한 공포심을 덜어주고 안정감을 가질 수 있도록 적절한 안내법에 대해 알고 있어야 한다.

▨ **방향정위** 시각장애인이 신체활동에 참여하기 위해서는 무엇보다 자신의 위치와 방향을 알아야 한다. 환경 안에서 자기 몸의 위치나 방향을 인식하지 못한다면 의도한 동작을 제대로 할 수 없기 때문이다. 이처럼 시각장애인이 특정 환경에서 주변에 있는 물체와의 관계를 파악하여 자신의 위치를 알아가는 과정을 방향정위라고 한다. 방향정위는 모든 움직임의 기본이 되며, 신체활동을 안전하고 효율적으로 수행하기 위해 반드시 초기에 익혀야 할 과정이다. 방향정위를 하기 위해서는 먼저 자신의 신체에 대한 개념과 환경 정보를 파악하고, 이를 서로 연결할 수 있어야 한다.

> **참고** 방향정위의 진행과정(박순희, 2014)
> ① 지각: 잔존시력, 촉각, 청각 등을 활용하여 주변 환경에 대한 정보를 수집한다.
> ② 분석: 수집된 정보가 자신에게 익숙한 것인지 또는 사용 가능한 것인지 판단한다.
> ③ 선별: 출발점에서 목표까지 방향정위를 하는 데 가장 효과적인 정보들을 가려낸다.
> ④ 계획: 선별된 정보를 기초로 목표까지 이동할 수 있는 계획을 세운다.
> ⑤ 실행: 계획대로 실행한다.

▨ **이동능력** 이동능력은 한 지점에서 다른 지점까지 이동하는 능력을 말한다. 목표지점까지 안전하고 효과적으로 이동하기 위해 상황에 맞는 몇 가지 이동방법을 익혀두는 것이 필요하다. 먼저 시각장애인이 실내에서 혼자 이동할 때에는 자기보호법과 트레일링 방법을 사용할 수 있다. 자기보호법은 손을 앞으로 뻗어서 손바닥이나 손등으로 자신의 신체를 보호하며 전면의 사물을 탐지해가면서 이동하는 방법이고, 트레일링 방법은 벽이나 난간 등의 사물을 따라가면서 목표지점까지 이동하는 방법이다. 자기보호법에는 상체보호법과 하체보호법, 상·하체 보호법이 있으며, 자기보호법과 트레일링 방법을 혼합하여 사용할 수도 있다. 또한 시각장애인이 이동을 하거나 동작을 시작할 때에는 사물을 이용하여 자신의 몸을 바르게 정렬하는 것이 필요

한데, 이를 신체정렬법이라고 한다. 신체정렬법에는 벽에 90도가 되도록 몸의 일부를 정렬하는 수직정렬과 사물에 등을 기대어 평행이 되도록 하는 수평정렬이 있다.

> **참고** 시각장애인의 방향정위와 이동능력 향상에 도움이 되는 활동
> - 일직선 따라 걷기: 직선이나 나선형 경로를 따라 걷는다.
> - 소리 나는 쪽으로 몸 돌리기: 90도 돌기, 180도 돌기, 360도 돌기
> - 동료와 이동한 경로 재현하기: 동료와 함께 이동하고 혼자서 돌아온다.
> - 걷는 지면이 오르막인지 또는 내리막인지 알아내기: 지면이 오른쪽이나 왼쪽, 또는 앞쪽이나 뒤쪽으로 기울어졌는지 구분하여 말한다.

상체보호법과 트레일링 방법 동시 사용

■ **안내법** 시각장애인을 지도하기 위해서는 기본적인 안내법을 익혀서 시각장애인이 불편 없이 이동할 수 있도록 해야 한다. 안내법에는 기본 안내법을 비롯하여 계단을 오르내리는 경우, 문을 통과하는 경우, 의자에 앉는 경우 등 다양한 상황에서 활용할 수 있는 안내법이 있다.

기본 안내법

■ **활동장소** 시각장애인이 스포츠 활동을 할 장소는 우선 충분히 넓고 혼잡하지 않으며 위험한 시설물이 없는 안전한 장소여야 한다. 야외일 경우 활동 공간을 벽이나 구조물보다는 울타리나 나무 등으로 경계를 하는 것이 좋으며, 실내일 경우에는 위험한 물건들을 치우고 벽에 고무나 스폰치 패드 등을 붙여 부상을 예상하는 것이 필요하다. 시각장애인이 활동 공간에 들어왔을 때에는 무엇보다 스스로 공간을 탐색하고 주변 환경을 익힐 수 있는 기회를 주어야 한다. 활동 공간의 크기와 모양, 바닥이나 벽의 재질, 입구와 출구, 전기 스위치 등 부착물의 종류와 위치 등을 자세히 설명하고 직접 몸으로 경험할 수 있도록 안내하는 것이 선행되어야 한다.

계단 올라가기

■ **공포심 제거** 평소 익숙하지 않은 신체활동을 하거나 이전에 신체활동을 하다가 실수로 인해 작은 부상이라도 입은 경험이 있는 시각장애인은 신체활동에 대한 공포심이 형성되어 있을 수 있다. 그리고 이러한 공포심은 이후 적극적인 신체활동 참여를 방해하는 요인이 될 수 있다. 따라서 신체활동과 주변 환경에 대해 잘 이해할 수 있도록 언어적 설명과 직접 경험할 수 있는 기회를 제공하여 공포심을 덜고 안정감을 가진 상태에서 참여할 수 있도록 해야 한다.

계단 내려가기

■ **평형성과 방향감 습득** 시각장애인이 본격적으로 신체활동에 참여하기 전에 평형성과 방향감을 습득하는 것은 매우 중요하다. 제자리에 서서 팔과 다리

를 이용하여 과제를 수행하거나 이동하면서 동작을 취하기 위해서는 몸의 균형을 유지하는 것과 모든 상황에서 방향을 인지하는 것이 필요하다. 평형성과 관련해서는 중심선의 위치와 기저면의 개념을 이해하도록 해야 한다. 중심선이 신체에서 멀어지거나 지면에 닿는 신체의 면적이 적을수록 균형을 유지하기 어렵다는 것을 스스로 느낄 필요가 있다. 실례로, 한발로 서서 균형을 잡거나 짐볼에 누워 중심선이나 기저면에 닿는 부분이 변화함에 따라 몸을 움직이는 경험을 할 수 있다. 더불어, 시각장애인에게 앞뒤, 상하, 좌우 등 방향감을 알 수 있도록 훈련하는 것도 필요하다. 먼저, 각 방향을 인지하고 몸을 돌리거나 이동할 수 있게 하며, 익숙해지면 방향과 함께 간단한 과제를 제시할 수 있다.

시각장애의 신체활동 지도전략

구분	주요 특징
언어적 설명	복잡하고 여러 가지 단서가 포함된 설명보다는 간단한 용어를 사용하고 한두 가지 단서를 포함한 피드백을 제공한다.
시범	잔존시력의 정도를 파악한 후, 핵심이 되는 움직임을 반복적으로 보여주어서 동작의 원리를 이해할 수 있도록 한다.
신체보조	지도자가 시각장애인의 손이나 팔을 잡고 함께 동작을 연습하는 'hand-on-method' 와 시각장애인이 지도자나 동료의 신체를 만지거나 잡고 동작을 연습하는 'braille-me-method' 가 있다.
시·청각 단서 활용	청각 단서는 주로 소리가 나는 기구를 활용하며, 시각 단서는 색의 대비나 활동장소의 조도를 조절하는 방법을 활용한다.

[출처: Winnick(2011)에서 인용]

피드백의 기능
정보 기능
강화 기능
동기유발 기능
안내 기능
주의집중 기능

▨ **언어적 설명** 언어적 설명은 시각 피드백이 제한되는 시각장애인에게 효과적인 지도 수단이 될 수 있다. 즉, 동작이나 주변 환경에 대해 자세히 설명해 주면 과제를 효과적으로 수행하는 데 도움이 된다. 일반적으로 시각장애인에게 언어적 설명을 제공할 때에는 다음과 같은 사항들을 기억해야 한다.

첫째, 복잡하고 여러 가지 단서가 포함된 설명보다는 간단한 용어를 사용하고 한두 가지 단서를 포함한 피드백을 제공한다.

둘째, 시각장애인마다 선호하는 의사소통 방식이 다를 수 있다. 즉, 언어적 설명이 좋은지, 촉각을 이용한 방법이 좋은지, 또는 두 가지 방법을 함께 사용하는 것이 좋은지 묻고 선호하는 방식을 선택한다.

셋째, 저시각인 시각장애인에게는 언어적 설명을 시범과 함께 제공하면 효과적이다.

넷째, 되도록 정확하고 자세하게 설명한다. 즉, "라켓을 똑바로 잡아"보다는 "라켓을 오른손으로 잡고 어깨 높이로 들고 준비해"라고 설명하는 것이 좋다.

다섯째, 동작을 설명할 때에는 그 동작을 수행하는 데 핵심이 되는 어휘를 사용한다. 예를 들어, 앞구르기를 할 때에 "몸을 공처럼 둥글게 말아서 굴러봐"라고 설명한다.

- **시범** 시각장애인의 상당수가 저시각인 경우가 많기 때문에 지도자나 동료에 의한 시범은 효과적인 수단이 될 수 있다. 신체활동 지도 시 시범을 적용할 때에는 다음과 같은 내용을 적용해야 한다.

첫째, 무엇보다 시각장애인의 잔존시력 범위 내에서 시범을 보인다. 어느 정도 명확하게 볼 수 있는지, 또는 얼마나 넓은 시야를 갖고 있는지 파악한 후 시범을 보인다.

둘째, 동작 습득에 필수가 되는 움직임에 집중하여 시범을 보인다. 복잡하고 다양한 예를 들기보다는 핵심이 되는 움직임을 반복적으로 보여주어서 동작의 원리를 이해할 수 있도록 한다.

셋째, 신체조건이나 능력이 시각장애인과 비슷한 사람이 시범을 보이도록 한다.

넷째, 시범을 보일 때에는 수행해야 할 과제의 전체적인 측면을 설명한 다음 동작의 세부적인 것을 설명하고 다시 전체적인 과제를 설명하는 순서로 진행한다.

- **신체보조** 신체보조는 신체적 안내 또는 촉각적 모델링 등의 용어로 쓰이며, 촉각이나 운동감각을 활용하여 시각장애인이 동작을 익힐 수 있도록 도움을 주는 것이다. 신체보조에는 지도자나 동료가 시각장애인의 손이나 팔을 잡고 함께 동작을 연습하는 'hand-on-method'와 좀 더 많은 신체보조가 필요한 대상자가 지도자나 동료의 신체를 만지거나 잡고 동작을 연습하는 'braille-me-method'가 있다. 시각장애인에게 신체보조를 할 때에는 사전에 신체보조의 간략한 내용이나 언제 신체보조를 시작할지에 대해 알려주어서 당황하지 않도록 하는 것이 필요하다. 또한 시간이 지나면서 신체보조를

관찰: 언어적 설명 이전에 관찰이 중요하다. 왜냐하면, 행동을 면밀히 관찰해야 대상자에게 중요한 결과 지식이나 수행에 관한 정보를 전달할 수 있다.

하는 범위나 강도를 조금씩 줄여가며 스스로 동작을 수행할 수 있도록 유도하는 것이 필요하다. 이를 위해 신체보조를 어느 부위에 어떤 방식으로 제공했는지 기록하는 것이 좋은 방법이 될 수 있다. 신체보조는 언어적 설명이나 시범과 같은 다른 지도방법과 함께 적용할 때 더욱 효과가 있다.

> **참고 신체보조의 원리**
> - 가능한 빨리 신체보조를 최소화할 수 있도록 보조를 점차 줄여나간다.
> - 신체보조의 형태나 방법, 장소, 시간, 이유 등을 구체적으로 기록한다
>   (체계적인 지도나 성희롱 등의 법적인 문제 발생 시 대처하기 위해서).

hand-on-method

▨ **시·청각 단서 활용** 시각장애인의 과제 수행에 도움을 주기 위해 청각 및 시각 단서를 활용할 수 있다. 청각 단서는 주로 소리가 나는 기구를 신체활동 지도 현장에 활용한다. 공 속에 방울을 넣어서 소리가 나게 하여 공의 위치를 알게 하거나 농구골대나 높이뛰기 바에 방울을 달아서 수행의 성공과 실패를 알 수 있게 하는 방법이 예가 될 수 있다. 시각 단서는 체육관 조명을 밝게 한다든지, 공이나 매트, 체육관 바닥, 골대 등에 확연히 드러나는 색깔을 사용하여 시각장애인의 과제 수행을 도울 수 있다. 즉, 색의 대비나 조도를 조절하는 방법을 활용할 수 있다.

braille-me-method

신체보조: 지도자나 동료가 대상자의 신체 부위를 붙잡고 목표로 하는 행동을 실시하는 방법

> **참고 최소촉진체계**
> 최소촉진체계는 목표로 하는 행동을 보일 수 있도록 보조를 점차 증가시켜 나가는 방법이다. 시각장애인들이 개별적으로 선호하는 학습유형이 다르기 때문에 다양한 방법을 시도하되 낮은 단계의 보조에서 점차 높은 단계의 보조로 이동해가는 것이 좋다. 즉, 언어적 설명, 시범, 신체보조, 청각 및 시각 단서의 활용, 또는 이러한 방법의 혼합적인 사용 등을 적용하되, 목표한 행동이 나타나지 않으면 더욱 개입적인 성격의 보조를 통해 촉진해 갈 수 있다.

> ☞ **신체활동 지도를 위한 정보 수집**
> 시각장애인에게 안전하고 효과적으로 신체활동을 제공하기 위해서는 사전에 다음과 같은 정보들을 얻을 필요가 있다.
> - 무엇을, 어느 정도 볼 수 있는가?
> - 시력 손상 시기와 현재 진행 정도는 어떠한가?
> - 잔존시력을 어떻게 활용할 수 있는가?
> - 금기시되는 신체활동은 있는가?
> - 선호하는 교수법이나 지도법은 무엇인가?
>
> [출처: Winnick(2011)에서 인용]

▨ **무엇을 볼 수 있는가?** 시각장애인에게 "얼마만큼 볼 수 있니?"보다 "무엇을 볼 수 있니?"라고 묻는 것이 좋다. 이러한 내용을 학교 교사나 부모, 시각장애 전문가 등 대상자의 시력에 대해 잘 알고 있는 사람들에게도 질문하여 기본적인 정보를 얻을 수 있다. 더불어 대상자의 신체활동 지도일지를 참조하면 좀 더 상세한 정보를 얻을 수 있다.

> **참고** 시각장애인의 시각기능 탐색 시 고려사항
> - 빛 감지량: 어느 정도의 빛을 인식할 수 있는가, 또는 어떤 상황에서 빛을 더 잘 감지할 수 있는가?
> - 빛 강도나 방향에서의 변화: 빛의 세기나 방향이 변할 때 얼마나 잘 적응할 수 있는가?
> - 빛의 형태: 태양광이나 형광등 등 빛의 형태가 변할 때 얼마나 잘 적응할 수 있는가?
> - 물체나 시연과 관련된 광원의 위치: 빛이 반사되거나 한쪽으로부터 강한 빛이 나올 때 광원의 위치를 파악할 수 있는가?

▨ **시력을 잃는 시기는 언제이며, 현재 시력상실이 진행되고 있는가?** 시력 상실 시기와 현재 진행 여부는 시각장애인의 시각적 기억의 활용 정도와 지도자의 잔존 감각 활용 여부에 영향을 미치기 때문에 신체활동 지도 시에 반드시 물어봐야 할 내용이다. 일반적으로 선천성 시각장애인의 경우 환경에 대한 시각적 기억이 거의 없기 때문에 시각 이외의 감각에 의존하여 지도하는 것이 필요하고, 후천성 시각장애인은 최대한 시각기억을 활용하여 환경을 탐색하도록 해야 한다. 또한 현재 진행되고 있는 질환이 있다면 신체활동이 이를 더욱 악화시킬 수 있는지를 반드시 고려해야 한다.

▨ **잔존시력을 어떻게 최대로 활용할 수 있는가?** 시각장애인에게 잔존시력을 최대한 활용할 수 있는 환경 조건이 무엇인지 물어봐야 한다. 예를 들어, 대부분의 시각장애인은 조도가 밝으면 잔존시력을 더욱 효과적으로 활용할 수 있다. 하지만 녹내장이나 백색증과 같은 일부 증상의 경우, 섬광(번쩍이는 빛)이 문제가 될 수 있으므로 이러한 대상자들을 지도할 때에는 섬광이 없는 곳에서 조도를 밝게 하여 지도하는 것이 필요하다.

▨ **금기시 되는 신체활동이 있는가?** 시각장애의 발생 원인에 대해서도 의사나 부모를 통해 정보를 얻을 필요가 있다. 특히, 전맹의 경우에는 보호해야 할 시각 기능이 없기 때문에 특별히 고려할 것이 없겠지만, 저시각은 잔존시력을 보호하기 위해 몇 가지 증상별로 제한해야 할 사항이 있다. 예를 들어, 덜컹거리거나 충돌이 있는 활동, 물속에서의 다이빙이나 수영과 같이 접촉이 있는 활동은 망막박리인 시각장애인에게 금기시된다. 또한 녹내장은 눈 내부의 액

체(유체)가 방수되지 않고 눈 내부의 압력이 증가할 때 발생하므로 안압이 높아질 수 있는 수영이나 거꾸로 된 자세를 취하는 활동은 피해야 한다.

▨ **선호하는 교수법이나 지도법은 무엇인가?** 시각장애인이 선호하는 교수법이나 지도법을 알아보는 것은 대상자가 신체활동에 대한 두려움을 덜고 쉽게 접근할 수 있도록 도움을 줄 수 있다. 시범이나 신체적 보조, 청각 단서 등 다양한 지도법 중 대상자가 선호하는 방법을 선별적으로, 때로는 단계적으로 적용하여 지도 효과를 높일 수 있다.

> ☞ **신체활동 영역별 지도 방법**
>
> 지도자는 시각장애인의 전체적인 발달과 건강 유지, 스포츠 활동 참여 등을 위해 신체활동 영역별 프로그램 구성과 지도 방법을 알고 있어야 한다. 구체적으로, 체력활동에서는 복잡하지 않고 단순하며 안전한 방법을 통해 건강체력과 운동체력을 향상시킬 수 있다. 기본운동기술은 청각 및 촉각 단서를 최대한 활용하여 동작을 이해하고 반복 수행을 통해 동작을 익히도록 해야 한다. 수중운동은 단계적인 물 적응훈련과 짝 제도 등을 통해 안전하게 참여할 수 있도록 도울 수 있다. 그리고 개인 및 단체활동에서는 단순하고 사람이나 기구를 접촉한 상태에서 진행되는 활동이 효과적이며, 경우에 따라 활동 방법을 변형하여 적용해야 한다.

▨ **체력활동** 시각장애인에게는 복잡하지 않은 형태의 동작을 통해 건강체력이나 운동체력을 향상시킬 수 있다. 스트레칭이나 벽을 미는 것과 같은 등척성 동작이나 기구를 잡은 상태에서 반복적으로 움직이는 등속성 동작을 실시할 수 있다. 더불어, 녹내장과 같이 특정 질환이 있는 대상자들이 주의해야 할 동작이나 움직임이 있다는 것을 기억하는 것이 필요하다. 먼저, 대상자의 체력 수준과 선호하는 활동이나 지도방법을 알아본 뒤, 개별화된 체력향상 프로그램을 구성하여 실시하는 효과적이다.

출처: 대한장애인체육회

| 참고 | 시각장애인을 위한 건강체력 요소와 프로그램 구성 |

체력 요소	프로그램 내용
근력 및 근지구력	- 컴비네이션 기구에서 중량들기(기구 드는 방법을 익히기 위해 처음에는 중량 없이 실시한 후 중량을 조금씩 늘려간다) - 벽 밀기와 같은 등척성 운동 - 손을 사용하여 구름사다리 건너기 - 줄 오르내리기 - 팔굽혀 펴기, 윗몸일으키기, 앉았다 일어서기와 같이 일상생활에서 쉽게 할 수 있는 동작들
심폐지구력	- 제자리 달리기 - 고정자전거 타기 - 동료와 함께 장거리 달리기(시각장애인마라톤) - 조정기계 운동 - 의자나 계단 오르내리기 운동

[출처: Jansma & French(1994)에서 인용]

등척성 운동: 관절이 고정되어 근육의 길이가 변하지 않는 운동

등속성 운동: 관절이 움직여서 근육의 길이는 변하지만 근육에 걸리는 힘(장력)은 동일한 운동

■ **기본운동기술** 기본운동기술은 아동기에 주로 습득되며, 기본운동기술을 수행하기 위해서는 신체상, 공간정향, 평형성 등이 요구된다. 또한 기본운동기술은 아동기 이후 세련된 스포츠 기술을 익히는 데 전제가 되는 동작들이기 때문에 시각장애인에게도 매우 중요하다. 하지만 시각장애인은 아동기에 대체로 시각적 피드백이나 공간과 신체의 관계 파악, 균형감이나 자신감 등이 부족하기 때문에 이동운동기술과 물체조작기술에서 낮은 수행을 보인다. 따라서 시각장애 아동에게 기본운동기술을 지도할 때에는 시범과 함께 청각 및 촉각 단서를 최대한 활용하여 동작에 대해 이해하도록 하고, 반복 수행을 통해 동작을 익힐 수 있도록 해야 한다. 특히, 자세나 움직임 양식에 있어서 스스로 교정할 수 있는 능력이 약하기 때문에 지도자가 세부적인 지도 단서나 피드백을 활용하는 것이 필요하다. 또한 비교적 복잡한 동작이나 게임은 약간의 변형을 통해 쉽게 지도할 수 있다. 가령, 차기 동작을 익힐 때에 일반 공 대신 소리 나는 공이나 크기가 큰 비치볼, 흥미를 일으킬 수 있는 인형이나 깡통 등을 사용할 수 있다.

변형: 대상자가 과제에 쉽게 참여하고 성취감을 얻을 수 있도록 과제의 내용이나 방법 등을 대상자에 맞게 수정하는 것

기본운동기술 지도 원리: 활동들은 단순한 것에서 복잡한 것으로, 정적인 것에서 동적인 것으로 진행한다.

> **참고** 기본운동기술 지도를 위한 활동 변형의 예

과제	변형
공치기	- 크기가 크고 두께가 두꺼운 배트를 사용한다. - 크기가 크고 밝은 색의 공을 사용한다. - 티바(Tee-bar)나 소리 나는 공을 사용한다. - 가까운 거리나 바로 옆에서 공을 던져준다. - 날아오는 공에 대해 자세한 언어지시(보조)를 제공한다.
베이스로 달리기	- 가이드 로프를 이용한다. - 필드와 베이스를 다른 물질(흙, 잔디)로 만들어 쉽게 구별할 수 있게 한다. - 베이스 간 거리를 단축한다. - 동료와 함께 손을 잡고 달린다. - 지도자나 동료의 소리를 듣고 달린다.
공받기	- 짝 제도를 활용하여 동료와 함께 활동한다. - 러너가 베이스에 도착하기 전에 시각장애인이 공을 잡으면 아웃되는 방식으로 규칙을 변형한다. - 시각장애인이 공을 가장 가까운 선수나 베이스로 던졌을 때 아웃되는 방식으로 규칙을 변형한다. - 소리 나는 공이나 크고 밝은 색의 공을 사용한다.

[출처: Jansma & French(1994)에서 인용]

▨ **수중운동** 시각장애인에게 수중운동을 지도할 때에는 다음과 같은 사항들을 고려해야 한다.

첫째, 안전하게 수중운동에 참여할 수 있도록 수영장의 여러 시설들과 풀 안의 구조 등을 익히고, 이동하는 방법과 입수 및 퇴수하는 방법 등을 사전에 충분히 훈련해야 한다.

둘째, 저시각의 경우, 풀의 끝 지점이나 바닥 등에 눈에 잘 띄는 테이프를 붙이고 전맹의 경우에는 레인이나 풀의 끝 지점에 음향 장치를 설치하여 안전하게 수영할 수 있도록 한다.

셋째, 버디 시스템(짝 제도)을 활용하여 시각장애가 없는 동료와 함께 탈의실, 화장실, 풀장 등을 이용할 수 있도록 한다.

> **참고** 버디 시스템(buddy system)
>
> 버디 시스템(또는 짝 제도, 동료지도)은 시각장애인을 지도할 때 시각장애가 없거나 장애 정도가 심하지 않은 보조자를 동반시켜 시각장애인의 눈처럼 행동하도록 하는 것이다. 이 방법에서 동료는 시범이나 설명을 할 수 있으며, 시각장애인의 수행을 보조하고 부가적인 피드백을 제공할 수 있다. 이 방법은 지도자가 지도해야 할 시간을 단축시킬 수 있을 뿐만 아니라 잘 교육된 동료를 통해 움직임에 대해 지도자보다 좀 더 쉽고 효과적으로 전달할 수 있다.

▨ **개인 및 단체운동** 시각장애인이 개인 또는 단체로 참여하는 활동은 수행 방법이 단순하고 규칙이 많이 변하지 않는 것이 좋다. 또한 줄다리기, 2인 3각 경주, 짝 피구, 씨름처럼 기구나 상대방을 계속해서 접촉한 상태에서 이루어지는 활동이 효과적이다. 더불어, 경우에 따라서는 시각장애인이 쉽게 참여하고 성취감을 얻을 수 있도록 활동 방법을 변형하여 적용하는 것이 필요하다. 보통 다음과 같은 방법으로 활동을 변형하여 적용하면 시각장애인이 보다 쉽게 참여할 수 있다(Jansma & French, 1994).

▷ 레슬링을 할 때에는 시합 동안 서로 떨어지지 않고 붙잡은 상태로 실시한다.

▷ 계속적으로 접촉이 이루어지는 격투기 활동에는 손목씨름, 막대 밀고 당기기, 팔씨름, 다리씨름 등이 있다.

▷ 시각장애인을 뒷좌석에 앉게 하고 실시하는 텐덤싸이클(2인용 자전거타기)도 좋은 활동이다.

▷ 볼링에서는 핸드 가이드 레일을 이용할 수 있다. 시각장애인은 파울선으로부터 방향에 대한 단서와 보폭을 알 수 있으며, 점자 점수판이나 보조자가 알려주는 핀의 위치나 수에 대한 정보를 통해 게임에 원활히 참여할 수 있다.

▷ 양궁에서는 과녁에서 들려오는 음향신호, 점자 방향지시기, 발 위치 표시기, 주변 색과 뚜렷이 대조되는 과녁의 색깔, 화살의 색깔, 과녁의 표면 질감 그리고 과녁에 이르는 안내용 줄 등을 사용하는 것처럼 여러 가지 변형이 가능하다.

▷ 스키에서는 시각장애가 없는 보조자가 몇 가지 약속된 청각신호를 사용하여 안전하게 인도한다.

▷ 농구의 경우, 바스켓에 소리가 나는 골 표시기를 부착할 수 있다. 또한 패스를 주고받을 때 이름을 불러서 좀 더 쉽게 공을 다룰 수 있도록 한다.

▷ 소프트볼에서는 공을 티바(Tee-bar) 위에 올려놓고 치게 하거나 시각장애인이 일반인과 함께 손을 잡고 베이스 러닝을 하는 등 규칙을 변형하여 실시한다.

▷ 배구의 경우, 코트와 공이 뚜렷이 대조되는 색상을 사용하고 청각신호를 함께 사용하는 것이 효과적이다. 또한 공이 상대편으로 넘어가기 전에 1회 바운드를 허용하거나 저시각인 시각장애인에게 서브를 담당하게 하는 등 규칙을 변형하여 실시한다.

▷ 시각장애인이라 하더라도 투포환, 투원반, 도움닫기 멀리뛰기, 높이뛰기, 달리기 경기(장애물 달리기는 제외) 등의 육상경기를 성공적으로 수행할 수 있다. 투포환이나 투원반의 경우 던지기 전에 시각장애가 없는 동료가 적당한 위치에 데려다 주고 던지는 방향을 설정해준다. 멀리뛰기와 높이뛰기에서는 바닥 표면의 질감을 다르게 하여 이동경로와 도약지점을 분명하게 표시하는 것이 필요하다. 트랙경기에서는 보조자가 뒤에서 따라 달리거나 레인의 번호를 불러 줌으로써 시각장애인이 자신의 레인을 달리도록 도울 수 있다.

▷ 비교적 안전한 매트 위에서 실시하는 간단한 기계체조나 맨손체조, 무용 등은 시각장애인이 성공적으로 실시할 수 있는 활동들이다. 다만, 기구를 사용하거나 몸이 지면 위로 뜨는 동작이 있는 활동들은 지속적으로 주의를 기울여 안전사고를 예방하는 것이 필수적이다.

> **참고** 시각장애인이 달리기를 안전하게 할 수 있는 방법
>
> - 보조자와 함께 달리기: 보조자의 팔꿈치, 어깨, 손 등을 잡고 함께 달린다.
> - 보조줄(테더, tether): 시각장애인과 보조자가 짧은 끈이나 수건 등을 잡고 함께 달린다.
> - 가이드와이어: 시각장애인이 체육관이나 야외 트랙에 줄이나 철선으로 설치된 가이드와이어를 잡고 달린다.
> - 음향장치: 종소리, 보조자의 음성이나 박수소리 등을 듣고 달린다.
> - 원형 달리기: 운동장에 설치된 말뚝에 8~10m 길이의 줄을 연결하고 이 줄을 잡고 원을 그리며 계속해서 달린다.
> - 보조자의 상의를 보고 달리기: 저시각인 경우에 보조자 뒤에서 눈에 잘 띄는 보조자의 상의를 보면서 달린다.
> - 러닝머신: 러닝머신 위에서 자신의 수준에 맞게 기계를 조작한 후 달린다.
>
> [출처: Winnick(2011)에서 인용]

☞ 시각장애스포츠 국제조직

시각장애스포츠를 위한 대표적인 국제조직에는 국제시각장애인경기연맹(International Blind Sport Athletes: IBSA)과 미국시각장애선수협회(United States Association for Blind Athletes: USABA)가 있다.

대표적인 국제시각장애스포츠 조직으로 국제시각장애인경기연맹(International Blind Sport Athletes: IBSA)과 미국시각장애선수협회(United States Association for Blind Athletes: USABA)를 들 수 있다. IBSA는 1981년 파리에서 설립되었으며, 현재 시각장애스포츠를 위한 가장 국제적이고 권위 있는 기구이다. 우리나라를 비롯하여 전 세계 100개 이상의 회원국으로 구성되어 있으며, IPC(International Paralympic Committee, 국제장애인올림픽위원회)의 회원단체로서 전 세계 시각장애인 스포츠 발전을 위해 다양한 노력과 활동을 전개하고 있다. IBSA의 조직 구성을 간단히 살펴보면 회장 1인, 부회장 1인, 사무총장 1인, 회계 임원 1인, 의무 임원 1인, 스포츠 임원 1인, 대륙대표 5인, 이사 4인으로 구성되어 있다. 또한 IBSA의 11개 종목은 골볼, 볼링, 쇼다운, 수영, 유도, 육상, 역도, 축구B1, 축구B2/B3, 체스, 텐덤사이클이며, 각 스포츠 종목별 위원회를 두어 각 위원회에서 대회 승인, 규정 제정 및 개정, 심판 양성, 선수 관리 등 종목의 모든 업무를 주관하고 있다

USABA는 1976년 조직되었으며, 14세 이상 성인 시각장애선수를 대상으로 지역별 대회와 국제대회를 개최해왔다. USABA에서 소개하는 9가지 종목들은 알파인 스키와 노르딕 스키, 육상(트랙과 필드경기), 5인제 축구, 골볼, 유도, 역도, 수영, 텐덤사이클, 레슬링이다.

쇼다운: 서유럽에서 유래한 시각장애인 전용 종목으로 방울이 들어있는 공을 배트로 쳐서 상대방의 골 주머니에 넣으면 점수를 얻는 경기

텐덤사이클: 2명이 한 조를 이루어 타는 싸이클 경기로 사이클의 앞좌석에 파일럿이라 불리는 일반인 선수가 앉고 뒷좌석에 시각장애인 선수가 탑승해 파일럿이 시각장애인을 대신해 사이클의 방향을 조절하는 경기

국제시각장애인경기연맹의 엠블렘

참고문헌

박순희 (2014). **시각장애아동의 이해와 교육**. 서울: 학지사.

장애인 등에 대한 특수교육법 시행령, 대통령령 제20790호. (2008). 2014. 12. 8, http://www.law.go.kr에서 인출

장애인 등에 대한 특수교육법, 법률 제8852호. (2008). 2014. 12. 8, http://www.law.go.kr에서 인출

장애인복지법 시행령, 대통령령 제21641호 (2009). 2014. 12. 8, http://www.law.go.kr에서 인출

장애인복지법, 법률 제8852호.(2008). 2014. 12. 8, http://www.law.go.kr에서 인출

Arnhold, R. W., & McGrain, P. (1985). Selected kinematics patterns of visually impaired youth in sprint running. *Adapted Physical Activity Quarterly, 2.* 206-213.

Cratty, B. (1971). *Movement and spatial awareness in blind children and youth.* Springfild, IL: Charles Thomas.

International Blind Sports and Recreation Association (IBSA). (2009). 2014. 12. 8, *Web site: www.ibsa.es/*.에서 인출

Jankowski, L. W., & Evans, J. K. (1981). The exercise capacity of blind children. *Journal of Visual Impairment and Blindness, 75,* 248-251.

Jansma, P., & French, R. W. (1994). *Special physical education: Physical activity, sports, and recreation.* Englewood Cliffs, NJ: Prentic-Hall, Inc. 25-48.

Levtzion-Korach, O., Tannenbaum, A., Schnitzer, R., & Ornoy, A. (2000). Early motor development of blind children. *Journal of Paediatrics and Child Health, 36*(3), 226-229.

Lieberman, J. L., & Houston-Wilson, C. (2002). *Strategies for inclusion.* Champaign, IL: Human Kinetics.

Lieberman, L. J., & McHugh, E. (2001). Health-related fitness of children who are blind and visually impaired. *Journal of Visual Impairment and Blindness, 95*(5), 272-287.

McHugh, B. E. & Lieberman, L. J. (2003). The impact of developmental factors on inicidence of steretypic rocking among children with visual impairments. *Journal of Visual Impairment and Blindness, 97*(8), 453-474.

Pope, C. J., McGrain, P., & Arnhold, R. W. (1986). Running gait of the blind; A kinetic analysis. In C. Sherrill(Ed.), *Sport and disabled athletes.* The 1984 Olympic Scientific Congress Proceedings(vol. 9, pp. 173-177). Campaign, IL: Human Kinetics.

Winnick, J. P. (2011). *Adapted physical education and sport*(5th Ed.). Champaign, IL: Human Kinetics.

World Health Organization (1980). *International classification of impairments, disabilities, and handicaps.* Geneva: Author.

청각장애인의 체육 지도 전략

1. 청각장애의 특성

2. 청각장애인의 체육·스포츠 지도

장애인 등에 대한 특수교육법
: 1977년 제정된 특수교육진흥법이 전면개정되어 2008년부터 이 명칭으로 제정됨

1. 청각장애의 특성

> ☞ **청각장애인의 정의**
>
> 청각장애인의 정의는 특수교육법과 장애인복지법에서의 정의가 각각 다르다. 특수교육법의 정의는 청력 손실로 인하여 언어발달과 교육성취가 어려워 학업수행에 부정적인 영향을 주거나, 교육적 조치가 어려워 시각이나 촉각을 활용한 교육 자료 위주로 정보를 제시할 것을 강조한다. 장애인복지법에서는 청력 손실로 인하여 일상생활의 어려움을 의료혜택 및 사회복지 관점에서 도와주기 위한 것을 강조한다.
>
> | 장애인 등에 대한 특수교육법의 정의 | 청력손실이 심하여 보청기를 착용해도 청각을 통한 의사소통이 불가능 또는 곤란한 상태이거나 청력이 남아 있어도 보청기를 착용해야 청각을 통한 의사소통이 가능하여 청각에 의한 교육적 성취가 어려운 사람 |
> |---|---|
> | 장애인 등에 대한 특수교육법 시행령의 선정 기준 | 농은 청력손실이 심하여 보청기를 착용해도 청각에 의한 의사소통이 불가능하거나 곤란한 상태 |
> | | 난청은 잔존청력을 가지고 있으나 보청기를 착용해야 청각을 통한 의사소통이 가능한 상태 |
>
> [출처: 장애인 등에 대한 특수교육법 시행령(2014), 장애인복지법 시행령(2014)]

▨ **농**(deaf) 농 수준의 청력손실을 가지고 있는 사람은 보청기를 착용하여도 전혀 소리를 듣지 못하고, 대부분 선천성 청력손실인 경우이다. 그러므로 어린 시절부터의 언어발달이 이루어지지 못하여 일반인과의 의사소통의 어려움을 겪는다. 특수교육학에서는 70dB 이상인 경우 농으로 간주하고 있으나(공주대학교 특수교육연구소, 2011), 의학적 기준에 맞추어 91dB 이상의 청력손실이 있는 경우 농으로 정의한다(국립특수교육원, 2014).

▨ **난청**(hearing impairments) 난청인 경우 농보다 청력손실이 적어 보청기를 착용하여 일반인과의 말소리를 통한 의사소통이 가능하다. 즉, 보청기 착용 여부와 관계 없이 순수 청력만으로 말을 듣고 이해하는 것이 어느 정도 가능한 편이다. 선천성 난청인 경우에는 언어 발달이 이루어지지 못하지만, 언어 발달 시기인 만 3세 이후에 난청이 발생한 후천적 난청인 경우 일반인과의 대화가 가능하고, 학습의 효과도 비교적 좋은 편이다.

> **참고** 장애인복지법 시행령(2014)에서 규정하고 있는 청각장애의 기준
>
> 가. 두 귀의 청력손실이 각각 60dB 이상인 사람
> 나. 한 귀의 청력손실이 80dB 이상, 다른 한 귀의 청력손실이 40dB 이상인 사람
> 다. 두 귀에 들리는 보통 말소리의 명료도가 50% 이하인 사람
> 라. 평형 기능에 상당한 장애가 있는 사람

장애인복지법시행령(2014)의 청각장애등급 판정 기준

장애 등급		장애 정도
청각 기능	2급	두 귀의 청력을 각각 90dB 이상 잃은 사람(두 귀가 완전히 들리지 아니하는 사람)
	3급	두 귀의 청력을 각각 80dB 이상 잃은 사람(귀에 입을 대고 큰소리로 말을 하여도 듣지 못하는 사람)
	4급	1. 두 귀의 청력을 각각 70dB 이상 잃은 사람(귀에 대고 말을 하여야 들을 수 있는 사람) 2. 두 귀에 들리는 보통 말소리의 최대의 명료도가 50% 이하인 사람
	5급	두 귀의 청력을 각각 60dB 이상 잃은 사람(40㎝ 이상의 거리에서 발성된 말소리를 듣지 못하는 사람)
	6급	한 귀의 청력을 80dB 이상 잃고, 다른 귀의 청력을 40dB 이상 잃은 사람
평형 기능	3급	양측 평형기능의 소실로 두 눈을 뜨고 직선으로 10m 이상을 지속적으로 걸을 수 없는 사람
	4급	양측 평형기능의 소실 또는 감소로 두 눈을 뜨고 10m를 걸으려면 중간에 균형을 잡기 위하여 멈추어야 하는 사람
	5급	양측 평형기능의 감소로 두 눈을 뜨고 10m 거리를 직선으로 걸을 때 중앙에서 60㎝ 이상 벗어나며, 복합적인 신체운동은 어려운 사람

☞ **청각장애의 원인**

청각장애의 원인은 유전, 모자 혈액형 불일치, 이경화증, 선천성 외이 기형, 전염병, 상해 등의 유전적 요인과 바이러스 감염, 중이염, 뇌막염, 소음, 외상, 약물중독 등의 환경적 요인으로 구분된다.

- **유전** 선천적인 농의 약 50% 이상이 유전 이상으로 유발된다. 유전에 의한 경우 부모의 농으로 인하여 자녀의 언어발달이 쉽게 이루어지기 힘든 환경적인 어려움이 함께 나타난다.

- **모자 혈액형 불일치** 임산부와 태아의 Rh 혈액형이 불일치하는 경우로 모체의 혈액에서 항체가 형성되고 이것이 태아의 혈액을 파괴하는 경우이다. 이 경우 70% 이상이 중복장애를 갖는다.

- **이경화증** 중이에 있는 등골이 비정상적으로 비대하여 발생하는 증상으로 심한 경우 등골 절제술이나 절개술을 해야 한다.

- **선천성 외이 기형** 중외이나 중이에 선천성 기형을 갖게 된 상태이며, 외이도가 형성되지 않거나 이소골의 고착 증상(뼈가 분리되지 않고 붙는 경우) 등으로 발생한다.

- **바이러스 감염** 모체 풍진이나 CMV(사이토메가로바이러스) 등의 바이러스가 태아에 영향을 주는 경우 발생한다. 풍진은 백신 예방 접종으로 예방할 수 있다.

- **중이염** 감기 등으로 인하여 체온이 상승하는 경우 열에 의해 가장 먼저 손상되는 부위가 중이다. 통증이 발생한 후 심한 경우 중이 내부의 통로에 염증이 발생하며 만성화 되는 경우 청력 손실이 있을 수 있다. 이런 경우 전음성 난청이 발생하여 기도 청력에 문제가 생길 수 있다.

- **뇌막염** 언어발달 후 청력손실을 일으키는 가장 큰 원인으로써 뇌척수막에 염증이 발생하여 나타나는 질병이다.

- **소음** 큰 소음(시끄러운 음악 소리, 비행기 소리, 공장 소음, 포 사격 등)에 반복적으로 노출되면 청력 손실이 발생한다. 최근 휴대용 전자 기기에 이어폰을 연결하는 경우가 많아 소음에 의한 청력 손실이 모든 연령대에서 나타난다.

- **외상** 이물질이나 귀이개 등에 의하여 고막이 파손되는 경우이다. 그러므로 외이도에 외적 자극을 주지 않는 것이 바람직하다.

- **약물 중독** 수은, 일산화탄소, 항생제, 이뇨제 등에 의한 중독에 의하여 청력을 잃는 경우이다.

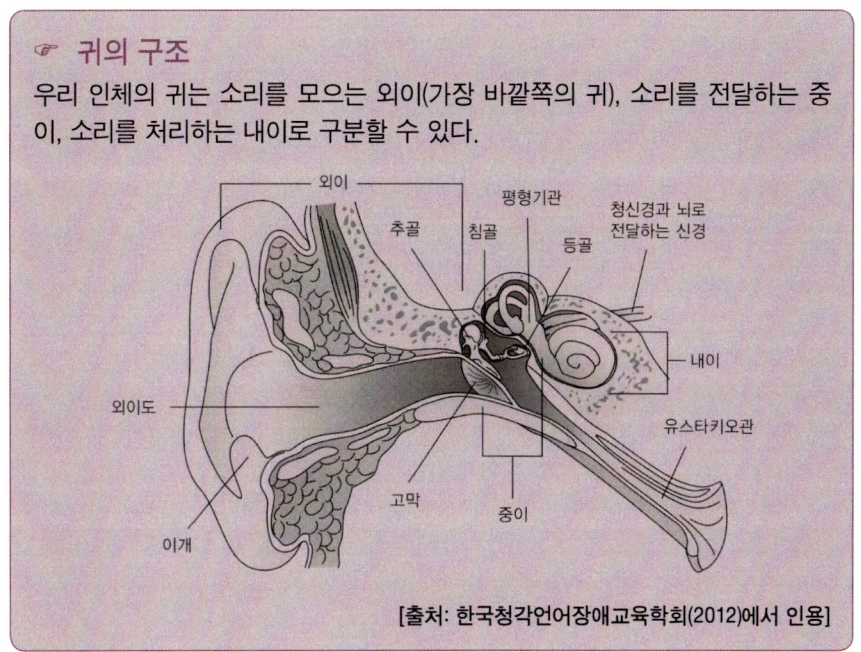

귀의 구조
우리 인체의 귀는 소리를 모으는 외이(가장 바깥쪽의 귀), 소리를 전달하는 중이, 소리를 처리하는 내이로 구분할 수 있다.

[출처: 한국청각언어장애교육학회(2012)에서 인용]

- **외이(外耳)** 외이는 이개(귓바퀴)와 외이도로 구성된다. 이개는 스피커와 같은 깔때기 모양으로 소리를 모으는 역할을 한다. 외이도는 이개에서 고막에 이르는 통로로써 음성이 전달되는 곳이다(한국청각언어장애교육학회, 2012). 즉 외이에서 음을 내이로 전달하는 과정의 문제가 발생하여 고막을 진동하는데 어려움이 있는 경우 전음성 청각장애가 발생된다.

- **중이(中耳)** 중이는 소리 전달 경로에 해당하며, 고막, 고실, 이관(유스타키오관), 이소골 등으로 구성된다. 고막은 소리를 울리는 얇은 막이고, 고실은 고막 안쪽의 공간이다. 이관은 고실과 비인강(콧구멍쪽)을 연결하는 공기통로인데 여기에 이물질로 인한 역류현상으로 중이염이 발생할 수 있다. 이소골은 해머모양의 추골, 대장간에서 쇠를 두들기는 대모양의 침골, 말을 탈 때 발걸이 쇠와 비슷한 등골 등으로 구성된다. 등골의 진동으로 고막에서 진동을 일으킨 소리가 내이로 전달되는 역할을 한다. 보청기를 착용할 경우 이러한 생리적인 현상을 인위적으로 발생한다.

- **내이(內耳)** 내이는 와우(달팽이관), 세반고리관, 전정 등으로 구성되어 있다. 와우는 소리를 직접 받아들이는 청각기관이며, 세반고리관과 전정은 인체의 평형을 유지하는 평형감각기관이다. 내이는 림프액으로 채워져 있다. 내이로 들어온 음파는 림프액을 진동시키고, 여기서 만들어진 물리적인 진동이 전기에너지로 변화하여 청신경으로 전달된다.

림프액: 고등 동물의 조직과 조직 사이를 채우고 있는 무색의 액체

청각장애의 유형

청각장애의 유형은 음을 전달하는 기능의 문제와 음을 처리하는 기능의 문제로 구분할 수 있다.

전음성(장애)	- 소리가 전달되지 못하는 일반적인 청력손실 - 청각 관련 신경 손상이 아니므로 구화 및 보청기 사용으로 일상생활 가능 - 골도 청력은 정상이며, 기도 청력에 장애가 있음
감음신경성(장애)	- 청각 관련 신경손상에 의한 청력손실 - 저주파수대역보다 고주파수대역 청력손실이 큼 - 인공와우 시술자에 해당
혼합성(장애)	- 전음성과 감음신경성이 혼합되어 나타나는 유형 - 저주파수대역에서는 전음성의 특징이 나타남 - 고주파수대역에서는 감음신경성의 특징이 나타남

▨ **전음성** 전음성 장애는 외이에서 모은 소리 에너지를 중이와 내이로 전달하는데 문제가 있는 것이다. 외부에 있는 소리 자극이 귀 안의 고막으로 전달되면 고막이 진동을 하는데, 이 과정에 문제가 있는 경우이다. 고막 진동에 의한 기도 청력의 손실은 있어도, 이소골을 울려 소리가 전달되는 골도 청력은 대부분 정상으로 나타난다. 즉 전음성 장애는 외이에서 음을 내이로 전달하는 과정의 문제이다. 청력 손실이 70dB를 넘지 않아 외과적 수술이나 보청기 착용을 통하여 어느 정도 소리를 듣는 능력이 남아 있는 경우가 많다. 주로 중이염, 고막 파손, 외이도 염증 등으로 인하여 발생하는 경우가 많다. 또한 선천성인 경우보다 후천성인 경우가 많아 언어발달이 이루어진 후 청각장애가 발생하기 때문에 수화(手話)가 아닌 구화(口話)에 의한 의사소통이 이루어질 수 있다.

▨ **감음신경성** 와우를 비롯하여 내이의 청각기관 및 신경의 문제로 인하여 외이에서 전달된 소리를 전기적 신호로 변환시켜 청신경으로 전달하는데 문제가 있거나, 청신경으로 전달된 소리를 대뇌에서 인지하지 못하는 경우이다. 그러므로 기도 청력과 골도 청력 모두 청력 손실이 크게 나타난다. 청력 손실이 90dB 이상 넘어가는 경우 많아 대부분 영구적인 청력손실이며, 인공와우 시술이 필요한 경우가 많다. 산모의 약물 중독, 뇌손상, 고열 그리고 선천성 기형으로 인하여 발생하는 경우가 많다. 대부분의 증상이 선천성인 경우가 많아 언어발달 이전에 청각장애가 발생하기 때문에 수화와 구화 모두 의사소통을 하는데 어려움을 많이 겪게 된다.

<주의>
모든 청각장애인들이 수화를 아는 것은 아니다. 중등도 이하의 청력 손실이 있는 청각장애인이 일반학교에서만 교육을 받고, 구화에 의한 의사소통을 하였다면 수화를 배우는 것이 오히려 불편하여 수화를 배우지 않는 경우도 있다.

- **혼합성** 전음성 장애와 감음신경성 장애가 함께 나타나는 경우로서 음의 의미를 이해하기 곤란하고, 와우관에서 뇌로 소리를 전달하는 과정에 전반적인 문제가 발생하므로 인공와우 시술을 하더라도 청력을 확보하기 어려운 경우가 많다. 아직까지 구체적인 원인이 밝혀지지 않고 있으나, 태아기 때 심각한 약물이나 중금속에 의한 중독일 것으로 추측된다. 언어발달이나 의사소통은 감음신경성과 비슷한 수준으로 이해하여 지도하는 것이 필요하다.

- **기도청력** 외이도를 통하여 전달되는 소리가 고막을 진동하여 발생하는 소리를 감지할 수 있는 청력이다. 외이를 통하여 중이의 고막에 소리를 직접 전달함으로써 소리를 들을 수 있는 청력이다.

- **골도청력** 내이 안의 이소골을 진동하여 직접 청각신경으로 전달되는 소리를 감지할 수 있는 청력이다. 기도 청력에 손상이 있는 경우 골도 청력을 측정하여 청력 손실 정도를 파악한다.

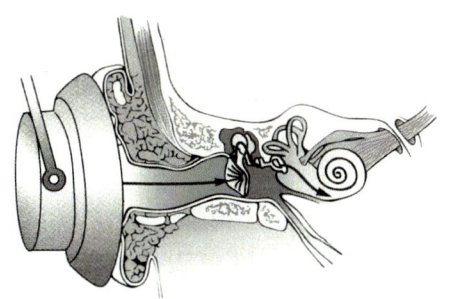

기도 전도(한국청각언어장애교육학회, 2012)

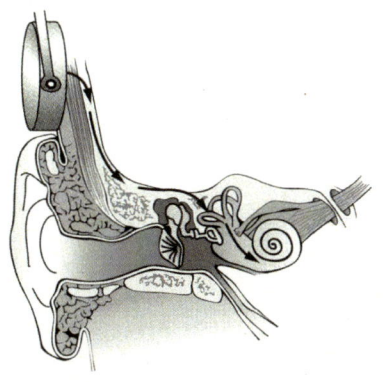

골도 전도(한국청각언어장애교육학회, 2012)

> **청각장애의 정도**
>
> 청각장애는 소리를 들을 수 있는 정도에 따라 경도, 중등도, 중도, 최중도, 농으로 구분한다. 중등도인 경우에는 보청기 착용이 필요하고, 중도 이상인 경우에는 인공와우 이식을 하는 경우가 많다.
>
> | | | |
> |---|---|---|
> | 26~40dB | 경도 (mild) | - 조그마한 소리를 인지하기 어려움
- 일정 거리를 유지해야 음을 이해할 수 있음
- 언어발달에 약간의 지체현상이 나타남 |
> | 41~55dB | 중등도 (moderate) | - 말하는 사람의 입술 모양을 읽는 훈련 필요
- 보청기를 사용해야 함
- 구화를 통한 의사소통의 어려움
- 언어습득과 발달이 지체됨 |
> | 56~70dB | 중도 (severe) | - 일반학교에서의 수업이 어려움
- 개별적인 언어훈련이 필요함
- 또래의 도움에 의한 학습이 필요함 |
> | 71~90dB | 최중도 (혹은 고도) (profound) | - 특수교육 지원체제에서의 학습 지원 필요
- 큰 소리로 이야기를 해도 이해하기 어려움
- 보청기에 의한 청력 인지 불가 |
> | 91dB 이상 | 농 (deaf) | - 특수한 의사소통 프로그램이 필요함
- 청력에 의한 음의 수용과 이해가 어려움
- 어음명료도와 변별력이 현저하게 떨어짐 |
>
> [출처: 강영심 등(2010)에서 인용]

▨ **경도** 경도 수준인 경우 일부 고주파수 대역에서 청력손실이 발생하는 경우가 있으므로 조금 큰 소리의 말소리로 의사소통이 가능하다. 경도 청각장애인은 아니지만 일부 사람에게서도 20dB 미만의 청력 손실이 나타나는 경우도 있는데 이런 경우 청각장애인으로 간주하지 않는다. 그러므로 경도 수준의 청각장애인은 일반인과 구별하기 힘든 경우도 많다.

▨ **중등도** 보청기를 착용하는 경우가 많지만 구화를 통한 의사소통의 어려움을 겪는 경우가 많다.

▨ **중도** 특수교육 지원이 필요한 경우이고, 고성능 보청기나 인공와우를 착용한 경우가 많고, 언어발달이 지체되어 개별적인 언어훈련이 필요하다.

▨ **최중도** 선천성 청각장애인 경우가 많아 언어발달이 낮고, 말을 하더라도 정확한 발성이 되지 않아 어음명료도가 매우 낮다.

▨ **농** 소리에 의한 의사소통은 거의 불가능하고, 인공와우 시술을 하더라도 청각 신호를 인지할 수 있는 확률이 낮다. 농인 경우 대부분 선천성이다.

🖝 주파수 대역과 강도별 소리의 종류

우리가 일상생활에서 듣는 소리는 주파수(Hz)와 강도(dB)로 구분할 수 있다. 이러한 정보를 파악하면 대상자에 대한 특별한 청력검사를 하지 않아도 어느 정도의 청력을 유지할 수 있는지 알 수 있다.

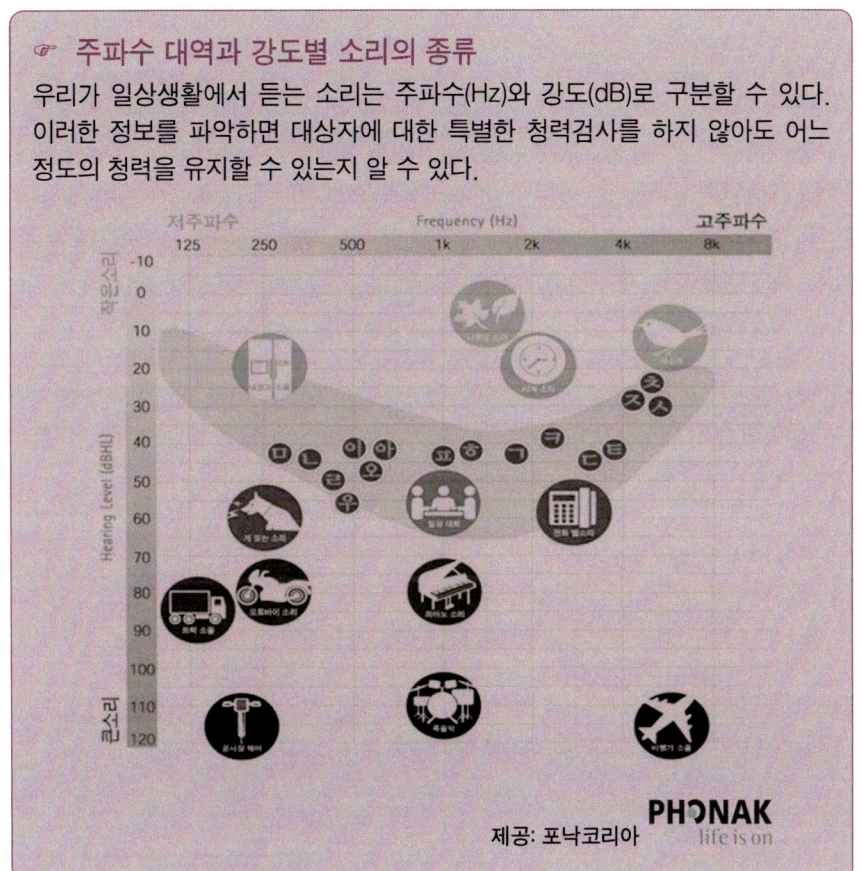

제공: 포낙코리아

- **주파수**(Hz) 일정한 크기의 전류나 전압 또는 전계와 자계의 진동과 같은 주기적 현상이 단위 시간(1초)에 반복되는 횟수이다. 소리의 고저를 의미하며, 높은 소리는 주파수 대역이 높고 낮은 소리는 주파수 대역이 낮다.

- **데시벨**(dB) 소리의 상대적인 크기를 나타내는 단위로써 인간의 귀로 느낄 수 있는 평균적인 가청 수준을 표기한 것으로 청력 역치의 측정단위이다. dB에 표기되는 숫자가 크면 클수록 청력손실도가 큰 경우이다.

- **주파수와 데시벨별 소리의 종류** 일반적으로 사람들의 일상적인 대화 소리는 500~4,000Hz 대역에서 40~50dB 수준의 강도로 나타난다. 40dB의 청력손실이 있는 청각장애인에게 대화를 통한 의사소통이 이루어지기 위해서는 50dB이상의 큰 소리로 알려주어야 겨우 소리를 들을 수 있는 정도이다. 또한, 주변의 소음이 있는 경우에는 더 큰 소리를 들려주어도 소리를 듣지 못하는 경우가 있으므로, 청각장애인들과 의사소통을 할 때에는 주변의 소음이 최소화 된 곳에서 소리를 들을 수 있는 크기를 사전에 파악해야 한다.

> **가청 주파수**: 사람이 청력신호를 감지할 수 있는 장치를 사용하지 않고 들을 수 있는 주파수로서, 인간의 가청주파수는 20~20,000Hz임
>
> **dB**: 전화기를 발명한 A. Bell의 이름을 따서 만든 단위인 벨(B)의 1/10 수치

<주의>
고음급추형과 dip형의 경우 주변 소음을 차단한 상태에서 지도활동이 이루어져야 함

☞ 청력 손실의 유형

의사소통을 할 때 전달하는 음의 높낮이(tone)을 적절하게 조절하기 위해서는 청각장애인의 청력 손실의 유형을 이해하는 것이 필요하다.

유형	설명
수평형	전 주파수에 걸쳐 비슷한 청력손실을 가지고, 정도의 차이는 있으나 소리가 전반적으로 작게 들림
저음장애형	저주파수대의 청력손실이 큰 반면, 고주파수대의 청력손실이 적은 경우로 주로 전음성 난청인에게서 많이 나타남
고음점경형	저주파수대에서 고주파수대로 올라감에 따라서 청력손실이 점점 커져가는 형으로서 노인성 난청에 많음
고음급추형	저주파수대의 청력 손실은 수평형으로 나타나지만, 2,000Hz이상 대역 에서는 급격히 청력손실치가 증가 (난청 초기 증상)
dip형	극히 제한된 주파수대에서 청력손실이 크고 다른 주파수대에서 수평의 그래프를 나타냄(직업성 난청 초기)
곡형	중음역의 청력손실이 크고, 저음역이나 고음역의 청력손실이 적음
산형	저음역이나 고음역의 청력손실이 크고, 중음약의 청력손실이 적은 경우로서 혼합성 난청인에게 많음
전농	저음역의 일부 주파수만 청력이 측정될 뿐 다른 주파수대는 거의 잔존 청력이 없는 경우

☞ 보청기

보청기의 배터리 관리 및 청결 유지를 하지 않으면 소리를 듣기 어렵다. 보청기는 매일 청결 관리를 하는 것이 필요하다. 지도자는 청각장애인의 보청기 관리가 이루어지는지 확인해야 한다.

보청기	- 주머니형 보청기: 벨트나 주머니에 부착하여 사용 - 귀걸이형 보청기: 비교적 작은데 송화기, 증폭기, 수화기, 건전지가 들어 있는 몸체와 음량을 외이도로 전달하는 (귀)꽂이로 구분됨 - 귓속형 보청기: 전기적인 부품이 모두 보청기 외형 안에 들어가는 가장 작은 형태의 보청기

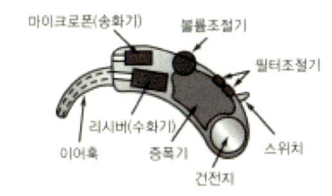
〈귀걸이형 보청기〉

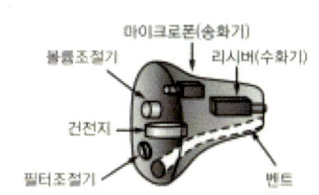
〈귓속형 보청기〉

☞ 인공와우

인공와우는 내이에 위치한 와우에 병변이 있어 음을 처리하는데 어려움이 있는 고도(70dB) 이상의 청각장애인들에게 수술로 장착하는 청력 보조 장치이다. 인공와우는 수술을 통하여 내이에 수신기를 장착하고, 체외에 송신기를 휴대하여 부착한다. 1970년대부터 상용화하여 일반인에게 보급하기 시작하였다.

인공 와우	- 보청기로도 청각적 이득을 얻기 어려웠던 감각신경성 청각장애인들에게 적용하고 있음 - 외부기기: 어음처리기, 마이크, 헤드셋, 배터리 등 - 내부기기: 내부수신기, 전극 등

[출처: 한국청각언어장애교육학회(2012)에서 인용]

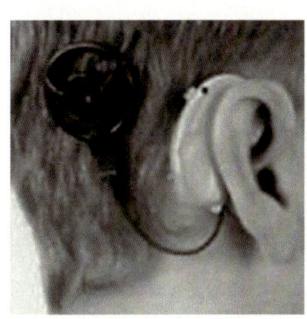
체외에 부착하는 인공와우 외부 송신기

> Tip: 2-3개월에 한 번씩은 보청기 제조회사에 의뢰하여 보청기 관리를 받는 것이 필요하다.

인공와우의 소리 전달 경로

① 마이크로폰에 의해 외부 소리가 감지
② 감지된 소리는 전선을 따라 언어합성기로 전달
③ 언어합성기에서 소리를 분석하여 전기신호로 부호화
④ 부호화된 신호가 송신용 안테나로 전달
⑤ 송신용 안테나에서 체내에 있는 수신용 안테나로 신호를 전달
⑥ 수신용 안테나에서 신호를 전기신호로 변환
⑦ 와우로 전기신호가 전달되어 청신경을 자극
⑧ 청신경을 통해 뇌로 전달된 신호를 소리로 인지

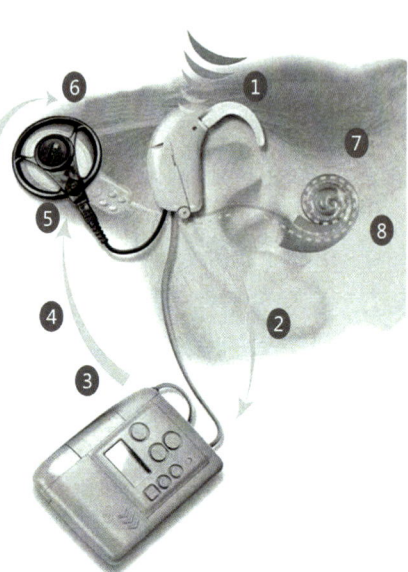

> ☞ **청각장애인과의 의사소통**
> 청각장애인이 상대방과의 의사소통이 원활하지 않는 경우 상대방에 대한 신뢰를 하지 않을 수 있으므로 다음의 사항에 유의해야 한다.
>
> - 청각장애인의 청력손실 전 언어발달과 청력 손실 후 언어발달에 따라 의사소통의 차이가 큼
> - 명사와 동사처럼 사물이나 동작을 직접 확인할 수 있는 경우 의사소통을 할 때 의미전달이 빠르지만, 형용사나 부사처럼 추상적인 의미의 어휘인 경우에는 의미를 이해하지 못하는 경우가 많음
> - 수화통역사가 도와줄 경우에 스포츠 관련 전문 자료나 내용을 미리 전달하여 실제 상황에서 원활한 수화통역이 이루어지도록 해야 함

언어발달

언어는 서로의 생각을 소통하기 위해 사용하는 상징체계이다. 사람들은 여러 가지 상징들을 말하기도 하고, 말하거나 읽는 것을 듣기도 한다. 또한 들은 것을 말하거나 쓰기도 하는 등 다양한 방식으로 상징체계를 사용한다. 언어발달에서 가장 먼저 필요한 능력은 듣기 능력이다. 그러나 듣기는 소리 듣기(hearing)와 의미 듣기(listening) 모두를 포함하는 선택적 과정인데, 청각장애가 있는 사람들은 청각기관의 손상으로 청각 정보에 대한 자극이 감소하므로 왜곡된 언어 발달이 이루어지기 쉽다. 특히 자신의 소리

에 대한 적절한 청각적 피드백을 받지 못하여 언어발달이 지체된다.

말을 하기 위해 호흡, 발성, 공명, 조음 등의 생리적인 기능이 연쇄적으로 이루어져야 한다. 또한 다른 사람의 말을 듣게 됨으로써 자신이 속한 사회에서 사용하는 언어의 음소 체계를 발전시켜 가며 말소리를 습득하게 된다. 청각장애가 있는 아동의 경우 옹알이의 출현시기가 일반아동보다 늦다. 또한 말의 명료성이 떨어져 발음할 수 있는 자음과 모음의 수가 적고, 음소 목록이 줄어들어 언어발달이 지체된다.

듣기와 말하기의 지체는 읽기와 쓰기의 지체로 이어진다. 유아기 및 아동기의 언어발달이 충분하게 이루어지지 못한 경우, 어휘력 부족으로 인한 언어발달 지체로 단어 및 문장의 뜻을 이해하지 못하게 되어 자신의 의사나 감정을 적절하게 표현하기 어려워진다. 수화를 배우더라도 명사나 동사 등 눈으로 확인할 수 있는 어휘는 발달하지만, 형용사나 부사 등의 어휘 사용 빈도는 매우 부족한 편이다(김선영, 박병도, 2013).

▨ **수화를 통한 의사소통** 수화는 청각장애인들이 가장 많이 사용하고 있는 의사소통 방법으로 이들의 문화를 가장 잘 표현하고 있다. 미국수화는 영어처럼 추상적인 의미의 미묘한 차이까지 전달할 수 있음은 물론 물체에 대한 묘사도 가능하며 문법과 문장구조도 갖추고 있다. 대부분의 일반인들은 명사나 동사 등의 물체와 지시에 대한 표현은 알 수 있지만 구체적인 표현까지는 알기 어려운 경우가 많다. 최근 많은 청각장애 아동들은 말하기 훈련과 인공와우 이식 수술에도 불구하고 그들의 명확한 표현 방법에 한계를 가지고 있다. 일반인들이 청각장애인과의 의사소통을 위하여 충분히 수화를 배우지 않기 때문에 의사소통에 대한 문제점들이 항상 나타날 수 있다.

청각장애인들 중 청각장애가 있는 사람은 일반인보다 우연 학습(incidental learning)의 기회가 적다. 즉 청각장애가 있는 사람의 부모나 교사 또는 친구들은 내용전달이 제대로 되지 않았을 때 대부분 수화를 이용하지 못하며 이로 인해 그들은 대화를 우연히 볼 수도 없고 중요한 것을 놓치는 일이 종종 발생하게 된다. 따라서 청각장애가 있는 사람들의 수화는 그들에게 언어발달 및 사회화에 중요한 의미를 갖는다.

청각장애인과 대화할 때에는 일반인과 대화하는 것보다 조금 천천히 말하면서, 입모양이나 몸동작을 크게 하는 것이 필요하다. 수화통역사가 있더라도 가능한 청각장애인과 직접 대화하는 것이 바람직하다.

- 대화할 때는 항상 눈을 맞추고 있을 것
- 대화를 위해 종이와 연필을 사용
- 청각장애인이 명확히 이해하고 있는 수신호만 이용
- 대화를 방해하는 행동은 하지 않음
- 필요한 경우 청각장애인의 틀린 어법이나 단어를 교정함

▨ **행동적·정서적 특성** 청력손실로 인해 일부 청각장애인들이 학습부진 또는 문제행동으로 오인될 수 있다. 인지된 충동성의 출현은 일반인들보다 청각장애가 있는 사람들에게 더 많이 나타나는데 이는 청각장애의 특성상 자신의 주변 환경을 과도하게 의식하고 자주 점검하는 습관이 있기 때문이다.

청각장애가 있는 사람에서 가끔씩 나타나는 문제행동은 이해와 의사소통의 부족으로 인하여 발생하는 좌절감 때문이다. 이러한 이유로 주로 같은 처지의 청각장애가 있는 동료들과 어울러 다니는 경향이 있다. 이러한 현상이 지속되면 대부분 자연스럽게 놀이할 기회를 갖지 못하기 때문에 사회성이 결여된다. 그러므로 선천성 청각장애 아동들에게는 가능한 초기에 개입해야 한다. 놀이 및 게임기회를 제공하고 일반인이 청각장애인과 함께 활동할 수 있도록 환경을 조성하며, 아동들 간의 상호작용을 강조하여 지도하는 것이 바람직하다. 또래와의 사회적 관계를 형성시켜주는 기술은 다음과 같다(한국청각언어장애교육학회, 2012).

- 자신과 다른 사람들을 소개하기
- 집단 활동에 참여하기
- 장난감과 자료 그리고 개인적인 소유물을 공유하기
- 놀이나 운동에 대한 아이디어 교환 및 역할 정하기
- 유머감각을 인식하고 함께 나누기
- 칭찬 주고받기, 사과하기, 용서하기 등

2. 청각장애인의 체육·스포츠 지도

> ☞ **청각장애인의 영역별 특성**
>
> 청각장애인은 다른 유형의 장애인과 달리 청각장애로 인한 신체적 결손이 거의 없는 편이다. 그러므로 체육·스포츠 지도를 할 때 일반인들을 지도하는 것과 유사한 프로그램을 기획할 수 있다. 그러나 청각장애로 인한 언어발달이 미흡하거나 의사소통의 어려움을 겪는 경우가 많으므로 프로그램 계획을 할 때 효과적인 의사소통이 이루어지도록 구조화해야 한다.
>
> | 심동적 영역 | - 선천적으로 청각장애로 인한 체력이나 운동기술의 문제는 적음
- 출생 후 기본운동 습득 여부에 따라 심동적 영역의 완성도가 달라질 수 있음 |
> |---|---|
> | 인지적 영역 | - 지능이나 인지에는 문제가 없으나 언어발달의 미흡으로 학업성취 수준이 일반인보다 낮은 경우가 많음
- 의사소통 및 표현 능력이 부족한 경우가 있음 |
> | 정의적 영역 | - 의사소통의 어려움으로 인하여 일반인보다 수화 사용 위주의 청각장애인들끼리 어울리는 경향이 있음
- 대부분 자연스럽게 놀이할 기회를 갖지 못하기 때문에 사회성이 결여됨 |
>
> [출처: 한동기(2008)에서 인용]

▨ **심동적 영역** 청력에 문제를 가진 사람은 부분적인 청력손상을 보이며, 전농 아동들은 청력이 거의 없다. 그러므로 게시판, 슬라이드, 흑판, 비디오테이프, 자막 처리 필름, 오버헤드 프로젝터, 거울 및 시범과 같은 시각적인 보조물을 사용하여 지도한다. 또한 수화 및 잔존청력을 활용한 구화를 사용하도록 유도한다. 특히, 청각장애가 있는 사람들 일부에게는 귀의 울림현상(tinnitus)이 지속적으로 나타난다. 그러므로 소음이 집약되기 힘든 체육관, 수영장, 운동장 등의 과도한 소음을 줄여 준다. 기본운동을 비롯한 운동발달 수준이 일반인에 비하여 평균 이하로 나타나는 경우가 있다. 이는 청각장애로 인한 직접적인 영향이기 보다 청각장애로 인하여 언어훈련을 받느라 일반아동이 정상적으로 경험하는 놀이와 운동 경험이 부족하기 때문이다(한동기, 2008).

감음신경성 형태의 청력 손실이 있는 경우 내이(內耳)에 위치한 전정기관의 손상으로 인하여 내이에 합병증이 유발되어 정적·동적평형성 및 민첩성이 부족한 경우가 많다. 이런 경우 높은 장소에서 이루어지는 활동이나 신체를 여러 방향으로 지나치게 움직이는 민첩성 훈련을 할 때 주의해야 한다. 청각장애인들 중에서도 전정기관이 손상된 경우 더욱 낮은 운동 수행능력을 보이고 있으며 청각장애인들에게 체육활동에 참여할 수 있는 동등한 기회를 제공한다면 일반인들과 같은 수준의 운동 능력을 가질 수 있다. 하지만 동등한 기회가 제공되지 않는다면 운동기술 수준은 상대적으로 지체될 것이다.

▨ **인지적 영역** 대부분의 청각장애인들은 정상 지능을 가지고 있지만, 의사소통에 문제가 있기 때문에 학업성취 수준이 일반인들보다 낮다. 보통 추상적인 것을 이해하는 능력이 낮으며, 청력손상이 클수록 전반적인 학업성취 수준이 감소한다. 그렇다고 청각장애인들을 지적장애인으로 간주해서는 안 된다. 학업성취 수준이 낮은 주된 원인은 지능이 아니라 청각장애로 인한 연령대에 적합한 언어발달이 이루어지지 못했기 때문이다. 이런 경우 어휘력 부족으로 인한 학습 결손이 발생하기도 한다(한동기, 2014).

또한 의사소통 및 표현능력이 부족하다. 그러므로 또래들과 함께 어울리면서 놀이나 운동 참가를 통하여 어휘를 충분히 이해하도록 지도하는 것이 필요하다. 교사 또는 또래의 행동을 모방하는 것은 또 다른 의사소통방법으로 특히 체육교사에게 중요하다. 메시지는 필요한 단어나 동작만을 사용하여 전달하며, 의사소통이 잘 안 되는 경우 여러 가지로 다르게 구두메시지를 전달해 본다. 평소의 말하기 속도보다 조금 느리게 말하고, 가능한 제자리에서 아동과의 거리를 가깝게 유지하며, 얼굴을 마주보기 위해 자세를 낮추는 것이 바람직하다. 필요하다면 종이와 연필을 사용한다. 지도 시 원형대형을 피하고 청각장애인들이 교사의 입 모양을 볼 수 있는 대형을 선택한다.

시범을 보일 때에는 청각장애인을 교사 등 뒤에 위치하게 하여 좌우를 혼동하지 않게 하며, 설명할 때에는 반드시 얼굴을 마주 보도록 한다. 정확한 동작이 요구되는 경우 신체보조를 사용하여 지도하며, 필요하다면 수화를 사용하여 설명한다. 이동 상황에서는 휴대용 의사 소통판(communication board)을 사용할 수 있다. 특정 운동기술, 주요 인물, 신변자립 표시(예를 들어, 화장실) 등을 판 위에 그려 넣어 활동내용을 설명할 수 있으며, 대상자 수준에 맞춰 판마다 여러 가지 내용으로 구성할 수 있다.

▨ **정의적 영역** 청각장애가 있는 사람들의 경우 일반인과의 의사소통이 힘들어져 주로 같은 장애가 있는 청각장애 동료들과 어울려 다니는 경향이 있다. 그러므로 우선적으로 사교활동을 할 수 있도록 돕고, 일반 또래들이 수화를 배우고 사용함으로써 청각손상으로 인한 어려움을 이해할 수 있도록 지도

하는 것이 바람직하다. 특히 또래들 사이에서 사용하는 유행어나 대화에서 감정 표현을 적절하게 하지 못하여 혼자 있기를 원하는 경우가 많다. 이런 경우 다른 사람들과 함께 할 수 있는 다양하고 광범위한 체육활동을 제공한다. 힘든 운동은 감정을 적절히 정화시켜 주기 때문에 바람직하다.

스포츠 참가 상황에서 듣는데 문제가 있는 사람들은 위험에 대한 경고를 쉽게 알아듣지 못하기 때문에 과도하게 두려워하는 경향이 있다. 그러므로 활동 전에 시설이나 기구를 충분히 익히도록 해야 하며, 안전하게 넘어지는 방법을 지도한다. 활동 전에 필요한 사항을 전달하기 위해 시각 및 촉각 신호를 사용한다. 성인의 경우 청력 손실로 인한 우울증을 나타내는 경우도 있으므로, 낙천적이고 긍정적인 모습을 보여주며, 활동을 재미있게 구성한다 (Jansma & French, 1994/2001).

☞ 청각장애인의 스포츠지도

지도자의 수화 능력이 부족한 경우 청각장애인을 지도할 때 어려움을 겪는 경우가 많다. 그러므로 지도 전에 활동에 필요한 중요한 단서들을 미리 설명하는 것이 필요하다. 그리고 설명을 할 때 정확한 입모양을 하면서 큰 소리로 상황을 설명해야 한다. 만일 추가설명이 필요하다면, 메모지를 이용하여 글씨를 쓰는 것도 좋은 방법이다. 청각장애인은 일반인이 즐기는 스포츠의 대부분을 참여할 수 있다. 특히, 개인종목은 전종목이 가능하다고 하여도 과언은 아니다. 단지 팀스포츠 가운데 언어적인 의사소통이 필요한 경우에는 팀의 작전이나 전술에 영향을 줄 수 있다. 이러한 경우 소리자극보다는 빛이나, 수화, 혹은 몸짓으로 대신하는 경우가 많이 있다.

피드백 이해	- 선천적으로 청각장애로 인한 체력이나 운동기술의 문제는 적음 - 출생 후 기본운동 습득 여부에 따라 심동적 영역의 완성도가 달라질 수 있음
통합체육	- 지능이나 인지에는 문제가 없으나 언어발달의 미흡으로 학업성취 수준이 일반인보다 낮은 경우가 많음 - 의사소통 및 표현 능력이 부족한 경우가 있음
인공와우 시술자의 지도	- 스포츠 활동에 참가할 경우 인공와우 외부장치를 반드시 제거하는 것이 바람직함 - 수중활동에 참가할 경우 외부장치에 습기를 방지할 수 있도록 방수처리를 해야함

[출처: 한동기(2008)에서 인용]

- **피드백 이해** 운동은 청각적 단서에 대한 의존도가 매우 낮지만, 청각장애가 있는 사람들은 청각적인 피드백 제공을 받기 힘들어 스포츠지도 과정에서 어려움이 나타날 수 있다. 우선 지도자와 대상자 사이의 의사소통의 제한으로 적절한 피드백을 전달하는 과정에서 지도자의 의사를 잘못 이해하는 경우가 많다. 그러나 일반적으로 시각적 단서가 청각적 단서의 제한점을 보완하거나 대체할 수 있다. 수화능력이 충분하지 못한 지도자가 청각장애인들에게 체육활동의 개념과 운동 방법에 대하여 설명하는 것은 문제를 일으킬 수 있다. 이러한 경우 이해를 돕기 위해 청각장애인이 학습한 기술을 직접 보여주면서 잘못된 부분을 교정하는 방법이 바람직하다. 운동과 기술의 개념, 의미, 목적 등은 의사소통의 제한이 따르는 사람들에게 쉽게 설명하기 어렵다. 지도자들은 청각장애인에게 다양한 표현 방법을 사용하는 것이 중요하다.

- **통합체육활동** 일반학교에서 청각장애 학생들은 언어능력의 부족으로 인하여 교사나 친구들로부터 종종 사회적인 박탈감, 조롱 또는 소외감을 경험하고 있다(Graziadei, 1998; Nowell & Innes, 1997). 만약 청각장애인들이 일반인들과 함께 스포츠에 참가한다면 또래교수 프로그램을 활용하는 것이 바람직하다. 또래교수 프로그램은 통합 체육수업에 참여하는 청각장애인의 체육활동을 개선시켜줄 수 있다. 또래 지도자들은 여러 가지 수화를 배움으로써 청각장애인들과 친구들 사이에서 적절한 사회화를 위한 새로운 기회를 제공해 줄 수 있다.

  청각장애인에게서 가끔씩 나타나는 문제행동은 이해와 의사소통의 부족으로 인하여 발생하는 청각장애인과 관련되는 좌절감의 직접적인 결과가 된다. 성장기에 있는 청각장애인과 일반인의 체력검사를 비교 결과 큰 차이가 없다.

- **인공와우 시술자의 스포츠지도** 인공와우 이식은 귀속에 장치를 끼워 넣는 외과적인 시술이다. 이식은 내부 임플란트로 의사소통하는 내부 음성 프로세서를 포함한다. 내부 장치는 전기로 청신경에 자극을 주고, 귀속의 손상된 달팽이관에 소리를 전달한다. 인공와우 이식의 목적은 보청기의 장점을 넘어서 음성과 음향의 정보를 재인식하는 것을 향상시키는 데 있다. 좋은 언어발달은 조기에 발견하여 어린이들이 인공와우 이식을 받았을 때 효과적으로 나타난다(Winnick, 2011/2014). 초기 인공와우 이식은 운동능력 향상에 매우 효과적으로 나타났다(Wright, Purcell, & Reed, 2002). 비록 미국농아인협회(NAD: the National Association of the Deaf)가 인공와우 이식을 권장하지는 않았지만, 감음신경성 장애인들은 점점 더 많이 인공와우 이식을 하고 있다. 인공와우를 이식한 사람의 체육에는 특별한 주의가 필요하다.

- 머리가 심하게 흔들릴 수 있는 미식축구, 하키, 라크로스, 축구, 레슬링, 덤블링과 같은 접촉스포츠는 피하는 것이 좋다. 또는 접촉이 일어나지 않도록 적절히 변형하는 것이 필요하다.
- 머리가 흔들리거나 낙상의 위험이 있는 롤러블레이드, 스케이트보드, 스쿠터, 암벽등반과 같은 활동은 피하는 것이 좋다. 경우에 따라 올바른 지도와 함께 이식된 장치를 빼고 안전모를 착용한 후 즐길 수 있다.
- 스케이팅, 스노보드, 썰매, 아이스스케이팅과 같은 동계 활동에 참여할 때는 각별한 주의가 필요하다. 이러한 활동에서 착용하는 보호 장비가 머리와 목 주위의 불편함을 유발할 수도 있다.
- 수중활동 시에는 장치를 빼서 방수되는 상자에 넣어 보관한다. 이때에는, 보청기를 착용하지 않았기 때문에 소리가 전혀 들리지 않으므로 청각장애인이 장치를 사용하지 않을 때 사용하는 지도 기술을 이용한다.
- 지나치게 많은 땀을 흘릴 경우 인공 와우 안에 습기가 생길 수 있으며 이것은 "모터 보트 소리"와 같은 소음을 발생시킨다. 그러므로 격렬한 활동 전에는 반드시 인공와우의 전원을 끄거나 헤드밴드 또는 모자를 이용하여 건조한 상태를 유지시켜야 한다.
- 인공와우는 개인에게 맞도록 음향기술자에 의해 조정된 이식술이다. 이것을 "mapping"장치라고 부른다. 정전기로 인한 영향을 "demap"이라 하며 이로 인하여 장치가 고장날 수 있다. demap을 방지하기 위해서는 풍선, 고무, 건조한 매트와 같이 정전기를 유발할 수 있는 물체를 피하는 것이 좋다.
- 인공와우 이식은 귀속에 고정시키는 동안 고장나 듣지 못하는 어린이들에게 문제가 발생할 수도 있다.

[출처: 최승권, 이인경, 박병도, 2011]

> ☞ **게임과 스포츠 활동 수정의 핵심**
>
> 청각장애인을 지도할 때 게임과 스포츠 활동 수정의 핵심은 의사소통을 원활하게 하면서 일반인과 동일한 프로그램에 참가할 수 있다는 자신감을 심어주는 것이다.
>
> | | |
> |---|---|
> | 도전하기 | 청각장애인들이 도전해볼 필요성을 느낄 수 있도록 체육 지도 프로그램을 구성 |
> | 창의성 발휘하기 | 창의적인 활동을 유도할 수 있는 새로운 프로그램 실행 |
> | 긍정적으로 생각하기 | 실수가 발생하더라도 다음의 성공을 위한 실수로 설명하면서 항상 긍정적인 피드백을 제공 |
> | 쉬는 시간 활용 | 쉬는 시간에 앉아서 무조건적인 휴식보다 가벼운 스트레칭을 하면서 쉴 것 |
> | 가정과 연계 | 휴일을 이용하여 가족과 함께 스포츠 활동에 참가할 수 있는 프로그램 제공 |
> | 프로그램 적합성 판단 | 참가자의 발달수준이나 운동 경험에 적합한 프로그램인지 사전에 파악 |
> | 대상자의 의학 정보 파악 | 청각장애유형을 비롯하여 대상자의 청각손상 및 기타 의학 정보를 파악하여 프로그램 수정에 반영 |
>
> [출처: 최승권, 이인경, 박병도(2011)에서 인용]

▨ **도전하기** 청각장애인들을 위한 교육 프로그램은 대부분 약간의 변형만 있으면 된다. 그러나 청각장애인들이 참여하는 스포츠 활동은 너무 어려워도 또는, 너무 쉬워도 안된다. 그러므로 청각장애인들이 도전해볼 필요성을 느낄 수 있도록 스포츠지도 프로그램을 구성해야 한다. 현재 우리나라 국가수준의 체육교육과정에서 제시하고 있는 도전활동으로 육상, 수영, 체조, 태권도, 볼링, 사격 등이 제시되고 있으나, 이는 신체활동 가치의 개념이므로 이러한 활동뿐만 아니라 모든 활동에 대하여 도전 의식을 갖도록 지도해야 한다.

▨ **창의성 발휘하기** 청각장애인이 스포츠 활동에 참여할 때 창의성을 함양할 수 있어야 한다. 기존의 스포츠 프로그램보다 흥미를 유발할 수 있는 새로운 프로그램을 실행하는 것이 바람직하다. 가능한 지도자와 참가자가 서로 협의하여 새로운 프로그램을 협의하여 실행하는 것도 좋은 지도 방법이다.

▨ **긍정적으로 생각하기** 지도자는 스포츠 활동에 참여하는 청각장애인들이 과제를 성공적으로 수행할 것이라는 생각을 갖도록 지도해야 한다. 청각장애인이 과제수행에 성공하면 자신의 기술이 향상되었음을 느끼게 될 것이다.

그러므로 프로그램과 발생할 수 있는 오류 가능성을 충분히 설명하고 가능한 긍정적이고 교정적인 피드백을 제공하는 것이 바람직하다. 그리고 지도자가 동작에 대한 잘못된 동작을 직접 시범으로 보여주는 것이 필요하다.

- **휴식 시간 활용하기** 지도자는 스포츠 활동 참가 중간의 휴식 시간을 소홀히 해서는 안된다. 특히 의사소통이 원활하지 않을 경우 휴식 시간을 활용하여 과제에 대한 설명, 동작의 오류, 지켜야할 규칙이나 방법 등을 설명함으로써 과제 성공률을 높일 수 있다. 중요한 활동 사항을 미리 가르쳐 주고, 게임 활동일 경우 전략에 대한 의견을 교환하는 것도 필요하다. 5~10분의 휴식 시간 동안 휴식과 함께 정보 교환을 어떻게 병행하느냐에 따라 휴식 시간 이후에 참가하는 스포츠 활동의 발전적인 모습을 기대할 수 있기 때문이다. 그러므로 스포츠지도 프로그램을 계획할 때 문서화한 지도 자료를 미리 준비하여 청각장애인에게 수시로 충분한 설명을 할 수 있도록 해야 하는 것은 청각장애인을 지도하는 지도자의 의무라 할 수 있다.

- **가정 연계 스포츠 활동 과제 부여** 청각장애인이 클럽에서 배운 스포츠 활동을 가정에서 가족들과 혹은 지역사회에서 다른 사람들과 함께 할 수 있도록 하는 것도 좋은 방법이다. 특히 부모들이 청각장애인들과 함께 스포츠 활동에 참여한다면 가족애를 돈독히 할 수 있는 좋은 방법이 된다. 스포츠사회화의 가장 영향력을 미치는 존재는 가족과 형제이므로 가정과 연계할 수 있는 스포츠 활동을 자주 제시하는 것이 좋다. 또한 지역사회에서 스포츠 활동을 다른 사람들과 함께 실시함으로써 친구를 사귈 수 있는 좋은 기회를 가질 수 있다. 가족이나 친구와 함께 지역사회에서 참가할 수 있는 스포츠 프로그램을 알아보고, 참가하고, 즐김으로써 스포츠를 생활화하는데 도움을 줄 수 있다.

- **프로그램의 적합성 판단하기** 청각장애인들이 참여하는 스포츠 프로그램을 수정하고 변형하는 것이 필요하지만, 그들에게 적합한 프로그램이라는 판단이 들면 반드시 그렇게 할 필요는 없다. 프로그램 적합성을 판단하기 위해서는 프로그램의 목적, 방법, 대상자의 선택 및 기호, 평가 내용 등을 고려하는 것이 필요하다. 또한, 적합한 프로그램이라고 판단될 경우 지도 방법과 과정에서의 문제점은 없었는지 살펴보아야 한다. 청각장애인에게 적합한 스포츠 활동 프로그램이라 하더라도 지도 방법과 과정의 문제점이 있는 경우 자칫 적합하지 않은 스포츠 활동 프로그램으로 간주할 수 있기 때문이다. 이러한 경우 경험이 많은 지도자나 전문가에게 의뢰하여 프로그램 지도 방법과 과정에 대한 자문을 받는 것이 필요하다.

▨ **대상자에 대한 의학 정보 파악하기** 청각장애인이 청각 기관에 손상을 줄 수 있는 격렬한 신체 활동에 참여할 경우 이와 관련된 현재의 의학적 정보를 반드시 파악해야 한다. 이러한 정보의 종류에는 보청기와 인공와우 착용여부, 인공와우 시술시기, 의사로부터 받은 주의 사항, 기타 의학적 정보에 대한 것들이 있다.

> ☞ **국제 청각장애인스포츠 조직**(http://www.deaflympics.com/)
> 청각장애인스포츠를 위한 대표적인 국제 조직에는 국제청각장애인스포츠위원회(ICSD: International Committee of Sports for the Deaf)가 있다. 이 조직에서 국제농아인올림픽대회 관련 모든 사항들을 결정한다.

▨ **국제청각장애인스포츠위원회**(ICSD) 장애가 있는 사람들 중에서 조직적인 스포츠를 처음으로 시작한 사람들은 특수학교의 청각장애 선수들이었다. 1870년대에 Ohio 청각장애 학교가 야구를 처음으로 시작하였으며, 1885년에는 Illinois 주립학교에 축구가 소개되었다. 1900년대 초 축구는 청각장애 학교에서 실시하는 주요 스포츠가 되었으며, 1906년 Wisconsin의 청각장애 학교에 농구가 보급되었다. 청각장애 학교 팀은 청각장애 학교는 물론 일반학교 팀과도 경기를 했다. 학교 내 프로그램을 벗어나 1924년 공식 국제경기가 개최되었으며, 9개국 선수들이 프랑스 파리에 모여 제1회 청각장애인경기대회(International Silent Games)를 개최하였는데, 이 대회는 오늘날 Deaflympics이라 불리고 있다(최승권 등, 2014). 제1회 국제농아인체육대회는 청각장애가 있는 프랑스인 Rubens Alcais의 주도로 개최하게 되었다. 이 대회는 1924년 8월 파리에서 개최되었는데 9개국의 청각장애가 있는 선수와 6개의 국내 스포츠 연맹의 지원이 있었다. 대회를 마친 후에 9개국 대표들은 모든 청각장애스포츠 연맹들의 결합과 공식적인 인가를 받기 위해 회의를 하였다. 원래 국제침묵인스포츠위원회(Comite International des Sport des Sounds)였던 조직이 국제청각장애인스포츠위원회가 되었다. 국제청각장애인스포츠위원회는 다음의 세 가지 목적으로 설립되었다(DePauw & Gavron, 2004).

- 스포츠와 청각장애가 있는 사람들을 위한 스포츠 훈련의 조정과 발전
- 청각장애스포츠를 개최하는 나라 간의 교류 증진과 아직 청각 장애인스포츠가 알려지지 않은 국가들에게 정보 제공

- 청각장애가 있는 사람을 위한 세계 대회, 세계 선수권 대회, 지역 선수권 대회의 정기적인 관리

▨ **데플림픽**(Deaflympics; 농아인올림픽대회) 청각장애가 있는 사람들의 스포츠 대회는 1924년 시작됐다. 현재 데플림픽(Deaflympics)으로 알려진 이 게임은 1924~1965년 동안 청각장애인국제경기대회(International Games for the Deaf) 또는 International Silent Games로, 1966~1999년까지는 청각장애인월드게임(World Games for the Deaf)으로 불리었다. 2001년 6월 IOC는 "청각장애인월드게임"이라는 이름을 데플림픽(Deaflympics)으로 변경하고자 하는 국제청각장애인스포츠위원회(International Committee for Sports for the Deaf)로부터의 요청을 수락했다.

세계청각장애인체육대회는 1924년 파리를 시작으로 정기적으로 열리고 있다. 제1회 동계청각장애인체육대회는 1949년 Austria의 Seefeld에서 개최되었다. 그 이후로 이 게임은 매 4년마다 올림픽이 열리는 다음 해에 가능하면 동일한 국가와 도시에서 개최되고 있다. 한 예로, 1985년 LA에서 열린 체육대회는 1984년 LA올림픽이 개최된 곳뿐만 아니라 다른 도시에서도 같은 대회가 개최되었다.

데플림픽대회에 참가할 수 있는 선수의 기준은 청력손실이 55dB 이상이면 누구나 참가할 수 있다. 2013년 불가리아 소피아에서 개최한 하계 데플림픽 대회의 종목으로는 육상, 배드민턴, 농구, 비치발리볼, 볼링, 사이클(도로), 축구, 핸드볼, 유도, 가라데, 산악자전거, 오리엔티어링, 사격, 수영, 탁구, 태권도, 테니스, 배구 그리고 레슬링 등이 있다(소피아농아인올림픽대회 조직위원회, 2014). 2015년 러시아 한티만시스크 대회에 개최 예정인 동계 데플림픽 종목으로는 알파인 스키, 크로스컨트리, 스피드 스케이팅, 아이스하키, 컬링 그리고 스노우보드 등이 있다(국제농아인올림픽위원회, 2014).

데플림픽(하계, 동계)은 매 4년마다 올림픽 게임이 개최된 다음 해에 열린다. 제1회의 동계 데플림픽대회는 5개국 33명의 선수들이 참여한 규모가 매우 작은 대회였다. 초기의 일곱 차례의 대회에서는 100여명 이하의 선수들이 참여한 소규모의 대회였다. 데플림픽대회가 특별한 점은 문화적으로 가치 있는 정보 교환을 위한 국제적 포럼을 활성화하려고 공동으로 노력하는데 있다. 데플림픽대회는 참가 선수들에게 청각장애가 있는 사람들의 특유한 문화적 동질감을 가지고 서로 공감할 수 있는 기회를 제공한다. 그들은 운동 경쟁보다 더한 그들만의 공동체 행사를 기념하고 축하하는 것이다.

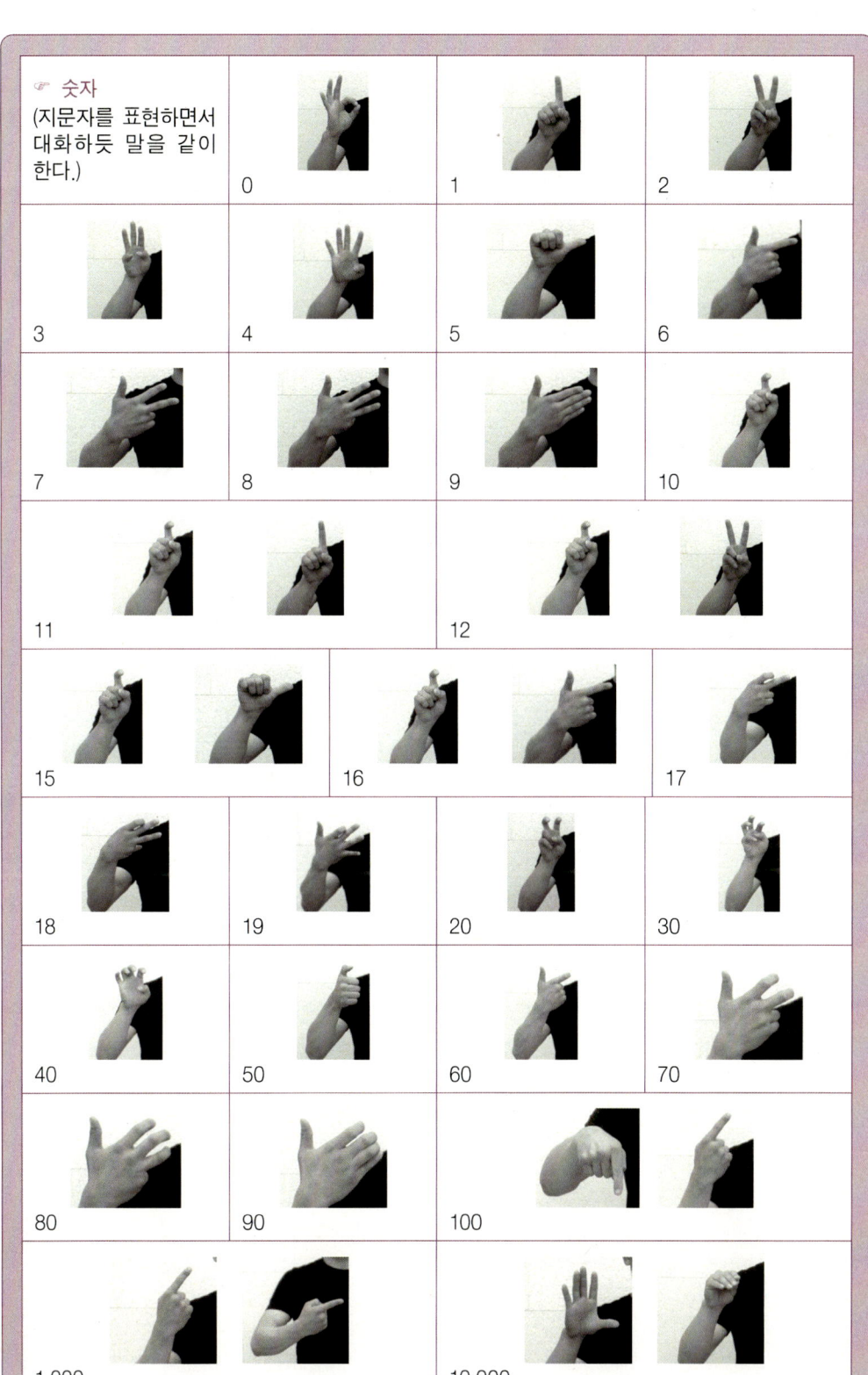

스포츠 활동 관련 수화

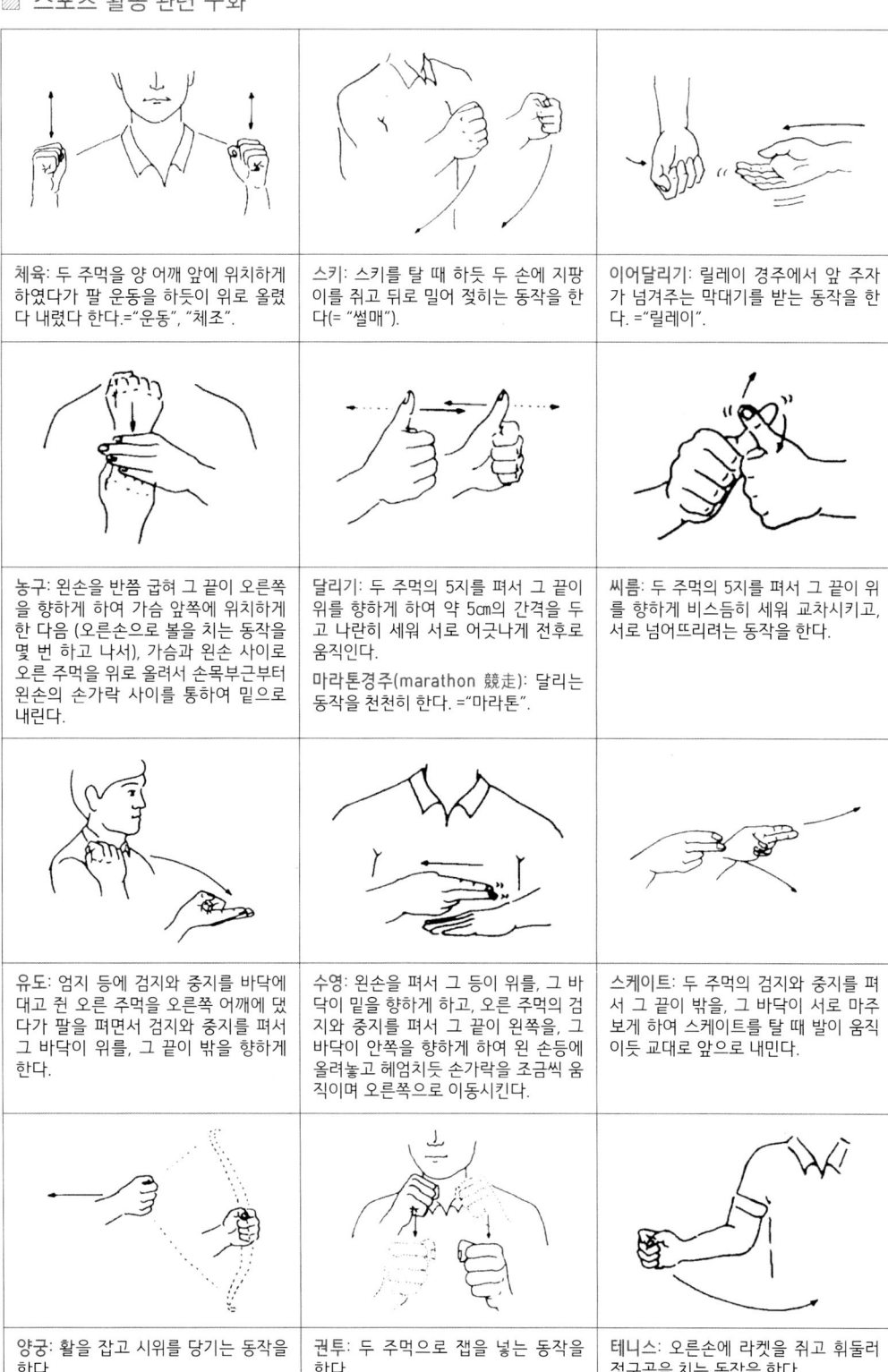

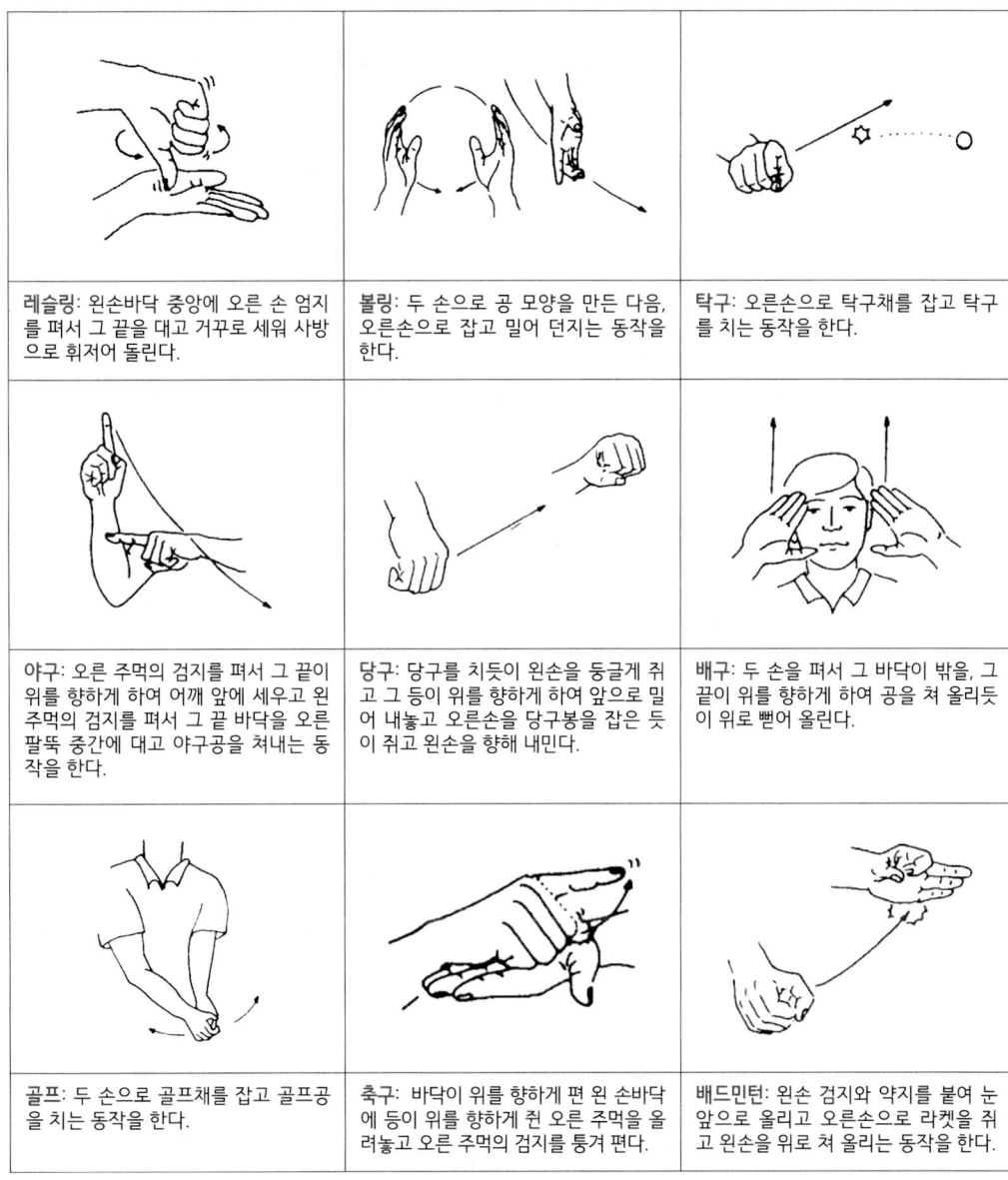

참고문헌

강영심, 김자경, 김정은, 박재국, 안성우, 이경림, 황순영, 강승희 (2010). **예비교사를 위한 특수교육학 개론**. 경기: 서현사.

국립특수교육원 (2014). **특수교육학 용어사전**. 서울: 도서출판 하우.

국제농아인올림픽위원회 (2014). http://www.2015deaflympics.org (2014). 웹 검색일 2014년 12월 26일.

김선영, 박병도 (2013). 어휘지도활동이 청각장애대학생의 어휘력 향상에 미치는 효과. **특수아동교육연구**, 15(4), 245-263.

소피아농아인올림픽대회 조직위원회 (2014). http://sofia2013.seeallsports.com. 웹 검색일 2014년 12월 26일.

장애인 등에 대한 특수교육법, 대통령령 제25865호 (2014). 2014. 12. 14, http://www.law.go.kr에서 인출

장애인복지법 시행규칙, 대통령령 제25751호 (2014). 2014. 12. 14, http://www.law.go.kr에서 인출

최승권, 이인경, 박병도 (2011). **통합체육: 시각장애, 청각장애**. 서울: 레인보우북스.

한국청각언어장애교육학회 (2012). **청각장애아동교육**. 경기: 양서원.

한동기 (2008). **특수체육의 이론과 실제**(제2판). 서울: 레인보우북스.

한동기 (2014). **특수체육교과교재연구 및 지도법**. 서울: 레인보우북스.

DePauw, K. P., & Gavron, S. J. (2004). *Disability Sport*(2nd ed,). IL: Human Kinetics.

Graziadei, A. (1998). *Learning outcomes of deaf and hard of hearing students in mainstreamed physical education classes.* Unpublished doctoral dissertation, University of Maryland, College Park.

Jansma, P., & French, R. (2001). **특수체육**. (김의수 역.). 서울: 무지개사. (원저 1994 출판)

Nowell, R., & Innes, J. (1997). *Educating children who are deaf or hard of hearing: Inclusion.* Retrieved from ERIC database(E557).

Winnick, J. P. (2013). **특수체육과 장애인스포츠**. (최승권, 강유석, 김권일, 김기홍, 박병도, 양한나 외 7인 역.). 서울: 레인보우북스. (원저 2011 출판)

Wright, M., Purcell, A., & Reed, V. (2002). Cochlear implants and infants: Expectations and outcomes. *Annals of Otolohy, Rhinolohy & Laryngology*, III(pt.2), 131-137.

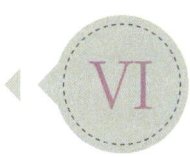

VII 지체장애인·뇌병변장애인의 체육 지도 전략

1. 지체장애·뇌병변장애의 특성

2. 지체장애인·뇌병변장애인의 체육·스포츠 지도

1. 지체장애 · 뇌병변장애의 특성

1) 지체장애의 특성

> ☞ **지체장애의 정의**
>
> 지체장애의 정의는 법적 정의와 기능적 정의로 구분한다. 법적 정의는 국가에서 특수교육 서비스 대상자를 선정하기 위해 사용하거나, 시혜성 복지를 제공하기 위해 사용하고, 기능적 정의는 일선 체육현장에서 장애인의 체육활동을 돕기 위하여 사용한다.

참고 「장애인복지법 시행령(2009)」에서 규정하고 있는 지체장애 정의

가. 한 팔, 한 다리 또는 몸통의 기능에 영속적인 장애가 있는 사람
나. 한 손의 엄지손가락을 지골(指骨: 손가락 뼈) 관절 이상의 부위에서 잃은 사람 또는 한 손의 둘째 손가락을 포함한 두 개 이상의 손가락을 모두 제1지골 관절 이상의 부위에서 잃은 사람
다. 한 다리를 리스프랑(Lisfranc: 발등뼈와 발목을 이어주는) 관절 이상의 부위에서 잃은 사람
라. 두 발의 발가락을 모두 잃은 사람
마. 한 손의 엄지손가락 기능을 잃은 사람 또는 한 손의 둘째 손가락을 포함한 손가락 두 개 이상의 기능을 잃은 사람
바. 왜소증으로 키가 심하게 작거나 척추에 현저한 변형 또는 기형이 있는 사람
사. 지체(肢體)에 위 각 목의 어느 하나에 해당하는 장애정도 이상의 장애가 있다고 인정되는 사람

▨ **법적 정의** 법적 정의는 지체장애인의 신체적 상태를 신경, 근육, 뼈, 관절 등을 중심으로 해부학 및 생리학적 관점에서 판단한다. 즉, 신체의 장애 여부를 사지(四肢: 팔다리) 및 체간(體幹: 몸통)을 중심으로 움직임과 운동 기능에 장애 여부를 판정한다. 법적 정의는 특수교육 서비스를 제공하거나 시혜성 복지 혜택을 선정하기 위해 사용된다. 우리나라의 법적 정의는 주로 「장애인복지법」과 「장애인 등에 대한 특수교육법」에서 찾아볼 수 있다. 먼저 「장애인복지법」에서는 복지 혜택의 시혜성 측면에서 지체장애를 팔다리 장애와 몸통 장애, 기타 내장기관 장애로 구분하여 판정하고 있다. 「장애인복지법」에서 지체장애의 정의는 일곱 가지로 기준을 규정하고 있다.

「장애인 등에 대한 특수교육법」에서는 신체 일부의 손실로 인하여 신체적 움직임과 교육성취가 어려워 학업 수행에 부정적인 영향을 주거나, 교육적 조치를 통해 학습을 수행하거나 교육을 받는데 도움을 필요로 하는 사람으로 규정하고 있다.

심신장애자복지법: 1981년 제정

장애인복지법: 심신장애자복지법이 1989년에 장애인복지법으로 개정

특수교육진흥법: 1977년 제정

장애인 등에 대한 특수교육법: 특수교육진흥법이 2007년에 개정

| IV. 지적장애인·정서장애인·자폐 성장애인의 체육 지도 전략 | V. 시각장애인의 체육 지도 전략 | VI. 청각장애인의 체육 지도 전략 | **VII. 지체장애인·뇌병변장애인의 체육 지도 전략** |

> **참고** 「장애인 등에 대한 특수교육법 시행령(2008)」의 지체장애 정의
>
> 기능·형태상 장애를 가지고 있거나 몸통을 지탱하거나 팔다리의 움직임 등에 어려움을 겪는 신체적 조건이나 상태로 인해 교육적 성취에 어려움이 있는 사람

▨ **기능적 정의** 기능적 정의는 특수체육 지도자들이 체육현장에서 장애 유형에 맞는 지도 전략과 지도 방법을 적용하기 위해 주로 사용된다. 지체장애인의 체육활동을 지도하는 일선 체육현장에서는 지체장애인의 신체적 움직임과 이동, 관절의 가동범위 등을 고려하여 지체장애인들이 체육활동을 할 때 동등한 조건 및 등급에서 공정한 경쟁을 하게 하는데 그 목적이 있다. 기능적 정의는 장애 유형과 정도에 따라 다르다.

미국 척수손상의 중요 원인: 교통사고, 폭력행동, 낙상, 운동상해, 기타 사고 등(Winnick, 2011)

> **참고** 지체장애 유형의 다양성과 광범위성
>
> 지체장애는 장애 유형과 정도가 너무 다양하고 광범위하여 일반화하여 설명하기 어렵다. 지체장애에 대한 일반적 정의는 신체의 기능에 부자유한 곳이 있어서 그대로는 자활이 곤란한 것으로, 맹, 농, 병허약, 정신지체 등은 제외된다. 여기서 지체라는 말은 사지(四肢: 팔다리) 및 체간(體幹: 몸통)을 말하며, 부자유라는 것은 운동 기능에 장애가 있음을 가리킨다. 우리나라에서 사용하고 있는 지체장애라는 말은 영어의 정형외과적 장애(Orthopedic impairment)보다 신체장애(Physical Disability)란 말에 더 가깝다.

가. 척수손상(Spinal Cord Injury)

> ☞ **척수손상의 이해**
>
> 척수손상은 척추골 또는 척주 신경의 상해나 질환으로 발생하며, 상해 대부분은 중추 신경을 손상시켜 손상 부위 및 그 이하 신체부위의 몸통과 팔다리에 근마비, 불완전마비 등을 발생시키는 운동기능 상실을 갖게 된 상태를 의미한다. 척수손상의 유형에는 척수장애(Spinal Cord Injury), 회백수염(소아마비: Poliomyelitis), 이분척추(Spina Bifida), 척주편위(Spinal Column Deviations) 등이 포함된다. 척수장애인의 특징은 주로 좌업생활을 하게 되며, 운동을 하지 않으면 작업능력의 감소가 초래되고, 방광과 소화기관의 조절문제, 비정상적인 근수축, 골다공증, 비뇨기 감염, 배변문제, 욕창, 근육의 경직, 근육 경련, 비효율적인 에너지 소비로 인한 비만 문제를 일으킨다.

사지마비(Quadriplegia): 양 팔과 양 다리가 마비된 상태

하지마비(Paraplegia): 양 다리가 마비된 상태

▨ **정의** 척수손상은 척추골(Vertebrae) 또는 척주(Vertebral Column) 신경의 상해나 질환으로 발생하며, 상해 대부분은 중추 신경을 손상시키기 때문에 손상 부위 및 그 이하 신체부위의 몸통과 팔다리에 근마비, 불완전마비 등이 발생하여 운동기능이 상실된 상태를 말한다(한국장애인복지체육회, 1994). 척수손상

에는 척수장애(Spinal Cord Injury), 회백수염(소아마비: Poliomyelitis), 이분척추(Spina Bifida), 척주편위(Spinal Column Deviations) 등이 포함된다. 이분척추는 발병 사례가 미미하다. 척수손상은 주로 신체의 팔이나 몸통 혹은 다리에 완전 혹은 부분마비를 초래한다. 이 장애는 척수의 손상 부위에 따라 마비 부위와 범위가 다르다. 척수는 척주가 보호하고 있으며, 척수로부터 나온 신경가지들은 척추와 척추의 연결마디 사이로 뻗어 나와 등뼈를 중심으로 넓게 분포한다. 척수의 손상은 근신경 지배에 영향을 주며, 척수의 한 부위가 완전히 손상되면 상해가 일어난 아래 부위의 감각과 운동기능이 완전히 마비된다(오광진, 2010). 척수손상에 의해 외상성 사지마비와 하지마비를 초래하여 움직임과 감각기능을 상실하게 한다. 사지마비는 사지가 모두 영향을 받은 심각한 상태를 의미하며, 하지마비는 주로 하지에 손상을 입은 경우를 말한다. 사지마비와 하지마비에 관련된 마비나 감각 손실 정도는 손상의 위치 및 신경 손상 정도와 관련 있다. 손상이 발생한 부위에 있는 척수의 신경 손상이 심각하거나 부분적일 수 있기 때문에 각 단계의 기능적인 능력을 주의 깊게 검토할 필요가 있다.

만약 척수가 심하게 손상되었다면, 그 지점 이하의 신체 부위에서는 아무런 운동제어능력이나 감각을 가질 수 없게 된다. 이러한 손실은 척수가 스스로 재생할 수 없기 때문에 영구적이다. 대부분의 경우 척수손상은 부분적이며, 손상부위 이하의 감각과 운동제어능력이 어느 정도 보존되는 경우가 많다. 예컨대, 부분적인 손상인 경우 손상을 입은 후 몇 달이 지나면 부분적인 근육제어능력과 감각이 서서히 돌아오는 경우가 있다.

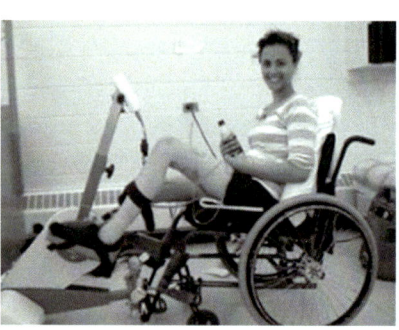

척수장애인
(http://wwrc.virginia.gov/wwrcnews.htm)

- **분류** 척수손상의 분류에는 의무 분류와 기능 분류가 있다(Winnick, 2005). 의무 분류는 척주 부위(경추, 흉추, 요추, 천추)에 손상을 입거나 입은 부위 위쪽의 척주 번호에 따라 의학적으로 분류하는 것을 의미한다. 의무 분류는 척수의 손상 정도에 따라 근육, 반사, 감각 검사를 통해 확인할 수 있다. 의무 분류는 단순히 장애를 입었을 때 등급을 판정한 결과를 반영한다.

| IV. 지적장애인·정서장애인·자폐성장애인의 체육 지도 전략 | V. 시각장애인의 체육 지도 전략 | VI. 청각장애인의 체육 지도 전략 | **VII. 지체장애인·뇌병변장애인의 체육 지도 전략** |

> **참고** 척수손상인의 신체 손상 특징
>
> - 연조직 손상: 장기간 근육과 건의 혹사로 인해 발생
> - 물집: 휠체어 림(Rim)과의 접촉에 의한 피부 견인 자극으로 발생
> - 찰과상·열상·좌상: 팔걸이나 림의 금속부분 또는 브레이크에 손가락들이 과도하게 마찰할 때 발생
> - 욕창성 궤양·압통: 의자와의 마찰로 선골과 둔부에 가해지는 전단력이나 압력으로 인한 무감각으로 발생
> - 체온조절: 무덥거나 추운 환경에 노출될 때 발생하며, 체온조절과 발한기전이 없는 척수손상인의 경우에는 문제가 심각할 수 있음
>
> [출처: Winnick(2011/2014)에서 인용]

기능 분류(Functional Clasification): 스포츠 의무 분류라고도 함. 장애인스포츠에서 장애를 최소화하고 장애선수들이 공평하고 공정한 경기를 하기 위해 운동기능을 주안점으로 장애 정도를 판정하는 것을 말함

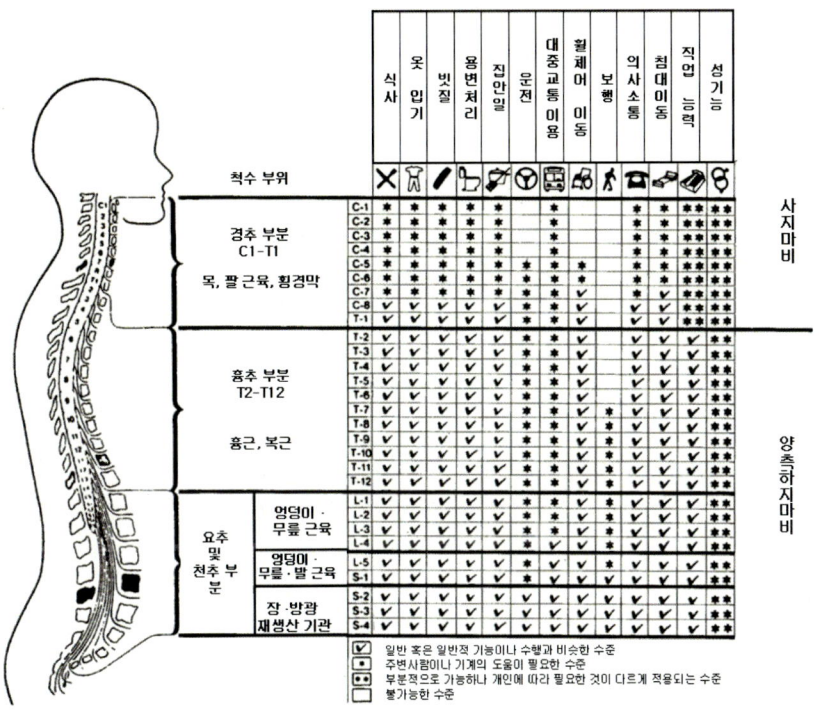

척수손상에 따른 기능적 활동(Winnick, 2005)

기능 분류는 척수장애인의 공정한 경기를 위해 선수들을 운동기능의 정도에 따라 종목, 근육기능의 정도, 실제 경기력에 따른 등급으로 분류하는 것을 말한다. 이러한 기능 분류는 참가 종목을 수행하는 중요도에 따라 팔 기능, 손 기능, 몸통 기능, 몸통의 안정성, 골반의 안정성에 대한 평가를 포함한다.

휠체어 농구 경기의 포인트제: 척수장애인의 장애등급은 개별적으로 다르기 때문에 장애등급을 포인트화 하여 한 팀이 14점 내에서 선수 교체를 하게 함

> **참고** 척수 손상부위에 따른 기능 분류(Sherrill, 2004)

손상부위 (의무분류)	국제기능분류(등급)			기 능 수 준
	육상 트랙	육상 필드	IWBF	
C4-C6	1	1		· 팔꿈치를 굽힐 수 있고, 손목 관절을 외전시킬 수 있다. · 목과 횡경막을 사용할 수 있으며, 휠체어를 오르내릴 때 완전한 보조가 필요하다.
C6-C7		2		· 팔꿈치를 신전할 때 삼두근을 사용할 수 있다. · 주관절 신전을 신전 및 굴곡할 수 있다.
C7-C8	2	3	1(1.5)	· 일부 손가락을 움직일 수 있다. · 독립적으로 휠체어를 추진할 수 있고, 휠체어 오르내리기도 조금 가능하며, 보조 장치가 있는 자동차를 운전할 수도 있다.
C8-T7/8	3	4		· 양 팔과, 양 손, 양 손가락을 움직일 수 있다. · 몸통을 회전할 수 있고 바른 자세로 앉을 수 있다. · 상지를 사용할 수 있으나 하지는 거의 사용할 수 없다. · 등, 복부, 늑간근이 어느 정도 제어되며 일반적으로 안정성이 증가되기 때문에 물체를 들 수 있다.
T7/8-L1/2		5	2(2.5)	· 구부린 자세에서 몸통을 펼 수 있다. · 등, 복부, 늑간근을 완전히 제어할 수 있으며, 필요에 의해 휠체어를 사용하지만 다리용 긴 브레이스와 때때로 크러치를 사용하여 이동한다.
L1/2-L5/S1	4	6	3(3.5)	· 몸통을 옆으로 굽혔다 펴며, 몸통을 자유롭게 움직일 수 있다. · 고관절 유연성과 대퇴 굴곡능력이 있으며, 다리용 짧은 브레이스, 지팡이, 크러치를 사용하여 독립적으로 걸을 수 있다.
L5/S1-S5		7	4(4.5)	· 선 자세에서 던지기를 할 수 있다. 무릎을 굴곡시키고 양발을 들어 올릴 수 있다. · 크러치를 사용하여 걸을 수 있지만, 발목 브레이스와 정형외과용 신발이 필요할 수 있다.

[출처: Sherrill(2004), Winnick(2005)에서 인용]

· IWBF=국제휠체어농구연맹(International Wheelchair Basketball Federation)
· C=경추, T=흉추, L=요추, S=천추
· 경기종목에 따라 기능적 등급 분류는 차이가 있음

▨ **특성** 척수손상은 감염(혹은 상해)된 척수 이하 부위의 사지가 전체 혹은 부분적으로 마비된 장애를 말한다. 척수손상은 출생 시에 발생하거나 출생 후 사고나 질병에 의하여 발생한다.

보통 척수손상은 마비된 부분에 감각을 느끼지 못하고 팔 혹은 다리를 제어하지 못한다. 척수손상인의 마비 증상은 손상된 부위 이하의 몸통과 사지에 근마비, 불완전 마비, 경련 등이 발생하여 운동기능을 상실하게 된다. 그 결과, 주로 좌업생활을 하게 되며, 지속적으로 운동을 하지 않으면 작업능력의 감소가 초래되고, 방광과 소화기관의 조절문제, 비정상적인 근수축, 골다공증, 비뇨기 감염, 배변문제, 욕창, 근육의 경직, 근육 경련, 비효율적인 에너지 소비로 인한 비만 문제를 야기한다(한국장애인복지체육회, 1994). 척수장애인들은 일상생활과 관련된 활동 이외에 유산소성 능력을 향상시킬 만한 활동을 거의 하지 못한다. 이로 인하여 체력이 저하되며, 심폐기능은 일반인과 비교하여 많이 뒤처진다(권영수, 1995). 척수장애인은 척추측만증과 같은 자세 결함이 나타날 수 있으므로 약화된 근육을 강화하기 위하여 신전 및 스트레칭 운동이 요구된다. 신체활동의 제한이나 활동의 부족으로 척수가 손상된 많은 아동들은 과체중이나 비만이 되기 쉽기 때문에 신체활동 프로그램에 지속적으로 참여하게 하고, 활동적인 신체활동과 함께 식이요법을 병행하는 생활습관을 갖게 하는 것이 중요하다. 한편, 척수장애인들은 마비된 척수부위에 따라 팔다리의 움직임 정도가 다르게 나타난다. 이러한 마비(손상) 증세를 보상하기 위하여 대체적인 움직임과 근육들을 사용한다. 이들은 척수손상 정도가 경추, 흉추, 요추, 천추냐에 따라 신체움직임과 관절의 가동범위가 다르게 나타난다. 경추 손상자의 경우에는 사지마비나 삼지마비가 많은 반면, 흉추나 요추의 경우에는 하지마비의 경우가 많기 때문이다. 이때 우리가 알아두어야 할 사항은 팔을 사용하기 힘든 척수장애인의 경우에는 중력을 사용하여 팔꿈치를 수동적으로 고정시켜 신전되도록 바깥쪽으로 어깨를 회전시키는 운동을 시켜야 하며, 반대로 하지에 마비가 있지만 어느 정도 근육을 사용할 수 있다면 잔존 근육을 이용하여 신체활동을 실시하거나, 대체 방법을 사용하여 운동을 실시하면 된다. 척수장애인들에게는 좌업생활로 인한 전반적인 체력 저하를 예방하고 능동적인 삶을 고취시키기 위하여 주변 환경을 체육활동 공간으로 조성해 주는 것이 중요하다.

- **회백질 척수염**(소아마비) 회백수염(poliomyelitis)은 소아마비(polio)라고도 한다. 회백수염은 바이러스성 감염에 의한 마비의 형태로서 척수의 운동세포에 영향을 미친다. 마비의 심각성과 정도는 개인에 따라 다양하며 운동세포의 위치와 수에 따라 다르다. 마비는 민감한 상황으로 인해 일시적으로 발생할 수도 있고(운동세포가 파괴되지 않은 경우), 운동세포가 바이러스 때문에 파괴되었다면 영구적인 것일 수도 있다. 이런 경우에는 관련 사지의 감각뿐만 아

회백질 척수염: 회백수염 혹은 소아마비라고도 부름. 소아마비 백신이 발견되어 한국에서는 1987년부터 발생하지 않고 있음. 그러나 패럴림픽에서는 소아마비인이 경기에 참여하고 있음

니라 장과 방광을 제어하는 데에도 영향을 미친다. 소아마비인은 보행할 때 크러치나 긴 브레이스, 휠체어를 사용할 것인지에 대한 안내를 받게 된다. 하지가 심각하게 손상되었다면 아동이 자라면서 일반적으로 뼈의 변형이 일어나게 된다. 이러한 변형은 엉덩이, 무릎, 발목, 발에서 일어나며, 대부분 교정을 위해 수술을 해야 한다.

■ **척추 이분증**(Spina Bifida) 이분척추는 태아가 자라는 처음 4주 동안 신경관이 완전히 닫히지 않아 생기는 선천적인 결함이다. 그 후 계속해서 하나 혹은 그 이상의 척주에 있는 뒤활(Posterior Arch)이 바르게 자라지 못하고, 척주가 열린 채로 남아 있게 된다(Sherrill, 2004; Winnick, 2005). 이분척추는 척수막 탈출증(Myelomeningocele), 수막 탈출증(Meningocele), 잠재성(Occulta)으로 분류할 수 있다(Dunn & Leitschuh, 2006; Sherrill, 2004; Winnick, 2005).

> ▷ 척수막 탈출증은 흔하게 나타나며, 심각한 질환으로 수막(Meninges), 뇌척수액(Cerebrospinal Fluid), 척수 중 일부가 개방된 부분으로 뚫고 나와서 아동의 등에 액낭(Sac: 알모양)을 형성하여 생긴다. 이러한 증세는 어느 정도의 신경손상과 운동 기능의 손실을 유발한다.

> ▷ 수막 탈출증은 수막과 뇌척수액이 액낭으로 뚫고 나오는 것을 제외하면 척수막 탈출증 형태와 유사하다. 증세는 신경손상을 거의 느끼지 않는다.

> ▷ 잠재성은 증세가 경미하며 특이한 이분척추의 형태이다. 이 질환은 척주의 뒤활에 결함이 있지만, 개방된 부분으로 액낭이 뚫고 나오지 않는다는 것이다. 이 증세는 신체에 아무런 신경 손상을 유발하지 않는다.

척추이분증: 척수막 탈출증, 수막 탈출증, 잠재성 척추이분증이 있음

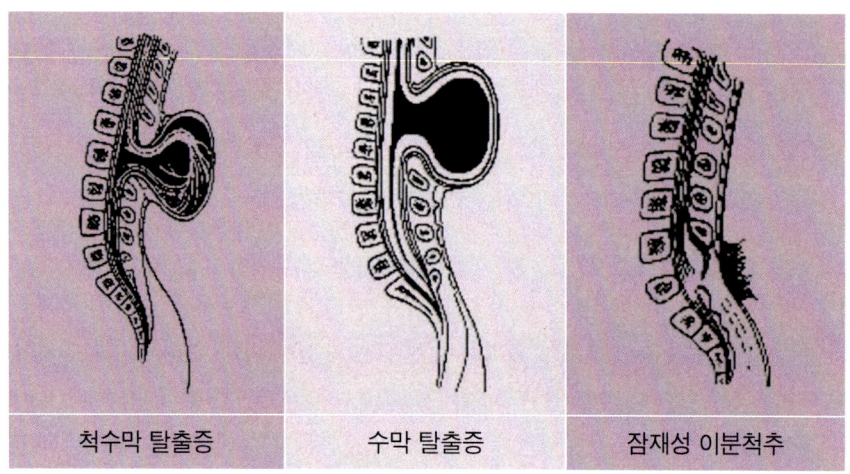

이분척추의 종류(Winnick, 2005)

■ **척주 편위**(Spinal Column Deviations) 척주에서의 측면 휨 현상은 구조적 혹은 비구조적으로 분류한다. 구조적 편위는 정형외과적인 손상과 관련이 있으며 영구적이거나 간단한 신체조작, 자세조절, 운동을 통해서는 변화될 수 없도록 흉부에서 배열이 고정되는 경우을 말하고, 비구조적(unstructural)이거나 기능적인 편위는 흉부가 자세조절이나 무지, 근육약화와 같은 편위 발생요인의 제거를 통해서 재조정되거나 연습과 운동으로 치료될 수 있는 경우를 말한다. 척주 편위에는 척추 측만증, 척추 전만증, 척추 후만증이 있다.

> **척추측만증**(Scoliosis)은 척주가 옆으로 휘어지는 것을 말한다. 척추측만증은 첫째, S형태 곡선 형태로 나타나며, 하나의 큰 곡선과 한 두 개의 작은 곡선으로 이루어진다. 둘째, 근신경 문제로 나타나며, 보통 C자 모양의 곡선으로 나타난다. 중증의 경우에 균형을 잡기 어렵고, 내부기관을 압박하며, 휠체어에 앉아 있는 장애인에게 욕창 등의 문제를 일으킨다.

> **척추전만증**(Lordosis)은 척주의 흉부와 요부에 심한 굴곡이 있어 등 부위의 속이 비어 있는 듯이 모양을 이루어 복부가 튀어나오는 특징을 나타낸다.

> **척추후만증**(Kyphosis)은 보통 척추전만성 굴곡과 함께 발생하며, 등 위쪽 모양이 둥글게 나타난다. 이러한 변형은 명확하게 알려져 있지 않지만 청소년 시기에는 남녀 비율이 유사하게 나타난다(Winnick, 2005).

척주 편위: 척추 측만증, 척추 전만증, 척추 후만증이 있음

> 참고 **휠체어 종류**
> - 표준형: 앞의 작은 바퀴, 뒤의 주동력원인 큰 바퀴가 접어지는 구조를 가진 휠체어
> - 수동형: 휠체어를 탄 조작자에 의해 작동하는 휠체어
> - 보조자형: 휠체어를 탄 사람이 조작할 수 없을 때 보조자가 조작하는 휠체어
> - 전동형: 전기배터리로 움직이는 휠체어
> - 저중량형: 표준형 휠체어를 변형시켜 중량을 감소한 휠체어
> - 경기용: 스포츠경기에서 사용하기 위해 만든 휠체어
>
> [출처: Wilson(1992)에서 인용]

절단장애: 후천적으로 상해를 입어 팔과 다리를 절단하는 경우와 선천적으로 팔과 다리가 없이 기형으로 태어나는 경우 모두 포함

절단 장애 원인: 모든 연령에 걸쳐 나타나는 사지 손실의 원인은 암이나 혈관 질환에 기인함(Winnick, 2011)

나. 절단장애(Amputees)

☞ 절단장애의 이해

절단장애는 사지의 일부 혹은 전체가 제거되거나 잃은 상태로서 선천성과 후천성을 포함한다. 선천성 절단장애는 태아가 완전히 발달하지 못한 상태에서 태어난 기형을 말하며, 후천성 절단장애는 질병, 종양, 외상 등으로 발생한다. 절단장애의 분류에는 의학적 분류와 기능적 분류가 있으며, 체육활동에서는 기능적 분류를 주로 사용한다. 선천성 절단장애인은 손과 팔 등에 기형을 가진 사람을 말하며, 후천성 절단장애인은 외상으로 인하여 신체의 일부가 제거된 것을 말한다. 절단장애인은 절단 부위에 의지보조기를 착용하여 생활하는 경우가 많고, 절단된 부위로 인하여 신체의 균형과 평형, 협응을 유지하는데 어려움을 갖는다.

▨ **정의** 절단은 사지의 일부 혹은 전체가 제거되거나 잃은 상태로서 선천성과 후천성을 모두 포함하고 있다. 선천성 절단은 태아가 완전히 발달되지 못할 경우 초래되며, 후천성 절단은 질병, 종양, 외상 등으로 생긴다(Winnick, 1995). 선천성 절단은 선천성 기형에 의해 발생되며 전체 사지의 결손 혹은 부분적인 결손을 가져 온다. 선천성 기형에는 첫째 단지증(Phocomelia)이 있다. 단지증은 사지의 어느 한 중간 부위가 손실된 상태를 말하며, 어깨에 손이 달려 있거나 대퇴에 발이 붙어 있는 경우가 해당된다. 둘째는 손이나 손가락이 정상적인 상태가 아닌 정형외과적 절단과 유사한 형태로써 분절 이하의 손실을 나타내며, 팔꿈치 관절 이하와 편측에서 나타난다. 후천적 절단은 외상으로 인하여 신체의 일부를 제거하는 것을 말하며, 교통사고, 산업재해, 농기구 사용, 스포츠 활동 등으로 인하여 발생하는 경우가 많다.

절단장애인(Winnick, 2005)

■ **분류** 절단장애의 분류는 사지결손의 부위 및 정도 혹은 기능적 관점에 의하여 구분한다. 현재 미국장애인스포츠협회(Disabled Sports, USA)와 국제장애인경기연맹(International Sports Organization for the Disabled: ISOD)에서는 절단장애를 9등급으로 분류하고 있다(Winnick, 2005).

▷ **A1 등급**: 양측 무릎 관절 이상 절단(AK)
▷ **A2 등급**: 편측 무릎 관절 이상 절단(Single AK)
▷ **A3 등급**: 양측 무릎 관절 이하 절단(BK)
▷ **A4 등급**: 편측 무릎 관절 이하 절단(Single BK)
▷ **A5 등급**: 양측 팔꿈치 관절 이상 절단(AE)
▷ **A6 등급**: 편측 팔꿈치 관절 이상 절단(Single AE)
▷ **A7 등급**: 양측 팔꿈치 관절 이하 절단(BE)
▷ **A8 등급**: 편측 팔꿈치 관절 이하 절단(Single BE)
▷ **A9 등급**: 하지와 함께 상지에 절단이 있는 자

다음 그림은 절단에 따른 장애를 분류할 때의 기준을 나타낸 그림이다.

> **참고 절단 부위 명칭 이해**
>
> - A(Above): ~보다 위에
> - B(Below): ~보다 아래에
> - K(Knee): 무릎
> - E(Elbow): 팔꿈치
> - 무릎 아래 절단(below knee, BK): 하퇴절단 - 무릎관절은 절단되지 않음
> - 무릎 위 절단(above knee, AK): 대퇴절단 - 고관절은 절단되지 않음
> - 팔꿈치 아래 절단(below elbow, BE): 전완절단 - 주관절은 절단되지 않음
> - 팔꿈치 위 절단(avove elbow, AE): 상완절단 - 견관절은 절단되지 않음
>
> [출처: Winnick(2011/2014)에서 인용]

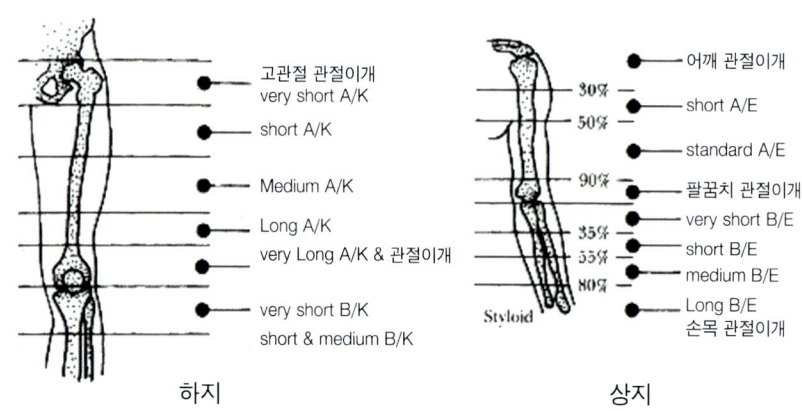

발생부위에 따른 절단의 분류

특성 절단장애는 주로 자동차, 산업 및 농기계와 관련된 사고로 발생한다. 절단장애 아동들은 대부분 인공보장구를 착용한다. 인공보장구는 절단된 사지의 기능을 대신한다. 대부분의 보장구는 플라스틱으로 만들어지며, 습기에 강하고, 내구성이 좋으며, 실제로 사지와 비슷한 외관을 가졌다. 보장구의 유형은 성장 정도에 따라 다양하게 선택되지만, 학령기 아동은 12~18개월, 10대의 경우 18~24개월마다 새로운 보장구로 교체하는 것이 일반적이다(Auxter, Pyfer, & Huettig, 2005). 절단장애인들은 새로운 의료 보장구에 익숙해지기 위해서 충분한 연습이 필요하다. 절단장애인은 크게 상지 절단장애인과 하지 절단장애인으로 구분할 수 있다. 상지 절단장애인은 일상생활을 하는데 별로 어려움이 없으며, 하지 절단장애인보다 어려움이 덜 하다. 하지 절단장애인은 신체활동이 매우 제한적이기 때문에 상지 절단장애인보다 유산소 능력 수준이 낮다. 이들에게는 장기간의 유산소성 트레이닝 프로그램을 통하여 장애를 악화시키지 않고 피부가 상할 염려가 없는 운동이 권장되어야 한다(Pitetti & Predrotty, 2003). 하지 절단장애인은 비만일 가능성이 높기 때문에 규칙적인 운동을 통한 식이요법과 강도 높은 운동이 요구된다. Short, McCubbin과 Frey(1999)는 신체장애인들에게 저부하 운동의 중요성을 언급하였다. 그들은 신체장애인들에게 운동을 시킬 때에는 일일 활동 대사량을 증가시키고, 운동 강도를 줄이고 운동 기간을 늘리며, 파트너 혹은 소그룹 활동, 선호하는 운동뿐만 아니라, 수영, 팔로 추진하는 3륜 자전거(Arm-Propelled Tricycle), 조정, 자전거 에르고미터 등을 추천하고 있다. Lockette와 Keyes(1994)는 장애인들에게 운동 프로그램을 실시할 때에는 절단유형, 근력, 평형성, 관절의 가동범위, 피부 특성을 진단한 후 실시할 것을 주장하였다. 절단장애인에게 근력 및 근지구력, 유연성 운동 등은 모든 신체 부위에 걸쳐 체력 향상을 가져올 수 있다. 특히, 절단장애인에게는 절단 부위의 근육이 다른 부위의 근육과 균형을 유지하기 위해 저항운동이 필요하다. 저항 운동은 절단장애인의 신체 평형성과 균형적인 힘을 발휘하는데 큰 도움을 준다(DiRocco, 1999; Lockette & Keyes, 1994). 또한, 절단장애인은 상지 절단장애냐 하지 절단장애냐에 따라 개인의 운동기술 수준에 크게 영향을 받을 수 있다. 이러한 모습은 주로 사용하는 사지를 이용한 오버헤드 던지기, 공차기 등의 운동기술이 이미 습득된 절단장애인에게 더욱 자주 발생한다. 한편, 선천성 절단장애 아동은 적절한 자세를 통한 기본적인 운동기술을 수행하는데 어려움을 느끼며, 하지가 소실된 절단장애 아동의 경우에는 기어다니기, 걷기, 달리기 등과 같은 대근운동기술을 습득하는데 오랜 시간이 걸린다. 이로 인해 근력 및 근지구력의 증가를 통하여 근위축증이나 근력의 약화를 예방하는 신체활동을 권장하고 있다. Kasser와 Lytle(2005)은 절단장애인들에게 운동을 시킬 때 피부 표피의 감소된 기능으로 인하여 체온조절에 문제가 생길 수 있으며, 사지나 몸통의 운동기능을 개선하기 위해서는 의지보조기가 사용되어야 한다고 언급하면서 과체온을 예방하기 위해서는 신체활동 시 음료수나 약물을 복용할 것을 권장하고 있다.

■ **근육병**(근이영양증: muscular dystrophy) 근(Muscle)과 이영양증(Dystrophy)이 합쳐진 말로, 그리스어의 'Dys'(딱딱한, 굳은)와 'Trophe'(영양 상태)의 합성어이다. 근이영양증은 근 질환 가운데 발생빈도가 가장 높으며, 특정한 근육에 가성비대(Pseudohypertrophy)나 진행성으로 오는 대칭성 근위축 등을 나타낸다. 가성비대는 주로 골격근에 진행성의 변성이 일어나 근육 자체가 결합조직이나 지방으로 대치되어 외형상으로는 근육이 커진 것으로 보이지만 실제로는 근육이 없어지는 질환이다(오광진, 2010 재인용). 근이영양증은 여러 근육군의 퇴화가 전이되어 진행되는 유전성 질환의 한 유형으로, 비대해진 근육 중심부의 근육세포가 지방과 결체조직으로 변형되어 발생하며, 변형 그 자체는 치명적이지 않지만 근약화를 초래하여 호흡장애와 심장질환 등의 합병증을 가져온다(Sherrill, 2004).

기타장애: 신경계, 근육계, 골격계 등의 문제로 이동이나 활동을 하는데 어려움이 있어 스포츠활동을 하기에 곤란을 겪는 장애로서 근이영양증, 근위축증, 내번족 등을 일컬음(DePauw & Gavron, 2005)

Tip

왜소증: 패럴림픽에 참가하는 왜소증은 기타 장애에 속함

기타 장애: Les Autres(프랑스어)

왜소증 주요 원인: 연골무형성증이 대부분임

> 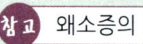 왜소증의 이해

왜소증
(http://fastolfe.net/2007/01/16/
babies-with-made-to-order-defects)

정의 왜소증은 "난장이"라고도 한다. 왜소증이란 의학적 혹은 유전적 문제로 인하여 신장이 152.4cm 이하를 말한다(Dunn & Leitschuh, 2006; Sherrill, 2004; Winnick, 2005). 왜소증을 가진 성인의 평균 신장은 전형적으로 122cm(4 feet) 이하라고 한다(Winnick, 2005). 왜소증은 뼈를 형성하는 연골의 결핍, 또는 뇌하수체의 기능 이상으로 인해 발생한다. 왜소증은 출생 시 연골무형성증을 가지고 태어나며, 성장 호르몬이 충분히 분비되지 않아 발생한다. 또한 뇌의 압박, 뇌수종(Hydrocephalus), 무호흡증(Apnea) 등도 유발할 수 있다.

분류 왜소증은 균형성(Proportionate)과 불균형성(Disproportionate) 왜소증으로 분류한다. 왜소증은 키가 작다는 것 외에는 일반인과 별로 차이가 없다.
▷ 균형성 왜소증은 각 신체부위가 짧지만 전체적으로 균형을 이루고 있으며, 뇌하수체의 정상적인 성장이 결핍된 경우에 발생한다.
▷ 불균형성 왜소증은 대부분 연골무형성증(achondroplasia)이 원인이 되어 발생한다. 정상적인 크기의 몸통에 비해 짧은 팔과 다리, 큰 머리가 특징이다. 불균형성 왜소증은 불완전한 유전자로 인하여 뼈가 완전히 발달하는데 실패함으로써 발생한다(Winnick, 2005).

특성 왜소증은 큰 머리, 납작한 얼굴, 과체중 혹은 비만, 동요성 보행(Waddling Gait), 척추전만증(Lordosis), 제한된 가동범위, 휜 다리 등으로 인해 신장이 더욱 작게 보인다(Winnick, 2005). 왜소증의 일반적인 특성으로는 터너증후군과 연골무형성증과 같은 질환이 있다(오광진, 2010 재인용).
▷ 터너증후군의 증상으로는 신장과 체중이 작고, 목이 두꺼워 보이며, 목뒤와 등을 연결하는 겹살이 관찰되며, 손발이 부어 보이고, 손발톱이 작고 위로 향해 자란다. 또한 턱이 작으며, 윗니와 아랫니의 부정교합이 발생하고, 입천장이 높다. 뿐만 아니라 팔꿈치의 아랫부분이 윗부분에 비해 밖으로 휘어져 있으며, 가슴이 매우 넓어 두 젖꼭지 사이의 폭이 정상에 비해 크다.
▷ 연골무형성증의 증상으로는 가슴부위가 매우 작고, 호흡부전으로 유아기 때에 사망하기도 하지만 대부분 키가 작은 것이 가장 큰 특징이다. 보통 2세 이후에 증상이 뚜렷해지며, 평균 성인의 키는 남자 131Cm, 여자 124Cm에 그친다. 팔다리가 짧고 머리가 크며, 이마가 튀어나오고 콧날이 우묵하게 들어가며, 손이 통통하고 짤막하고, 체간이 비교적 크며, 배가 나오고 엉덩이가 나와 전체적으로 작고 신체부위별 균형이 일치하지 않는 형태를 보인다. 지능에는 문제가 없다.

[출처: 오광진(2010)에서 인용]

다. 기타장애(Les Autres)

> **☞ 기타장애의 이해**
> 기타장애인은 패럴림픽에 참가하여 경기를 한다. 기타장애의 종류는 매우 다양하며 광범위하다. 근육병, 소아 류마티스 관절염, 골형성부전증, 관절만곡증, 다발성경화증, 프리드리히 운동실조증, 중증 근력무력증 등이 포함된다. 기타장애의 특징은 장애 유형에 따라 다르기 때문에 지도자는 사전에 자신이 지도할 대상자의 장애 특성을 잘 이해하고 체육활동을 수행하는 것이 중요하다.

▨ **소아 류마티스 관절염**(Juvenile Rheumatoid Arthritis: JRA) 소아 류마티스 관절염은 아동기에 나타나며 소아기 관절염의 한 유형이다. 소아 류마티스 관절염의 원인은 잘 알려져 있지 않다. 소아 류마티스 관절염은 질환의 정도에 따라 관절의 움직임에 영향을 미치며, 관절에 발생한 염증으로 인해 동작범위가 줄어든다. 소수의 경우 관절의 경직이 계속되어 근위축으로 발전할 수 있다. 관절의 염증은 기전이 밝혀지지 않은 비정상적인 항체가 혈액 내 순환됨으로써 인체의 정상적인 구조를 파괴시킨다고 보고하고 있다. 이 질환은 유전적인 요인에 의한 것이 아니며, 기후, 식습관, 생활양식에 의한 것도 아니다.

▨ **골형성부전증**(osteogenesis imperfecta: OI) 뼈가 잘 부서지는 질병으로 알려진 골형성부전증은 뼈가 불완전하게 형성된 상태이며, 유전성 질환이다. 원인은 콜라겐 섬유 단백질의 결핍으로 인한 것으로 알려져 있다. 이러한 결핍은 뼈의 주 구성원인 칼슘과 인의 양을 줄어들게 하고, 뼈 구조를 약화시켜 쉽게 부서지게 하는데, 이 질환이 완치된 후에는 뼈가 짧아지거나 굽은 형태를 띠게 된다. 골형성부전증은 뼈가 약해 골절, 기형 등으로 인해 신장이 작고 폐가 발달하지 않거나, 콜라겐 섬유가 부적절하게 형성되어 발생한다.

▨ **관절만곡증**(arthogryposis) 선천성 복합적 경축으로 알려진 관절만곡증은 기전이 알려지지 않은 비진행성 선천성 질환을 말한다. 이 질환은 관절 전체 또는 부분에 영향을 미치는데, 근육조직이 관절을 둘러싼 것이 아니라 지방과 결합조직이 둘러싸고 있기 때문에 관절의 경직과 근육 약화가 나타난다. 이 질환은 휠체어를 사용해야 하는 정도에서부터 경미한 질병을 나타내는 수준까지 다양한 장애 상태를 보인다. 일반적으로 사지의 기형을 나타내고 몇 가지의 특정 자세만 취할 수 있게 된다. 또한, 사지의 움직임 범위가 매우 작으며, 관절이 매우 큰 것이 특징이다. 수술을 실시하거나, 지지대 및 크러

치의 사용은 기형을 가진 사람들에게 적합하다. 상지에 손상이 있는 사람의 대부분은 어깨가 안쪽으로 굽어지고, 팔꿈치가 곧게 펴지거나 과신전되며, 전완이 회내되고, 손목과 손가락이 비틀어진다. 몸통과 하지 손상의 경우는 엉덩이가 굴곡되거나 외전되고, 무릎이 뒤틀리고 곧게 펴지며, 발이 회내되고 배측굴곡된다.

▨ **다발성경화증**(multiple sclerosis: MS) 다발성경화증은 청소년 후기에 나타나는 중추신경계 질환의 하나이다. 다발성경화증은 서서히 진행되는 신경학적인 장애로 전반적인 무력감을 초래한다. 이 질환은 3분의 2가 20~40세에 나타나며, 남성보다 여성에게서 많이 나타난다. 다발성경화증은 중추신경계를 통해 다양한 위치의 신경섬유를 흰 물질로 덮어씌우며(미엘린 수초) 변질시킨다. 다발성경화증의 병인은 아직 알려져 있지 않으나, 소수의 연구자들은 바이러스의 침투와 면역 반응, 혹은 이 원인들의 결합으로 인해 초래된다고 주장하고 있다. 현재 진행되고 있는 연구에서는 미엘린의 결합과 변형, 약물치료, 면역치료, 진단검사, 기타 방법들에 초점을 두고 있다. 다발성경화증은 신경학적 검사, 혈액검사, MRI 등의 다양한 검사를 통해 중추신경계 장애로 진단될 수 있다. 다발성경화증의 증상은 극심한 피로, 고열, 수전증, 협응력 상실, 감각마비, 전신약화, 복시, 불명확한 발음, 불안정한 보행, 국소 혹은 전신 마비 등이 있으며, 현재 다발성경화증을 가진 사람 중 약 75%가 극심한 피로를 경험하는 것으로 추정된다. 질환의 초기 단계에는 완화기간에 따라 악화기간이 결정되는데, 반흔조직이 건강한 조직으로 대체되는 기간이 지속된다면 증상은 지속적으로 완화될 수 있다.

▨ **프리드리히 운동실조증**(Friedreich's ataxia) 유전성 신경학적 질환인 프리드리히 운동실조증은 8~15세의 아동과 청소년에서 주로 나타나지만, 20세까지도 발병할 수 있다. 프리드리히 운동실조증은 50만 명당 1명이 발병하고, 유전성 운동실조증인 사람들에게 흔히 발생한다(Muscular Dystrophy Association[MDA], 2001). 이 질환은 운동 협응 능력의 소실과 신경이 서서히 변질되는 현상을 보이며, 사지와 몸통의 감각신경(말초신경)에서 건의 반사가 소실되는데 영향을 미친다. 이 질환은 서서히 혹은 급진적으로 진행되는데 초기 증상은 평형성 결핍과 사지와 몸통의 협응력 부족, 둔하고 서투른 동작, 운동중추의 마비로부터 기인된 넓은 보폭 등이 나타나며, 이러한 증상은 뇌가 자세의 조절과 근육의 협응에 대해 정상적으로 작용할 수 없기 때문에 나타난다. 떨림 현상으로 상지의 대근운동 조절에 장애가 나타나며, 발음이 분명하지 않고 발작이 나타나기도 한다. 주로 사지의 말단 근육에서 위축이

장애인의 약물복용: 장애인들 가운데에는 하나 이상의 질병을 소유한 사람이 많아 평소에 한 두 가지 이상의 약물을 복용하는 사람이 있음

나타나며 발의 내번(clubfoot), 지나친 아치형, 기형적인 발가락, 두 번째와 세 번째 발가락의 단단한 굴건으로 인한 단축 등의 변형이 진행된다. 질환이 진행됨에 따라 일반적으로 척추후만증과 척추만곡과 같은 척추의 변형이 나타나며, 심잡음, 심장비대, 대동맥과 폐동맥의 압축과 같은 심장 문제도 나타난다.

중증근무력증(myasthenia gravis: MG) 중증근무력증은 경미한 수준에서 심각한 근력 감소를 유발하는 "중증 근약화"를 의미한다. 근신경 질환으로 매우 극미한 수준에서 중증의 수준까지 근력이 약화되는 것이 특징이다. 세계적으로 중증근무력증은 매년 백만 명 당 2명씩 나타난다(Muscular Dystrophy Association[MDA], 2001). 중증근무력증은 어떤 경우, 등, 하지, 늑간근까지 근력이 약화되는 신경학적 질환이기 때문에 근이영양증과 혼동할 수 있다. 중증근무력증은 남성보다는 여성에게 더 많이 나타난다. 정확한 기전은 밝혀지지 않았지만, 면역체계에서 항체가 파괴되어 신경자극이 근섬유까지 도달하기 어렵기 때문에 발생되며, 항체는 근신경연접부(신경말단과 근육세포가 맞닿아 있는 부분)의 수용기를 방해함으로써 초래된다. 주요 증상은 비정상적인 피로이다.

특성 기타장애인에게는 근력 및 유연성 운동이 중요하다. DiRocco(1999)는 진행성 근육장애인에게 자신의 최대 저항 무게의 50%를 넘지 않도록 하여 근력운동을 실시해야 한다고 주장하였다. 만약 기타장애인들에게 운동 강도 수준이 너무 높을 경우, 운동 후 12시간 안에 기능적인 근력이 회복될 수 없고, 이를 예방하기 위해 지도자나 코치가 근접한 곳에서 관찰해야 한다고 주장하였다. 만약 운동에 사용되는 근육이 약할 경우, 지나친 부하는 오히려 근력 향상을 방해하게 된다(Tarnopolsky, 2003). 운동의 목적은 중력에 대항하는 최대한의 가동범위를 유지하는 것이며, 이것은 점차적으로 저항성운동을 적용함으로써 성취될 수 있다. 신체활동으로 체력의 증진, 혹은 운동기술 습득을 위해 운동을 실시할 경우 유연성 운동으로 구성된 준비운동과 정리운동을 반드시 실시해야 한다. 특히, 소아 류마티스 관절염, 골형성부전증, 기타 신체장애인과 같이 관절의 유연성이 결여된 경우에는 발작을 일으킬 위험이 있기 때문에 필수적으로 이루어져야 하며, 소아 류마티스 관절염, 연골무형성증 등과 같은 관절의 가동범위가 제한된 장애인은 가동범위 촉진 운동을 매일 실시해야 한다. Surburg(1999)는 장애인의 유연성과 가동범위를 향상시킬 수 있는 여러 가지 방법을 제안하고 있다. 기타장애인들에게는 관절의 움직임과 유연성이 일상생활을 영위하는데 중요한 요소이기 때문이다.

지체장애인의 보조기구 선택:
지체장애인들이 보조기구를 선택할 때에는 가볍고 견고하며 착용감이 좋고 안전해야 함

▨ **보조기구** 지체장애인들은 신체를 지지하고 자세를 교정하거나 변형을 예방하고, 장애로 인한 고통을 경감시키기 위해 고안된 다양한 부목과 브레이스 등의 보조기구를 사용한다. 브레이스는 성인이라면 누구에게든 일어날 수 있는 척추측만을 치료하기 위해 사용된다. 보편적으로 사용하는 보조기구들은 이동이 가능한 사람들에게 더 나은 안정성을 제공하고 휠체어를 사용하는 사람의 신체 변형을 예방하는 데 이용된다. 플라스틱 보조기구는 보통 구두나 옷 안에 착용할 수 있다. 격렬한 운동 시 스포츠지도자는 주기적으로 보조기구의 끈이 확실히 매여져 있는지 또는 피부와 닿는 부분에 상처나 염증이 생기지 않았는지 확인해야 한다. 또한 보조기구는 감각자극을 극대화할 수 있는 자세를 만들기 위해 사용할 수 있다.

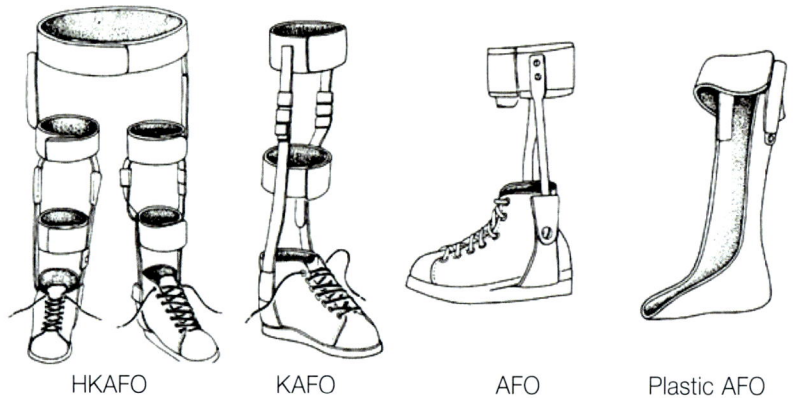

척수장애인들이 착용하는 보조기구(Winnick, 2005)

다리 보조기(parapodium)나 기립탁자(standing table)는 혼자 서 있을 수 없는 사람이 서서 일을 하고 세상을 바라볼 수 있도록 해 준다. 다리보조기는 균형을 잡고 체중을 견디기 위한 부담을 덜어주며 팔과 손을 완전하게 사용할 수 있도록 해주고 체육활동에 탁구와 같은 운동기술을 가르치는데 효과적으로 이용될 수 있다. 최근에 몇 개의 회사가 고안한 독창적인 다리보조기는 탁자의 수직, 수평자세를 쉽게 조절할 수 있는 이점이 있다. 보행 보조기구에는 지팡이(cane)와 보행기(walker)가 있다. 이분척추 장애인과 척수장애인은 브레이스와 크러치(crutch)를 사용해 걸을 수 있다. 스포츠지도자는 지체장애인들이 이러한 보조기구를 잘 사용할 수 있도록 적극적으로 도와주어야 한다.

2) 뇌병변 장애의 특성

🖝 뇌병변 장애의 정의

뇌병변 장애의 정의는 법적 정의와 기능적 정의로 구분한다. 법적 정의는 국가에서 특수교육 대상자를 선정하여 지원서비스를 제공하기 위해 사용하거나, 시혜성 복지를 제공하기 위해 사용하고, 기능적 정의는 일선 체육현장에서 뇌병변 장애인에게 적합한 체육활동을 돕고 뇌병변 장애인들 간의 운동 수준을 동등하게 하기 위해 사용한다.

▨ **법적 정의** 법적 정의는 중추신경의 손상으로 초래된 복합적인 장애를 가지고 있는 뇌병변 장애인에게 법적으로 지원을 해주기 위한 규정을 의미한다. 뇌병변 장애인은 「장애인 등에 대한 특수교육법(2008)」에서 지체장애에 포함되어 있으나, 「장애인복지법(2008)」에서는 뇌의 기질적 병변으로 인하여 보행이나 일상생활에 제약을 받는 사람으로 뇌성마비, 외상성 뇌손상, 뇌졸중 등을 포함하고 있다. 「장애인복지법(2008)」은 뇌병변 장애인에게 우리나라 국민으로서 시혜성 복지 혜택을 제공하기 위하여 등급 분류를 구체적으로 규정하고 있다.

> **참고** 「장애인복지법 시행령(2009)」에서 규정하고 있는 뇌병변장애 정의
>
> 뇌성마비, 외상성 뇌손상, 뇌졸중(腦卒中) 등 뇌의 기질적 병변으로 인하여 발생한 신체적 장애로 보행이나 일상생활의 동작 등에 상당한 제약을 받는 사람

▨ **기능적 정의** 기능적 정의는 특수체육 지도자들이 일선 체육현장에서 뇌병변 장애 유형에 알맞은 체육 지도 전략과 지도 방법을 적용하기 위해 사용된다. 뇌병변 장애인의 신체적 움직임과 이동, 관절의 가동범위 등을 고려하여 뇌병변 장애인들이 체육활동을 할 때 장애등급을 고려하여 동등한 조건에 맞게 게임을 하게 하는데 목적이 있다. 그러나 체육활동에서 기능적 정의를 주로 사용하는 장애인은 뇌성마비인이다. 외상성 뇌손상과 뇌졸중 장애인은 아직 특수체육 분야에서 구체적인 기능적 분류를 사용하고 있지 않다.

가. 뇌성마비(Cerebral Palsy)

> **뇌성마비의 이해**
>
> 뇌성마비란 출생 시와 출생 중, 혹은 출생 후 2년 이내에 뇌 손상 혹은 결함으로 인하여 자세 및 움직임에 만성적 장애를 나타내는 비진행성 장애를 의미한다. 뇌성마비의 분류에는 증상에 따른 분류, 국소 해부학적 분류, 임상적 분류, 기능적 분류로 구분한다. 체육활동에서는 주로 기능적 분류를 사용한다. 뇌성마비의 특징은 경도에서 심도까지 장애 정도가 다양하며, 중추 신경계의 이상으로 협응력, 근장력, 근력 등의 손상을 초래해 자세의 유지와 운동수행을 정상적으로 할 수 없고, 감각기능장애, 지능장애, 언어기능장애, 간질, 의사소통 문제 등을 함께 나타내는 경우가 있다

뇌성마비 원인: 완전히 밝혀지지는 않았으며, 대부분 뇌 손상으로 발생. 선천성 뇌성마비인이 80% 차지(Winnick, 2011)

▨ **정의** 뇌성마비란 출생 시와 출생 중, 혹은 출생 후 2년 이내에 뇌 손상 혹은 결함으로 인하여 자세 및 움직임에 만성적 장애를 나타내는 비진행성 장애를 말한다(Kasser & Lytle, 2005). 또한, 뇌의 운동통제 영역의 손상으로 인한 영구적인 기능장애를 의미하며, 이것은 비진행성으로 출생 전, 출생 중, 출생 후에 시작된 수의적인 근조직에 대한 제어 기능의 이상 또는 저하 상태가 유지되는 것이라고 한다(Winnick, 2005). 여기서 뇌성마비란 Cerebral Palsy로 표현하는데, Cerebral은 뇌를 의미하고, Palsy는 움직임 또는 자세의 장애를 의미한다. 한국뇌성마비복지회(2000)에서는 뇌성마비를 뇌 신경계의 손상으로 운동장애가 주로 나타나는 비진행성 증상으로, 신경학적 질환의 복합체라고 정의하였다. 이러한 뇌 신경계의 손상은 결국 협응력, 근장력, 근력 등의 손상으로 이어져 자세의 유지와 운동수행을 정상적으로 할 수 없게 하고, 감각기능장애, 지능장애, 언어기능장애, 간질, 의사소통 문제 등이 함께 나타나는 경우가 많다. 다시 말해, 뇌성마비란 뇌의 손상 및 마비로 인하여 지속적으로 인체 기능이 원활하게 움직이지 못하며 일상생활에 어려움을 느끼는 비진행성 뇌병변 장애에 해당된다고 할 수 있다.

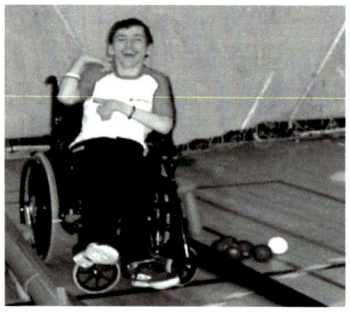

뇌병변 장애인
(http://www.disability-sport-wales.org/10979.html)

▨ **증상에 따른 분류** 일상생활 혹은 운동에 지장을 초래하는 정도에 따라 뇌성마비를 경증(Mild Involvement), 중증(Moderate Involvement), 심증(Severe Involvement)으로 분류한다.

▷ **경증(輕症) 뇌성마비**: 일상생활 및 활동에 제한이 있거나, 운동기능이 상실되지 않은 가벼운 정도의 뇌성마비이다.

▷ **중증(中症) 뇌성마비**: 운동을 하거나 말하는데 어려움이 있으며, 이동을 위해 보조기구를 필요로 한다.

▷ **심증(深症) 뇌성마비**: 혼자 이동하기 곤란하여 전동휠체어를 사용한다.

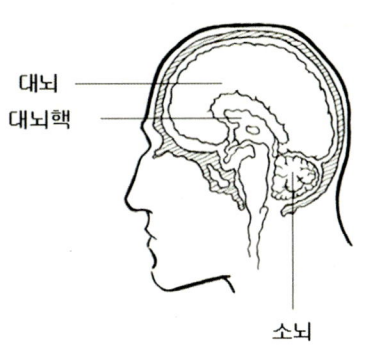

뇌성마비의 유형과 관련된 뇌의 위치
(Winnick, 2005)

국소 해부학적 분류 국소 해부학적 분류는 사지의 마비 정도에 따라 다음과 같이 분류한다(한동기, 2008).

▷ **단마비(Monoplegia)**: 하나의 팔 혹은 다리가 마비된 상태를 말한다.

▷ **편마비(Hemiplegia)**: 몸 한쪽 수족이 마비된 상태로, 다리보다는 팔이 심각하다.

▷ **대마비(Paraplegia)**: 양쪽 다리가 마비된 상태로, 대부분의 경직성 뇌성마비가 여기에 포함된다.

▷ **삼지마비(Triplegia)**: 팔다리 중 세 부분이 마비된 상태를 말한다.

▷ **사지마비(Quadriplegia)**: 두 팔과 두 다리가 마비된 상태로, 경직성 및 무정위운동증에서 많이 나타난다.

▷ **양측마비(Diplegia)**: 신체 양측 마비로, 상지보다는 하지의 마비가 심각하다.

▷ **이중 편마비(Double Hemiplegia)**: 몸의 양측에 마비를 보이지만, 한쪽이 조금 더 심한 상태로 다리보다는 팔이 심하다.

임상적 분류 임상적 분류는 운동능력의 제한 정도에 따라 경련성(Spastic), 무정위운동증(Athetoid), 운동실조증(Ataxia), 강직성(Rigidity), 진전성(Tremor), 혼합형(Mixed) 뇌성마비 등으로 분류한다(오광진, 2010).

▷ **경련성 뇌성마비**: 경련성 뇌성마비는 뇌성마비인의 50~60%를 차지하며, 근육의 장력이 증가함에 따라 근육의 움직임이 둔화되고, 과긴장 상태가

나타나는 증상으로, 운동피질 손상의 원인이 된다. 보통 가위걸음을 걷는다. 가위걸음은 다리가 안으로 굽어 발가락으로 걷고, 무릎, 엉덩이, 몸통, 팔꿈치, 손목이 수축되며, 팔을 앞쪽으로 향할 때 손바닥이 아래로 향한 형태를 보인다.

▷ **무정위운동증 뇌성마비**: 무정위운동증 뇌성마비는 전체 뇌성마비인의 20%를 차지하며, 보통 목적성 운동을 조절하는 대뇌 중앙에 위치한 기저핵 부분에 손상을 입어 사지가 목적 없이 불수의적으로 불규칙하게 움직이는 특성을 나타낸다. 또한, 팔을 뒤로 당길 때 손바닥을 아래로 하고, 손가락, 손목, 팔꿈치가 펴지고 움직임을 조절하거나 선택할 때, 목적한 대로 멈추지 못하고 계속 움직인다. 이들의 특성은 침을 흘리고, 등이 휘어서 움푹 들어가 있고(척추전만), 이동 시 힘들어 하며, 언어구사도 부자연스럽고, 얼굴이 일그러지는 경향이 있다.

▷ **운동실조증 뇌성마비**: 운동실조증 뇌성마비는 전체 뇌성마비인의 10%를 차지하며, 소뇌가 손상을 입어 인체의 평형과 협응에 영향을 미치는 것으로, 보통 아동이 걷기 시작할 때 나타난다. 또한, 비정상적인 근육의 저긴장 상태를 갖게 되어, 걸을 때 팔과 다리 동작의 협응과 균형에 어려움을 나타내며, 서툰 운동동작을 보이기도 한다.

▷ **강직성 뇌성마비**: 강직성 뇌성마비는 전체 뇌성마비인의 약 2~4%를 차지하며, 심한 정신지체를 동반한다. 특히, 근육의 강직에 있어서 수축근과 길항근 모두에서 강직이 나타나지만, 길항근에서 보다 강하게 나타난다. 이로 인해, 움직임 자체가 없게 되어 탄력성을 잃고 근육이 굳어지며, 신전반사가 거의 없고, 최소한의 탄력성만을 갖는다.

▷ **진전성 뇌성마비**: 전체 뇌성마비인의 약 2%가 진전성 뇌성마비이며, 율동적인 운동이나 순서에 입각한 운동을 할 때에 불수의적으로 떠는 현상이 나타난다. 진전성 뇌성마비 가운데 심한 증상은 근육의 장력이 비정상적으로 높아지거나 낮아지는 근긴장 이상을 보인다. 이러한 진전성 뇌성마비인은 자기의지와 상관없이 신체의 일부가 정기적으로 흔들리는 증상을 보인다.

▷ **혼합형 뇌성마비**: 혼합형 뇌성마비는 경직성과 무정위운동증의 특성이 중첩된 증상으로, 중증 혹은 중복장애인이 많다. 뇌성마비 특성 중 별 다른 특징이 없이 여러 가지가 복합적으로 나타나는 경우 혼합형 뇌성마비로 분류한다.

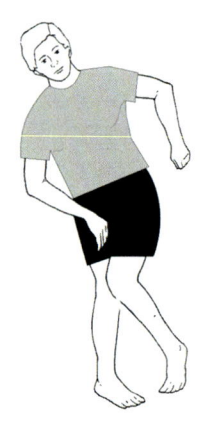

가위보행: 뇌병변 장애인이 양 팔의 겨드랑이가 들리고 발 앞쪽이 내전되어 걷는 동작

강직성 뇌성마비
(Winnick, 2005)

| IV. 지적장애인·정서장애인·자폐성장애인의 체육 지도 전략 | V. 시각장애인의 체육 지도 전략 | VI. 청각장애인의 체육 지도 전략 | **VII. 지체장애인·뇌병변장애인의 체육 지도 전략** |

■ **기능적 분류** 장애인스포츠 분야에서는 국제뇌성마비스포츠레크리에이션협회(Cerebral Palsy - International Sports and Recreation Association, CP - ISRA)의 기능적 분류를 따르고 있다. 이러한 기능적 분류의 목적은 모든 선수가 동등한 상황에서 경기하도록 하는데 있으며, 신경학적 손상의 문제로 경기에서 배제되는 것을 방지하는 데 있다. 뇌성마비인의 기능적 분류는 1등급부터 8등급까지 있다. 휠체어 사용 등급은 1~4등급, 보행 가능 등급은 5~8등급으로 분류하며, 그 다음 하지, 몸통, 상지의 기능을 평가하여 최종 등급을 결정한다.

기능 분류(Functional Classification): 장애인스포츠에서 장애를 최소화하고 장애선수들이 공평하고 공정한 경기를 하기 위해 운동기능을 주안점으로 장애 정도를 판정함

참고 국제뇌성마비스포츠레크리에이션협회(CP-ISRA)의 기능적 분류

구 분	기 준
1등급	사지의 경련이 심한 중증의 사지마비로 전동 휠체어를 사용하는 수준
2등급	사지의 경련이 보통에서 심한 정도의 중증 사지마비와 무정위운동증, 근력의 기능이 극히 낮으며 휠체어에 의존하여 생활하는 수준
3등급	팔다리 부위에 약간의 사지마비가 있으며 기능적 근력이 보통이고, 상지를 조절할 수 있으며 하지는 보통에서 심한 정도까지의 경직성이 있고, 휠체어에 의존하여 일상생활을 하지만 보조기를 착용하고 걸을 수 있는 수준
4등급	기능적 근력이 양호한 하지마비로서 조절문제는 최소이고 하지의 경직성은 보통에서 심한 정도까지 나타나며, 보조를 받아 걸을 수 있는 수준
5등급	휠체어를 사용하여 이동할 수 있는 하지마비와 보통의 편마비가 있는 사람으로 하지의 한 쪽에는 보통에서 심한 정도까지 경직성이 있고 상체는 기능적 근력이 양호하여 조절문제에 어려움이 없이 보조기나 휠체어를 사용하여 경기에 참여할 수 있는 수준
6등급	무정위운동증 사지마비로 심각할 정도의 삼지마비가 있으나 도움 없이 걸어서 이동할 수 있는 정도로 하지의 기능이 조금 더 좋으며, 팔다리 중 셋 또는 네 부위에 보통에서 심각할 정도의 신체 조절 문제가 있고, 상지에서는 5등급보다 조금 더 많은 신체 조절 문제가 있는 수준
7등급	보통의 편마비가 있거나 보통으로 경미한 사지마비가 있는 정도로 신체의 절반이 보통의 경련이 있으며, 다리를 약간 절룩거리는 수준
8등급	경미한 편마비, 단마비, 최소의 사지마비로 불능 상태가 최소 정도로 자유롭게 달리고 뛰어오를 수 있는 수준

[출처: 한동기(2008)에서 인용]

CP-ISRA: 국제 뇌성마비 스포츠 레크리에이션협회

ISMWF: 국제스토크멘드빌 휠체어스포츠연맹

ISOD: 국제장애인스포츠기구(절단장애 및 기타장애인 참가)

뇌성마비인의 원시 반사: 뇌성마비인들 가운데에는 생후 1년 이내에 몸에 습득해서 없어져야 할 반사들이 성인이 돼서도 잔존해 있는 경우가 있어 보행, 움직임, 자세 등을 취하는데 어려움을 가짐

간질: 일부 지체장애인들 중에는 스트레스를 많이 받거나 기후가 음산하고 우울한 날씨에 간질을 보이기도 함

▨ **특성** 뇌성마비는 신체장애 정도가 심도에서 경도까지 다양하다. 뇌성마비는 신경계의 이상으로 인한 뇌의 크기 감소, 바이러스 감염, 뇌의 후두 확대와 같은 중추 신경계의 이상에 의해 발생한다(Khaw, Tidemann, & Stern, 1994). 이러한 뇌성마비는 경련성 뇌성마비가 60%를 차지하고 무정위운동중 뇌성마비가 20%를 차지하며, 운동실조중 뇌성마비가 10%(이 수치에는 혼합형이 함께 포함됨)를 차지한다. 뇌성마비인들 가운데에는 60%가 경련이 있거나 경련 가능성을 가지고 있다. 그래서 이들은 항경련제를 복용하며, 약물로 인한 부작용이 체육활동에서의 수행에 나쁜 영향을 미칠 수 있다. 대부분의 뇌성마비 아동들은 출생 시에 뇌의 손상으로 인해 자신들이 원하는 일을 신체에 전달할 수 없으며, 특히 팔과 다리에 마비 증상을 갖는다. 그리고 경련성 뇌성마비 아동의 경우에는 걸을 때 근육이 경직되고, 무정위운동중 뇌성마비 아동은 근육이 요동치듯 움직이고, 운동실조중 뇌성마비 아동은 평형성과 협응력에 영향을 받을 수 있으며, 자세 및 반사 동작은 움직임에 영향을 미친다. Ferrara와 Laskin(1997)은 뇌성마비인의 60%가 간질을 나타내며, 이러한 간질은 갑자기 불수의적으로 국소 부위가 움직이는 간질에서 몸 전체가 흔들리는 간질까지 다양하게 나타난다고 하였다. 또한, 이들의 50% 이상이 안구를 움직이는데 문제가 있다. 이는 눈을 움직이는 협응력에 문제가 있기 때문으로 물체의 정확한 움직임을 결정하는데 어려움을 느낀다고 하였다(Auxter 등, 2005). 이와 동시에 뇌성마비인들은 언어장애, 정신지능 발육장애, 시각장애, 경련 및 발작, 청각장애, 감각장애, 감정 혼란, 학습능력의 감퇴 등을 동반하기도 한다. 뇌성마비 아동은 뇌의 손상 정도와 부위에 따라 신체의 움직임 제어가 매우 다양하게 나타난다. 다시 말해, 뇌성마비 아동들은 혼자 걸어서 다닐 수 있는 사람들부터 이동을 위해 전동휠체어, 휠체어, 크러치, 워커 등을 사용하는 사람들까지 이동 능력에 상당한 차이가 있다. 또한, 뇌의 손상으로 인하여 비정상적인 반사 발달에 영향을 받아 기본적인 움직임과 신체적 협응에 어려움을 갖게 되어 가위 보행을 하는 아동들이 많다(Winnick, 2005). 과거에는 비정상적인 반사활동을 억제하기 위하여 물리치료를 많이 수행했으나, 지금은 적극적인 자기 통제를 통하여 스스로 운동하기를 강조하고 있다.

한편, 뇌성마비 아동의 행동 특성으로는 자신이 직접 음식을 먹고, 옷을 입고, 말하는데 어려움을 나타내며, 말할 때 바로 말을 하지 못하고 더듬거나 느리게 오랫동안 말을 하는 경향이 있으며, 자주 넘어지고, 몸을 가누지 못하는 경우가 있다. 이로 인하여 사전에 안전하게 넘어지는 기술을 가르치거

나 머리에 헤드기어를 착용하고 걷는 것이 바람직하며(Kasser & Lytle, 2005), 정적 및 동적 평형성 발달에도 중점을 두어 지도해야 한다. 이들의 신체기능이 더 이상 악화되지 않도록 예방하기 위해서는 신체활동이 적극 권장되고 있다. 이러한 신체활동으로는 걷기, 달리기, 던지기, 평형성 및 교치성 활동 등이 있다.

나. 외상성 뇌손상(Traumatic Brain Injury)

> ☞ **외상성 뇌손상의 특성**
> 외부의 물리적인 힘에 의해 야기된 뇌의 손상으로, 전체 혹은 부분적인 기능의 장애나 심리사회적 손상을 입게 되어 학업에 불리한 영향을 미치는 것을 의미한다. 뇌손상 분류에는 경도, 중도, 중증, 식물 인간 상태로 구분한다. 아직 기능적 분류는 사용하지 않고 있다. 외상성 뇌손상의 특징은 인지, 언어 기억, 주의력, 논리적 사고, 추상적 사고, 판단, 문제해결, 감각-지각 운동 능력, 심리적 행동, 신체기능, 정보처리과정, 언어 중 어느 하나 이상의 기능에 손상을 입어 일상생활과 운동기능에 어려움을 보인다.

▨ **정의** 외상성 뇌손상이란 외부의 물리적인 힘에 의해 야기된 뇌의 손상으로, 전체 혹은 부분적인 기능의 장애나 심리사회적 손상을 입게 되어 일상생활에 불리한 영향을 미치는 것을 의미한다. 외상성 뇌손상은 뇌의 상해로 인해 신체적, 인지적, 사회적, 행동적, 정서적 기능의 손실이 발생한 것을 말한다 (Winnick, 2005). 외상성 뇌손상은 최근에 장애영역에 포함된 장애로 미국장애인교육개선법(Individuals with Ddisabilities Education Improvement Act: IDEIA)에는 2004년에 공식적으로 포함되었으며, 우리나라 '장애인복지법(2008)'에는 외상성 뇌손상이 지체장애가 아닌 뇌병변장애에 포함되어 있다. 이러한 외상성 뇌손상은 인지, 언어 기억, 주의력, 논리적 사고, 추상적 사고, 판단, 문제해결, 감각-지각 운동 능력, 심리적 행동, 신체기능, 정보처리과정, 언어 중 하나 또는 그 이상의 기능에 손상을 입은 것이다. 그러나 외상성 뇌손상은 선천적인 뇌의 결함이나 퇴화와는 전혀 관계가 없으며, 유전적인 뇌손상이나 출생 시 쇼크로 인한 뇌손상은 포함되지 않는다(IDEA, 1997). 우리나라의 '장애인복지법(2008)'에서는 외상성 뇌손상을 지체장애가 아닌 뇌병변장애에 포함시키고 있다. 이러한 외상성 뇌손상은 첫째, 실어증, 말더듬과 같은 언어 문제를 갖게 되며, 둘째, 자신의 신체 제어에 어려움, 운동장애, 발작장애와 같은 의학적 문제가 발생하며, 셋째, 불안, 우울증, 낮은 자기존중감과

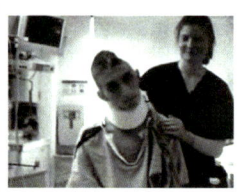

외상성 뇌손상
(http://www.wow-tube.ru/index.php?key=zacks)

지적장애와 외상성 뇌손상의 차이: 지적장애는 IQ가 75(혹은 70) 이하로 만 18세 이전에 판정 받음. 그러나 외상성 뇌손상은 만 18세 이후 뇌손상을 입어 지적장애와 유사한 일반적인 특성을 보여도 이를 지적장애라고 판정하지 않고 외상성 뇌손상으로 판정함

뇌손상의 임상적 분류: 경도 뇌손상, 중도 뇌손상, 중증 뇌손상, 식물 인간 상태로 구분함

같은 심리사회적 문제를 갖게 된다. 이러한 외상성 뇌손상은 후천적 장애로서 다른 장애 영역과 유사한 증상을 보이는데 뇌성마비, 정신지체, 뇌졸중과 유사한 증상을 나타내기도 한다. 외상성 뇌손상은 조용한 전염병이라고도 불린다. 이는 얼굴과 머리에 외관상의 상해가 없음에도 불구하고 장애가 계속되기 때문이다. 외상성 뇌손상은 오토바이, 스포츠 및 레크리에이션 사고, 아동학대, 폭행 및 폭력, 추락에 의해 주로 발생한다. 또한 산소결핍(anoxia), 심장마비, 익사에 의해서도 발생한다(Brain Injury Association of America, 2001).

> **참고** 미국 청소년기 외상성 뇌손상 주요 유발 요인
>
> - 교통사고(보행자, 승객, 자전거 타는 중)
> - 건물, 놀이기구, 나무에서의 추락
> - 물체에 의한 상해(골프 클럽, 공, 돌, 소화기 등)
> - 아동학대
> - 스포츠 관련 상해(눈마, 스케이트보드 타기, 롤러브레이드 타기, 미식축구 등)
> - 경련 또는 다른 원인의 의식불명
>
> [출처: Winnick(2011/2014)에서 인용]

■ **분류** 뇌손상에는 크게 개방형(open head injury)과 폐쇄형(closed head injury)이 있다. 개방형 뇌손상은 사고, 또는 물체에 의한 충격으로 외관상의 상처가 생긴 것을 의미한다. 폐쇄형 뇌손상은 심한 흔들기, 무산소증, 뇌출혈, 이외 기타 원인에 의한 것이다. 폐쇄형일 경우, 일반적으로 뇌손상이 보다 심각하며 개방형일 경우(예, 탄환에 의한 부상)에는 뇌손상 발생 부위가 제한적이다. 폐쇄형 뇌손상 발생 시 뇌가 두개골 안에서 앞뒤로 흔들리게 되는데 중추신경계의 다른 부분 및 전신에 신경을 전달하는 뇌 신경섬유의 열상 또는 타박이 여기에 해당된다. 외상성 뇌손상의 정도는 매우 경미한 것부터 심각한 것까지 있으며, 심각한 뇌손상은 혼수상태가 오래 지속되거나 재활이 필요한 정도의 기능 손실이 발생하는 것이 특징이다. 외상성 뇌손상 아동은 외부의 물체에 의해 타격을 받았을 때 의식을 회복하지 못하고 혼수상태에 빠지게 된다. 이때 처음 단계에서는 외부 자극에 전혀 반응하지 못하고 통증 자극을 주어도 아픔을 느끼지 못하며, 비의도적인 반응을 한다. 그리고 간헐적으로 땀을 흘리거나 과긴장과 고열의 부작용을 나타내기도 한다. 혼수상태에서 깨어날 때에는 서서히 깨어나며 외부의 자극, 특히 가족의 목소리나 소음에 자발적으로 반응하기도 한다. 이때, 손으로 바닥을 친다거나 신음하고 울거나 앉으려고 시도하고, 공포의 상태를 나타내기도 한다.

■ **특성** 외상성 뇌손상의 정도는 경미한 수준에서 심한 수준까지 다양하다. 경미한 뇌손상은 몇 분 안에 의식을 되찾는 경우도 있지만, 심한 뇌손상의 경우에는 혼수상태가 오래 지속되거나 재활이 필요한 정도의 기능 손실이 발생하기도 한다. Appleton(1998)에 의하면, 외상성 뇌손상 아동의 발생률은 첫째, 교통사고(보행자, 승객, 자전거 타기), 둘째, 건물, 놀이기구, 나무에서의 추락, 셋째, 물체에 의한 상해(골프 클럽, 공, 돌, 소화기 등), 넷째, 아동 학대, 다섯째, 스포츠 관련 상해(낙마, 스케이트보드 타기, 롤러 브레이드 타기, 미식축구 등), 여섯째, 경련 또는 다른 원인의 의식불명 등의 순서였다고 한다. 뇌손상을 당하면 주의력, 기억력, 정보처리 능력, 신경운동 속도, 언어의 구성, 판단 능력 등에 문제를 가진다. 특히, 외상성 뇌손상을 가진 아동은 장기기억보다는 단기기억에 더 큰 문제를 나타내며, 언변이 어눌하고, 마음에 있는 말을 즉흥적으로 내뱉는 경향이 있다. Winnick(2005)은 외상성 뇌손상을 가진 사람들은 어떤 자극에 대하여 일관되지 않고 부적절한 반응을 나타내거나, 지연된 반응을 보이고, 뇌의 정보처리 기능에도 손상을 입어 판단력과 집중력이 떨어져 혼란스러운 정신 상태를 보인다고 하였다. 이들은 걸을 때 바르게 걷지 못하며, 지팡이나 크러치, 휠체어 등을 사용하기도 한다. 또한 일상생활에 필요한 이빨 닦기, 옷 입기, 음식 먹기 등 단순한 생활기능을 사용하는 데에도 어려움을 나타낸다. 뿐만 아니라, 이들은 현재의 운동능력 제한으로 인하여 과거에 자유롭게 움직이던 신체를 생각하며 쉽게 좌절하고, 극단적인 행동을 보이기도 하지만 이러한 행동들은 뇌손상으로 인한 부적응의 일시적 현상으로 이해하는 것이 바람직하다.

> **참고** 외상성 뇌손상인의 체육활동 지도 시 고려사항
> - 외상성 뇌손상인의 독특한 인지적, 행동적, 사회심리적 요구를 반영한다.
> - 기능적, 협동적, 맥락적 평가가 필요하다.
> - 스포츠지도자의 보조와 같은 지원은 체계적으로 감소시켜야 한다.
> - 교육자, 재활전문가, 부모, 당사자, 기타 관련자들이 참여하는 협동적 의사결정이 필요하다.

뇌졸중: 중풍으로도 부름. 뇌출혈의 부위에 따라 편마비 부위와 정도가 다름

다. 뇌졸중(Stroke)

> ☞ **뇌졸중의 이해**
> 뇌졸중이란 중풍이라고도 부르며, 성인기 뇌혈관 내의 벽이 막혀 혈관이 손상을 입었거나, 혈액이 원활하게 이동하지 못하여 신경계통에 문제를 갖게 된 경우를 말한다. 뇌졸중 유발 요인은 고혈압, 흡연, 당뇨, 무분별한 식사, 약물 남용, 비만, 알코올 중독 등으로 발생할 수 있다. 뇌졸중 장애인은 인체가 정상적인 기전으로 움직이지 못하며, 운동기능, 조절, 감각, 인지, 의사소통, 정서, 의식 등에 의해 영향을 받는다.

▨ **정의** 뇌졸중은 혈액순환 장애로 인한 뇌 조직의 손상을 말한다(Winnick, 2005). 뇌졸중은 인간의 생명을 책임지는 뇌 영역의 심각한 손상으로 인하여 운동기능, 조절, 감각, 인지, 의사소통, 정서, 의식 등에 영향을 미친다. 다시 말해, 뇌졸중은 혈관 내의 벽이 막혀 혈관이 손상을 입었거나, 혈액이 원활하게 이동하지 못하여 신경계통에 문제를 갖게 된 경우로서 인체가 정상적인 기전(Mechanism)으로 움직이지 못하는 모습은 뇌성마비, 외상성 뇌손상과 유사한 신체적 움직임을 보인다. 이들은 한 쪽 팔과 다리가 마비되거나 심할 경우 삼지 혹은 사지 마비를 나타내며, 심한 뇌졸중의 경우 수술 후 약물치료와 운동치료를 평생 동안 계속해야 한다. 뇌졸중은 뇌동맥의 특성 상 신체의 오른쪽 또는 왼쪽에, 부분적 또는 전체적인 마비가 생긴다. 오른쪽 편마비인은 발화와 언어의 문제를 가진다. 이들은 느리고, 신중하지만 새롭고 친숙하지 않은 문제에 직면하게 되면 혼란스러워하는 경향이 있다. 왼쪽의 편마비인은 공간인지과제에 어려움을 느끼며(예, 거리, 크기, 위치, 움직임 비율, 형식, 전체와 부분의 관계) 자신의 능력을 과대평가하는 경향이 있다. 이들은 할 수 없는 것을 하려고 시도하며 이로 인해 안전상의 문제가 발생할 수 있다. 체육, 여가, 스포츠 환경에서 이러한 점에 주의해야 한다. 이러한 뇌졸중의 원인은 고혈압, 흡연, 당뇨, 다이어트, 헤로인이나 코카인 등과 같은 약물 남용, 비만, 알코올 중독 등에 기인한다(Sacco 등, 1998). 이러한 위험 요인 중 대다수는 생활습관의 변화를 통해 통제할 수 있다.

▨ **분류** 일반적으로 뇌졸중은 출혈성 뇌졸중과 허혈성 뇌졸중으로 분류한다(Sherrill, 2004). 출혈성 뇌졸중은 동맥이 탄력을 잃거나 파열되어 발생한 증상으로, 혈액이 뇌 조직 내부와 주변에 흐르는 경우를 말한다. 이를 일명 뇌출혈이라고 부르며, 가장 위험한 뇌졸중 가운데 하나이다. 허혈성 뇌졸중은 뇌의 조직에 적절한 혈액이 공급되지 않아 나타나는 증상으로, 뇌로 향하는 뇌

의 동맥이 차단되어 동맥이 점차 좁아지거나 혹은 색전증(지방 덩어리가 소동맥을 막음)에 의해 차단되어 발생하는 경우를 말한다. 즉, 뇌에 산소 결핍으로 인한 혈액 공급이 부족하여 소동맥을 막아 뇌졸중을 유발하는 것이다. 한편, 뇌에서 산소 부족 증상이 일시적으로 나타날 경우 이를 일과성 뇌허혈증이라고 부른다. 일과성 뇌허혈증은 주로 뇌졸중이 일어나기 전에 발생한다.

▨ **특성** 뇌졸중 장애인의 행동 특성은 언어이해가 낮고, 기억 담당 뇌의 기억 중추가 손상을 입어 반복 동작을 하며, 간혹 지나치게 조심스럽고 혼란스런 충동행동을 보이거나, 자신의 능력을 과대평가하고, 불안정한 감정 폭발을 하는 경우가 있다(Miller, 1995). 뇌졸중은 최근 급속하게 증가하는 장애로서 장기적인 치료나 요양을 요한다(Palmer-McLean & Harbst, 2003). 이러한 뇌졸중은 뇌동맥의 문제로 인하여 신체의 우반구 혹은 좌반구에 부분 또는 전체적인 마비를 유발한다. 뇌졸중은 보통 사전에 경고 없이 발병하는 경우가 있고, 서서히 위험 신호가 나타나 몸에 이상 증세를 보이는 경우가 있다. 특히, 후자의 경우에는 한쪽의 팔과 다리 약화, 얼굴의 근력 약화 및 마비, 한쪽 눈의 갑작스러운 흐릿함, 갑작스런 언어 능력의 손실, 언어 이해의 어려움, 알 수 없는 두통, 넘어짐 등의 증상이 나타난다. 그러므로 이러한 증상을 보이는 아동들은 즉시 의학적인 검사를 받아야 한다. 뇌성마비인들에게는 다양한 정도의 협응력 부족(운동장애; dyspraxia)이 일반적으로 나타나며 이것은 운동제어와 발달을 지체시키는 원인이 되고 있다. 이들의 협응력 부족은 독립보행을 제한하므로 이로 인해 머리를 보호하기 위한 헤드기어(headgear) 및 보조기구의 착용이 권장되고 있다. 자주 넘어지기 때문에 안전하게 자신을 보호하면서 넘어지는 방법을 익혀야 하며, 자세 및 움직임이 비정상적인 경우가 많으므로 균형과 협응력 조절에 어려움이 있다. 스포츠지도자들은 뇌졸중 장애인들에게 체력운동을 실시할 때에는 점진적인 적응과정을 거쳐 시행해야 하며, 활동 중간에는 충분한 휴식시간을 두어야 하고, 만약 체육활동이 오후 늦게 실시된다면 이들의 피로를 고려하여 무리하지 않도록 배려해야 한다. 이들에게는 처음에 근력 및 근지구력 운동을 시키고 점차 유산소성 활동, 즉 심폐지구력 운동으로 변화시키는 것이 좋다(Winnick, 2005).

평형성과 협응력: 평형성은 자세유지와 관련된 반면, 협응력은 나와 물체와의 거리, 공간, 감각 등과 관계를 의미함

뇌성마비, 외상성 뇌손상, 뇌졸중의 증상 및 특성: 모두 유사함

패럴림픽의 장애 유형 분류: 의학, 생리학, 보건학 등에서 분류하는 방식과는 다른 근력 손상, 관절 장애, 사지 결손, 하지 차이, 짧은 키의 5개 장애 유형으로 분류하는 기능적 분류를 사용해 스포츠 경기에 참여하게 함

특수체육의 목표: 일반체육의 목표와 특수체육의 목표는 동일함. 이러한 목표에 도달하기 위해 뇌병변 장애인들에게는 지도방법과 지도내용을 달리하여 접근해야 함. 일반체육의 목표와 마찬가지로 특수체육의 목표 역시 심동적 영역, 인지적 영역, 정의적 영역으로 구분함

2. 지체장애인 · 뇌병변장애인의 체육 · 스포츠 지도

1) 지체장애인의 체육 · 스포츠 지도

> **☞ 지체장애인의 영역별 특성**
>
> 지체장애인은 다양한 장애와 신체적 제한으로 인하여 다른 장애영역과 영역별 특성이 매우 다르다. 그러므로 체육 · 스포츠 지도를 할 때 장애로 인한 제한 요인을 정확하게 파악하는 것이 필요하다. 특히 보행 능력을 기준으로 체육을 지도하는 것이 바람직하다.

심동적 영역	- 지체장애인은 보행 가능한 사람인지, 휠체어 사용자인지에 따라 신체의 움직임과 관절의 가동 범위 등이 차이가 남 - 체력 및 운동능력이 일반인에 비해 뒤쳐지지만 장애 특성에 맞게 체육활동을 실시하면 운동능력의 개선이 가능
인지적 영역	- 지체장애인의 지능을 일반화하기는 쉽지 않으며, 인지적 능력을 평가하는 것은 바람직하지 않음 - 방향감각, 공간감각, 단어 개념, 자기 자극 수용에 어려움을 보임
정의적 영역	- 지체장애인은 일반인과 만날 수 있는 기회가 제한되어 대인관계 및 상호작용을 하는데 어려움이 있음 - 움직임과 이동이 자유롭지 못해 우울, 조울, 화, 분을 삭히는 경우가 있음

▧ **심동적 영역** 지체장애인 가운데 상지와 하지의 손상은 개인의 운동기술 수준에 영향을 미칠 수 있다. 예컨대, 주로 사용하는 사지의 팔꿈치 관절 절단 혹은 무릎 관절 절단이 발생한 경우에는 운동기술을 수행하는데 있어서 서투른 동작이나 클럼지가 발생한다. 척수손상 직후에는 척추쇼크를 보여 손상부위 이하에 반사가 나타나지 않으며, 수 개월 내에 완전한 반사는 아니더라도 반사능력을 찾게 되는데, 이것이 가끔 불수의적인 근육활동을 일으킬 수 있다. 경추와 흉추에 손상을 입은 대부분의 사람들은 간헐적으로 근경련을 일으킬 수 있는데 이러한 증상이 심할 경우에는 기타 의학적인 치료가 필요하다. 장기간 정적인 자세로 있기 때문에 근육들이 지속적으로 짧아지는 경향을 보여 유연성 운동이 필요하다. 자세결함은 척추편위가 나타날 수 있으며, 구축과 같이 운동프로그램이 필요한데, 약화된 근육군을 강하게 하고, 경직된 근육군을 신전시키는 운동을 해야 한다. 신체활동의 제한이나 활동

의 부족으로 척수가 손상된 많은 장애인들은 과체중이나 비만이 되기 쉽기 때문에 신체활동 프로그램을 지속적으로 실시해야 하고, 활발한 활동과 함께 식이요법을 병행해야 한다. Winnick과 Short(1999)는 절단장애와 선천성 기형 청소년의 정상적인 기능을 평가하고 성취시키기 위한 체력기준표를 제시하였다. 기능수준은 일상생활에서의 움직임부터 체육과 스포츠를 수행하기까지의 적절한 체력수준을 제시하고 있다. 브록폴트 체력검사(Brockport Physical Fitness Test)는 유산소 능력, 신체구성, 근골격 기능(유연성, 근력, 근지구력)을 평가하기 위한 기준 뿐만 아니라 이러한 기능을 측정하기 위한 검사항목도 제시하고 있다. 기타 장애인들에게는 제한된 움직임이 나타나기 때문에 적절한 체력 수준을 발달시키기 위해 근력과 유연성을 향상시키는 것이 중요하다. 동작의 가동범위는 체력의 전체 영역에서 가장 기본이 되는 것으로 최대한으로 확장시켜 일상생활에서 효율적이고 능률적으로 활동할 수 있게 한다. Surburg(1999)는 절단장애, 다발성경화증, 뒤시엔느 근위축증, 소아 류마티스 관절염을 포함한 지체장애인들에게 개별적으로 적용할 수 있는 유연성, 동작의 가동범위에 대한 지도지침과 적합한 운동과 활동에 대한 사례를 제공하고 있다. 기타 장애인들에게 운동기능과 운동유형 발달의 지체는 일반적으로 나타나는 현상이며, 운동조절능력의 부족으로 인해 부적절한 운동기술과 운동유형을 보인다. 지체장애인들의 근력과 근지구력, 유연성은 절단이나 변형이 있는 부위를 포함한 모든 신체 부위에 걸쳐 향상될 수 있다. 절단이나 변형된 부위를 둘러싼 근육은 다른 부위의 근육과 균형을 유지하기 위해 반드시 강화시켜야 한다. DiRocco(1999)는 보조기구의 지주대를 통해 저항성 달리기의 힘을 얻을 수 있다면, 특수운동으로 간주할 수 있다고 하였다. 만약 벤치 프레스를 할 경우, 보조기구를 사용한다면 웨이트는 인공 지주대를 통해 더욱 힘을 얻을 수 있어 용인된다.

▨ **인지적 영역** 일부 지체장애인들은 중복장애를 갖고 있는 경우가 있다. 지체장애인들의 지능은 정상 범위에서 지적장애까지 그 범위가 넓고 다양하게 나타난다. 보통 다양한 지체장애인의 지능을 정확히 측정하여 일반화하기는 쉽지 않다. 표준화된 척도들이 지체장애인의 각 장애 특성을 고려하여 경험, 언어, 수리, 공간 개념 등을 측정하고 있지 않기 때문이다. 따라서 신체적 결함이나 언어로 지체장애인의 인지적 능력을 평가하는 것은 금지하는 것이 바람직하다(정동영, 김주영, 김형일, 김희규, 정동일, 2010). 지적 능력을 정확히 측정하기 위해서는 개별 지체장애인의 특성을 고려하여 지적 능력을 측정하는 것이 중요하다. 일반적으로 지체장애인들은 단어 찾기, 특정 단어의 시각적

기억, 읽은 내용의 위치 찾기, 수치 계산 등에 어려움을 보이며, 방향감각, 공간감각, 단어의 개념, 감각 처리와 자기자극 수용에 결함을 보인다(Winnick, 2005). 지체장애인들의 인지적 능력은 다양하게 나타난다. 이들은 사회적 적응에 어려움을 나타내고, 학습을 할 때 발달 속도가 느리며, 자신이 느낀 감정을 언어로 표현할 때 정확한 의사표현이 쉽지 않은 경향이 있다. 또한, 이동과 움직임에 제한이 있기 때문에 안전수칙과 일상생활에 필요한 운동기술을 가르칠 때 그에 대한 지식을 정확히 이해하는데 어려움을 보일 수 있다. 그러므로 체육활동에서 이들에게 어떤 운동기능을 습득하게 할 때에는 운동동작과 관련된 지식을 정확히 이해할 수 있도록 단계적, 반복적으로 실시할 필요가 있다.

- **정의적 영역** 지체장애인들은 다른 사람을 만나고 대인관계를 형성하는 사회생활을 하는데 어려움을 느낀다. 지체장애인들은 일반인에 비해 사회성이 부족하다. 장애인들은 일반아동과 잘 어울리지 못하고, 비우호적이며, 홀로 외로워하고, 일반아동에게 괴롭힘과 무시를 당할 수 있다. 또한, 지체장애 아동들은 우정을 유지하고 가꿔가는 능력이 떨어진다. 움직임 동작을 힘들게 배운 지체장애 아동들 역시 종종 낮은 수준의 자기지각을 경험하고, 움직임에 자신감이 결여되어, 운동범위가 제한되면서 정적인 신체활동을 보이게 된다. 결국 이러한 행동들은 심리사회적인 행동에도 영향을 줄 수 있다(Robinson와 Lieberman, 2004). 지체장애인들은 주의력이 미흡하여 주의집중 시간이 짧고, 불필요한 자극이나 관계없는 자극에 무선택적 반응을 보이기도 하며, 간혹 고집적 특성을 나타내 정서적인 측면에서 일반인과 조금 다른 모습을 보인다. 지체장애인들은 움직임과 이동에 어려움을 겪고 일반인을 자유롭게 만날 수 없는 제한으로 인해 우울, 조울, 화, 분을 느끼는 경우가 많고, 가족과 친구들에게 무관심하다는 느낌을 갖거나 거부당하는 기분을 느끼는 경우가 있다(Winnick, 2005). 지체장애인들은 용변, 걷기, 착탈의와 같은 독립된 행동을 수행하는데 어려움이 있어, 자신의 자조능력을 부모에게 의탁하는 습관을 갖는 경향을 보이기 때문에 사회성 발달이 늦어지기도 한다(정동영 등, 2010). 이로 인해 낮은 자기존중감과 신체상을 가질 수 있다. 이에 지체장애인들에게는 동료 및 친구와의 대인관계, 사회적 상호작용, 자조능력, 자립심 등을 함양하는 일상생활 중심의 관계 형성에 관심을 갖도록 해야 한다.

> IV. 지적장애인·정서장애인·자폐성장애인의 체육 지도 전략   V. 시각장애인의 체육 지도 전략   VI. 청각장애인의 체육 지도 전략   **VII. 지체장애인·뇌병변장애인의 체육 지도 전략**

> **참고** 패럴림픽에서 지체장애 분류

근력 손상	신체의 근력에 손상을 입은 장애로 하지·사지마비, 근위축증, 회백질척수염(소아마비), 척추이분증 등이 해당함
관절 장애	신체의 가동범위를 자유롭게 할 수 있는 관절이 뻣뻣하거나 강직되어 굳어진 경우로 수동 관절 가동범위 손상(Impaired passive range of movement)이 해당함
사지 결손	선천성 기형으로 부분적으로 팔과 다리가 결손되어 태어난 사람이나, 교통사고 혹은 산업재해로 인하여 팔과 다리를 절단한 사람이 해당함
하지 차이	양 다리 길이가 차이(Leg length difference)가 나는 사람을 말하며 키 높이 구두를 착용하거나 의료보조기구의 도움을 받아 걷는 사람이 해당함
짧은 키	성장호르몬의 분비가 미흡하여 신장이 152.4cm 이하의 사람을 말하며, 왜소증 혹은 난장이라고 불리기도 함

▨ **체육 공간 및 시설** 체육활동은 알맞은 활동 공간과 안전한 체육시설을 확보해야 한다. 체육공간의 문제는 지체장애인의 다양한 활동을 보장하고, 효과적인 체육활동의 여건을 마련하는 선결 요건이 된다는 점에서 중요하다.

▷ **소음**: 지체장애인들이 소음으로 인하여 주의력이 흐트러지지 않도록 시끄럽지 않은 환경을 조성해 준다.

▷ **조명**: 조명은 체육관과 야외 경기장에서 사물을 쉽게 식별하는데 중요한 요소이다. 지체장애인들에게 조명이 너무 강렬하거나 약하여 운동을 하는데 지장을 주지 않도록 한다.

▷ **온도**: 지체장애인에게 체육관과 야외 경기장의 온도는 중요하다. 덥고 습하면 쉽게 지치기 때문에 서늘한 환경을 제공해 주는 것이 중요하다.

▷ **환경**: 체육 환경은 최적의 연습효과를 주는 데 중요하다. 방해물 없는 환경과 장비의 크기 및 색상 등을 고려하여 운동수행을 실시하는 것이 바람직하다(Winnick, 2005).

▨ **지도 활동** 지체장애인의 체육활동은 일반인의 체육활동을 기반으로 여러 요소들을 변형, 수정 및 보완하여 실시할 수 있다. 스포츠지도자는 장애 유형과 특성을 고려하여 적합한 체육활동 프로그램을 제공하면 된다.

지체장애인의 체육활동 변형: 지체장애인들에게 체육활동을 실시할 때 스포츠지도자는 적어도 체육 환경, 용·기구, 경기 규칙(공간 변형, 시간제, 세트제, 인원 수 조정 등) 등을 우선 고려해야 함

시범: 지체장애인의 체육활동 시 스포츠지도자는 분명한 발음으로 정확한 동작을 시범보이는 것이 중요함

기구 선택: 지체장애인의 체육활동에 안전을 최우선하여 가볍고 부드럽고 탄성 있는 기구를 선택해야 함

스포츠지도자의 응급처치 능력 보유: 장애인의 체육활동 지도 시 응급상황이 발생할 수 있기 때문에 스포츠지도자는 심폐소생술과 같은 간단한 응급처치 능력을 보유하는 것이 필요

▷ **언어적 지도**: 언어적 지도는 학습정보를 장애인들에게 전달하기 위하여 사용되는 언어적 지시와 언어적 과제제시의 복잡성 및 길이를 포함한다. Seaman과 DePauw(1989)는 구두 언어를 이해하는데 어려움을 겪는 지체장애인들을 위하여 첫째, 간단한 단어 사용, 둘째, 한 번에 한 가지 의미의 단어만 사용하기(예: 출발선으로 가라 대신에 출발해라), 셋째, 한 번에 한 가지 지시만 하기, 넷째, 장애인이 지시를 수행하기 전에 지시를 반복하게 하기, 다섯째, 구두지시 후 과제를 시범보이거나 신체적으로 보조하기 등을 강조하였다.

▷ **시범**: 스포츠지도자는 지체장애인에게 자세하고 정확하게 시범을 보이면서 참가자들에게 적절한 수준의 시범을 제공해야 한다. 스포츠지도자는 운동기술이나 활동을 시범보일 때 정확한 동작으로 천천히 지체장애인이 이해할 수 있도록 한다.

▷ **주의 산만 요소 제거**: 체육활동 주변의 잡음, 사람 혹은 사물과 같은 주의산만 요소가 없는 체육활동 환경을 만드는 것은 중요하다. 체육활동 시 주의산만 요소를 줄이기 위하여 Block(2000)은 첫째, 주의산만 요소를 참여자의 뒤로 배치시키고, 둘째, 스포츠지도자는 실제로 용·기구를 사용하기 전까지 용·기구를 설치하지 않도록 하며, 셋째, 쉽게 주의가 산만해지는 지체장애인들을 위하여 체육활동 환경내의 외부소음과 물체를 제거하고, 넷째, 스포츠지도자는 참여자에게 충분한 촉진신호와 강화를 제공하고 체육활동을 할 것을 권유하였다.

▷ **난이도 수준**: 지체장애인의 운동능력은 수준 차가 크기 때문에 스포츠지도자는 난이도를 달리 적용하여 체육활동을 실시해야 한다. 스포츠지도자는 지체장애인들에게 난이도를 달리 적용할 때 개인 혹은 팀별 운동능력 수준을 고려하여 난이도를 결정해야 한다.

▷ **동기유발 수준**: 대부분의 일반인들은 체육활동에 참여하는 것을 즐거워하고 내적으로 동기유발이 잘 되어 있지만, 지체장애인들의 경우 동기유발이 안 되고, 격려가 필요할 때가 많다. 지체장애인들을 체육활동에 적극적으로 참여시키기 위해서 스포츠지도자의 칭찬, 특권부여, 자유놀이, 토큰 강화와 같은 방법을 사용할 필요가 있다.

▷ **응급처치**: 지체장애인의 체육활동은 일반인의 체육활동보다 안전사고가 발생할 확률이 높다. 스포츠지도자는 체육활동에서 지체장애인들이 어떤 위험에 처해 있는지를 수시로 체크하여 안전사고를 미연에 예방하는

것이 중요하다. 그러나 체육활동에서 안전사고가 발생한다면 지도자는 응급처치 과정을 정확히 숙지하여 대처하는 것이 우선이다.

> **참고** 장애인스포츠지도자에게 요구되는 덕목
> - 열정: 장애인을 지도할 때 희생, 봉사, 열의를 다해 최선을 다하는 자세
> - 창의력: 체육활동 지도 시 변형과 새로운 방법을 사용하여 지도할 수 있는 능력
> - 정서적 성숙: 감정에 좌우되지 않고 냉철하게 이성적으로 대처하는 능력
> - 인내와 유머감각: 변화가 느린 장애인에게 인내와 유머로 지도할 수 있는 능력
> - 조직력: 의도되고 계획된 체육활동을 장애인에게 적합하게 조직할 수 있는 능력

지체장애인의 의사소통 및 상호작용 지침

▷ 지체장애인이 넘어진 경우 먼저 도와주지 말고 도움이 필요한지 여부를 묻고 도움을 요청할 때까지 기다린다. 만약 도움이 필요하다면, 그 사람은 자신에게 도움이 될 수 있는 보조 방법을 알려줄 것이다.

▷ 지체장애가 있는 사람에게 일상생활에서 자신들을 보조하는데 사용되는 특별한 장비(기구), 보조물, 기술 등을 운동 상황에서도 유용하게 사용할 수 있는지에 대하여 묻는다.

▷ 클러치(목발), 워커(보행기), 보조기(인공사지), 휠체어 등은 지체장애인에게 유용한 부속물들이다. 따라서 지체장애인이 요청하지 않는 한 그들의 활동구역에서 그것들을 치워서는 안 된다.

▷ 휠체어 사용자는 휠체어를 추진하는데 누군가가 반드시 보조해 주어야 한다고 생각하지 않는다. 그러나 보조를 원하면 제공한다.

▷ 모든 참가자들에게 성공, 새로운 경험, 도전 기회 등을 제공할 수 있는 프로그램들을 실시한다.

▷ 기능을 제한하는 환경적 장벽들을 최소화 한다. 휠체어 조작을 위해서는 풀이나 연약한 진흙보다는 딱딱하고 단단한 지면이 더 쉬울 것이다. 지체장애인이나 관련 전문가를 평가자로 활용하여 시설에 잠재적 장벽들이 존재하는지를 평가할 계획을 작성한다.

의사소통 및 상호작용의 중요성: 지체장애인들에게 체육활동을 실시할 때 충분한 래포(Rapport)가 형성되지 않으면 그 체육활동은 성공할 수 없음. 스포츠지도자는 지체장애인들에게 체육활동을 실시하기 전 충분한 의사소통과 상호작용 및 대인관계를 형성하는 것이 중요함

휠체어 사용자의 체육활동 시 고려사항(Winnick, 2005)

- 활동을 위하여 휠체어 형태를 교정하도록 한다.
- 휠체어를 안정적으로 조작할 수 있도록 변형해야 한다.
- 휠체어의 안정을 위해 적절하게 고정하는 방법을 사용해야 한다.
- 근력, 동작 가동 범위, 그리고 중심을 잡을 수 있는 운동 등을 개발한다.
- 근육의 기능에 따라 근육의 활동 위치가 변하는 것을 이해해야 한다.

휠체어 탄 사람 이동 보조: 한 사람이 보조할 경우, 두 사람이 보조할 경우 등을 고려하고, 경사 오르막인지 내리막인지를 고려하여 보조를 해주는 것이 좋음

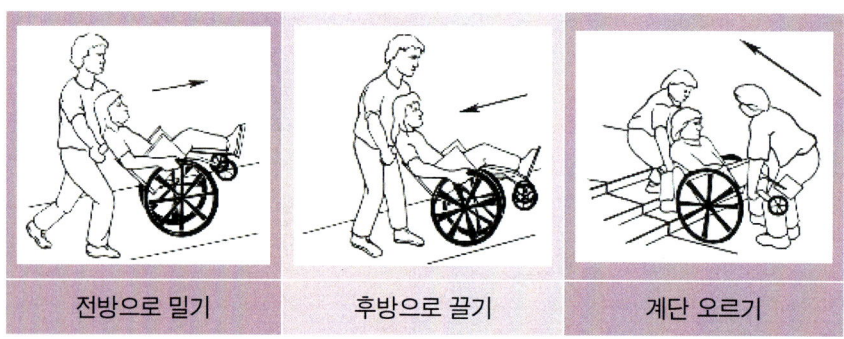

| 전방으로 밀기 | 후방으로 끌기 | 계단 오르기 |

휠체어 탄 사람 옮기기(오광진, 2010)

참고: 지체장애인의 체육활동 시 보호와 예방

상해·고려사항	예방
연조직	스트레칭 - 준비운동/정리운동 오래된 상해(부위)에 보호용 커버 사용
물집	손가락 테이핑 휠체어 사용자의 경우 보호용 커버(상완에 장갑이나 스타킹 등) 사용
찰과상·열상	오래된 상해(부위)에 보호용 커버 사용
욕창(휠체어 사용)	체중을 자주 옮김 수분을 흡수하는 의복 착용
치유 기간 증가	욕창성 궤양 - 의료비용의 25%에 해당하며, 치료에 많은 시간이 소요됨
체온 조절	흉추 6번 이상의 척수손상자는 신체가 외부환경과 동일한 체온을 보일 수 있어 적절한 의복 착용과 보호가 필수적임
자율신경계 반사기능 항진	혈압이 증가하고 심박수가 감소함; 모든 척수손상자들은 경기 전에 방광을 비워야 함.
환축추 불안정	다운증후군에서 발견되는 증상으로 진단을 위해 X-선 촬영이 필요하며, 다이빙과 텀블링 활동을 제한해야 함

[출처: Winnick (2005)에서 인용]

2) 뇌병변 장애인의 체육 · 스포츠 지도

> **☞ 뇌병변 장애의 영역별 특성**
>
> 체육지도자는 뇌병변 장애인의 경우 근육 마비 유형과 정도에 따라 체육 프로그램의 운동강도를 상황에 맞게 조절할 수 있어야 한다. 특히 휠체어를 타는 경우가 많으므로 휠체어에서 상지를 활용한 프로그램 지도가 필요하다. 또한, 의사소통의 어려움을 겪는 경우가 많으므로 이에 유의해야 한다.
>
> | | |
> |---|---|
> | 심동적 영역 | - 뇌병변 장애인들은 원시반사가 잔존해 보행 및 이동, 신체적 움직임에 어려움을 보임
- 신체가 구축되어 유연성과 관절의 가동 범위가 적어 보행 시 넘어질 가능성이 있음 |
> | 인지적 영역 | - 뇌 손상으로 주의력, 기억력, 정보처리 능력, 단어의 이해 등에서 어려움을 가질 수 있음
- 단기 및 장기 기억의 상실, 주의력과 집중력의 부족, 판단 부족 등을 나타낼 수 있음 |
> | 정의적 영역 | - 동기유발이 낮으며, 신체상, 자기개념, 정서적 안정에 어려움을 나타낼 수 있음
- 일반인을 만날 기회가 적어 대인관계를 유지하고 원활한 상호작용을 하는데 어려움을 보임 |

▨ **심동적 영역** 뇌성마비는 운동신경과 관련 있는 장애이기 때문에 원시반사가 계속될 가능성이 높다. 이들은 다양한 운동능력을 습득하기 이전에 뇌가 손상된 상태에서 몸이 성장하기 때문에 정상적인 발육발달이 결여되고 신체의 일부분이 마비되어 일반적인 활동을 수행하는 데 어려움을 겪는다. 이들은 과긴장증(hypertonia: 사지가 뻣뻣하고 딱딱해 보이는 증상)과 저긴장증(hypotonia: 근육이 축 늘어지고, 이완되며, 약하게 보이는 증상)을 보인다. 신체가 구축되고, 신체를 움직일 수 없으며, 걸을 때 어려움을 보이는데, 특히 서투른 걸음걸이를 보인다. 또한, 이동 시 크러치, 워커, 휠체어를 사용한다. 뇌성마비 아동은 외과적 수술(힙과 햄스트링의 건)로 관절의 가동범위를 개선할 수 있으며, 운동을 통한 신체기능의 회복을 적극적으로 도모할 필요가 있다(Auxter 등, 2005).

뇌성마비인의 체력은 일반인의 체력과 비교하여 낮다. 즉, 근력, 유연성, 심폐지구력 등에서 뒤처지기 때문에 독자적인 움직임이 어렵고, 일상생활 및 여가활동을 즐기는데 제한이 있다. 이들의 약한 근육조직, 제한된 관절 가동범위는 영구적인 관절 경직을 유발하며, 이것은 운동능력의 심각한 손실을 초래한다(Winnick, 2005). 뇌성마비인들은 불균형적인 근력을 갖고 있기 때문에 근력 운동을 실시할 때에는 중량기구 들기나 유연한 튜브를 이용하여 특정 부위에 저항력을 증가시키는 운동이 바람직하다(DiRocco, 1999).

외상성 뇌손상 아동은 일반아동보다 체력 수준이 낮다. 이들은 뇌성마비 혹은 뇌졸중을 가진 사람들과 마찬가지의 체력 수준을 보인다. 외상성 뇌손상을 가진 아동들은 먼저 자신의 장애를 수용하고, 일상생활을 하는데 지장이 없을 정도의 체력을 갖는 게 중요하다. 스포츠지도자는 외상성 뇌손상을 가진 사람들에게 신체활동을 실시할 때에는 이들이 자주 넘어지는 경향이 있으므로 안전하게 넘어지는 방법을 가르치면서 체력 수준에 기반을 둔 계획적이고 규칙적인 체육활동을 계획하여 제공하는 것이 중요하다. 외상성 뇌손상을 가진 사람들에게 적합한 신체활동들은 신체의 균형을 잡아주는 평형성 운동, 사물의 정확한 인지와 접촉을 할 수 있는 교치성 운동, 넘어질 때 상해를 입지 않도록 빠르게 움직일 수 있는 민첩성 운동 등이 강조되고 있다(Winnick, 2011).

외상성 뇌손상은 운동기능을 담당하는 소뇌와 대뇌 피질의 운동 영역 손상과 이러한 부위를 연결하는 신경망의 훼손으로 인하여 근력, 평형성, 협응력, 민첩성 등의 신체활동에 문제가 발생하는 것으로, 신경계와 뇌 기관의 충격에 의해 시각과 청각 이상, 촉각능력의 상실을 가져올 수 있다. 이들에게 운동기능을 가르칠 때에는 많은 과제를 제시하기보다 한 과제에 하나의 목표와 내용을 전달하는 것이 중요하다. 또한, 언어와 시각 모두를 사용하여 과제를 수행할 수 있도록 하는 것이 좋다. 특히, 새로운 운동기능을 가르칠 때에는 어떻게 그 운동을 수행해야 하는지를 아이디어와 개념을 동반하여 시범을 보여야 한다(Winnick, 2005).

뇌졸중의 브록폴트 체력검사(Brockport Physical Fitness Test; BPFT; Winnick & Short, 1999)는 이들을 위한 개별화된 체력프로그램의 기초가 되는 평가방법으로 가장 최근에 개발된 것이다. 브록폴트 체력검사는 준거지향적인 검사항목이 제시되어 있으며, 장애인들을 위한 변형사항과 체력에 대한 준거지향적 기준이 포함되어 있다. 이 검사는 유산소성 능력, 신체조성, 근골격계 요인에 대한 검사로 구성되어 있으며, 이것들은 모두 건강관련 체력을 강화하기 위해 이용될 수 있다. DiRocco(1999)는 중량기계가 외상성 뇌손상 및 뇌졸중 환자들에게는 적합하지 않다고 하였다. 이러한 기계들은 대부분 양팔 또는 양다리를 동시에 사용해야 하므로 신체 한 쪽의 근력이 불균형적으로 약한 경우에는 중량기계의 사용에 어려움이 있다. 이러한 경우에는 프리 웨이트(free weight)를 실시하는 것이 바람직하다.

뇌병변 장애인들은 일반적인 운동발달에 필수적인 기본운동 유형의 경험이 제한되어, 이들의 운동발달 및 제어능력이 지체된다. 특히 뇌성마비인들은 움직일 수 있는 기회의 제한으로 운동성이 지체되고 움직임 능력이 부족한 경향이 있으며 운동제어에 어려움이 있다. 이러한 뇌병변 장애인들은 운동제어를 담당하는 소뇌의 손상으로 인해 운동수행 및 계획에 어려움이 있다. 이들은 적절한 방법으로 기초 움직임을 수행하지 못하는 경우가 많기 때문에 신체활동은 기본운동 유형의 단계적 발달을 촉진하고, 게임 및 스포츠, 여가활동 참여를 위한 필수적 운동기술을 습득할 수 있도록 구성되어야 한다.

■ **인지적 영역** 뇌성마비는 뇌손상으로 인해 주의력, 기억력, 정보처리 능력, 신경운동 속도, 언어의 구성, 판단 능력 등에 어려움을 가져올 수 있다(한동기, 2008). 뇌성마비인의 인지적 장애는 단기 및 장기 기억의 상실, 주의력과 집중력 부족, 인지능력의 변화, 읽기와 쓰기와 같은 의사소통 장애, 계획과 연계 과정에서의 지체, 판단력 부족으로 나타난다. 또한, 협응력 부족, 근 경직, 경련, 두통, 언어장애 이외에 다양한 감각장애(시각 및 청각의 문제) 등의 신체적 장애가 나타날 수 있다(Winnick, 2005). 뇌졸중 장애인은 장애를 입고 난 후 인지와 언어의 문제를 가진다. 사물을 볼 때 정확한 인지가 쉽지 않고 이를 언어로 표현하는데 어려움을 겪는다. 이로 인해 보행과 이동, 자세훈련 등을 배울 때 왜 이러한 동작을 배워야 하는지 정확한 지식을 반복적으로 학습하게 하는 것이 중요하다. 또한, 체육활동에서 놀이, 게임, 스포츠를 사용하여 운동기능을 습득하게 할 때 지도 전략과 지도 방법, 경기 방법과 경기 규칙 등을 정확히 인지할 수 있게 천천히 반복적으로 가르쳐 주는 것이 중요하다.

■ **정의적 영역** 뇌성마비인들의 사회적, 정서적, 행동적 장애에는 감정의 기복, 동기부족, 낮은 자존감, 자기중심적 사고, 자기-감독의 어려움, 충동 억제의 어려움, 고집, 우울증, 성기능 저하, 조울증, 타인과의 관계형성 어려움 등이 있다. 외상성 뇌손상 아동은 일반적으로 공격적인 성향을 보이며, 화를 참지 못하고, 충동적이고 주의력 감소를 보이며, 사회적 관계를 잘 맺지 못한다. 뇌손상은 가족 구성원에게 심한 절망을 안겨주며, 본인에게는 신체의 열등감, 감정조절의 문제를 야기해 사회적응에 어려움을 준다(한동기, 2008).

외상성 뇌손상 장애인은 낮은 자기-자신감을 가지며, 동기유발 수준이 낮고,

신체상에 문제가 있는 것으로 나타나고 있다(Winnick, 2005). 이들에게 잘 계획된 체육프로그램은 성공적인 운동 경험을 제공해줌으로써 동기유발에 도움을 주며 긍정적인 자기개념, 즉 정서적 안녕에 필수적인 자아-유능감의 증진에 효과적이다. 또한 스포츠지도자는 외상성 뇌손상 장애인의 완벽한 기술 수행에 대한 기대를 버릴 때 비로소 실제적인 신체상을 가질 수 있음을 알고 외상성 뇌손상 장애인이 자신감을 가지고 가능한 혼자 힘으로 활동할 수 있게 해주는 것이 중요하다. 뇌졸중 장애인은 지각-운동 장애로 인해 낮은 수준의 운동 수행을 보이게 되며, 집중력 부족을 나타내고 친숙하지 않은 환경에서 타인 또는 사물로 인해 쉽게 혼란스러워한다. 따라서 가능한 혼란스럽지 않도록 환경을 구성하고 특히 기술발달의 초기에는 적절한 환경 조성에 주의를 기울여야 한다. 뇌졸중 장애인은 최근까지 일반적인 방법으로 체육활동을 수행해 왔다. 그러나 현재는 이들의 운동기술 습득을 위하여 장애의 수준에 따라 각기 다른 다양한 인지능력이 필요하다는 사실을 알고, 간단한 운동기술을 학습시키고 있다. 외상성 뇌손상 및 뇌졸중 장애인들에게는 지속적인 연습과 계획이 필요함을 인식하기 시작한 것이다. 뇌성마비인, 외상성 뇌손상 장애인, 뇌졸중 장애인과 같은 뇌병변 장애인들은 심동적, 인지적, 정의적 영역에서 유사한 정신적, 신체적 문제를 보인다. 각 장애유형이 다른 양상을 보이는 게 아니라 유사한 심동적, 인지적, 정의적 영역의 특성을 보인다는 사실을 알고, 스포츠지도자는 이들의 정신적, 신체적 특성을 사전에 파악하여 개별 장애유형에 알맞게 체육활동을 실시하는 것이 바람직하다.

[출처: 대한장애인체육회]

| IV. 지적장애인·정서장애인·자폐성장애인의 체육 지도 전략 | V. 시각장애인의 체육 지도 전략 | VI. 청각장애인의 체육 지도 전략 | **VII. 지체장애인·뇌병변장애인의 체육 지도 전략** |

참고 패럴림픽에서 뇌병변 장애의 분류

경직성	근육의 수축근과 길항근 모두에서 경직이 나타나지만, 수축근보다 길항근에서 강하게 나타난다. 움직임이 어려워 근력이 탄력성을 잃고 굳어지며, 신전반사가 거의 없고, 최소한의 탄력성만을 가짐. Hypertonia라고 부름
운동실조성	소뇌가 손상을 입어 인체의 평형과 협응에 영향을 미치고, 비정상적인 근육의 저긴장 상태를 갖게 되어, 걸을 때 팔과 다리 동작의 협응과 균형에 어려움을 나타내며, 서툰 운동동작을 보임. Ataxia라고 부름
무정위운동증	목적성 운동을 조절하는 대뇌 중앙에 위치한 기저핵 부분에 손상을 입고, 사지가 목적 없이 불수의적으로 불규칙하게 움직이는 특성을 나타냄. Athetosis라고 부름

[출처: 오광진(2010)에서 인용]

> **Tip**
>
> **경직**: 근육이 뻣뻣하거나 굳어진 상태
>
> **운동실조**: 인체가 평형과 협응을 유지하지 못하는 상태
>
> **무정위운동증**: 신체가 바르게 서지 못하고 흔들리는 상태. 즉 바른 자세를 취할 수 없는 상태
>
> **장애인 체육활동 지도 시 접근 방법**: 장애인들에게는 하향식(Top-Down) 지도방법보다는 상향식(Bottom Up) 지도방법을 사용할 때 유리할 수 있음. 운동 상황에 맞게 적용하는 것이 중요

▨ **지도 유형** 체육활동에서 뇌병변 장애인들에게 일반인들이 사용하는 지도방법을 적용할 경우 뇌병변 장애인들은 잘 수행할 수 없다. 유능한 스포츠지도자라면 먼저 뇌병변 장애인들의 특성을 파악하고, 그 후 일반체육의 지도방법을 개별 뇌병변 장애인에 맞게 변형하여 적용해야 할 것이다. Block(2000)은 장애인이 성공적으로 체육활동에 참여하기 위해서 일반인에게 적용하고 있는 지도방법을 뇌병변 장애인에게 적합하게 수정 및 보완하여 사용할 것을 제안하고 있다.

▷ 뇌병변 장애인들이 성공적으로 참여하면서도 도전할 만한 학습활동인가? 성공과 도전에 대한 적절한 균형을 찾는 것은 쉽지 않지만 뇌병변 장애인들에게는 중요하기 때문에 체육활동이 뇌병변 장애인들에게 적당한 수준으로 제공되어야 한다.

▷ 체육활동이 뇌병변 장애인과 일반인 모두에게 안전한가? 체육활동에서 안전은 매우 중요하다. 안전에 위협이 되지 않으면서 모든 사람이 체육활동에 참여할 수 있는 지도방법을 찾아야 한다.

▷ 스포츠지도자의 언행이 일반인에게 영향을 미치는가? 스포츠지도자의 언어 사용 및 행동이 일반인에게 뇌병변 장애인을 부정적으로 묘사한다면 일반인의 정서에 뇌병변 장애인에 대한 부정적인 인식이 고착되기 때문에 스포츠지도자는 언행에 조심하여 장애관련 이야기를 언급해야 한다.

321

▷ 스포츠지도자는 지도방법을 변형하는데 부담을 느끼는가? 스포츠지도자는 뇌병변 장애인에게 체육활동을 지도할 때 부담을 느끼지 않도록 적절한 중재방법을 사용하여 지도하는 것이 바람직하다.

한편, Kasser와 Lytle(2005)는 Mosston과 Ashworth(2002)의 Teaching physical education을 수정·보완하여 일반인들에게 지도 유형을 연속성 개념으로 사용하였다. 이 지도 유형은 뇌병변 장애인의 체육활동 지도에도 얼마든지 변형 및 수정하여 활용할 수 있다.

참고 지도 유형의 연속성 개념(Kasser & Lytle, 2005)

지도 유형		설명
지도자 지도 ↑ ↓ 참여자 지도	지시	단기간에 정확한 과제를 배우기 위한 것. 지도자는 모든 결정을 하고 모든 학습을 지도
	실천	개인적으로 일할 시간을 학습자에게 제공하기 위한 것. 지도자는 장애인들에게 피드백을 제공
	상호	파트너와 일하게 하는 것. 파트너는 지도자 또는 실습자에 의해 설정된 기준을 바탕으로 서로에게 학습 피드백을 제공
	자기검사	자신의 일을 체크하고 과제를 배우게 하는 것. 자기 검사 기준은 지도자와 실습자에 의해 결정
	통합	자신의 일을 체크하고 과제수행 수준 선택을 배우게 하는 것
	유도발견	지도자의 연속적 질문을 통하여 개념과 답변을 발견
	수렴발견	문제제기를 분명히 하고, 비판적 사고 기능과 논리적 절차를 사용하여 결론에 도달하거나 문제 해결 방안을 발견
	확대 생산	하나의 질문에 다양한 답변을 발표
	개별화 프로그램 학습자 설계	개인 프로그램에 일련의 조직화된 과제를 설계, 개발, 수행할 수 있는 기회를 학습자에게 제공
	학습자 주도	학습자에게 학습 설계, 이행, 평가를 자기 주도의 기회로 제공
	자기지도	자기 지도에 기반한 평생학습을 강화하는 것. 지도자나 실습자는 참여하지 않음

[출처: Kasser & Lytle(2005)에서 인용]

| IV. 지적장애인·정서장애인·자폐 성장애인의 체육 지도 전략 | V. 시각장애인의 체육 지도 전략 | VI. 청각장애인의 체육 지도 전략 | **VII. 지체장애인·뇌병변장애인의 체육 지도 전략** |

■ **지도 방법** 뇌병변 장애인들이 체육활동에 참가할 경우 어려운 상황에 직면할 때가 많다. 이때 지도자는 임기응변 능력을 발휘하여 장애인이 어려움을 느끼지 않도록 적합한 지도방법을 사용해야 한다. 즉, 지도자는 자신만이 가지고 있는 지도 전략을 수립해야 한다. 여기서는 지원수준, 수정 및 보완을 중심으로 체육활동에서 뇌병변 장애인이 실질적으로 필요로 하는 내용을 알아보고자 한다.

▷ **지원 수준**: 스포츠지도자는 뇌병변 장애인을 위해 다양한 지원서비스를 제공해야 한다. 체육활동에서 뇌병변 장애인이 무엇을 요구할 것인지를 사전에 바르게 알고 준비하는 것은 스포츠지도자의 중요한 역할 가운데 하나이다. Sherrill(2004)은 이러한 지원서비스 수준을 최소 지원에서 최대 지원까지, 강도의 연속성 개념으로 분류하였다. 이러한 지원수준은 간헐적(Intermittent), 제한적(Limited), 확장적(Extensive), 전반적(Pervasive) 지원으로 분류할 수 있다.

지도 방법: 스포츠지도자가 운동 상황 및 여건에 맞게 선택하여 장애 유형과 정도를 고려하여 사용하는 것이 중요

참고 스포츠지도자의 역할과 지원수준

지원 수준	설명	스포츠지도자의 역할
간헐적	· 단기간 필요 · 항시 준비함	체육활동에서 장애인이 필요로 할 때 지도자 지원
제한적	· 장애인을 지도하기 위해 체육활동 참가 전에 계획 완료 · 모든 것은 아니지만 일부 조직화가 필요함	수영활동에서는 장애인에게 지원해 줄 수 있지만 배드민턴에서는 지원해 주지 않을 수 있음
확장적	· 대부분의 체육활동에서 지원 발생 · 대부분의 다른 체육활동에도 장애인 지원	다른 활동이나 다양한 게임에 참가할 때 장애인에게 지원을 제공함
전반적	· 계속적으로 지원 필요 · 체육활동 내내 장애인 지원	체육활동에서 일반인과 동일하게 체육활동을 지원함

[출처: Liberman(2007)에서 인용]

특수체육에서 변형의 의미: 스포츠지도자들이 장애인에게 체육활동을 지도할 때 우선적으로 생각해야 할 단어는 변형, 수정, 보완이라는 용어임. 장애인들에게는 일반체육에서 사용하는 체육 내용을 장애인에게 맞게 변형, 수정, 보완하여 가르치는 생각이 중요하기 때문임

▷ **지도 방법의 수정 및 보완**: 'Adaption'이란 용어는 장애인들이 바람직한 결과를 성취하고 이들의 독특한 요구를 만족시키기 위해 여러 변인과 서비스를 평가 및 취급할 때 사용한다(Sherrill, 2004). 'Modification'이란

지체장애인의 촉진 신호 단계:
환경내의 자연 신호 → 구두 신호 → 지적하기·몸짓 → 그림 카드 → 시범 → 신체적 촉진

지도자의 체육활동 지도 시 행동관리 기법의 단계적 사용 순서: 배제 → 벌 → 격리 (타임아웃) → 과잉교정 → 부모참여 활동 → 자기관리 → 동료관리 → 집단적 행동 후 강화 → 벌금 → 준거에 따른 특정 보상 → 행동후 지도 → 규칙 → 무시 → 칭찬 → 예방

'Adaptation'과 유사한 용어이다. Sherrill(2004)에 따르면, 가장 좋은 체육이란 Adapted Physical Education(특수체육)을 의미한다. 경력 있는 스포츠지도자는 뇌병변 장애인이 체육활동에 참여할 때 체육활동을 수정 및 보완하여 시범을 보일 수 있어야 한다.

▨ **스포츠지도자의 역할** 스포츠 지도자는 뇌병변 장애인에게 체육활동을 수행할 때 다음과 같은 역할을 해야 한다.

▷ 뇌병변 장애인의 개별 특성(현재 수행 수준, 선호하는 활동 방식, 장애유형)을 충분히 고려하여 의미 있는 보조를 제공해야 한다.

▷ 잘못된 보조를 하지 않도록 주의를 기울인다.

▷ 지나친 보조를 삼가야 한다.

▷ 참여자들의 활동과제에 집중하도록 한다.

▷ 자신이 제공하는 보조가 효과적이라는 확신을 가져야 한다.

▷ 사전 및 사후 평가에서 이전에 제공한 보조 수준을 고려해야 한다.

▷ 보조에서 뇌병변 장애인과의 거리를 점차적으로 늘여나가야 한다.

▷ 언어 보조와 다른 보조를 적당하게 연결하여 제공하는 것이 필요하다.

▷ 실제로 뇌병변 장애인의 독립된 수행은 언어적 도움 없이 활동을 수행하는 것을 의미하므로, 뇌병변 장애인이 언어적 지시만으로 수행이 가능할 수 있도록 언어 보조를 점차적으로 줄여나가는 것이 필요하다.

▨ **뇌성마비인의 의사소통 및 상호작용 문제** 뇌성마비인은 수의적 운동제어에 영향을 미치는 신경학적 손상을 입게 된다. 다시 말해, 신경계가 손상되고, 신호들을 근육으로 전달하는 능력이 손상되어 운동발현 또는 움직임이 손상 받는다. 뇌성마비인들 가운데에는 지적장애 관련 증상을 보이는 사람들이 있다 (Sherrill, 2004). 이로 인하여 담화, 시각, 청각 등의 감각양식, 그리고 지각 결함 등을 갖게 된다. 스포츠지도자들은 뇌성마비인들에게 체육활동을 실시할 때에는 다음과 같은 의사소통 및 상호작용 문제를 고려해야 한다.

▷ 상해와 사후 처치와 관련된 단어판이나 기타 시각 자료를 사용한다.

▷ 의사소통할 시간을 충분히 제공한다. 뇌성마비인들은 매우 느리게 말하기도 하고 그 내용을 이해하기도 어려울 수 있다.

▷ 뇌성마비인을 배려하고 인내하는 자세를 갖는다.

휠체어사용자의 체육활동 시 상해 예방 및 관리(Winnick, 2005)

▷ 음료를 주기적으로 자주 마시도록 한다. 사지마비인들을 위해서는 스프레이나 시원한 수건을 준비하여 체온조절을 도와준다.

▷ 태양에 일정 시간 이상 노출되지 않도록 한다.

▷ 욕창에 대한 증상들을 평가한다.

- 피부를 자주 점검한다.
- 체중에 의해 눌리는 부위의 압박을 풀어준다(엉덩이를 가끔 들어준다).
- 국소 감염을 소독 치료한다.
- 욕창 부위의 청결을 유지하고, 치료 촉진을 위해 드레싱을 한다.
- 적절한 영양과 위생을 유지한다.

[출처: 대한장애인체육회]

참고문헌

권영수 (1995). **척수 장애인의 심폐 적성 측정을 위한 운동부하 방법의 비교.** 미간행 석사학위논문. 서울대학교 대학원.

오광진 (2010). **특수체육의 이해.** 서울: 레인보우북스.

장애인 등에 대한 특수교육법 (2008). 법률 제8852호. 2014. 12. 28, http://www.law.go.kr에서 인출.

장애인 등에 대한 특수교육법 시행령 (2008). 대통령령 제20790호. 2014. 12. 28, http://www.law.go.kr에서 인출.

장애인복지법 시행령 (2009). 대통령령 제21641호. 2014. 12. 28, http://www.law.go.kr에서 인출.

장애인복지법, 법률 제8852호 (2008). 2014. 12. 28, http://www.law.go.kr에서 인출.

정동영, 김주영, 김형일, 김희규, 정동일 (2010). **특수아동의 이해.** 서울: 교육과학사.

한국장애인복지체육회 (1994). **특수체육총론.** 서울: 태근문화사.

한동기 (2008). **특수체육의 이론과 실제**(2판). 서울: 레인보우북스.

Appleton, R. E. (1998). Epidemiology: Incidence, causes, and severity. In R. E. Appleton & T. Baldwin(Eds.), *Management of brain-injured children*(pp. 1-11). NY: Oxford University Press.

Auxter, D., Pyfer, J., & Huettig, C. (2005). *Principles and methods of adapted physical education and recreation*(10th ed.). NY: McGraw Hill.

Brain Injury Association of America (2001). *Facts and stats-Sports and Recreation.* Retrieved from www.biausa.org/pages/facts_and_stats.html.에서 인출.

DiRocco, P. J. (1999). Muscular strength and endurance. In P. J. Winnick & F. X. Short (Eds.), *The Brockport physical fitness training guide*(pp. 39-73). Champaign, IL: Human Kinetics.

Dunn, J. M., & Leitschuh, C. A. (2006). *Special physical education*(8th ed.). Dubuque IA; Kendall Hunt Publishing Company.

Ferrara, M., & Laskin, J. (1997). Cerebral palsy. In Durstine, J. L. (Ed.), *Exercise management for persons with chronic diseases and disabilities.* Champaign, IL: Human Kinetics.

Individuals with Disabilities Education Act(IDEA Amendments, 1997). 20 U.S.C. 1400 et seq.

Kasser, S. L., & Lytle, R. K. (2005). *Inclusive physical activity: A Lifetime of opportunity.* Champaign, IL: Human Kinetics.

Khaw, C. W. H., Tidemann, A. J., & Stern, L. M. (1994). Study of hemiplegic cerebral palsy with a review of the literature. *Journal of Pediatric Child Health, 30,* 224-229.

Liberman, L. J. (2007). *Paraeducators in physical education: A training guide to roles and responsibilities.* Champaign, IL: Human Kinetics.

Lockette, K. F., & Keyes, A. M. (1994). *Conditioning with physical disabilities.* Champaign, IL: Human Kinetics.

Mosston, N. M., & Ashworth, S. (2002). *Teaching physical education*(5th Ed.). San Francisco, CA:

Benjamin Cummings.

Muscular Dystrophy Association (2001). *Facts about myasthenia gravis.* Tucson, AZ: Muscular Dystrophy Association.

Palmer-McLean, K., & Harbst, K. B. (2003). Stroke and brain injury. In J. L. Durstine & G. E. Moore (Eds.), *ACSM's Exercise management for persons with chronic diseases and disabilities* (2nd ed.). (pp.238-246). Champaign, IL: Human Kinetics.

Pitetti, K. H., & Pedrotty, M. H. (2003). Lower-limb amputation. In J. L. Durstine & G. E. Moore (Eds), *ACSM's Exercise management for persons with chronic diseases and disabilities* (2nd ed.). (pp. 230-235). Champaign, IL: Human Kinetics.

Robinson, B., & Lieberman, L. J. (2004). Effects of level of visual impairment, gender and age on self-determination of children who are blind. *Journal of Visual Impairment and Blindness, June,* 352-366.

Sacco, R. L., Gan, R., Boden-Albala, B., Lin, I., Kargman, D. E., Hauser, W. A., Shea, S., & Palk, M. (1998). Leisure-time physical activity and ischemic stroke risk: The Northen Manhattan stroke study. *Stroke: Journal of the American Heart Association, 29,* 380-387.

Seaman, J. A., & DePauw, K. P. (1989). *The new adapted physical education: A developmental approach.* Mountain View, CA: Mayfield.

Sherrill, C. (2004). *Adapted physical activity, recreation, and sport* (6th ed). NY: McGraw Hill Company.

Short, F. X., McCubbin, J., & Frey, G. (1999). Cardiorespiratory endurance and body composition. In J. P. Winnick & F. X. Short(Eds.), *The Brockport physical fitness training guide*(pp. 13-37). Champaign, IL: Human Kinetics.

Surburg, P. (1999). Flexibility/Range of motion. In J. P. Winnick & F. X., Short(Eds.), *The Brockport physical fitness training guide*(pp.75-119), Champaign, IL: Human Kinetics.

Tarnopolsky, M. A. (2003). Muscular Dystrophy. In J. L. Durstine., & G. E. Moore(Eds.), *ACSM's Exercise management for persons with chronic diseases and disabilities*(2nd ed.) (pp.254-261). Champaign, IL: Human Kinetics.

Wilson, A. B. (1992). *How to Select and use manual wheelchairs.* Topping, VA: Rehabilitation Press.

Winnick, J. P. (1995). *Adapted physical education and sport*(2nd Ed.). Champaign, IL: Human Kinetics.

Winnick, J. P. (2005). **특수체육과 장애인스포츠.** (김의수 역.). 서울: 무지개사. (원저 2006 출판)

Winnick, J. P. (2013). **특수체육과 장애인스포츠.** (최승권, 강유석, 김권일, 김기홍, 박병도, 양한나 외 7인 역.). 서울: 레인보우북스. (원저 2011 출판)

Winnick, J. P., & Short, F. X. (1999). *The Brockport physical fitness test manual.* Champaign, IL: Human Kinetics.

찾아보기

ㄱ

가역성 및 계속성의 원리 _ 157

각막 질환 _ 231

각막 _ 230, 231

간장애 _ 17

간질장애 _ 17

간헐적 지원(intermittent) _ 188

간헐적 _ 193, 306, 310, 323

감각 입력의 수용 _ 139

감각 정보 _ 138, 139, 140

감각시스템 _ 143

감각-통합-운동-감각-피드백 시스템 _ 138

감음신경성(장애) _ 258

강직성 뇌성마비 _ 302

강화 _ 113, 120, 121, 132, 133, 135, 137, 149, 155, 165, 167, 168, 169, 209, 219

강화물 _ 113, 121, 132, 137

개별 교육과정 _ 117

개별성 _ 106, 157

개별성의 원리 _ 157

개별적 차이 _ 115

개별화 지도 전략 _ 97

개별화 지도 _ 100, 115, 119

개별화교육 _ 52, 53, 81, 82, 83, 84, 85, 87, 89, 90, 92, 151

개별화교육계획 _ 52, 53, 81, 82, 83, 84, 85, 87, 89, 90

개별화교육계획서 양식 _ 89

개별화교육지원팀 _ 83

개별화된 가족 서비스 계획 _ 147

개인별 독립 과제수행 _ 118

건강장애 _ 17

건강체력 _ 20, 57, 64, 69, 93, 155, 216, 218, 237, 246

검사도구: BPFT _ 85

게임(game) _ 19

격리적 타임아웃 _ 136

경련 _ 161, 162, 165, 167, 176

경련성 뇌성마비 _ 301, 304

경쟁 스포츠 _ 13, 14, 16, 18, 219

계획 및 지도 모델 _ 126

고유수용계 _ 142, 144

고음급추형 _ 262

고음점경형 _ 262

곡형 _ 262

골다공증 _ 167

골도청력 _ 259

골형성부전증 _ 295, 297

과부하의 원리 _ 156

과잉교정(과다교정, 강제적 반복교정) _ 136

과제 카드 _ 97, 99

과제분석 _ 39, 46, 74, 75, 76, 77, 78, 79, 121, 122, 123, 124, 151, 214

과제식 수업(스테이션 지도) _ 118

관절 가동범위 _ 161

관절 장애 _ 313

관절만곡증 _ 295

관절장애 _ 4

관찰사정 _ 47

관찰적 타임아웃 _ 136

광각 _ 144, 229

교대 교수 _ 98

교수적 지원 _ 214

교육 심리적 접근법 _ 129

교육계획 _ 52, 53, 81, 82, 83, 84, 85, 87, 89, 90, 152, 153

교육과정 중심평가 _ 47, 146

교육과정의 선정 _ 116

교육내용 _ 82, 85, 152

교육적(환경적) 단서 _ 120

교육환경 구축 _ 152

교정시력 _ 226

교정운동 _ 3

교정체육 _ 2, 23

교정체조 _ 2

구축 _ 8, 150, 152, 161, 167, 168

국민체육진흥법 _ 8, 24, 25, 26, 27

국민체육진흥법시행령 _ 25

찾아보기

국제농아인경기대회
(International Silent Games)
_ 3

국제스페셜올림픽위원회
(Special Olympic
International : SOI) _ 220

국제시각장애인경기연맹(IBSA)
_ 229

국제패럴림픽위원회(IPC) _ 4

굴절 이상 _ 230

규준지향적 _ 62, 63

규준참조검사 _ 41, 44

규칙 변형 _ 102, 109, 111

근력 손상 _ 313

근력/근지구력 운동 _ 171

근시 _ 191, 230

근육병 _ 293

근지구력 _ 64, 69, 70, 76,
77, 85, 92, 155, 166, 171,
172, 237

긍정적 강화 체계 _ 134

긍정적 행동 지원 _ 113, 214

기능 분류 _ 284, 285, 286

기능적(교육적) 정의 _ 227, 228

기능적 _ 23, 75, 123, 139, 15,
151, 161, 162, 163, 165,
167, 168, 171, 185, 194,
206, 217, 283, 284, 285,
289, 291, 297, 299, 303

기도청력 _ 259

기립성 저혈압 _ 163

기본운동기술 _ 20, 57, 59,
216, 217, 235, 247

기저선 _ 131, 133

기타장애 _ 9, 295, 297

나안시력 _ 226

난시 _ 230, 232

난이도 _ 79, 105, 110, 111,
314

난청 _ 254, 256

내이 _ 144, 257, 258, 259,
267

내장과 방광기능 _ 164

노안 _ 230

녹내장 _ 170, 232, 245, 246

놀이(play) _ 19

농 _ 3, 4, 35, 36, 46, 98, 111,
244, 249, 254, 256, 260,
267, 270, 274, 275, 290,
292

농아인올림픽대회(Deaflympics)
_ 3

뇌병변장애 _ 4, 14, 18, 69,
75, 77, 281, 282, 305, 310

뇌성마비 _ 9, 41, 140, 148,
161, 162, 176, 299, 300,
301, 302, 303, 304, 306,
308, 309, 317, 318, 319,
320, 324

뇌손상 _ 139, 140, 162, 190,
258, 299, 305, 306, 307,
308, 318, 319, 320

뇌졸중 _ 299, 306, 308, 309,
318, 319, 320

다발성경화증 _ 174, 296, 311

다양성의 원리 _ 157

다운증후군(Down syndrome) _
92, 148, 176, 190

다차원모델 _ 185

단기 목표 _ 53, 74, 85, 86, 93

대그룹 방식 _ 118

대근운동발달 _ 50, 59

대안적 사정 _ 46

대한민국상이군경회 _ 6

대한장애인체육회 _ 8, 24, 221

데시벨 _ 261

데플림픽 _ 18, 275

덴버 II _ 146

독특한 요구(unique needs) _ 22

동공 _ 229

동기유발 _ 55, 157, 192, 209,
218, 314, 320

동일 교육과정 _ 117

동작 중심 과제분석 _ 75

등급분류 _ 4, 14, 16, 18, 35,
36, 198

디비전(divisioning) _ 5

디비져닝(divisioning) _ 18

또래교수 _ 93, 97, 98, 124,
212, 270

331

ㄹ

론볼 _ 36

루브릭 _ 48, 92

루틴(routine) _ 212

ㅁ

막간 _ 121

망막 _ 170, 230, 231, 245

망막박리 _ 170, 231, 245

망막색소변성 _ 230, 231

맹 _ 5, 221, 228, 229, 231, 232, 239, 245, 248, 251, 274, 291

맹아부 _ 5

목표 기술의 동작, 상황, 기준 _ 87

무정위운동증 뇌성마비 _ 302

문예부흥 _ 2

문제행동 관리 절차 _ 130

문제행동(problem behavior) _ 92, 93, 113, 116, 127, 129, 130, 131, 132, 133, 135, 136, 137, 191, 197, 199, 219, 266, 270

물리적 위치/장소 (physical location) _ 215

물집 _ 316

미국 장애인교육법 _ 20

미국공법 _ 29, 94, 95, 96, 97, 98, 99, 100, 101, 102, 103, 104, 105, 106, 107, 108, 109, 110, 111, 112, 113, 114, 115, 116, 117, 118, 119, 120, 121, 122, 123, 124, 125, 126, 127, 128, 129, 130, 131, 132, 133, 134, 135, 136, 137, 138, 139, 140, 141, 142

미국시각장애선수협회(USABA) _ 251

미국정신의학회 _ 186, 196

미국지적장애협회(AAMR or AAIDD) _ 185

미국체육학회(AAHPER) _ 3

민첩성 _ 20, 155, 193, 216, 237, 267, 268

밀라니-컴파레티(Milani-Comparetti) 운동발달 선별 평가 _ 146

ㅂ

반복성의 원리 _ 157

반사 _ 24, 141, 142, 148, 161, 162, 199

반응시간(reaction time): _ 193

반응양식(response mode) _ 215

반향어(echolalia) _ 206

발달기 _ 185, 235

발달모델 _ 141

발달적 과제분석 _ 121

발달적 접근법 _ 138

발달점수 _ 50

발달지체 판단 기준(미국 뉴욕 주) _ 145

발달지체 _ 17, 146, 151, 152, 153

발달체육 _ 23

방수 _ 246, 271

방향정위 _ 239, 240

배타적 타임아웃 _ 136

백내장 _ 231

백분위점수 _ 50, 51

백분율점수 _ 49

백색증 _ 232, 245

버디 시스템(buddy system) _ 249

벌 _ 113, 120, 127, 135, 156, 173, 238

법적 정의 _ 16, 226, 229, 282, 299

변형 교육과정 _ 117

변형 등의 장애 _ 4, 17

변환점수 _ 49

보상(incentives) _ 187, 113, 128, 139, 168, 287

보조기구 _ 102, 298, 301, 309, 311

보조물(aids) _ 215, 267, 315

보조수업 _ 124

보조인력 _ 93, 124

보조인력과 지원 서비스 _ 93

보청기 _ 254, 257, 258, 260, 270, 271, 274

찾아보기

보편적 설계 _ 115
보행패턴 _ 239
본 운동 _ 159, 160
부모 통보 _ 93
부적강화 _ 133, 135
분리교육(separate education) _ 30
불안-회피(Anxiety-withdrawal) _ 198
브록폴트 체력검사 _ 311, 318
브리건스 조기발달 검사 _ 146, 150
블라인디즘(blindism) _ 234
블레이드 러너(Blade Runner) _ 33
비공식적인 검사 _ 150
비보조 _ 120
비연속적(개별) 시행 / 불연속적 시행 _ 119
비이동운동 _ 20
비표준화 사정 _ 46

ㅅ

사격 _ 36, 256, 272, 275
사시 _ 2, 161, 231, 232
사정 _ 39, 40, 41, 42, 43, 46, 47, 48, 52, 53, 54, 56, 62, 74, 77, 115, 116, 157, 167, 187
사지결손 _ 291
사지마비 _ 102, 161, 163, 165, 284, 287, 301, 325
사회화된 공격(socialized aggression) _ 198
산형 _ 262
상대적 위치점수 _ 50
상동행동(stereotype) _ 169, 206
상해 예방 _ 159, 325
색각 _ 226
생물기원학적 접근법 _ 130
생체역학적 과제분석 _ 122, 123
생태학적 과제 분석 _ 89
생태학적 사정 _ 42
생태학적 일람표 _ 89
생태학적 접근법 _ 130
서울패럴림픽 _ 5, 8
선별 _ 52, 116, 132, 139, 146, 246
선사시대 _ 2
선택적 주의 _ 139
성숙 _ 141, 142, 157, 170, 198, 233
세계장애인의 해 _ 6, 9
소거 _ 137, 206
소그룹 방식 _ 118
소아 류마티스 관절염 _ 295, 297, 311
소아마비 _ 5, 6, 174, 284, 287, 288
소음 _ 213, 220, 256, 261, 267, 271, 306, 313, 314
손상(impairment) _ 15
쇼다운 _ 251
수동 _ 12, 161, 229, 234, 287
수두증(hydrocephalus) _ 188
수막탈출증 _ 288
수업 방식 _ 118, 120, 121
수업 스타일 _ 117, 118
수업 에피소드 _ 119, 121
수업 형태 _ 81, 113
수정체 _ 230, 231, 232
수준별 교육과정 _ 117
수초형성 _ 144
수평형 _ 262
수행평가 _ 150
수화 _ 152, 258, 265, 267, 268, 270, 278
순발력 _ 14, 20, 55, 155
스넬렌 시력검사 _ 227
스테이션 교수 _ 99
스페셜올림픽(Special Olympics) _ 5
스페셜올림픽위원회(SOI) _ 5
스포츠 참여 접근 방식 _ 102
스포츠 활동의 변형 _ 102
스포츠(sports) _ 19
습득(acquisition) _ 5, 23, 75, 119, 151, 170, 207, 208, 209, 210, 213, 214, 216, 219, 233, 234, 237, 238, 241, 243, 247, 265, 293,

297, 312, 317, 319, 320

시각 보조 _ 120

시각(vision) _ 4, 9, 14, 18, 34, 42, 43, 71, 72, 102, 105, 133, 139, 141, 142, 144, 161, 169, 170, 171, 201, 213, 228, 267, 269, 270, 304, 312, 318, 319, 324

시각계 _ 142, 144, 226

시각장애 _ 4, 9, 14, 18, 34, 43, 71, 72, 102, 105, 139, 169, 170, 171, 225, 226, 227, 228, 229, 230, 231, 233, 234, 235, 236, 237, 238, 239, 240, 241, 242, 243, 244, 245, 246, 247, 248, 249, 250, 251, 304

시간제한(time limits) _ 215

시력 _ 4, 170, 226, 227, 229, 231, 232, 243, 245

시력장애 _ 4, 226

시범(demonstration) _ 55, 61, 101, 209, 214, 219, 243, 244, 246, 247, 267, 268, 273, 314, 318, 324

시설 _ 26, 28, 32, 33, 34, 35, 42, 52, 88, 103, 124, 241, 248, 269, 313, 315

시신경위축 _ 232

시야 _ 4, 226, 232, 243

시야결손장애 _ 4, 226

신경학적 능력 _ 141, 142

신뢰성 _ 56, 88, 150

신장장애 _ 17

신체 구성 _ 156

신체개념 _ 233

신체보조 _ 92, 101, 170, 243, 244, 268

신체상(body image) _ 70, 238, 312, 320

신체재활 _ 2

신체활동(physical activity) _ 13, 14, 19, 22, 23, 24, 26, 31, 32, 52, 53, 56, 70, 74, 75, 76, 78, 93, 103, 128, 147, 148, 149, 155, 162, 169, 191, 193, 194, 200, 206, 207, 208, 212, 214, 216, 218, 219, 234, 238, 240, 241, 243, 244, 245, 246, 272

실명근접시력 _ 228

실제 지도 _ 88

실제적 평가 _ 88

심동적 영역 _ 88, 145, 151, 208, 267, 310, 317

심동적(psychomotor domain) _ 23

심동적인 문제 _ 14

심장장애 _ 17

심폐지구력 운동 _ 173, 175, 199

심폐지구력 _ 20, 55, 70, 155, 160, 173, 175, 199, 208, 237

심혈관계 질환 _ 166, 169

ㅇ

안구진탕증 _ 232

안면장애 _ 17

안전성 _ 103, 109, 124, 212, 239

약체 X 증후군(Fragile X Syndrome) _ 191

양적 요소(운동 시간, 운동 빈도, 운동 기간) _ 158

언어보조 _ 101, 121

언어발달 _ 146, 254, 256, 258, 259, 260, 264, 265, 268

언어장애 _ 17, 152, 257, 266, 304, 319

언어적 지도 _ 314

역주류화 _ 118

연골무형성증 _ 297

연조직 _ 316

열상 _ 306

영아를 위한 수행지침 _ 147

영역 중심 과제분석 _ 77

온도 _ 213, 313

완전실명 _ 229

왜소증 _ 294

외상성 뇌손상 _ 139, 140, 162, 299, 305, 306, 307, 308, 318, 319, 320

외이 _ 256, 257, 258, 259

요구 충족 _ 115

욕창 _ 166, 287, 289, 325

욕창성 궤양 _ 285, 316

용・기구 변형 _ 105, 106

운동 과잉(Motor excess) _ 198

운동 프로그램 _ 40, 42, 139, 140, 145, 148, 155, 160, 161, 162, 163, 167, 168, 169, 172, 174, 175, 177, 200

운동(exercise) _ 19

운동기술 영역 _ 57, 59

운동기술 _ 52, 53, 56, 57, 59, 62, 75, 77, 78, 79, 88, 89, 114, 140, 143, 157, 191, 200, 206, 207, 208, 210, 216, 217, 219, 235, 236, 237, 238, 247, 268

운동기술 학습과 지도원리 _ 114

운동반응 _ 124, 140, 142

운동성 저혈압 _ 164

운동수행능력(motor performance) _ 32

운동실조증 뇌성마비 _ 302, 304

운동의 치료적 가치 _ 2

운동처방 _ 158, 159

운동체력 _ 20, 155, 237, 246

운동패턴 _ 124, 142, 143

움직임 형태 _ 143

원시 _ 2, 89, 142, 161, 162, 230, 317

원점수 _ 49, 50, 51, 62, 63

원추각막 _ 231

유사활동 중심 과제분석 _ 75, 76

유산소 능력 감소 _

유산소 운동 _ 93, 158, 163, 167, 169, 171, 173, 174, 200

유아를 위한 수행지침 _ 147

유연성 _ 20, 64, 70, 155, 157, 160, 161, 169, 176, 177, 193, 194, 237, 293, 297, 298, 310, 311, 317

응급처치 _ 314, 315

응용행동분석 _ 113, 119

의사소통 촉진 _ 152

의사소통 _ 55, 82, 83, 124, 146, 149, 152, 153, 187, 199, 202, 206, 233, 243, 254, 258, 259, 260, 261, 264, 265, 266, 268, 270, 273, 300, 308, 315, 319, 324

의사소통장애 _ 17

의식성의 원리 _ 157

이경화증 _ 256

이동능력 _ 240

이동운동 _ 20, 239, 247

이분척추 _ 166, 167, 284, 288, 298

이소골화 _ 163

인공와우 _ 258, 259, 260, 270

인본주의 _ 113, 130

인본주의적 접근법 _ 130

인지적 영역 _ 85, 206, 208,
268, 311, 319

1:1(일대일) 방식 _ 118

일반스포츠 _ 34, 35, 102

자격검정 시험 과목 _ 27

자기결정 학습모형(Self-Determined Learning Model of Instruction: SDLMI) _ 213

자기보호법 _ 240

자세편향 _ 236

자율성 반사부전증 _ 165

자율신경계 _ 316

자폐성장애 _ 99, 101, 183, 184, 196, 199, 201, 202, 205, 206, 207, 208, 220

자폐증(autism) _ 201

잔존시력 _ 227, 229, 243, 245

잔존청력 _ 267

잠재성 이분처추 _ 288

장기(연간) 목표 _ 85

장루・요루장애 _ 17

장애 개념 _ 14, 15, 185

장애 분류 _ 15, 18, 202, 228

장애 영・유아를 위한 캐럴라이나 교육과정 _ 146

장애(disability) _ 15, 35

장애우(障碍友) _ 16

장애유형 _ 9, 27, 30, 55, 57, 64, 66, 68, 70, 72, 82,

335

102, 121, 145, 196, 221, 320, 324

장애유형별 운동 특성과 체력 훈련 _ 161

장애인 등에 관한 특수교육법 _ 16, 30, 82, 83, 85, 184, 185, 195, 202, 226, 229, 282, 299

장애인 신체활동 지도순환 체제 _ 52

장애인 신체활동 _ 13

장애인 정의 _ 16

장애인 체육시설 편의시설 _ 104,

장애인(障碍人) _ 16

장애인복지법 _ 8, 16, 18, 25, 184, 185, 187, 226, 229, 255, 282, 299, 305

장애인스포츠 메가 이벤트 _ 10

장애인스포츠 활동 변형 전략 _ 103

장애인스포츠(adapted sport) _ 3, 4, 7, 8, 9, 10, 11, 13, 14, 16, 18, 24, 25, 26, 27, 33, 34, 35, 40, 46, 56, 57, 67, 70, 73, 74, 75, 77, 78, 79, 184, 274, 275, 291, 303

장애인스포츠와 일반스포츠 차이 _ 102

장애인스포츠의 통합 과정 _ 33

장애인스포츠지도사 연수과정 _ 28

장애인스포츠지도사 _ 8, 19, 27, 28

장애인올림픽 _ 4, 8, 18, 221, 251

장애인차별금지 및 권리구제 등에 관한 법률 _ 19, 25

장애인체육 _ 6, 8, 9, 12, 13, 24, 99, 100, 104, 175, 221, 275

장애자(障碍者) _ 16

재생산적 수업 스타일 _ 117

재활 수단 _ 4, 13

재활 _ 2, 4, 6, 13, 23, 306, 307, 319

재활체육 _ 13

저긴장성 근육(hypotonia), _ 190

저시각 _ 227, 228, 229, 231, 239, 243, 245, 248, 250

저음장애형 _ 262

저학년용 I CAN _ 126

적극 참여 및 동기유발의 원리 _ 157

적응행동 _ 127, 185

적합한 지도방법 _ 153

전국상이군경체육대회 _ 6

전국장애인동계체육대회 _ 8, 9

전국장애인체육대회 _ 6, 8, 9

전면성의 원리 _ 157

전반적 발달장애(PDD) _ 202

전반적 지원(pervasive) _ 193

전반적 _ 12, 42, 52, 53, 62, 82, 88, 97, 111, 193, 198, 200, 202, 205, 207, 259, 268, 287, 296, 323

전음성(장애) _ 258

전이(transfer) _ 2, 146, 217, 219, 293, 295

전장애아동교육법(P.L. 94-142) _ 3

전정계 _ 142, 144

전통적 과제분석 _ 122

전환서비스 _ 93

절단장애 _ 4, 34, 167, 168, 290, 291, 292, 293, 311

점증부하의 원리 _ 156

접근성 _ 103

접촉 _ 148, 152, 153, 170, 234, 239, 245, 249, 271

정규교과과정의 참여 _ 93

정리운동 _ 169, 176

정립회관 _ 5

정상시력(또는 정상접근시력) _ 228

정상화 과정(normalization) _ 32

정상화(normalization) _ 28

정서 · 행동장애 _ 17

정서장애 _ 183, 184, 195, 196, 197, 198, 199, 200, 208, 219

정신 역학적 접근법 _ 129

정신박약 _ 184

정신병적 행동(Psychotic

behavior) _ 196, 198

정신장애 진단 및 통계편람 _ 186

정신지체 _ 5, 101, 184, 185, 186, 196, 199, 205, 220, 221, 302, 306

정의적 영역 _ 199, 209, 268, 312, 319, 320

정적 행동 _ 133

정적강화(positive reinforcement) _ 133, 135, 209, 219

제시양식(presentation mode) _ 215

제한 환경의 최소화(least restrictive environment: LRE) _ 29

제한적 지원(limited) _ 193

제한적 _ 13, 29, 92, 193, 197, 202, 238, 292, 306, 323

조명 _ 213, 244, 313

조작운동 _ 20

조작적 조건형성 _ 128

종교개혁 _ 2

주류화(mainstreaming) _ 29, 31

주변시력 _ 231

주의력 문제-미성숙(Attention problems - immaturity) _ 198

주의산만 _ 314

주파수 _ 260, 261

준거지향적 _ 62, 64, 318

준거참조검사 _ 41, 44, 49

준비 운동 _ 159, 160

중심시력 _ 231

중이 _ 92, 167, 169, 256, 257, 258, 259, 287, 309, 311

중이염 _ 256, 257, 258

중재 접근 방법 _ 116

중재반응 모델 _ 116

중증 근무력증 _ 297

중풍 _ 308

증거기반 교수 _ 115, 116

지능검사 _ 186

지능지수 _ 4, 187, 198

지도방법 _ 33, 52, 74, 115, 116, 117, 120, 153, 227, 244, 246, 321, 322, 323

지도유형 _ 323

지문자 _ 276

지수 _ 4, 50, 187, 198, 229

지시(instructions) _ 28, 47, 121, 140, 149, 157, 159, 166, 170, 199, 209, 214, 215, 249, 265, 271, 314, 324

지원수준 _ 323

지적 기능 _ 185

지적장애(intellectual disability) _ 4, 5, 9, 14, 18, 34, 54, 55, 66, 67, 71, 72, 77, 78, 106, 109, 135, 139, 152, 161, 166, 179, 183, 184, 185, 186, 187, 188, 189, 190, 191, 192, 193, 194, 205, 206, 208, 209, 210, 212, 214, 215, 216, 217, 218, 219, 220, 221, 268, 311, 324

지체기능장애 _ 4

지체장애 _ 2, 3, 4, 14, 18, 34, 55, 71, 72, 281, 282, 283, 298, 299, 305, 310, 311, 312, 313, 314, 315

진단 _ 16, 39, 42, 49, 52, 74, 77, 85, 102, 167, 186, 190, 196, 205, 210, 292, 296

진전성 뇌성마비 _ 302

질적 요소(운동 강도, 운동 유형) _ 158

짧은 키 _ 313

찰과상 _ 316

참여인원 _ 111

창조적 수업 스타일 _ 117

책임감 _ 115

척수막탈출증 _ 288

척수손상 _ 3, 4, 6, 283, 284, 285, 286, 287, 310

척수장애 _ 9, 162, 163, 166, 167, 176, 284, 285, 287, 298

척수장애인경기대회 _ 3

척주편위 _ 284

척추전만증 _ 289

척추측만증 _ 166, 167, 168, 287, 289

척추후만증 _ 166, 289, 297

청각계 _ 142, 144

청각장애 야구 _ 3

체계적 지도: 운동학습 촉진 _ 114

체력 영역 _ 57, 218, 237

체력 운동(트레이닝)의 원리 _ 156

체력 훈련 처방 절차 _ 159

체력요소 _ 155, 157

체온 조절 _ 167

체온조절 _ 162, 293, 325

체육의 정의 _ 19, 20, 21

체육지도자 _ 8, 12, 14, 26, 27, 99

체지방률 증가 _ 163

초학문적 활동중심 평가 _ 146

촉각계 _ 142, 143

촉구(보조) _ 100, 101

촉진자극(prompts) _ 215

최소 제한 환경(least restrictive environment: LRE) _ 29

최소장애(minimal disability) _ 18

최신 접근 방법의 적용 _ 115

측정 _ 39, 40, 47, 52, 55, 62, 64, 66, 70, 72, 85, 92, 93, 150, 193, 237, 259, 261, 311

치료체육(remedial physical education) _ 23

7인제 축구 _ 35

타당성 _ 45, 54, 56, 60, 88

타임아웃 _ 135, 136

터너증후군 _ 294

테더(tether) _ 250

텐덤사이클 _ 251

토큰경제체계 _ 134

통제 _ 128, 130, 133, 140, 219, 230

통합 위계 _ 34

통합(Integration) _ 9, 24, 26, 29, 30, 31, 32, 33, 34, 35, 36, 52, 53, 64, 115, 116, 124, 138, 139, 142, 143, 148, 185, 198, 206, 270

통합교육(inclusion) _ 24, 29, 30, 31, 33

통합교육의 배치 단계 _ 30

통합사회 _ 28

통합스포츠(unified sport) _ 24, 26, 33, 35, 36

통합체육 _ 24, 28, 64, 124, 270

통합체육의 단점 _ 33

통합체육의 장점 _ 32

트레이닝 _ 93, 99, 155, 157, 158, 218

트레이닝 방법 _ 240

특수 영·유아를 위한 운동프로그램 목적 및 목표 _ 148

특수교육 관련서비스 _ 82, 83, 85

특수교육대상자 _ 12, 16, 30, 185

특수성의 원리 _ 157

특수체육 교사의 역할 _ 145, 149

특수체육 연구 _ 8

특수체육(adapted physical education)의 정의 _ 23

특수체육의 개념 _ 1, 11

특수체육의 대상 _ 13

특수체육의 미래 _ 24

특수체육의 발전 과정 _ 7

특수체육의 역사 _ 01월 02일

특수체육의 영어 표현 _ 12

특수체육의 용어 _

특수체육학과 _ 8, 11, 12

특수학교 체육 교육과정 _ 6

특수학교 체육 _ 5

팀 티칭 _ 98, 124

ㅍ

파지(retention) _ 209, 219

패럴림픽 _ 4, 5, 8, 9, 18, 33, 221

페닐케톤뇨증(phenylketonuria, PKU) _ 191

평가 과정 _ 93, 150

평가 방법의 변형 _ 93

평형성 _ 20, 55, 144, 155,

162, 163, 167, 168, 193, 216, 236, 237, 239, 241, 242, 247, 267

포괄적 계획 _ 52

포트폴리오 사정 _ 43, 48

포트폴리오 _ 43, 48, 151

표준점수 _ 50, 51, 62

표준화검사 _ 45

표준화된 공식적인 검사 _ 150

표준화된 평가 _ 146

품행장애(Conduct disorder) _ 196, 198

풍진(rubella) _ 188, 256

프라더-윌리증후군(Prader-Willi syndrome) _ 191

프로그램 계획 _ 88, 210

프리드리히 운동실조증 _ 296

프리맥원리 _ 134

피드백(feedback) _ 121, 138, 140, 215, 234, 238, 242, 247, 265, 270, 273

하와이 조기학습 프로파일 _ 146

하지 차이 _ 313

하지마비 _ 313

학교체육(physical education) _ 19

학습자 반응 _ 119

학습장애 _ 17, 139, 140, 199

한국소아마비협회 _ 5

한국장애자복지체육회 _ 8

해석 _ 4, 31, 45, 49, 51, 64, 67, 69, 97, 139, 143, 201

핸디캡(handicap) _ 15

행동관리 전략 _ 130, 133

행동관리 _ 33, 81, 127, 128, 130, 131, 133, 135, 137

행동수정 _ 89, 127

행동장애 _ 71, 72, 195, 196, 197

행동주의 _ 128

헌법 _ 24, 25, 26

현행 수행능력수준 _ 85

혈전성 정맥혈 _ 165

협력학습 _ 118

협응성 _ 20, 155, 156, 157, 216

호흡 운동 _ 2

호흡기장애 _ 17

혼합 방식 _ 118

혼합성(장애) _ 258

혼합형 뇌성마비 _ 302

홍역(measles) _ 188

홍채 _ 190, 232

확장적 지원(extensive) _ 188

확장적 _ 193, 323

환경 변형 _ 103

환경 조성 _ 114

환축추성 불안정 _ 191

활동 유형 _ 105, 111

활동변형 _ 105, 117

활동분석 _ 124

회백수염 _ 167, 284, 287

효과적인 보조 _ 121

후속결과(긍정적 또는 교정적 피드백) _ 121

휠체어 사용자 _ 288, 289, 295, 298, 301, 303, 304, 307, 315, 316, 317, 325

휠체어 _ 3, 4, 9, 34, 35, 36, 55, 71, 72, 102, 163, 165, 166, 315, 316

휠체어농구 _ 4, 35, 36

휠체어럭비 _ 35, 102

휠체어테니스 _ 35

흥미성 _ 103, 105

A~W

A.D. _ 2

A-B-C 모델 _ 128

Adapted physical education _ 3, 20, 21, 323

adapted의 의미 _ 21

Assessment _ 39, 40, 41, 42, 43, 46, 56, 88, 93, 179

B.C. _ 2

BPFT; brockport physical fitness test _ 64

braille-me-method _ 243

dB(decibel/데시벨) _ 18

Diagnosis _ 40

dip형 _ 262

Evaluation _ 40, 89, 93

hand-on-method _ 243

ICF의 장애 개념 _ 15

ICSD _ 274

IEP _ 82, 83, 84, 85, 87, 151

IEP의 구성 요소 _ 84

IEP의 기능 _ 83

IEP의 작성 절차 _ 83

IEP의 필요성 _ 83

ISMG _ 3, 6

Ludwig Guttman 경 _ 3

measurement _ 40

MOVE _ 126

Moving to Inclusion _ 126

Oscar Pistorius _ 33

PAPS-D; physical activity promotiom system for students with disabilities _ 69

Paralympic _ 4, 14, 251

Paralympic의 의미 _ 4

PDMS-2 _ 146, 150

Per Henrik Ling _ 2

physical exercise _ 19

screening _ 40, 146

Skinner _ 113, 128

SMART START Preschool Movement Curriculum _ 126

Special Olympics _ 5, 126

Special Physical Eucation _ 12

Stoke Mandeville 척수손상 센터 _ 3

task analysis _ 39, 74, 179

TGMD; test of gross motor development _ 59

TGMD-2 _ 59, 60, 61, 62, 63, 150

The Data-Based Gymnasium _ 126

WHO _ 14, 15, 185, 186, 228

최승권 용인대학교 특수체육교육과 교수

강유석 백석대학교 특수체육교육과 교수

김권일 한국스포츠개발원 선임연구원

노형규 한국체육대학교 특수체육교육과 교수

박병도 한국국제대학교 특수체육교육과 교수

양한나 백석대학교 특수체육교육과 교수

오광진 한국복지대학교 장애인행정과 교수

이용호 서울대학교 체육교육과 교수

이재원 용인대학교 교육대학원 교수

정이루리 국민대학교 스포츠과학부 교수

한동기 백석대학교 특수체육교육과 교수